雅理

致罗斯玛丽,我一生的挚爱

———罗伯特·D. 帕特南

致索菲亚·夏娃和伊恩·以利亚,祝他们有最美好的未来

———谢琳·罗姆尼·加勒特

THE UPSWING

HOW AMERICA CAME
TOGETHER A CENTURY AGO AND
HOW WE CAN DO IT AGAIN

美国社会的百年变迁
（1895—2020）

大衰退

〔美〕罗伯特·D. 帕特南
（Robert D. Putnam）

〔美〕谢琳·罗姆尼·加勒特　　著
（Shaylyn Romney Garrett）

陈雪飞　　译

中国政法大学出版社

2025·北京

译者序
美国的历史钟摆与世纪浮沉

如果让你描绘当下的美国，她是什么模样？经济发达、科技领先，当代美国人享有前几代人梦寐以求的物质富足、教育机会和个人自由，但同时贫富差距日益拉大，党派极化愈加严重，种族问题持续恶化，经济与政治权力交叠缠绕，很多普通人深陷"绝望之死"的困境。这幅美国浮世绘，其实是美国政治社会学家罗伯特·帕特南在其收官之作《大衰退：美国社会的百年变迁（1895—2020）》（与谢琳·加勒特合著）中，对 19 世纪末 20 世纪初"镀金时代"美国景象的描摹。

是的，美国的当下与之高度相似，不少学者因此将当代美国称为"新镀金时代"，并力图探究其成因。美国政治学者拉里·巴特尔斯（Larry Bartels）认为，这是 20 世纪 70 年代以来美国政治失灵，尤其是共和党对经济议题进行操控的结果；哥伦比亚大学法学者吴修铭（Tim Wu）主张，这是 20 世纪 70 年代以来美国的反垄断措施走上错误的轨道所致；劳工运动组织者简·麦卡利维（Jane McAlevey）则将其归咎于美国当代社会运动追求的利益太狭隘、目光太短浅，失去了"伟大社会"时期的群众力量，无力推动有意义的社会变革。尽管归因不一而足，但大家有个共识，那就是美国在 20 世纪 60 年代走上"伟大社会"的巅峰，远比"镀金时代"更显经济平等、政治协同、社会团结、文化包容，而在那之后美国就开始走向下坡路，逐渐变得更不平等、更极化、更支离破碎、更个人化，最终走到了第二个"镀金时代"，陷入了当下的困境。

　　帕特南对"新镀金时代"的研究颇有些与众不同，为了防止人们沉湎于怀旧，他跳出了对 20 世纪美国历史的传统叙事，不再把新政和二战作为分界线，而是拉长了历史视角，拓展了分析维度，放眼从 19 世纪末到 21 世纪初的 125 年，品味美国一个多世纪的浮浮沉沉，寻找让美国重回"伟大社会"的涅槃之路。在这个浮沉世纪中，19 世纪末与当下的两个"镀金时代"首尾相顾，进步时代（1890—1920 年）是爬坡登峰的上行转折点，20 世纪 60 年代是盛极而衰的下行转折点。这段美国历史就像一条倒 U 型曲线，而其背后所展示的则是一个从"我"到"我们"后又重回"我"的故事，这条渗透美国生活各个角落的弧线将美国历史变成了一个钟摆，在个人主义与社群主义之间来回摆动。过去 125 年间，美国如何沿着"我—我们—我"的钟摆进行曲线运动，哪些因素推动了过去的美国走出"镀金时代"，这些因素能否让当代美国走出"新镀金时代"，这就是《大衰退：美国社会的百年变迁（1895—2020）》想要回答的三大问题。

一

　　帕特南借助美国人的居住选择、投票模式、家庭模式、流行文化、婴儿起名和代词用法等维度的丰富数据，将美国的世纪浮沉描绘成一条延绵百余年的倒 U 型曲线。在这条钟摆曲线中，新旧两个镀金时代都在倒 U 型曲线的谷底，从 19 世纪 90 年代开始，美国向着经济平等、政党协作、社会内聚、文化融合持续攀升，在 20 世纪 60 年代达到顶峰之后，各个方面都开始走向下坡路直至当下。同时，这也是一个从原子化的个人主义向着更包容的社群主义拉升，而后又向着日益膨胀的个人主义急剧下降的过程。

　　钟摆曲线的起点是"镀金时代"。"镀金时代"既给美国带来了巨大的物质进步，也带来了不平等、两极分化、社会混乱和自我中心文化。面对"镀金时代"的腐败堕落，进步时代的改革者开启了全方位的社会实验，在经济、政治、社会和文化上取得了丰硕的成果。因此，帕特南越过小罗斯福新政，将进步主义视为美国社会改革的根本动力。

进步时代是钟摆曲线的上行转折点。进步时代的梦想家和实干家们，创造了包括公立高中、工会、联邦税收体系、反垄断法、金融监管、最低工资等制度机制，让美国走上了经济平等之路，为延续至 20 世纪 70 年代的"大趋同"奠定了基础。

为了弥合巨大的政治裂隙，早在 19 世纪八九十年代，州和地方层面就开启了跨党派合作的进步运动，西奥多·罗斯福在 1901 年意外就任总统又让这场运动获得了国家权力支持。尽管跨党派联盟在"繁荣的 20 年代"（1920—1929 年）陷入停滞，但在新政时代又重新恢复并得到加强。进步运动、新政改革以及"伟大社会"倡议所催生的主要法案，都获得了两党多数派和相当多少数派的支持。因此，两次获得共和党总统候选人提名的托马斯·杜威说过这样一句话："各党派的相似性是美国政治制度的核心力量。"

公民组织的建立、教会的发展、工会入会率和家庭组建率等社会团结的主要符号，也都是从进步时代开始走出低谷的。19 世纪末 20 世纪初是美国公民组织的生发期，政治社会学者茜达·斯科克波（Theda Skocpol）等人指出，美国历史上最大的群众性会员组织，有一半是在 1870 年至 1920 年的 50 年间成立的。从"镀金时代"到进步时代，"组织的种子"顽强生长，在接下来的 60 年里开花结果，形成了一个很托克维尔的美国，即一个"参与的国度"。在 20 世纪前三分之二的时间里，美国人有组织的宗教参与也越来越多，许多教会不仅是信众的礼拜场所，而且成了社区的聚会中心，这推动人们从个人主义转向社群主义，人们不仅在工会里更团结，而且在家庭生活中也更积极，从"镀金时代"的晚婚不婚、少生少育、交易婚姻，走向强调早婚、多生多育、伴侣婚姻。

在文化方面，19世纪末期，推崇个人主义的边疆文化与大洋彼岸传来的社会达尔文主义两相叠加，令许多人认为"镀金时代"的弊病是进步的必然代价。新兴科学与古老偏见融合，放大了"人人为己"的丛林法则，富人理所应得，穷人活该遭殃，伦理秩序礼崩乐坏。物极必反，进步时代的思想家强烈抨击这种丛林法则，他们认为正是个人主义背离了美国价值观，才导致了诸多经济社会危机，所以他们努力构建社群主义的现代化叙事，将美国的富人与穷人、外来人与本地人结合在一起。作为这种努力的回报，在20世纪前三分之二的时间里，美国文化辩论的主题逐渐从个人主义转向社群主义这一进步主义的核心信念。

这场朝向理想社会的进步运动，在20世纪60年代的前半段达到顶峰，之后却戛然而止，20世纪早期许多推动进步的体制改革创新开始消退甚至发生逆转，60年代后半段因此成为美国钟摆曲线的下行转折点。1965年前后，教育的增长开始暂停；20世纪60年代中期，减税政策导致税收结构加速倒退；1970年开始的放松监管，加快了收入不平等的步伐，等等。自此以后，美国进入了"大分化"时期。20世纪70年代初，尽管整个经济持续增长，但工人的实际工资却开始了长达近半个世纪的停滞。同时，在1960年代末，人们曾津津乐道的跨党联盟几乎成了一个贬义词，美国政治学会在《走向更负责任的两党制》报告中，嘲讽两党是"双胞胎"党；乔治·华莱士（George Wallace）抱怨两大政党"没有一毛钱的差别"。党派部落主义随之重现并加速发展，到了奥巴马和特朗普时期，国会中的两党合作几乎不复存在。美国政治学家尚托·延加（Shanto Iyengar）颇为愤慨地表示：在21世纪的第二个10年，美国最重要的断层线不是种族、宗教或经济地位，而是党派归属。社会组织的发展也类似，其会员数量在1960年代初达到顶峰，而后在从1969年开始直至21世纪的前20年间持续下降。一个多世纪的公民创造力消失殆尽，美国人成群结队地退出了有组织的社群生活，他们不仅对有组织的宗教活动迅速失去兴趣，而且家庭组建方面也重回"镀金时代"的个人主义婚姻模式。在美国人的文化心理上，个人主义迅速取代了社群主义，70 年代美国进入了汤姆·沃尔夫所谓的"自我的 10 年"，人们不再渴望修复社会，而只考虑修复自己，而其实这个"10 年"一直持续至今。

　　总之，帕特南发现，在过去 125 年中，美国的经济、政治、社会、文化变迁都呈现出倒 U 型趋势，先从"镀金时代"强调个人主义的"我"，上升到 20 世纪 60 年代注重社群主义的"我们"，再折返回"新镀金时代"个人主义的"我"。尽管这里的"我们"具有鲜明的种族主义和性别主义色彩，但并未将黑人和女性彻底排除在外。在美国大部分地区迈向更强烈的"我们"之际，美国黑人也在一些重要方面相向而行，但当美国历史的钟摆转向"我"的时候，黑人也首当其冲被排斥在外。性别平等方面亦是如此，绝大多数进展并非始于 20 世纪 60 年代的女性运动，在那之后也没有加速。但在美国历史的钟摆曲线从"我"转向"我们"的进程中，女性明显获得了更多的平等和包容，并在 60 年代到达顶峰，而在那之后，随着"我们"又回到"我"，其发展速度明显放缓，甚至有些方面（比如性别平等态度）出现了停滞或逆转。

二

　　长期以来，帕特南就像拿着手术刀的医生，从社会资本、宗教和教育问题，细致入微地层层剖析着美国肌理。作为其多年美国研究的总结，《大衰退：美国社会的百年变迁（1895—2020）》既与他的《独自打保龄：美国社区的衰落与复兴》《美国恩典：宗教如何分裂和团结我们》以及《我们的孩子：危机中的美国梦》等著作遥相呼应，又通过在超长时期内跨越多个维度测量社会变迁的广角延时方法，揭示了美国历史的钟摆运动。那么，是哪些力量推动了美国历史钟摆的摆动？帕特南不再像他在《独自打保龄》中那样执着于探究后果的前因，而是主张任何单一因素都不足以解释这一钟摆运动，它是互为因果的政治、经济、文化和社会等因素相互激荡碰撞的产物，没有哪个元素是第一病因。

但是，文化的确很重要，因为它几乎是最显见的推动力，尽管无法证明其是首要因素，但可以通过文化的变迁发现钟摆的运行逻辑。不同时期的美国文化对个人和社群的重视程度各不相同，钟摆因此不规则地在两个极点之间来回摆动。在从"我"到"我们"再到"我"的钟摆曲线中，"我们"的时代注重群体生活，共享价值观，相信通过勤劳努力可以实现种族和经济平等；"我"的时代关注个人"权利"，人各为己，坚持身份认同的文化战争。知识史学家珍妮弗·拉特纳·罗森哈根曾经这样说过："在美国历史上，不同时期的不同思想家，都想在自我私利和社会义务之间找到恰当的平衡，都因此挣扎纠结过。"

"人人为己"的原则在"镀金时代"大行其道，进步主义者因此希望通过各种民主实践将美国文化的规范准则拉升到社群主义一边。到了20世纪五六十年代，人们又开始担忧天平向社群主义的过度倾斜会压抑个人精神，20世纪50年代出版的《孤独的人群》《组织人》《穿灰色法兰绒套装的人》这类批评集体压抑个体的大部头作品相继成为畅销书，整个社会开始为"回摆"积蓄动能。这种"积蓄"体现在很多方面，比如在社会心理学中，经典的"阿希从众实验"显示，50年代之前的个体更易在群体中受从众压力影响，而60年代之后，从众压力的影响已经极大减弱。再比如给婴儿起名字的变化，五六十年代之前，婴儿名字的重合度很高，之后就变得"异彩纷呈"。还有代词"我"与"我们"在美国出版物中的出现频率，从1900年到1965年，"我"字出现的频率越来越低，但在1965年之后，这一趋势发生逆转，在以自我为中心的情绪高涨期，"我"字的使用变得越来越频繁，而"我们"一词的使用趋势则几乎完全相反。"人人为己"的原则就这样死灰复燃。披头士乐队在 20 世纪 60 年代上半期还在高唱团结，下半期就开始讴歌个性。在乐队解散各自单飞之前，乔治·哈里森（George Harrison）为他们撰写的最后一支歌这样唱到：

我所能听到的是，我我我的，我我我的，我我我的。

（All I can hear，I me mine，I me mine，I me mine.）

这首歌就像一篇墓志铭，见证着 20 世纪 60 年代"我们"的死亡！

艾恩·兰德（Ayn Rand）1957 年出版的《阿特拉斯耸耸肩》，在美国被认为是 20 世纪读者最多的书，仅次于《圣经》。这本书引申出一个影响 21 世纪的模因梗：社会由"制造者"和"接受者"构成，接受者通常利用政府权力从制造者那里获取东西，制造者就像古希腊擎天巨神阿特拉斯一样承担着整个社会的重量，只能对无能的接受者们"耸耸肩"。1964 年，兰德在接受《花花公子》采访时说的那句话："我不为自己牺牲他人，也不会为他人牺牲自己"，在很大程度上成了美国保守主义思想复兴的号角。

当然，文化不是推动钟摆的唯一动力，文化只是为决策者打开了"奥弗顿之窗"。美国政治学者约瑟夫·奥弗顿（Joseph P. Overton）认为，政策的可行性，取决于特定时期主流人群在政治上可以接受的范围，而不是政治家的个人偏好，政治家只能在这个范围内做出选择。"奥弗顿之窗"可以让一些政策更有希望、更容易获得认可或者至少可以想象。比如，随着文化从社群主义向着个人主义摆动，重新分配税负这类基于"我们同舟共济"假设的政策变得不可想象了，放松监管这类相反的政策就变得合理了。因此，文化不只是历史大潮的浮萍，不只是文人墨客或流行文化鉴赏家的品评对象，文化也是政治、经济和社会生活的积极动力。正如马克斯·韦伯所言，物质利益支配着人们的行为，但"观念"所创造的"世界形象"，常常像扳道工一样，决定着利益动力所推动的行动轨迹。

三

美国历史的钟摆，就这样在社群主义与个人主义两极之间来回摆动，也促使人们对平衡力孜孜以求。诺贝尔经济学家阿尔伯特·赫希曼（Albert Hirschman）将钟摆的两极界定为私人利益和公共行动，将"失望"作为反作用力，认为当人们对某种思维方式不再心存幻想，就会失望地转向另一种思维方式。

20世纪60年代是普通民众都能感受到的转折期。上升下降都可能无声无息，但转折却锣鼓喧天，从1964年到1974年，几乎每年，甚至每月都有一本重要书籍以"改变美国""震撼世界"或"一切都变了"为主题。整个60年代繁华与凋敝共存，前半段是"希望的岁月"，后半段变成了"愤怒的日子"。少数族裔对缓慢的社会变革步伐和落空的民权承诺失望，白人对正在失去的安全与荣耀失望，个人解放运动催生的自我中心主义对"共同梦想"的压抑失望，凡此种种，酝酿了1965年至1969年美国百年来最严重的城市骚乱，与肯尼迪兄弟、马丁·路德·金等人被暗杀事件一道，沉重打击了美国人的信心。20世纪60年代下半段，就这样成了过去125年美国历史钟摆的下行起点。不仅如此，如果人们继续拉长这125年的历史，再向前推半个世纪，也就是托克维尔所看到的19世纪30年代的美国，那时的美国人通过结社克服私欲，共同解决集体困境，远比欧洲更平等、更富活力，但其后不到半个世纪美国就进入了物竞天择的"镀金时代"。就此而言，美国的发展史不止一个倒U曲线，美国似乎在个人主义与社群主义之间陷入了宿命般的浮沉循环。

　　但是，帕特南不同意这种借助失望的悲观主义思想方式，也不认为这种历史循环必然无解。他认为社会生活与物质世界不同，不是在重力法则作用下追求机械平衡，人的能动性和领导力至关重要，历史的钟摆终究是由人的力量推动的，并非不可摆脱的宿命，美国在 20 世纪 60 年代的转折也并非不可避免。要想让 60 年代中期的美国挣脱钟摆引力逆势上扬，就需要沃尔特·李普曼（Walter Lippmann）所呼吁的积极、有创造力、有纪律的公民，来"驾驭"那个"放任"的时代，需要学习进步主义的衣钵传人，推动影响深远的社会改革。这些人不是某些聪明的上等人，而是普普通通的美国人，他们是受到三角衬衫厂火灾的震动，为改善女工权益奔走呼告的弗朗西斯·帕金斯（Frances Perkins）；是与伙伴成立扶轮社，致力于提供社会服务的保罗·哈里斯（Paul Harris）；是揭露南方私刑，为保障黑人权益无所畏惧的艾达·威尔斯（Ida Wells）；是反思资本主义的贪婪，为提升人们的公共生活而不懈奋斗的汤姆·约翰逊（Tom Johnson）……他们在各自范围内积极争取社会进步形成的溪流，汇聚成社会巨变的大江大河，推动"我"走向"我们"。这些人凭借共同的命运感组织起来，推动了"镀金时代"的转折，尽管没能成功将 20 世纪 60 年代推向持续上升的轨道，但是，如果人们满怀阻止国家继续下滑的强烈意愿，如果人们相信普通公民也大有可为，就很可能推动"新镀金时代"的转向。

　　"凡是过往皆为序章，未来将由你我开创"，帕特南寄予厚望的，正是那些失望的人们能够重新燃起希望。如果每个人都愿意从共同的命运感出发抑制个体私欲，在保障个人的利益、权利、自主与维护强烈的整体意识、共同目标、共同命运之间找到恰当平衡，从"我"走向"我们"，克服时代的放任，驾驭自身的命运，缩小"老家伙们"（OK Boomer）与年轻一代的代际鸿沟，设定更清晰的公共议程和战略选择，仍然可以聚沙成塔、集腋成裘，形成打破历史钟摆规律的必要力量。不过，可以想见，对于当代美国而言，这是一个不确定的未来，绝非易事。

目　录

第一章

凡是过往，皆为序章

1

> ……凡是过往，皆为序章，即将到来的一切将由你我开创。
>
> ——威廉·莎士比亚《暴风雨》

19 世纪 30 年代初，法国贵族亚历克西斯·德·托克维尔（Alexis de Tocqueville）受政府之托前往美国，受命深入了解美国的监狱制度。当时的美国只是一个诞生不足半个世纪的新生民主国家，在许多国家眼里还只是一项大胆的政治实验。一部宪法和一个参与式政府能否保障自由和平等，仍然悬而未决。

托克维尔在这个新国家走南闯北，遍访各地并详加记录，获得了诸多只有从局外人视角才能获得的洞见。他几乎反思了美国公共生活的方方面面，并与无数公民交谈，观察他们的日常交往，还考察了很多构成新国家的社区和制度。最重要的是，他注意到，那些为个人自由艰苦奋斗的粗犷先驱者的后代们，也以实现个人自由为己任。但他也注意到，人们在公共和私人领域为了共同的互惠目标走到一起，广泛结社，制约着无节制的个人主义。托克维尔敏锐地意识到他所创造的"个人主义"一词的危险，他从美国观察中得到启示：美国公民既极力捍卫自己的独立性，又通过广泛而深入的结社来克服私欲，参与集体困境的解决，并通过追求他所谓的"恰当的自我利益"，[1] 共同努

2

力让美国社会充满活力并且远比欧洲更为平等。

虽然建构这种社会的过程远非完美，毕竟美国是建立在种族灭绝美洲原住民、奴役非裔美国人并剥夺妇女权利的基础之上，托克维尔本人也很清楚奴隶制的罪恶，但他看到美国的民主制度试图在自由与平等这对理想之间、在尊重个人和关注社会之间达成平衡。他看到独立的个体走到一起捍卫共同的自由，追求共同的繁荣，并支持保护他们的公共机构和文化规范。托克维尔认为，尽管还有一些盲点需要解决，一些缺陷和特质中还潜伏着危险，但美国的民主是有生命力的。[2]

如果托克维尔再次前往美国，进一步探寻美国的国家故事，他会发现什么？美国是否履行了平衡个人自由与共同利益的承诺？是否实现了机会平等并确实带来了共同繁荣？共同的文化价值观、对民主制度的尊重以及充满活力的结社生活是不是暴政的解药？让我们来看看20世纪末的资产负债表。

就繁荣这个大问题而言，情况是好得不能再好了。通讯、交通和生活水平的巨大进步，给几乎所有美国人都带来了前所未有的物质享受。教育机会的增加，让社会和经济竞争环境趋于平等。为大众消费而定价的各种商品，以越来越便捷的方式提供的各种新娱乐形式，改善了几乎每个人的日常生活。总的来说，当代美国人享有前几代人梦寐以求的教育机会、富足和个人自由，这一事实可能会促使观察者描绘出一幅美好的美国图景：教育、技术创新和持续的经济增长，推动了广泛的进步和繁荣。

然而，这种繁荣是有代价的。虽然技术进步催生的工业让大公司能够产生前所未有的利润，但这种财富很少流向下层。穷人的实际生活也许比他们的前辈好，但经济增长的收益仍然高度集中在上层。极端的贫富差距随处可见。

根深蒂固的精英阶层和孤立无援的社会下层之间的阶级隔离，在身体、社会和心理上阻碍了那些意欲向上流动的人。年轻人和新移民刚进入劳动市场时往往满怀希望，认为只要坚持不懈地努力，就可以实现美国梦。但他们通常会失望地发现自己的竞争劣势太大，很难过上另一半人的生活。美国人对僵化体制的愤恨不满日益压倒理想主义。

但是，这种与过去的背离不仅体现在日益加剧的不平等和由此产生的悲观情绪中，还体现在不断重新定义美国的制度中。企业集团正在取代包括农业在内的几乎所有部门的地方经济和手工业。粗犷朴实的美国个体正在对抗其身份、自主和能力的丧失，他们被纳入超稳定企业机器的匿名劳动中，被迫拼凑微薄的工资来维持生计。企业垄断者通过并购浪潮积聚财富，并获得了无与伦比的经济影响力。公司权力过大，削弱了工人的影响力，对股东和市场负责成了资本家给工人低薪的理由。为了降低薪酬，企业纷纷在国内外搜寻更弱势的人。

美国社会底层的生活在某些重要方面的确改善不小，这使得一些评论家乐观地认为情况只会越来越好。但这些改善大多以长时间从事无保障的低薪工作为代价。虽然奴隶制已被废除，但结构性不平等的残酷现实导致许多有色人种的贫困生活代际相传，从某种程度上说，美国黑人的实际处境正在恶化。在明显偏向男性工薪阶层的美国社会中，女性仍然难以平等参与。中产阶级的经济福利也正在受到侵蚀，私人债务的飙升已成为收入滞后的一大因素。

企业的经济权力变成了政治权力。在利润不断增长的同时，企业也在不断创造性地逃避对公共系统的财务和道德责任，而正是这个系统令其得以蓬勃发展。商业巨头通过收买政客和政党，成功化解了监管者的微弱努力。政客们从富有的捐赠者那里获得大量钱财并因此赢得选举，这就造成了财富与权力之间危险的互惠关系。利益集团还无情地对民选官员施压，让他们支持企业议程并且不得妨碍自由市场。因此，在日益相互依存的经济体中，大片区域基本不受监管，整个系统不时失控。但是，尽管他们不计后果的行为常常导致崩溃，平流层的富人们却"岿然不动"。

监管不力进一步助长了对美国海量自然资源不负责任的滥用。国内生产总值飞速增长，但野生动物却以惊人的速度消失，人们肆意开采燃料和原材料，污水威胁着生命。虽然国家的大片土地划为公共用地，但为了满足日益膨胀的经济对自然资源的需要，商业利益集团向政府施压，要求政府开放保护区用于采矿、放牧和燃料开采，这些土地的命运引发了激烈的争论。原住民世居此地并将土地奉若神明，他们的权利和文化被弃若敝屣，取而代之的是商业利益。此外，包括食品在内的受污染产品在销售时毫不顾及消费者的健康或安全。这个时 5 代的企业似乎只注重获取经济利益，并且为此不计后果。

当今美国的书报上充斥着社会领袖个人和职业生涯的丑闻报道，记者们努力挖掘美国失控的腐朽内核。政客们经常因腐败被曝光，他们利用权力与资助人进行交易，利用自己地位牟利的方式也花样翻新。性丑闻在精英阶层中也很常见，甚至著名的宗教领袖也深陷其中。犯罪和道德沦丧成为大众娱乐无处不在的主题，上层的放纵和底层的贫困形成了鲜明反差。

作为履行公民义务的"马后炮"，很多美国超级富豪向各种慈善事业捐出大笔资金。这一慷慨之举建造了大厦，创立了机构，支撑了文化基础设施，但通常是为了换取将自己之名镌刻于致谢碑之上。商业领袖往往被奉为偶像，尽管他们的行为在道德上有问题，但因为他们起于微末，拥有企业家的"真正勇气"，最终成了社会和文化的偶像。这告诉美国的普通人：只要愿意不惜一切代价，任何人都可以从贫穷变得富有。

事实上，许多主宰美国想象力的企业巨头，都生活在一种几乎无法掩盖自私和优越感的个人主义意识形态之中。自力更生的哲学受到推崇，追求不受约束的自我利益成为值得称道的生活伦理。每个人在每个转折点都必须做对自己最有利的事，只有那些愿意按照这个准则生活的人，才配得上经济鳌头之位，这种想法已经转化成一种微妙又强大的文化叙事，即市场的公平性无可挑剔，贫穷完全是咎由自取。各种再分配计划经常被批评为浪费和不负责任地使用资源。但是，奢侈的展示、华丽的派对、全球旅行和富丽堂皇的豪宅是精英阶层的社会货币，所有这一切都是由数量不断增加的底层移民劳工所支撑的。

私人生活的自我中心倾向同样出现在公共事务中。在政治上，过 6 分注重以牺牲他人利益为代价来促进自己的利益，造成了无情的零和竞争和妥协的反复失败。公开辩论的特点不是讨论不同的观点，而是妖魔化对方的观点。政党纲领日趋极化，当权者寻求剥夺不支持自己观点的选民的选举权，以巩固自己的影响力。这造成国家沿着经济、意识形态、种族和民族的界限日渐分崩离析，日渐被那些最擅长分而治之游戏的领导人所控制。这必然导致政治僵局和公共部门的瘫痪。衰败的基础设施、不足的基本服务和陈旧的公共项目，成为美国的窘境。民选官员总是不能胜任，公民自然倍感绝望。

这种氛围还造成了人们对美国各个政党的普遍失望。两党似乎都没有能力解决美国的问题，许多选民正在转向第三党派寻求更好的选择。自由意志论倾向很普遍，社会主义获得大量信徒。同时，日益高涨的平民主义浪潮吸引了许多人的热情，尤其是在农村地区。美国的民主制度在两极分化的重压下捉襟见肘。

除了这种经济和政治上的不景气，社会和文化上的不满情绪也在攀升。飞速发展的技术改造了美国，无数新的交流和交通形式将人们断开又重连，重新安排他们的身份、信仰和价值体系。有些人乐观地宣扬这打破了重重壁垒，缩短了人际距离，另一些人却随着传统社会结构的消退而倍感孤立、孤独和原子化。

在日益全球化的信息时代，来自世界各个角落的新闻让人们应接不暇，信息爆炸让试图理解这一切的人不知所措。各种新的科学、哲学和宗教观念以惊人的速度颠覆着传统规范。在美国，商业和消费所主导的文化，导致广告在日常生活中无处不在，常常令人深感糟糕。 7

随着利益驱动压倒坚持真理的责任感，新闻自由这一民主制度的关键要素的可靠性也成了问题。

普遍存在的压力和焦虑往往被归咎于亢奋的生活节奏。美国人对各种兴奋剂的需求正在上升，他们急于跟上时代的步伐并竭力争先。不惜任何代价来满足不断增长的生产需求，正在夺走许多个人和家庭的身体健康和情感幸福。这些强大的技术、经济、政治和社会力量的综合效应令人头晕目眩，普通人普遍觉得自己越来越无力控制个人生活。年轻人的焦虑感正在增加，他们面临着前所未有的挑战，很可能比父母活得更短，回报更少。这个国家似乎不再是年长者所能认识和理解的，许多老年人开始怀念过去的时代。

一些美国人对这些形式各异的失调做出了反应，在日益激烈的社会和经济竞争中，他们向自己想象的对手发起挑战。种族主义和性别歧视持续存在，甚至愈演愈烈。事实上，上一个时代所取得的种族平等进步在许多方面都发生了逆转。白人至上主义暴力事件不断上升，白人当局往往不阻止这种暴力。紧张局势不断激化，冲突日益血腥，连续的冲突大大降低了人们对执法部门的信任。大批新移民涌入美国，他们的思想和宗教信仰被认为是奇怪并有威胁性的，因而遭遇仇恨和暴力。排外主义很普遍，许多人认为它在文化上是可以接受的，甚至是爱国的。越来越多的人支持限制甚至阻止来自特定国家或政治、宗教观点不同之群体的移民。非法入境的移民数量激增。与此同时，出于意识形态动机的恐怖分子引发了对所有移民的强烈反冲，包括执法部门的镇压、司法部长发起的全国突袭，以及对公民自由的威胁。越来越多的美国人似乎不再相信我们大家是一个整体。

几乎就在我们彼此对立的同时，美国人也在以种种自我毁灭的行为和信念来应对不确定性和不安全感。滥用药物现象十分猖獗，很多家庭损失惨重，许多人因此丧命。物质主义只是宽慰人的空洞承诺。人们更乐意做个愤世嫉俗的旁观者，或者信奉这样一种末世观：美国的实验已经失败了，我们所能期望的最好结果，不过是一切崩溃之后从头开始。无论人们的反应是猛烈抨击、转向封闭、拒不配合还是最终放弃，分歧、幻灭和绝望日益麻痹着美国人的神经。事实上，许多美国人现在似乎只有一个共识：这是一个最糟糕的时代。

托克维尔这种忧心忡忡的观察家肯定会用"寡头政治""财阀统治"甚至"暴政"之类的字眼来警告美国人，一定要避免再次出现经济与政治权力结构的重叠现象，这是美国建国时就应该避免的。还有人感叹这个国家在道德和文化上都走错了路。他们想知道，美国的民主制度是否濒临毁灭？

虽然从各方面看这都像是今日之美国，但其实不然。上述资产负债表实际上只是准确描述了这个国家在另一个时代的历史，就在 20 世纪初，也就是在托克维尔激动地描述了这个繁荣的民主国家仅仅 50 年之后。

19 世纪 70—90 年代的美国与今天惊人地相似。[3] 当时正如现在一样，伴随前所未有的技术进步、繁荣和物质富足而来，不平等、政治两极化、社会失调和文化自恋大行其道。这些实在与今天太相似了，前文描述的现象几乎可以一字不差地照搬到当今美国。回望马克·吐温所蔑称的那个"镀金时代"，感觉就像在照镜子一样，令人毛骨悚然。

当然，其他评论家已经发现了这种令人不安的相似。他们严正警告，如果不改弦更张，今天的美国人将会因为重蹈历史覆辙而内疚自责。尽管这种比较非常贴切，却不可避免地引出一个问题，即上一次我们的国家处于这种令人不安的状态时，到底发生了什么。显然，19 世纪末令人绝望焦虑的末日预言并未成真，对美国必将脱轨的恐惧，最终证明毫无根据。那么，我们是怎么从过去的镀金时代走入当下的困境的呢？20 世纪到底发生了什么？

本书试图回答这些问题。因此，它既不是对我们当前问题的细致评估，也不是对 19 世纪与 20 世纪之交的详尽描述。相反，我们试图

9

借助大量最新汇编的统计数据，提供一个更广阔的历史视角，为美国过去125年的历史，绘制了一幅全新的、引人注目的数据肖像，如图1.1所示。

　　下述趋势展示了经济、政治、社会和文化四个关键领域中百年现象的多个标准的分值概要。（构成这四条曲线的基本数字将在接下来的四章探讨。）当我们仔细观察美国生活的每个方面时，不禁要问，自20世纪初以来，情况是在改善还是在恶化。换句话说，在过去的125年里，自镀金时代以来，美国

　　——经济更平等了吗？

　　——政治更礼让、妥协更多了吗？

　　——社会生活更具凝聚力了吗？

　　——文化价值更加利他了吗？

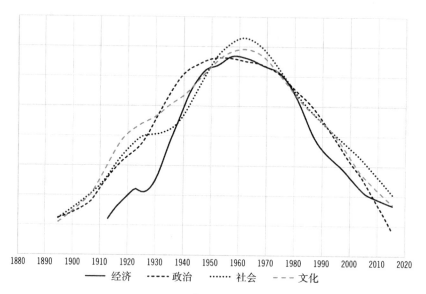

图 1.1　1895—2015 年美国经济、政治、社会和文化趋势图

资料来源：参见尾注 1.4。数据经二维散点图平滑法处理：0.2。

当把这些问题的答案挨个绘制成图时，我们发现了一个明确无误，甚至令人叹为观止的模式。在每个领域，趋势线看起来都是一个倒 U 形，在大致相同的时刻开始漫长地攀升，然后在一个非常相似的时间框架内向下逆转。[4]

不同的标准表明，在第一个镀金时代之后，美国出现了六十多年 10 不完美但却稳步上升的势头，经济上更趋平等、公共领域更多合作、社会结构更加紧密、团结文化日益增长。在 20 世纪前三分之二的时间里，我们实际上缩小了镀金时代产生的经济鸿沟，不仅在大萧条和第二次世界大战期间取得了进步，而且在之前和之后的几十年里也取得了进步。在同一时期，我们逐渐克服了极端的政治两极化，学会了跨党派合作。我们还逐步建立了一个日益强大的社区和家庭关系网。我们的文化变得愈加注重相互责任，而不是狭隘的私利。简言之，美国经历了一个巨大的、多方面的、确定无疑的上升期。

在这几十年里，美国人可能比以往任何时候都更加关注那些我们共同努力才能完成的事情。正如很多人所言，这种共同责任和集体进步的意识，并不仅仅是在克服大萧条和击败轴心国之后取得的胜利果实。这张图清晰表明，我们在后面的章节也会用数据证明，事实上，11 这是过去半个世纪显著趋势的顶峰。

到了 20 世纪中叶，镀金时代已经成为我们遥远的记忆。美国已经变成一个更加平等、合作、团结、利他的国家。不过，当时我们仍然是种族隔离和沙文主义的社会，还远远不够完美，本书将在后面的章节对此详细讨论。但是，随着 20 世纪 60 年代的开启，我们越来越注意到我们的不完美，特别是在种族和性别方面。我们的新总统让我们准备好共同应对挑战。他说："不要问你的国家能为你做什么，要问你能为你的国家做什么。"对于当时的美国人来说，肯尼迪关于集体幸福感比个人幸福感更重要的论点，很难说是反文化的。虽然肯尼迪在修辞上做足了功夫，但对他同时代的人来说，他只是在陈述一个明显的事实。

在 20 世纪的头六十年里，美国显然已经成为一个更"我们"的社会。

但是随后，正如前图所示，也正如那些经历过那个时期的人所熟知的，在 20 世纪 60 年代中期，我们共同的经济、政治、社会和文化生活中长达数十年的上升趋势突然逆转方向。美国突然发现自己处于明显的衰退之中。自 20 世纪 60 年代中期到今天，从多维硬性测量分值来看，我们的经济平等程度不断下降，公共领域的协商妥协持续恶化，社会结构不断撕裂，文化自恋持续攀升。进入 20 世纪七八十年代以后，我们加速再造了上一个镀金时代的社会经济鸿沟。在同一时期，我们用政治极化取代了合作，我们的社群和家庭关系土崩瓦解，我们的文化更加注重个人主义，对共同利益的兴趣日益减少。自 20 世纪 50 年代以来，我们在扩大个人权利方面取得重要进展，当然这种进展很大程度上建基于前几十年所取得的进步，但在共同繁荣和社群价值方面却急剧倒退。

12　　肯尼迪已经预示了即将到来的变革。回头来看，他理想主义的言论是在我们费尽周折爬上峰顶时发表的，之后我们马上就跌落下来。虽然这座山峰在平等和包容度上，肯定还没有达到美国所期望的高度，但它已经非常接近我们的建国者想要实现的愿景："人人享有自由和正义的国家。"因此，肯尼迪呼吁将共同利益置于自我利益之上，这在当时听起来像是在为一个正在开启的新时代，也就是拓展更伟大的共同胜利的新边疆时代吹响号角，但从整个世纪的发展来看，他反而是在无意中为这个时代敲响了丧钟。

在过去的 50 年里，美国已经明显的、实际上也是可测度的，成为一个更强调"我"的社会。

总的来说，我们发现的每一种趋势都能在相关学术文献中找到踪迹，不过学者们的研究很大程度上都是单独进行的，很少有人注意到，在 20 世纪，多个维度都遵循同样的升降曲线。[5] 此外，这些趋势研究往往只关注到了曲线的后半段，即美国的衰退，忽略了同样值得注意的美国上升的前半段。相比之下，我们的研究旨在对更长时期内的多个不同变量进行广泛分析，揭示根植于 20 世纪头几十年中，并最终导致今天多方面国家危机的深层结构和文化趋势。

通过使用先进的数据分析方法，将四个关键指标合成一个统一的统计故事，我们从中发现了那个单一的核心现象，即一个倒 U 型曲线，它为美国过去 125 年的故事提供了经过科学验证的总结。图 1.2 所代表的这一"元趋势"，是一种可称之为"我—我们—我"曲线的现象，即逐步攀升到更强调相互依赖和合作的阶段，然后又陡然下降到更强调独立和利己主义的阶段。这反映在我们的平等经验、我们对民主的表达、我们的社会资本存量、我们的文化认同以及我们对这个国家的共同认知上。　　13

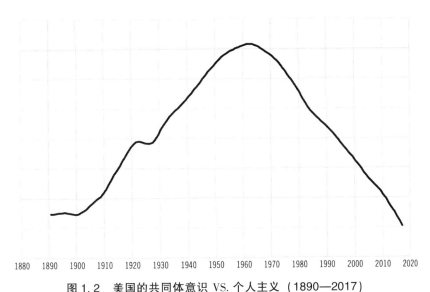

| 1880 | 1890 | 1900 | 1910 | 1920 | 1930 | 1940 | 1950 | 1960 | 1970 | 1980 | 1990 | 2000 | 2010 | 2020 |

图 1.2　美国的共同体意识 VS. 个人主义（1890—2017）

资料来源：参见尾注 1.4。数据经二维散点图平滑法处理：0.1。

在本书接下来的四章，我们将沿着这个单一的核心趋势：经济、政治、社会和文化，反思它的发展是如何促进美国向着"我们"之风气上升，随后又如何向着"我"之风气下滑。当我们聚焦于每个倒 U 型曲线时，我们将深入研究构成总体趋势的大量基本统计指标，但同样重要的是，我们还将探寻其历史背景，即那些可能促成其形成的环境、力量和因素的独特组合。因此，在本书的历史叙述中，我们将通过经济、政治、社会和文化四个基本分析视角，来回顾几个不同时期的某些人和某些事。

14 适用于这一时间段的另外两个分析视角是种族和性别，我们将分别用一章的篇幅来阐述。事实上，如果不去询问这些趋势如何反映或不反映传统上被排斥的群体经验，对 20 世纪的"我"和"我们"的讨论就不可能是完备的。然而，由于我们的分析必然依赖跨越一百多年历史的数据集，我们在本书中讨论拉美裔、亚裔美国人、美国原住民和其他有色人种经历的时间远远少于讨论非裔美国人。这当然不是因为这些群体和他们的独特故事不重要，而是因为本书所依赖的统计资料直到 20 世纪后期才逐渐将其他有色人种从非裔美国人中单列出来，这导致非常难以严格辨别他们的长期趋势。因此，我们对种族问题的讨论集中在非裔美国人身上，对其他种族和少数族裔言之较少。

在 125 年的时间里，虽然经济不平等、政治两极化、社会分裂和文化自恋的总体指标都遵循一个惊人相似的倒 U 型曲线，但当涉及种族和性别平等标准时，故事要复杂得多。因为在 20 世纪前三分之二的时间里，非裔美国人、妇女和其他许多人不得不为实现最基本的平等和包容而奋斗，因此可以这样认为，美国在这一时期向着"我们"所走的路都具有内在的种族主义和性别歧视。事实上，本研究必须考虑到一种非常现实的可能性，即此时形成的"我们"基本上是一个白人、男性的"我们"。

在 20 世纪的美国，种族和性别的宽泛历史往往不是被描述为倒 U

型曲线，而是被描述为类似曲棍球棒的东西。换句话说，人们往往认为黑人和妇女一直处在广泛存在的不容忍、不平等和压迫之中，这是一种常态。直到20世纪60年代中期，民权和女权运动成为这一情势的分水岭，黑人和妇女的状况以前所未有的速度获得改善。然而，这种素描历史在一些重要方面存在误导。我们将在后面的章节介绍这些数据，仔细分析这些数据，你会发现，早在1970年之前，种族和性别平等就已取得惊人的进步，事实上，这是一个相当长的进步时期，与上图变量所描述的情况一致。看来，在20世纪前三分之二的时间里，随着美国社会中"我们"意识的不断扩大，其教育、收入、健康和投票等方面的种族和性别差距逐渐缩小，黑人和妇女显然也从中受益。因此，我们有理由相信，20世纪六七十年代的权利革命并非空穴来风，而是四十多年进步的巅峰。这种进步往往是在各自分离的领域取得的，例如种族平等主要是由美国黑人自己推动的，而不是由体制变革推动的，当然它们并不仅止于各自的领域，它们都是20世纪那段平等和包容历史的极其重要的组成部分。

此外，我们对20世纪美国种族问题的研究表明，1970年之后的几十年，也就是美国人通常认为种族平等取得最大成就的时期，美国黑人地位的改善实际上明显放缓。（性别平等的故事有些不同，我们将在第七章详细解释。）这段减速期既令人惊讶，又显而易见，但也与上图曲线所展现的故事相对应。似乎在1970年以后，随着美国人变得更个人主义、更自恋，我们在推动真正的种族平等上也慢了下来。这个令人惊讶甚至有点违背直觉的说法，关注的不是种族平等的绝对水平，而是随着时间的推移种族平等发生变化的速度，这挑战了人们普遍接受的一些美国种族关系史观念。因此，当谈到种族平等时，曲线的形状看起来不太一样，但数据背后的现象却是对美国"我—我们—我"世纪故事的微妙而意外的确证。我们将在第六章和第七章详细阐述这个案例，这也是为什么前面几章只轻描淡写地讨论种族和性别问题的原因。

　　然而，尽管非裔美国人和妇女在 20 世纪初取得了实实在在并且常被低估的进步，我们的分析也揭示了不可否认的一点，即 20 世纪中叶的 "我们" 仍然是高度种族化和性别化的，以及，即使在美国的礼让和凝聚力达到前所未有的高度时，我们依然离目标很远。因此，考虑到有色人种、妇女和其他受困群体的经历，关键是避免把 20 世纪 50 年代作为美国追求平等社会的某种 "黄金时代" 来怀旧。事实上，有明确的证据可以表明，美国在 20 世纪前三分之二的时间里并未创造出一个完全包容、完全平等的 "我们"，这是导致美国最终转向 "我"的关键因素。为什么会这样，以及它对我们今天所面临的挑战可能意味着什么，将是本书所要探讨的一个更引人深思的问题。当然，也许它也会变成一把钥匙，让我们更好地理解为什么在民权和妇女运动半个世纪后的今天，我们仍处于一个沿着种族和人种界线严重分裂的社会中，仍在为界定和实现性别平等而斗争。

　　美国生活中一个令人深感不安的方面在于，我们一直未能实现种族和性别的平等与包容，事实上，这违反了美国方案的基本原则。然而，这远不是我国现在面临的唯一问题。在政治上，我们以异常愤怒的方式进行斗争；在经济上，贫富差距在生活的几乎所有方面都是巨大的；在社会生活中，我们经常感到孤独、脱节和绝望；而我们的"自拍" 文化不断暴露出自己盲目自恋的一面。今天，我们发现自己生活在一个极度分化、极度不平等、极度分裂、极度自我中心的国家，我们都痛苦地意识到这一事实。近五十年来，除了几次例外，大多数美国人，无论党派如何，都认为我们的国家 "走在错误的轨道上"，过去十年中持有这一观点的美国人甚至超过了三分之二。[6] 皮尤研究中心（Pew Research Center）最近的一项研究显示，美国人对未来 "普遍悲观"，大多数人都预测贫富差距会继续扩大，国家在政治上会更加分裂，未来三十年美国在世界舞台上的重要性会下降。[7] 美国心理学

会的多项报告指出，"我们国家的未来"是普通美国人的一大压力来　17
源，甚至比他们自己的财务或工作压力还大。[8]

我们怎么走到了这一步？如果不能回答这个问题，我们就必将要
在日渐黯淡的道路上进一步陷落。

20 世纪 60 年代是 20 世纪历史上一个非常重要的转折点，一个改
变国家发展进程的拐点。但是，正如本书所要论证的那样，只有将 60
年代视为第二个拐点，而不是第一个拐点，才能准确回答我们是如何
走到今天这个地步的。60 年代中期开始的分崩离析，虽然对经历过这
一过程的人来说显而易见，但这种现象的影响与 20 世纪初所发生事情
的影响力大体相当，只是作用相反。只有当我们的镜头拉得足够长，
将这两个拐点一并考虑，我们才能准确了解我们如何陷入当前的困境，
以及如何才能走出困境。我们希望，呈现一个跨越美国过去 125 年历
史的有理有据的新故事，或可弥合婴儿潮一代与新生代[9]之间的代沟，
以及我们国家所面临的诸多断裂，进而构建一个我们可以共同努力创
造的未来愿景。

镀金时代的历史学者丽贝卡·爱德华兹（Rebecca Edwards）指
出："一个人从一段历史中吸取的教训，很大程度上取决于一个人对
起点和终点的选择。"[10]本书认为，我们今天必须从中汲取教益的历史
时期并不是从 20 世纪 60 年代开始的。仅仅回顾这么远，会把许多评论
家带入怀旧的感叹，但除了令他们哀叹一些逝去的天堂美景，并争论我
们是否应该以及如何重新创造这些天堂之外，再无他途。换言之，仅着
眼于一个上升期的巅峰时刻，并不具有多少启发意义。事实证明，展望
其开始的那一刻更有成效，尤其是那一刻的背景与我们今天所处的背
景有着惊人的相似之处。正如本书的副标题所示，我们的论点不是说
我们应该怀旧地回到美国某个伟大的巅峰，而是应该从一个与我们自
己非常相似的绝望时期中获得灵感和指导，在这个时期之后，美国人　18
成功地，而且可用数据测度地，将历史推向了一个更有希望的方向。

　　如果真像莎士比亚写的那样，"凡是过往，皆为序章"，那接下来的事情，肯定取决于我们对过去的正确理解。很少人能记住莎士比亚这句诗的后半句："即将到来的一切将由你我开创"，它揭示的不是历史决定论的悲观陈述，而是一个更现实甚至乐观的论点，即过去只是为未来的选择设定了议程。更清晰地看待我们的过去，有利于我们更好地驾驭未来。

　　那么，让我们从头开始。

　　本书将从今天的问题追根溯源到上次这些相同问题有可能吞噬我们的民主之时。它以一个有理有据的故事说明了我们是如何陷入当前困境的。我们将研究经济不平等、政治两极分化、社会分裂、文化自恋、种族主义和性别歧视如何在过去 125 年中各自演化，而不仅仅是过去 50 年。这样做会发掘出一些意想不到的迂回曲折之路，也会挑战一些专家和历史学家关于 20 世纪即"美国世纪"的既定说法。

　　我们不会引用一些最近发生的事件，也不会给出长期衰落的叙事，而是认为，要理解美国今天的状况，必须首先承认，我们现在看到的每个不利趋势都是由盛转衰的。经济、政治、社会和文化领域长达一个世纪的发展趋势惊人地相似，这就有可能将所有趋势归为一个单一的现象。20 世纪的美国实验展现了一个向着更团结的方向的长期上升，然后又向着日渐膨胀的个人主义急剧下降的故事。从"我"到"我们"，又重新回到"我"的故事。

　　《大衰退：美国社会的百年变迁（1895—2020）》是一部 20 世纪美国的历史，但它显然是一部简化的历史，它遗漏了许多同样重要的东西。这样做，是为了突出与我们目前面临的一系列挑战高度相关的真正趋势。因此，本书是一部宏观的史学著作，它必将在历史学者中间引起争议。此外，书写当代史总有些不稳妥，毕竟我们对过去的理解会随着未来的发展而变化。每过一个新的十年，高峰、低谷和拐点都会有新的意义。我们在此借阿尔弗雷德·诺斯·怀特黑德（Alfred

North Whitehead）的话作为自己的格言："求简存疑。"[11] 最后要说明的是，这本书主要不是关于因果分析的，它只是一种叙事。既然是叙事，就不仅仅是娱乐性的故事，更多的是由互为因果的趋势交织在一起的事件。叙事的各条线索是不可分割的，但仍然都具有解释性，因此对我们展望未来有启发意义。

正如托克维尔所言，为了让美国实验取得成功，个人自由必须获得有力的保障，但也必须谨慎地与追求共同利益保持平衡。个人当然有很大的自由追求自身利益，但若以牺牲他人利益为代价无节制地行使这种自由，就会破坏保障这种自由的社会基础。回顾 20 世纪的整个弧线，这些观点及其后果将会在生动的历史和统计资料中得到证实。最后我们将转向讨论我们的发现对当代改革者的价值。因为我们所描述的弧线并不是历史必然性的弧线，而是由人类能动性建构的弧线，一如莎士比亚所言。

我们从这一分析中得到的最重要的一个教训也许是，过去美国在文化、社区、政治和经济方面经历了一场不受约束的个人主义风暴，它在当时，就像今天一样，让人觉得自己的国家毫无吸引力。但我们曾经成功地渡过了那场风暴，我们可以再成功渡过一次。如果说有那么一个历史时刻，我们国家需要从中吸取教训的话，那就是美国从第一个镀金时代转变成进步时代的时刻，这个时刻掀起了一场巨变，推动我们重拾对国家的期许，其影响几乎波及半个多世纪以来美国生活的各个角落。[12] 因此，了解是什么推动了这些趋势至关重要。在即将合 20 上本书的那一刻，我们将审视为 20 世纪不断增强的社群主义创造条件的拐点，试图从那些在美国最后一个镀金时代拒绝让历史信马由缰，积极采取行动扭转历史进程的人的故事中汲取经验。与那些生活在所谓黄金时代的人相比，他们的故事更能帮我们找到解决当今问题所需要的工具和灵感，以创造另一个美国的上升期，这一次我们将坚定不移地致力于完全的包容，这将让我们登上更高的山峰，更充分、更持久地实现"我们"的期许。

第二章

经济：平等的兴衰

"我—我们—我"的美国世纪故事，要从过去 125 年以来的经济繁荣、物质福利趋势及其经济损益的平均分布状况讲起。

那么，美国人是如何做的呢？让我们从舒适的生活开始。史蒂文·平克（Steven Pinker）[1] 这样的乐观主义者似乎有充分的理由，认为我们的生活长期来看有着总体的改善。如果用奢侈品数量或寿命长短来衡量，美国百余年来一直稳健有力地繁荣发展，这部分是因为技术进步，部分是因为企业家精神，部分是因为明智的公共投资，尤其是在教育和基础设施方面。但我们很快将提供大量证据，证明这种长期收益掩盖了美国人在收入、财富和福祉分配上的严重不平等。

繁荣、健康和教育：流光溢彩的聚宝盆

自 1900 年以来，平均而言，美国人的确更健康、更富有了，教育的事情略复杂，不过，即便它没让人更聪明，但至少让人更有教养了。

在这几十年中，我们的寿命几乎延长了一倍，并见证了各种令人眼花缭乱的变化：从户外活动到 iPhone 手机，从尘土飞扬的马车出行到太空旅游，从破旧的乡村小店到无人机送货。

客观的标尺表明，一个多世纪以来，我们取得了几无间断的显著

进步。图 2.1 是衡量这一进步最简单的标准，它显示了人均国内生产总值的逐年递增趋势。[2]

图 2.1　美国人均 GDP 的长期实际增长（1871—2016）

资料来源：C. I. Jones，"The Facts of Economic Growth"，参见尾注 2.2。

　　图 2.1 清晰展现了经济学家口中的下述事实：自工业革命以来，美国经济繁荣的上升曲线速率一直非常稳定地保持在每年 2%。事实上，在 1871 年之后的一个世纪里，唯一明显偏离美国经济稳定增速的是大萧条，人均 GDP 在四年内下降了近 20%，之后就是第二次世界大战中追赶式的经济繁荣。然而，正如经济学家查尔斯·琼斯（C. I. Jones）所言："对我来说，反常就是这次衰退最突出之处，很多经济衰退几乎没给人留下什么印象，因为在时间的长河中，强劲的经济增长抹平了经济波动。"[3]

　　经济学家们花了很多心思和精力来解释这种持续增长。这种增长曾被认为是"一个程式化的事实"，[4] 即一个被广泛接受的事实，几乎没人对此提出异议。经济增长率在 1970 年以后似乎明显放缓，近年来

23

已经低于每年 2% 的水平，也许是因为技术创新不再能稳定提高生产率。[5] 这一发现应该会打消人们对未来继续保持 2% 的"程式化"增长率的乐观情绪。但在本书所涵盖的大部分时间里，物质进步看上去似乎稳定而确实。

许多学术著作和政治运动对可能的解释争论不休，但本书认为，核心因素似乎是技术和教育的进步，这种进步得益于公共和私人投资。当然，20 世纪最重要的具体技术和教育形式各不相同，从前半个世纪的高中、电话和汽车，到后半个世纪的大学、芯片和生物技术。但是，就像一台小发动机一样，美国经济主要在科技和教育的推动下，数十年如一日，不懈地向前奔驰。

许多丰富普通美国人日常生活的物质舒适度指标，也出现了这种稳定的上升轨迹。下面几张图说明了自 1900 年以来，我们的物质生活是如何逐渐向好的。

图 2.2　美国人住宅空间的扩大趋势（1891—2010）

资料来源：Moura, Smith and Belzer, "120 Years of U. S. Residential Housing Stock and Floor Space"，参见尾注 2.6。

以我们的住宅为例。图 2.2 显示，数十年如一日，美国人均住房面积一直在稳步扩大，自 19 世纪末以来几乎翻了一番。同时，不光是住宅面积的扩大，还有生活便利的提升，1900 年只有不到七分之一的美国家庭装了抽水马桶，在接下来的 70 年里基本普及。省时省力的家用电器也是如此，比如吸尘器，在 1920 年到 1970 年的半个世纪里，吸尘器在美国家庭的普及率从 10% 上升到 90%。[6] 当然，并不是所有美 ₂₄ 国人都住在同样豪华的房子里，我们将在本章第二节讨论不平等问题时讨论这一点，但平均而言，美国人对住房质量的标准和预期都在飞速上升。

图 2.3　美国汽车发展趋势（1900—2015）

资料来源：*Transportation Energy Data Book*，Department of Energy，Table 3.6.

交通运输也是如此。这里只讲一个例子就够了，图 2.3 显示了在一个多世纪里美国人对汽车的热爱持续高涨。[7] 仅有的几次短暂停滞是在大萧条时期，第二次世界大战时期（当时汽车生产暂停了一段时间），以及最近的金融危机时期。事实上，从 1915 年到 2015 年，美国每1000名居民的汽车保有量从25辆激增到820辆，整个世纪以每年3.5%的速度递增！这是一个显著的统计指标，它表明亿万普通美国人的交通便利程度和舒适程度都有了显著提高。

25   我们还可以用几十张类似的图表来展示，从电话到冰箱到洗衣机再到电子娱乐等改善生活的这些小玩意一直在稳步增加。[8]普通美国人物质生活条件长期发展趋势的主要特点，可以用19世纪中叶杜邦公司的一句广告语来概括，我们稍微改编了一下，即"技术让生活更美好"。

过去125年来，美国物质进步更重要的证据来自事关生死的统计数据。图2.4表明一个世纪以来美国的婴儿死亡率大幅下降。在20世纪初，每1000名新生儿中，有129名婴儿在一岁前死亡，但到21世纪初，这一悲惨的死亡率已降至7‰。当然，正如我们在后文将要强调的，重要的种族和阶级差异仍然存在，但美国社会的所有人都多多少少从这一巨大进步中受益了。

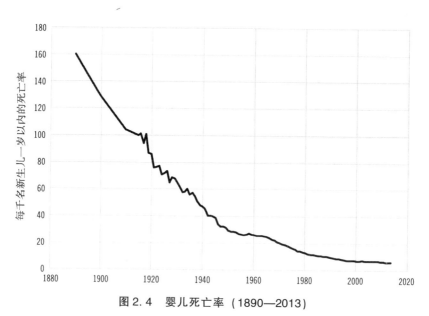

图2.4　婴儿死亡率（1890—2013）

资料来源：*Historical Statistics of the United States*, Table Ab 920.

图 2.5 扩展了我们观察整个生命周期内可比较的预期寿命趋势的视野。在这一健康状况稳步改善的曲线上，那个突兀的偏差是由 1918 年震惊全球的致命流感导致的。由图 2.5 观之，1900 年出生的美国人 26 预期寿命是 47 岁。他们的子女，如 1925 年出生，预期可以活到 59 岁；他们的孙辈，如 1950 年出生，预期可以活到 68 岁；他们的曾孙辈，如 1975 年出生，预期可以活到 73 岁；他们的曾曾孙辈，如 2000 年出生，预期可以活到 77 岁。在短短一个世纪内，美国人的平均寿命延长了 30 岁。

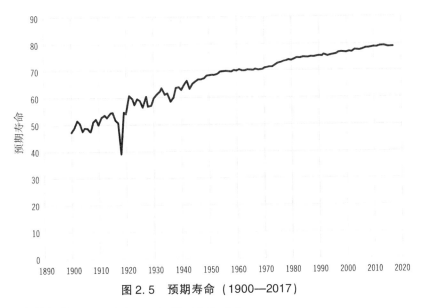

图 2.5　预期寿命（1900—2017）

资料来源：National Center for Health Statistics.

人口健康状况这种看似不可阻挡的改善趋势实际上代表了两个完全不同的时代，在这两个时代，不同的死亡原因都得到了控制。20 世纪上半叶的成果来自公共卫生的进步，特别是清洁水的供应，以及营养的改善和抗生素的研发。[9] 当时，传染病导致的死亡率下降了 90%，这是预期寿命增长的主要原因。第一个时代的受益人主要是儿童，在 27

老年人的疾病救治方面进展甚微。

相比之下，在 20 世纪下半叶人们战胜传染病之后，如立普妥（Lipitor）这类药品的研发，能够进行早期诊断的医疗技术，以及血管造影术之类外科技术等形式的医学进步，大幅降低了老年人的死亡率，先是降低了心脏病的致死率，然后降低了癌症的致死率。同时，公众的反吸烟运动也发挥了重要作用，因为它的效果带有滞后性，所以 20 世纪中叶的行动往往几十年后才会收效。简言之，在 20 世纪的前后两个半叶，及至进入 21 世纪，由于公共卫生措施和技术进步的共同作用，美国人的寿命得到稳步提升。

图 2.4 和图 2.5 都掩盖了健康方面重要的社会不平等问题，特别是种族和阶级方面的不平等，我们将在本章和后续章节集中讨论这些不平等。然而必须承认，今天普通美国人比他们的父母、祖父母或曾祖父母，更健康也更长寿。

然而，在过去几年里，这条线从上升转向下降。[10] 这一不幸的变化在很大程度上是因为毒品、酒精或自杀所导致的死亡率飙升，人们通常称之为"绝望之死"。[11] 经济学家安妮·凯斯（Anne Case）和安格斯·迪顿（Angus Deaton）2020 年出版了《绝望之死与资本主义的未来》（*Deaths of Despair and the Future of Capitalism*）一书，有力证明了"绝望之死"的发生率在不断攀升，并将这一趋势的根源追溯到积重难返的社会不平等。[12] 尤其是最近激增的药物过量现象，表明鸦片类药物的流行与社会纷争、经济流动受阻和制药业致命的不当行为有关。[13] 虽然这些绝望的死亡困扰着整个国家，但它主要影响的还是农村社区、工人阶级个体和年轻的成年人。[14] 近年来出现的绝望死亡事件之所以重要，不仅仅是因为它所揭示的人类悲剧，还因为它是一个警示，即本书所讨论的那些更广泛的社会趋势会带来更多灾难。

尽管如此，总体来看美国的长期乐观主义者似乎也很坚定。我们可以把这种对 20 世纪和 21 世纪初的看法称为"硅谷或麻省理工的观点"。得益于技术进步，每十年，实际上几乎每年，我们的物质生活都在稳步改善。

事实上，美国人也认同这一判断。2017 年，皮尤研究中心请美国人回答过去半个世纪中最大的生活改善是什么时，绝大多数人提到了技术（42%）、医学与健康（14%），当让他们预测未来半个世纪最大的生活改善会是什么时，技术（22%）、医学与健康（20%）再次高居榜首。[15]

美国人生活中的第三个领域，即教育，乍一看，似乎跟其他领域完全相同，也在稳健改善，不过仔细考察一下，就会发现微妙的不同。

20 世纪伊始，除了南方的非裔美国人之外，提供免费公共基础教育的"公立小学"在美国已经普及。[16]美国的识字率和受教育率几乎是世界上最高的，只不过受过中学和大学教育的人口仍然很少。

在这一坚实基础之上，20 世纪的美国发生了两次重大的教育革命，先是高中教育的普及，后是大学教育的普及。美国人通常在青少年就完成了正规教育，并在余生中一直保持这种教育水平，因此，全民教育程度的变化非常缓慢，就像一个装满水的浴缸的变温速度远比水龙头的水流速度要慢。即使在受教育机会取得重大进展之后，这种进展的影响也会被几十年前受教育（或未受教育）的几代人的持续存在所掩盖。因此，要看到教育革新的直接效果，需要关注的是相继的青年群体的教育成果。这种区别就是我们熟悉的会计学上对"存量"和"流量"的计量区分，我们在这里重点讨论"流量"。

20 世纪初，"高中运动"推动了高中革命，标志是建立免费的公立高中，从西部和中西部小城镇开始，蔓延到北方的城市地区，最后遍及全国。[17]如图 2.6 所示，在 1910 年，每十个年轻人中只有不到一个人获得高中学位，但在之后不到五十年的时间里，随着公立高中在各地社区的兴起，这一受教育程度指标猛增到近十分之七。这一持续增长趋势中唯一一个例外是在第二次世界大战期间，当时许多年轻人都去打仗了。1910 年后的半个世纪，教育进步如此之快，其影响在家庭层面也显而易见。在 20 世纪 60 年代中期即将成年的年轻人中，有四分之三是高中毕业生，而这个比例在他们的父母中只有不到二分之一，在其祖父母中只有十分之一。

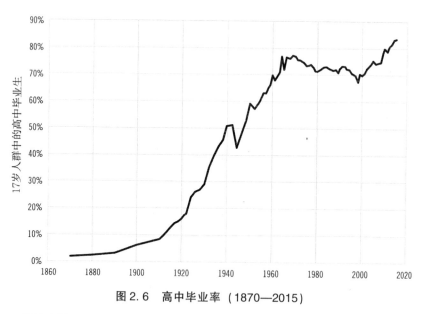

图 2.6　高中毕业率（1870—2015）

资料来源：*Historical Statistics of the United States*；National Center for Educational Statistics.

这一非常成功的制度创新，既促进了美国工人生产率的大幅提高
30　（可视为这一时期整体经济增长的主要原因），也促进了向上流动的增加，因为普及高中教育使竞争环境变得公平了。[18] 经济增长和社会平等一起稳步上升，这与平等和增长不相容的一些假设相左。随着 20 世纪 60 年代的开启，教育、经济和社会领域的发展势头看上去依然强劲。

　　然而，如图 2.6 所示，突然间，美国松开了踩在教育油门上的脚，开始滑行，甚至减速，这使高中扩招出人意料地停顿了四十多年。[19] 直到 21 世纪初，高中毕业率才再次上升，尽管 2000 年后的增长可能比图 2.6 所示的官方数字晚一些、少一些，也没那么持久。最新研究表

明，如果按照恰当的指标测量，高中毕业率可能比半个世纪前高出5%，但20世纪的前半叶直接上升了70%多。[20]

因此，尽管以高中毕业为标准的受教育程度在125年来有所提高，但20世纪60年代中期之后，这种莫名其妙的长期停滞将在本书稍后重新探讨，因为事实证明，许多其他衡量社会进步的指标也在同一时间止步不前。[21]

如图2.7所示，大学革命发生在20世纪稍晚一些的时候，而且速度更快。在20世纪前半叶，四年制大学的毕业率从1910年的3%缓慢上升到1950年的8%左右。接着在战后时期，上大学的人数开始急剧上升。《退伍军人权利法》（GI Bill）为所有二战归来的退伍军人（大部分是白人，并且几乎都是男性）提供了接受大学教育的大量优惠措施，[22]这促成了图2.7中曲线的第一次快速上升。在20世纪60年代初，白人男子上大学的人员比例明显上升，过去就存在的性别和种族差异也暂时扩大。

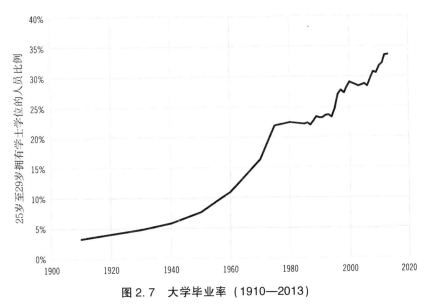

图2.7 大学毕业率（1910—2013）

资料来源：Digest of Education Statistics, National Center for Educational Statistics.

32   不过，在十年内，女性和非白人也开始有了上大学的强烈愿望，到 20 世纪 80 年代初，性别和种族差距都开始缩小。[23] 然后，在 1975 年，也就是高中毕业率的增速"松开油门"停顿了大约十年之后，大学毕业率也出现了近二十年的停顿，这中断了气势磅礴的百年增长。直到 20 世纪末，受教育程度指标才又恢复增长。

     总之，与本节所探讨的所有衡量进步的指标一样，教育在一个多世纪中显著进步，但与物质和身体健康指标不同的是，教育进步有所间断，部分原因或许在于，与物质和医学进步不同，教育进步不直接依赖不可阻挡的技术进步，而是更多依赖社会制度和行为的改变。我们将在本书后半部分讨论这种令人费解的停滞现象，但就目前而言，这当然是一种反常现象。这一部分的基本情况很简单：根据许多重要指标来衡量，平均而言，一个多世纪以来，美国人的生活越来越好了。

经济平等

     显然，全国平均数掩盖了损益分布不均问题：一些群体收益更多，另一些群体收益更少甚至受损，这就是平均数的问题所在。但损益的分布很重要，我们接下来就探究 19 世纪末以来的损益分布变化。[24] 在过去 125 年中，经济平等状况究竟是如何起起伏伏的?

     正如我们在第一章中所看到的，第一个镀金时代的经济差距巨大，数以百万计的贫穷移民、赤贫黑人（虽然现在已经解放了）和土生土长的白人工人阶级，与经济精英中有钱的强盗大亨们壁垒分明。关于33 19 世纪后半期不平等现象演变的统计资料不多，不过这一时期全国范围内经济不平等的净增幅似乎不大，因为解放运动大幅提升了南方黑人的经济状况，这部分抵消了不平等的影响。然而，在最上层，最富有的美国人所攫取的那块不断增长的馅饼却膨胀了。粗略地讲，最富有 1% 的人在国民收入中的比重几乎翻了一番，从 1870 年的不到 10% 增至 1913 年的接近 20%。[25] 收入、财富和地位的不平等是巨大的，而且似乎注定不断扩大。

然而，随后的美国经济出现了一个令人惊讶的持久转向，进入了大约六十年的辉煌期，期间经济不平等现象大幅减少，经济史学家称之为"大均衡"（Great Leveling）或"大趋同"（Great Convergence）。[26] 确定这一时期的年代并不是一门精确的科学，但最近大家普遍接受的是美国经济史学家彼得·林德特（Peter H. Lindert）和杰弗里·威廉姆森（Jeffrey G. Williamson）的观点，大致可以追溯到 1913 年到 1970 年。[27] 精确的跨度和时间选择取决于我们关注收入分配的哪一部分，是最上层、广大的中间层还是最底层的穷人，还取决于我们是看"市场"收入，还是考虑政府税收和转移支付。但几乎所有证据都证实了大致相同的模式。正如林德特和威廉姆森所解释的：

> 在"大均衡"期发生的事情远不止是最高收入的比重下降。即使在中低阶层，不平等现象也在减少。而且，大趋同不仅表现在政府通过税收和转移支付将富人财富重新分配给穷人达到的效果，其实在这些税收和转移支付之前和之后，人们的收入都更趋平等了。[28]

收 入

图 2.8 说明了这一趋势，简便起见，我们的重点放在美国最上层 1% 的人在国民收入中所占的比重上。[29]（为了保持一致，本书中所有图表的方向都确定为："上升"意味着"更平等""更强调共同体" 等。因此，在本例中，纵轴的"上升"反映的是 1% 最上层家庭的收 34

入占比变小。）图 2.8 中的两条线（一条代表市场收入，另一条代表税收和转移支付后的收入，如医疗补助）从 1913 年到 20 世纪 70 年代中期的上升趋势是渐进的，略有些不均衡，但这种上升反映了这一时期经济平等程度的稳步提高。无论我们如何衡量，贫富差距在这 60 年间逐渐缩小了。

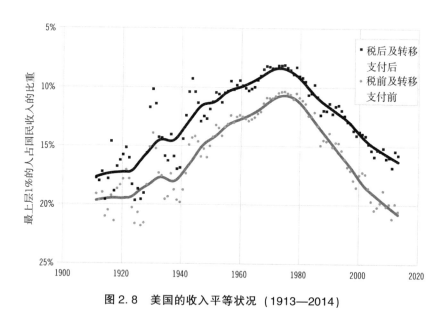

图 2.8　美国的收入平等状况（1913—2014）

资料来源：Piketty, Saez and Zucman, *QJEcon* May 2018. 数据经二维散点图平滑法处理：0.2。

　　图 2.8 中，下面的曲线代表税收和转移支付前收入分配不那么平等，上面的曲线代表税收和转移支付后收入分配比较平等，所以两线之间的空间代表政府再分配的净效果。在考虑税收和转移支付之前，1913 年 1% 最富有的美国人攫取了国民收入的 19%，但到 1976 年，他们所占的比例几乎减少了一半，为 10.5%。扣除税收和转移支付后，35　1% 最富有的人的国民收入比重削减得更多，从 18% 降至 8%。但到了 2014 年，这 1% 人口的收入比重又重新翻了一番，回到了税前和转移

支付前的 20%，以及税后和转移支付后的 16%。我们马上就将详细讨论过去 125 年来税收和转移支付的演变如何影响不平等。尽管如此，在考虑所有限定条件之后，我们可以看到几乎每个技术指标都显示出相同的基本曲线：60 年间人们越来越趋同，越来越平等。关键不在于美国一夜之间变得绝对平等了，而是在 20 世纪的头十年或头二十年间，国家发展的轨迹发生了变化：我们并不是变得越来越不平等了，而是越来越平等了。

如前所述，在这 60 年中，美国的经济总量也大幅增长；几乎每个人，无论贫富，都从中受益。然而，在"大趋同"期间，低收入和中等收入群体在不断增大的蛋糕中获得越来越大的份额。林德特和威廉姆森估计，这一时期，"在美国，最高收入的 1% 的家庭，每户实际收入增长了 21.5%，而……底层 99% 的家庭平均实际收入……增加了三倍多。"[30] 换句话说，在 20 世纪的前三分之二时期，国家更繁荣与财富分配更平等相辅相成。在这几十年里，我们没有像某些经济理论所说的那样，必须在增长和平等之间二选一，实际上，我们的国家变得更富裕也更平等。20 世纪中叶的美国很难说是一个完全平等的天堂，但经过六十多年的不断进步，第一个镀金时代的贫富鸿沟已经被跨越了。

然后从 20 世纪 70 年代中期开始，如图 2.8 所示，"大趋同"突然发生了戏剧性的大逆转，随后是半个世纪的大分化，即收入平等急剧下降。到了 21 世纪初，美国的收入不平等（尤其是税前和转移支付前）达到了百年未见的严重程度。[31] 最近半个世纪，与前半个世纪形成鲜明对比的是，收入增长以牺牲平等为代价，富人攫取了绝大多数的增长红利。

36

财　富

　　理解美国收入分配的这种倒 U 型曲线是本书的一个目的，但先让我们来看看财富分配的相似趋势。[32] 财富，不是指我们一年赚多少钱，而是指我们多年来从储蓄和继承中积累了多少钱。一直以来，财富分配都比收入分配不平等得多，因为大约有一半家庭的净资产基本为零，[33] 实际上是靠工资生活。但财富不平等的程度，就像收入不平等的程度一样，几十年来变化很大，两者的趋势密切相关或许并不出人意料。图 2.9 显示了美国的财富分配在 20 世纪的演变。[34]

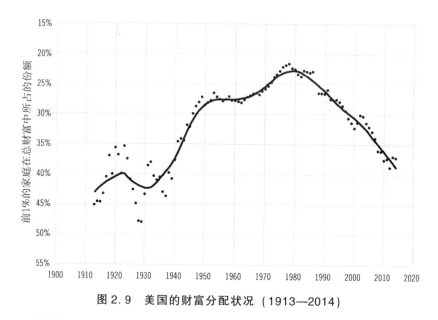

图 2.9　美国的财富分配状况（1913—2014）

　　资料来源：Piketty, Saez and Zucman, *QJEcon* May 2018. 数据经二维散点图平滑法处理：0.2。

37　　在第一个镀金时代，没有哪个方面比财富的极化更引人注目。

如图 2.9 所示，即使在 1913 年，1% 最富有的人也拥有全国总财富的 45%，在"繁荣的 20 年代"（Roaring Twenties），他们所占的比重曾有几年达到过 48%。然而，在随后的 60 年里，他们的比重减少了一半以上，降至 22%，这在很大程度上是由于金融监管，以及对收入和遗产的累进税制，不过有一部分也可以归功于再分配支出。换句话说，与收入的大趋同相对应的是财富的大趋同。

然而，近几十年来形势逆转，前 1% 的人在美国国民财富中的份额到 2014 年又猛增到近 40%，并且还在持续增加。[35] 近年来，前 1% 的人，其收入约占国民收入的 20%，但其财富却占国家总财富的约 40%。前 1% 的富豪持有财富的比例几乎翻了一番，从 20 世纪 80 年代初占全国总财富的不到 25%，到 2016 年超过 40%。事实上，现在美国最上层 0.1% 的家庭掌握着约 20% 的家庭财富，几乎与第一次镀金时代的巅峰时期持平。[36] 相反，95% 的最贫穷人口所持有的国民财富比重在大趋同时期几乎翻了一番，从 20 世纪 20 年代末的约 28% 升到 20 世纪 80 年代的约 54%，随后却急剧下降，几乎降到一个世纪前最不平等的程度。简言之，最上层 1% 的人现在拥有的全国财富份额几乎是最底层 90% 的人的两倍，这充分表明我们这个时代是一个新镀金时代。[37]

仔细比较图 2.8 和图 2.9 可以发现，财富不平等的 U 型转折（20 世纪 80 年代中期）比收入分配的 U 型转折（20 世纪 70 年代中期）滞后大约 5 年到 10 年，这看上去就像是，需要花几年时间攒够数百万美元奖金，才能买得起你的第一架私人飞机。正如伊曼纽尔·赛斯（Emmanuel Saez）和加布里埃尔·祖克曼（Gabriel Zucman）所看到的，"收入不平等对财富分配具有滚雪球效应。"[38] 另一方面，近期财富不平等的急剧增加开始反馈到收入不平等上。大约 2000 年以来，收入不平等的增加多是由于资本收入的不平等。[39] 因此，两种形式的经济不平等相辅相成。

38   该领域的著名学者伊曼纽尔·赛斯总结道：

> 美国的收入和财富集中度在 20 世纪上半叶急剧下降，
> 并在二战后的 30 年里稳定保持在较低水平，但自 20 世纪
> 70 年代以来，不平等现象急剧增加。美国现在已经将极高
> 的劳动收入不平等与极高的财富不平等结合起来。[40]

大趋同

图 2.8 和图 2.9 的后半部分在当代政治和经济评论中讨论颇多，重点是贫富之间的巨大差异。专家和政治家们哀叹贫富差距的扩大，这当然没有问题，但他们的叙事通常是从 20 世纪 70 年代的动荡时期开始的，而我们试图讲述的则是更有趣且最终更令人鼓舞的故事，这个故事始于半个世纪前倒 U 型曲线的前半部分，即 20 世纪前三分之二时期的大趋同。

正如我们即将回顾的，大趋同的制度、社会和文化种子是在大约 1890 年至 1910 年的进步时代播下的。然而，这些种子并不是在一夜之间发芽的。仔细观察，如图 2.8 和图 2.9 所示，1910 年至 1930 年间，收入和财富的分配出现很大波动。在伍德罗·威尔逊为让世界变得民主而进行的战争中，民族团结产生了短暂的平等主义效应。然而，随着保守派沃伦·哈丁带着大家回归"常态"，以及"繁荣的 20 年代"的股市泡沫，镀金时代迅速回到财富和收入的高度集中。不过，克劳迪娅·戈尔丁（Claudia Goldin）和劳伦斯·卡茨（Lawrence Katz）发现，工人阶级和中产阶级内部的平等性在这一时期有了很大提升。[41] 在顶层波涛汹涌的气象之下，经济不平等的深层浪潮已经开始转向。

随着 1929 年金融危机的到来，顶层 1% 的狂欢戛然而止，这发生在富兰克林·罗斯福 1933 年通过新政计划掌权之前。新政计划在很大程度上基于进步时代的创新，我们很快就会看到它所释放的大趋同力量。第二次世界大战要求大规模增税，并进一步刺激了"我们同舟共济"的意识，经济平等的衡量标准也更高了，就像第一次世界大战期间一样。两次世界大战都与平等的快速增长相关联，这似乎证实了 19 世纪社会学家埃米尔·涂尔干（Émile Durkheim）的观点，即共同的战时逆境促成了强大的团结规范，从而促进了平等；还证明了最近关于战争是"伟大均衡器"的理论。[42]

然而，与第一次世界大战后不同的是，第二次世界大战后，这些平等主义规范已不仅限于战时的团结和控制时期，因为 1945 年战争的结束并没有像 20 世纪 20 年代那样引发严重的不平等回潮。相反，图 2.8 和图 2.9 清楚地表明，二战后的几十年里，贫富差距持续缩小。伴随美国战后繁荣期的慷慨给予，贫困和中等收入者所得的份额不断增加，收入不平等进一步缩小，与"繁荣的 20 年代"形成鲜明对比。社会学家道格拉斯·梅西（Douglas Massey）写道，"从 1945 年到 1975 年，在新政期间实施的结构性安排下，不断上升的经济大潮推涨了所有船只，贫困率稳步下降，收入中位数持续上升，不平等现象逐步减少。"[43] 事实上，在这一时期，小艇的升速实际上比游艇快。经济学家托马斯·皮凯蒂（Thomas Piketty）、伊曼纽尔·赛斯和加布里埃尔·祖克曼发现，在战后的几十年里，最贫穷的 20% 的税后收入和转移收入增长了 179%，最富有的 1% 的收入增长了 58%，前者是后者的 3 倍。[44]

为什么与第一次世界大战不同，经济平等主义在第二次世界大战后会长期存在，这是个有趣的谜题，这表明收入分配是由一些比战时紧急情况更基本的因素驱动的。在战后的第一个时代和第二个时代之间，有些东西发生了变化，对这些东西的探索将贯穿本书的

39

后续章节。尽管到了 20 世纪 70 年代初，我们几乎完全忘了第二次世界大战期间我们在工资和价格控制上做出的牺牲，但"我们同舟共济"的平等主义准则显然还在。

大分化

但是，正如我们所看到的，经济平等出现了急剧的大逆转。经济史学者林德特和威廉姆森描述了这场巨变的广泛性，"与均衡化的早期阶段一样，不平等的加剧扩大了所有收入等级的上下差距，而不仅仅是收入最高的 1% 所占份额的增加。"[45]

20 世纪 70 年代初，尽管整个经济持续增长，但工人的实际工资却开始了长达近半个世纪的停滞。最初，中产和上层阶级一起拉开了与工人阶级和穷人的距离。然后在 20 世纪 80 年代，上层开始拉开与中层的距离，实际上是将国民总收入的 8% 从底层的 50% 的人那里转移给了上层的 1%。最后，到了 20 世纪 90 年代，最上层的 0.1% 越来越远地把其他人抛在了身后，包括上层那 1% 中的其他成员。[46] 当然，前 10% 的人，主要是高收入的专业人士，与其他所有人之间的差距在这些年里也在不断扩大，但增长最快的都集中在最上层，快得令人惊讶。[47] 在 1974 年至 2014 年的 40 年间，就去除通胀因素后的市场收入而言，底层 10% 的家庭，收入下降了 320 美元；最底层 5% 的家庭，收入上升了 388 美元；处在全国中位数的家庭，收入上升了 5232 美元；处于前 5% 的家庭上升了 75 053 美元，处于前 1% 的家庭上升了 929 108 美元，处于前 0.1% 的家庭则上升了 4 846 718 美元。这段话没有印刷错误！[48]

大趋同时期与大分化时期形成鲜明对比的是，前一个时期，普通美国人在不断增长的蛋糕中获得越来越大的份额，而在后一个时期，蛋糕的增长份额被越来越少的顶端群体垄断。由此带来的变化是巨大的。如果今天的收入按照 1970 年的收入分配方式进行分配，据估计，最底层 99% 的人每年将多得大约 1 万亿美元，而最上层 1% 的人将少得大约 1 万亿美元。[49]

这种日益严重的经济不平等与社会中其他领域日益严重的不平等相关联，包括我们的孩子向上流动的前景，甚至我们的身体健康。　[41]

20 世纪上半叶的证据太少了，不足以确定社会经济流动的趋势，但有个最恰切的证据，即出生在贫困家庭的孩子比其父母发展得更好的可能性，这可以作为向上流动的指标，这一指标在 20 世纪上半叶是上升的，其中部分原因是高中革命。经济学者戴维·卡德（David Card）及其同事把这个时代称为"向上流动的黄金时代"，[50] 正如我们在本章前面所看到的，在 20 世纪前三分之二时期，美国青年从高中和大学毕业的比例越来越高。因此，越来越多在这一时期出生并受教育的孩子，在受教育程度上超过了他们的父母，也可能比他们的父母挣得更多。

然而，正如我们在上一节中所看到的，20 世纪 70 年代初，总体教育的发展开始停滞不前，向上流动也随之停滞。我们从拉吉·切蒂（Raj Chetty）及其同事颇具开创性的工作中了解到，从 20 世纪 60 年代末开始达到成年收入水平的年轻人，其收入的向上流动性一直稳步下降。"在过去半个世纪里，孩子们挣得比父母多的可能性从 90% 下降到 50%。"[51] 他们认为，这种流动性下降主要是因为经济增长的不均衡分布状况越来越严重。如图 2.10 所示，那些零散的但具有一致性的证据还表明，从 20 世纪 10 年代中期出生的群体（他们在 20 世纪 40 年代中期达到成年收入水平）到 20 世纪 30 年代末出生的群体（他们在 20 世纪 60 年代中期达到成年收入水平），他们的经济流动性是上升的。这反过来又表明，代际经济流动可能遵循与收入不平等相同的路径：几十年来，收入不平等在大趋同时期不断下降，直到 1970 年左右开始在接下来的半个世纪里急剧上升。[52]

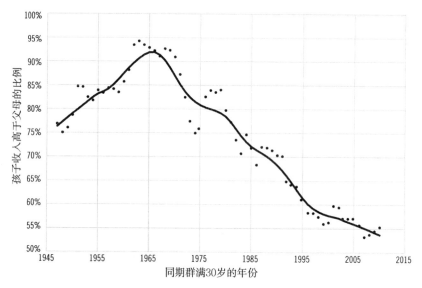

图 2.10　代际经济流动的兴衰（1947—2010）

资料来源：Berman, "The Long Run Evolution of Absolute Intergenerational Mobility". 数据经二维散点图平滑法处理：0.25。

正如前文所述，"普通"美国人的健康状况在整个 20 世纪的大部分时间里稳步改善。然而，这一"平均水平"掩盖了不同人群的不同变化轨迹。尽管关于 20 世纪上半叶按社会阶层划分的健康变化趋势数据比较零散，但大约在 1880 年到 1960 年间，不同种族和阶层的健康状况差距缩小了，因为少数族裔和工人阶级的健康状况比白人中上层阶级改善得更快。公共卫生措施的改善，对发病率和死亡率产生了强有力的影响，但这些改善主要集中在贫困地区。[53] 例如，林德特和威廉姆森就描述了这些年各收入阶层的婴儿死亡率"惊人地"趋同。[54]

然而，虽然近几十年来整个人口的健康状况总体上在继续改善，但过去 40 年来，某些健康指标的阶级（或许还有种族）差距开始扩大。看来，穷人早先在健康方面取得的进展已经放缓，在某些情况下甚至出现逆转。英国医学杂志《柳叶刀》最近发表了十几项研究，我们概括之后发现：在过去三四十年里，"生存方面的社会经济差距已经……扩大。中等收入和高收入美国人的预期寿命在提高，而美国贫困人口的预期寿命却停滞不前，甚至在某些人口群体中还有所下降。"[55] 美国国家医学院召集的一个专家组指出，"研究人员普遍认为，近几十年来，美国按社会经济地位（SES）划分的死亡率的分散度扩大了。"[56]

43

图 2.11　"绝望之死"的起起伏伏（1900—2017）

资料来源："Long-Term Trends in Deaths of Despair"，Joint Econ Committee. 数据经二维散点图平滑法处理：0.15。

正如我们之前所指出的，经济学家安妮·凯斯和安格斯·迪顿描述了 20 世纪 70 年代中期以来，工人阶级白人的一波"绝望之死"浪潮。[57] 最近，美国国会两党联合经济委员会的研究人员追溯了 20 世纪初以来的"绝望之死"。[58] 他们的研究结果（摘要见图 2.11）与凯斯和迪顿的发现一样，即"绝望之死"最近在急剧上升，但也发现这种死亡在 20 世纪初就很常见，在进步时代开始后才急剧下降，到 20 世纪中期达到最低点，当下又开始攀升。我们仍然不了解"绝望之死"综合征的病因，但凯斯和迪顿的研究清晰表明，它与经济困境、不平等相关。换句话说，我们有充分的理由担心，"大分化"现在已经蔓延到社会流动和健康等非经济领域，就像之前的"大趋同"在直接经济影响之外还催生了平等一样。

个体的不平等可以测度，地区的也可以。因此，我们有理由追问，在过去 125 年中，富裕地区和贫困地区之间的经济福祉差异是如何变化的。人们普遍认为，在 20 世纪的前七八十年里，地区不平等现象稳步下降，其轨迹与大趋同时期的个人平等轨迹完全相同。这种地区趋同唯一重要的动力是南方长期稳步追赶其他地区，部分原因是单一经济实体的不同部分之间自然趋同，部分原因是联邦实行了明确的帮扶南方政策。[59]

人们还普遍认为，地区趋同在 20 世纪 70 年代末停止了，而个人收入的大趋同也恰好在这一时间停止，尽管研究人员对当时的地区趋同是否发生了逆转，进而导致地区不平等加剧的看法不一。这种分歧在很大程度上是因为晦涩难懂的测量差异，但那些认为地区分化正在加剧的人通常都会把矛头指向"知识经济"的出现，及其在少数高科技中心特别是两个沿海地区的集中。在特朗普时期，这些地区差异已经成为全国公共辩论的核心问题，因为我们的政治在如何处理被"抛在后面"的地区方面越来越两极分化。因此，关于地区不平等的辩论远非学术性的，只有未来的研究才会发现，个人不平等和地区不平等之间是否存在完全的平行关系，如果是，我们又可以做些什么。[60]

我们是怎么走到这一步的？[61]

是什么导致了大趋同？又是什么导致了大分化？近年来，我们听到了许多关于后者的争论，关于前者的讨论却很少。事实证明，45这并不是两个独立的问题，因为在很大程度上，是相同的因素导致平等在20世纪70年代之前上升又在其之后衰退。

国际因素无疑是背景故事的一个重要组成部分，因为大多数发达国家都出现了与美国20世纪类似的倒U型曲线。[62]全球化被视为原因之一，人员、货物和资金的国际流动在20世纪上半叶趋于减少，之后在下半叶加剧。[63]然而，尽管其他西方国家经历了同样的国际压力，但其不平等现象却不像美国那样急剧增加，这表明美国的国内制度和政策是更为重要的推手。仔细研究后发现，移民对美国收入不平等的总体影响不大，对上层不平等完全没有影响，而上层正是收入分配变化最显著的地方。[64]

国际贸易对不平等的影响是一个备受争议的问题。多年来，经济研究往往淡化贸易对工资不平等的影响，认为失业工人很快就能在新的行业找到工作，但在21世纪的头十年或头二十年，这种共识开始发生转变，现在学者们越来越重视贸易对工资结构的影响。针对贸易对不平等的影响，大分化期间的研究要比大趋同期间深入得多。也就是说，如果人们对现有文献做个更公平的概括，就会发现贸易对"平等倒U型曲线"的前后两半都产生了显著影响，尽管影响不大。[65]此外，即便进口既推动了整个美国经济又伤害了产业工人，我们仍然需要解释为什么总体收益没有获得重新分配来补偿受损者。这在根本上是政治问题而非经济问题，因此，这一问题我们留待下一章再论。

简言之，对美国人影响如此之深的经济平等和社会平等的倒 U
型曲线，也许部分是全球趋势的产物，但主要还是由国内因素推动
的，这些国内因素正是我们本书的重点。在很大程度上，发端于 20
世纪第一个十年的国内制度和社会改革解释了经济平等的兴衰，因
为这些改革本身的兴衰与同一个世纪中平等和不平等的起伏节奏完
全一致。描述经济平等起伏的 U 型曲线是与一套制度改革的起伏平
行的，而且很可能至少部分是由这套制度改革的起伏所造成的，而
这套制度改革最初是在进步时代拟定和实施的。

换言之，进步时代的社会创新和制度改革使美国走上了一条经
济平等的新路，为延续至 20 世纪 70 年代的大趋同奠定了基础。进
步时代的改革者，无论梦想家还是实干家，都创造了诸如公立高中、
工会、联邦税收体系、反垄断立法、金融监管等新机制。[66] 鉴于 20
世纪 20 年代的动荡，这些创新并没有立即缩小收入差距，但它们是
进一步发展的必要基础（特别是在新政期间，当然不仅限于新政时
期），而这些发展是大趋同的基础。

相反，到了 20 世纪 70 年代，早期的那些社会创新和制度改革
都开始消退，甚至出现逆转。正如我们在本章前文所看到的，教育
的增长在 1965 年前后"暂停"了；工会在 1958 年就开始了长期衰
落；20 世纪 60 年代中期，减税开始导致税收结构加快倒退；1970
年以后，放松监管，特别是放松对金融机构的监管，推翻了进步时
代开启的改革；最微妙但也可能最重要的是，"我们同舟共济"的集
体原则，有时被误称为"新自由主义"的自由至上主义原则取代，
变成了"我们分崩离析"。这些变化造成了 20 世纪 70 年代中期向着
不平等倾斜，如图 2.8 所示。

尽管人们将这些政策转变以及随之而来的收入和财富分配的转
变，归咎于 1981 年以后的"里根革命"，但实际上在几乎所有情况
下，关键转折点都发生在罗纳德·里根担任总统之前的十年或更早

的时间。简言之，1980 年的总统大选以及随后里根主义的展开，是 47
美国政治经济巨变的滞后指标。20 世纪前几十年社会和政策创新的
逆转，很可能是 21 世纪大分化的近因，就像它们最初被发明是大趋
同的近因一样。[67] 以下是我的论据，我们稍作回顾。

教育创新和技术变革

大多数专家都认为，大趋同的一个主要原因是，技术进步与
1910 年前后进步时代出现的教育创新（尤其是公立高中的设立）之
间的相互作用。在其他条件相同的情况下，更广泛的教育意味着更
多的平等，因为高技术工人增多给高收入带来下行压力，而低技术
工人减少给低收入带来上行压力。不过，技术进步抵消了这种动态
变化，因为技术进步增加了对高技术工人的需求，从而增加了高技
术工人的收入，它同时降低了低技术工人的收入。因此，这一时期
一本旨在解释收入平等变化状况的开创性著作就被命名为《教育与
技术的竞赛》（*The Race Between Education and Technology*）。[68]

20 世纪初开始的公立中学教育和第二次世界大战后大学教育的
大规模增长（参见图 2.6 和图 2.7）产生了两个重要后果，它提高
了国民经济的增长速度，并通过给来自贫困地区的孩子一个更公平
的起跑线，提高了向上流动的速度。第三个相关的后果是，这些改
革提高了美国人的技能水平，从而提高了中产阶级和工人阶级的相
对收入。在 20 世纪的前三分之二时期，虽然对技能的需求只略微上
升了一点，但这一变化却被高中和大学毕业生数量的迅速增加掩盖
了。[69] 因为美国的劳动力成为迄今为止世界上受教育程度最好的劳动
力，教育和技术之间的平衡利好平等。

然而，在 20 世纪的最后三分之一时期，技术和教育之间的竞赛 48

发生了逆转。图 2.6 和图 2.7 清楚地显示，20 世纪 70 年代高中和大学增长的双重停滞，终止了技术工人数量的长期稳定增长。与此同时，经济学家所谓的"技能偏好型技术变革"（简称 SBTC）开始增加对更高技能工人的相对需求。高中教育对于 20 世纪 20 年代至 70 年代主导经济增长的装配线来说是够用的，但对于 20 世纪最后几十年取代这些装配线的高科技实验室来说是不够的。

大多数经济学家都认为，技术变革是最近不平等现象增加的一个重要因素。然而，如果 20 世纪 70 年代之后，在进步时代开始的教育动力得到持续加速，增长和平等的神奇组合很可能持续下去。但相反，美国人在 20 世纪 70 年代集体告别教育加速，开始走下坡路。正如我们在图 2.8 中所看到的，平等方面逐步上升的长期趋势几乎立即发生逆转。

概言之，这可能是目前对大趋同和大分化的最受认可的唯一解释。[70] 然而，它在解释美国前 1% 的人与其他劳动力之间差距的消长，特别是近年来这一差距的爆炸性扩大上，效果要差得多。此外，虽然这种解释有时被描述为"基于市场"，因为它强调的是劳动力市场的变化，但事实上，它根源于更深层的政治甚至道德。

从 1910 年到 1975 年，公立高中和大学的迅速发展并不是偶然发生的。正如克劳迪娅·戈尔丁所强调的，它需要大量的公共投资，而且它产生于一场全国范围内的草根改革运动。[71] 为什么美国人在 1910 年至 1970 年间如此热情地支持公共教育投资？为什么后来这种民众的支持又减弱了？这里蕴涵着"我们"放弃教育加速的因由。我们为什么这样做是一个重要的谜题，下文很快就会回到对这一问题的讨论。

工 会[72]

在镀金时代，工会组织提供了一种抗衡工业老板们的潜在力量，体现了反对个人主义的互惠团结。工会在 19 世纪末和 20 世纪初迅速但不均衡地发展起来。然而，工会遭遇企业主、经理人和法院以工人和企业主的个人自由为名的坚决反对。[73]

在各类工人都应加入"一个大工会"的号召下，劳工骑士团（Knights of Labor）的会员从 1880 年的 28 100 人猛增到 6 年后的 729 000 人，随后又回落到 1890 年的 100 000 人，并在 1894 年因技术工人和非技术工人之间，以及黑人和白人之间的内部冲突而崩溃。它的领导作用很快就被美国劳工联合会以及一系列按手艺和工业路线组织起来的工会所取代，包括 1890 年成立的矿工工会、1891 年成立的电工工会、1892 年成立的码头工人工会、1900 年成立的服装工人工会、1903 年成立的车队工人工会等。在 1897 年到 1904 年不到 7 年的时间里，全国工会成员几乎翻了两番，从占非农业劳动力的 3.5% 增加到 12.3%。事实证明，工会这次的努力更持久，在 20 世纪余下的时间里，工会会员人数不会低于 12.3% 这一新的高水位线。[74]

罢工成了工人与管理层斗争的首选武器，在 1870 年之后的几十年里，美国谱写了"世界上所有工业国家中最血腥、最暴力的劳工史"[75]。在这场斗争中，双方都没有努力通过文明的集体谈判寻求妥协，而是诉诸暴力：从 1892 年声名狼藉的霍姆斯泰德钢铁工人罢工的街头战斗，到 1894 年同样暴力的芝加哥普尔曼罢工，再到 1902 年宾夕法尼亚州的无烟煤罢工。1894 年民主党总统格罗弗·克利夫兰（Grover Cleveland）和他的司法部长理查德·奥尔尼（Richard Olney）精心设计了一个策略，利用法院禁令来破坏普尔曼罢工，但到了 1902

年，进步主义的共和党总统泰迪·罗斯福任命了无烟煤委员会，结束
50 了矿工的罢工，工会获得了事实上的承认。尽管新的劳资关系模式还需
要几十年才会出现，但当时在"富人"担心无政府主义和"穷人"闹革
命的背景下，互助主义和妥协开始战胜个人主义和冲突。

早年，工会会员数因经济状况和政治气候而上下波动，但长期趋
势是上升的。在这一背景下，不仅仅是工人本身，越来越多的人反对
纯粹的自由放任资本主义，转而支持将工人权利与他们在民主社会中
的平等公民角色联系起来的"工业民主"。[76]20 世纪 20 年代，保守派
再次发起反工会运动，使工会会员数减少了三分之一，从第一次世界
大战后最高峰的 500 万锐减到 1929 年的 350 万。20 世纪 20 年代进步
时代改革的这种"停顿"甚至逆转，将在本书历史叙事中反复出现，
但尽管如此，即便在新政出现之前，工会在 1930 年也恢复了增长，而
此时就业大萧条开始了，参见图 2.12。

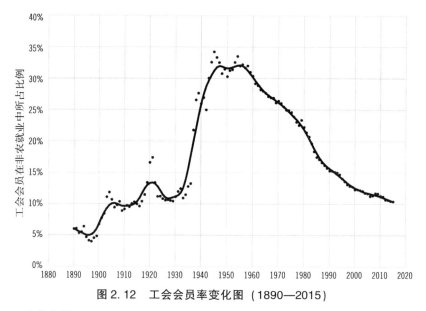

图 2.12　工会会员率变化图（1890—2015）

数据来源：Freeman，"Spurts in Union Growth"；Hirsch and Macpherson，"Union-
stats". 数据经二维散点图平滑法处理：0.2。参见尾注 2.80。

19 世纪晚期反复出现的失业现象长期以来一直在破坏工会的发展，因此，当工会成员在 20 世纪 30 年代开始增长时，大多数观察家都感到惊讶。可以肯定的是，新的立法使工会能更容易组织起来。1935 年的《全国劳资关系法》（National Labor Relations Act，NLRA）最为著名，不过即便在富兰克林·罗斯福当选之前，于 1932 年通过的里程碑式的《诺里斯-拉瓜迪亚法》（Norris-LaGuardia Act）就已经消除了某些阻碍工会组织的法律和司法障碍。这部较早的法案由两位进步共和党人共同发起，并由第三位共和党人赫伯特·胡佛（Herbert Hoover）签署成为法律。

然而，立法并不是工会重新增长的唯一原因，因为在 1920 年代的低迷之后，工会在这项立法之前就已恢复增长。1930 年代工会的大部分增长是自下而上的。这一时期的大多数工人是通过罢工，而不是通过 NLRA 选举组织起来的。[77] 立法很重要，但工人们自己也开始感受到彼此之间的团结，甚至偶尔会跨越人种和种族的界限。[78]

简言之，尽管新政和第二次世界大战在 1935 年至 1945 年间的显著增长中扮演了明显角色，但如果认为新政本身就是 1930 年代工会发展的原因，这就过于简单化了。1929 年，只有大约 10% 的工人是工会成员，但到 1945 年，这个数字已经上升到大约 35%，甚至可能更高。在这一时期，工会享有广泛的公众认可。盖洛普民调（Gallup polls）显示，从 1936 年到 1966 年的 30 年间，工会支持者的人数稳步超过了批评者的三倍。[79] 在这个时期，大多数美国人开始意识到团结是一种美德。

然而，到了 1960 年代，工会的会员率（及其社会和文化的重要性，我们将在第四章中讨论）开始似乎不可阻挡地长期持续下滑，因此到 2010 年代，尽管服务部门出现了组织低薪工人的创造性努力，但工会只在公共部门，主要是在教师中留住了大量会员。关于工会会员人数长期下降的原因，很多人做过探讨，这里不适合对这一争论进行

51

52

详细评述。[80] 概要来说，主要包括以下因素：

——美国经济的结构性变化，使就业从蓝领工人为主转向白领工人为主，其中许多是在服务业和知识产业。然而，即使在特定的部门和行业内，工会会员人数也大大减少，因此，蓝领减少白领增多只能解释会员总数下降的四分之一。[81]

——雇主和保守派的反对重新活跃起来，其标志事件是1947年的《塔夫脱–哈特利法》（Taft-Hartley Act）在哈里·杜鲁门的反对下获得通过，该法限制了工会的行动空间，以及1981年里根新政府破坏了全国航空调度员的罢工。[82]1960年代各州立法的爆发曾使公共部门工会大幅增长，但这一趋势在21世纪初的头十年停止了。阳光地带（即美国南部地区——译者注）的崛起，是由社会上保守的南方工会的软弱无力促成的，它继而又削弱了全国范围内的工会。

——工会本身之过，包括令人心烦的公共部门罢工，以及对工会特别是卡车司机工会（Teamsters Union）腐败的揭露，这破坏了工会的公共正当性。[83]

——工会作为社会联系场所的作用被削弱，部分原因是一些年轻工人的个人主义日趋严重，他们宁愿在偏僻的郊区看电视，也不愿在工会大厅里与人打保龄球，这个因素我们将在第四章中讨论。[84]1960年代以后，工会的这种社会联系的重要性在全国范围内逐渐减弱，导致工会最终沦为集体谈判的单纯代理人。

工会会员身份的起伏有着重要的经济后果，但这些波动的根本原因不仅是经济方面的，还是政治、社会和文化方面的。

将图2.8中的收入平等趋势与图2.12中的工会成员趋势进行比

较，可以告诉我们什么呢？首先，在 1899 年至 1920 年的 20 年间，工 53
会会员比例大约增加了两倍。因此，工会化是大趋同的一个主要指标，
预示着收入平等的转折点将在 10 年或 20 年后到来。同样，在 1958 年
以后，工会在收入分配转折点前大约 10 年或 20 年稳步下滑了 60 年，
这也是大分化的主要指标。若非时间的延滞，图 2.12 中工会成员的倒
U 型曲线与图 2.8 和图 2.9 中收入和财富平等的倒 U 型曲线就会是一
个完美的镜像。[85] 这种相关性本身当然不能证明其中一个因素导致了另
一个因素，因为工会成员和经济不平等都可能是其他一些尚待发现的
因素导致的。不过这种平行关系还是令人惊讶，但这只是我们将在本
书中讨论的许多这种平行关系中的第一个。

我们本章的重点是收入和财富分配的平等。历史上关于工会的记
载都与种族与性别平等议题混杂在一起，[86] 我们将在第六章和第七章中
再次讨论这个问题。然而，在经济或阶级平等方面，许多近期研究证
实，从 1930 年代到 1960 年代，工会的增长促进了收入平等，而 1960
年代后工会的减少则促成了大分化。在大趋同期间，工会增加了低收
入家庭的收入，从而减小了收入不平等。[87] 相反，工会的减少在大分化
期间则助长了收入不平等。[88]

这些影响中只有一小部分来自集体谈判对工会成员收入的直接影
响。[89] 研究发现，工会化甚至对未加入工会的劳动大军，[90] 对更广泛的
公平准则，[91] 以及对首席执行官的薪酬，[92] 都产生了平等化的影响。在
大趋同时期，工会还致力于为实现更大收入平等的政治力量提供了强
有力的支持。出于所有这些原因，几项独立研究表明，1970 年代后收
入平等下降的四分之一可以用工会化的下降来解释。[93] 工会是另一个重
要的例子，就像设立公立高中一样，这些从 20 世纪初开始的"我们"
社会的创新及其在随后 60 年的发展，促成了巨大的社会趋同，而其在 54
20 世纪中叶之后的衰落又导致了随后的巨大社会分化。

公共经济政策

除了工会等社会创新之外，进步主义者还通过公共政策创新来处理巨大的不平等差距。[94] 进步时代的这些政策改革并没有消除贫富差距，这当然也不可能一蹴而就。1920 年代，政治上的逆转使争取更大平等的努力停滞了 10 年之久。但随后，新政出台，这一趋势以更大的力量恢复，并在第二次世界大战中得到加强，且在此后持续了四分之一世纪。这些政策创新中最突出的是：①对个人和公司收入及遗产实行累进税，②对大型金融机构进行监管，③制定最低工资规则。

这里并不适宜对这些政策进行详细论述。我们只是想表明这些政策领域中的每一项活动都恰恰遵循了与收入平等本身相同的倒 U 型曲线，这并非偶然。换句话说，要理解大趋同和大分化，我们必须理解为什么美国人及其领导人的政策选择从 20 世纪初直到 20 世纪 70 年代都倾向于平等，然后在一个非常短的时期内又调转方向破坏了平等。事实证明，这个故事不仅仅是政党政治，它既与政治有关，也与经济有关。

税收与支出[95]

在第一个镀金时代，随着超级富豪和其他人之间的差距越来越大，政治领域中支持累进税制改革之声蔓延至全国。累进税的创新始于州一级。"1890 年代，有 15 个州对大额遗产征税；1910 年代有 40 多个州开征了遗产税。"[96] 1894 年，在两党支持下，第一个联邦所得税（除了支持内战的一项临时税收之外）以及第一个遗产税获得批准。一年

55

后，保守派的最高法院以违宪为由驳回了这些税种，但进步主义者要求纠正国家巨大经济差距的呼声仍在不断增加。共和党总统威廉·霍华德·塔夫脱在1909年提出一项宪法修正案，到1913年，这项提案获得足够广泛的两党共识（包括国会两院三分之二的议员和四分之三的州议员）来修改宪法，并建立了第一个常设的联邦所得税。这一税种的标准和累进率最初都很低，但富人应该比穷人付出更多的原则已经确立。从第一次世界大战到新政再到第二次世界大战，联邦所得税的标准和累进率不断提高，最终达到1940年代到1960年代中期的高位水平。

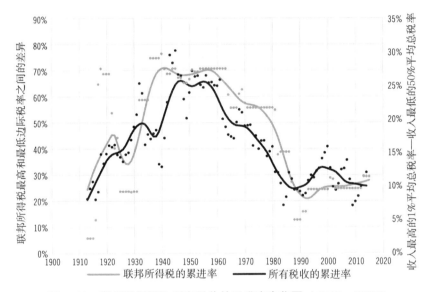

图2.13 联邦所得税和所有税收的累进率变化图（1913—2015）

资料来源：联邦所得税源自 Tax Policy Center。数据经二维散点图平滑法处理：0.2。总税源自 Piketty, Saez, and Zucman，*QJEcon* May 2018。数据经二维散点图平滑法处理：0.15。

图2.13中的灰线所呈现的倒U型曲线是联邦所得税的累进率在前一百年的变化，现在大家对此都已经很熟悉了，其转折点在1960年代

中期。在那个顶点之后，从约翰·F.肯尼迪到唐纳德·J.特朗普，联邦所得税的累进率急剧下降，到20世纪末已接近1910年代和1920年代的低点。当然，图2.13也显示，共和党和民主党的当代总统偶尔也会试图阻止这种暴跌，并恢复税法的一些累进性，做出这种尝试的包括乔治·H.W.布什、比尔·克林顿和巴拉克·奥巴马。

由于联邦所得税只占美国所有税收的一小部分，图2.13中的实线显示了衡量所有税收（包括州和地方税、联邦社会保障工资税、公司税和遗产税）累进率的起伏。这一标准的计算独立于联邦所得税的标准，使用的是独立数据来源，但两者之间的关联度很高。[97] 所有税收累进率的变化仅有一部分是由联邦所得税率驱动的。事实上，工资税是累退税，这类税种往往伪装成社会保障保险费，它们的增加很大程度上是1950年代以来导致税收倒退趋势的主要原因。[98] 由于图2.13包含了全国各地由不同党派管理的各级政府的许多不同形式的税收，因此，随着时间的推移，这些变化无法简单地反映哪个党派更倾向于"让富人多纳税"，但它揭示了政治权力和经济平等主义模式中更普遍的变化。简言之，美国税收的累进趋势在20世纪上半叶有所增加，在下半叶有所减少，这既加速了1970年以前平等的上升趋势，也加速了1970年以后平等的下降趋势。

进步时代改革者的另外两项税收创新，也是造成大趋同和大分化的重要原因。联邦企业所得税于1909年制定，一般估计由股东承担，因此基本上是累进制。如图2.14所示，企业最高税率在我们熟悉的U型曲线上起起伏伏，从1909年的1%到1968—1969年的峰值53%，然后从1970年到2018年下降，特朗普总统的减税政策将其大幅降低到21%，是80年来的最低税率。[99]

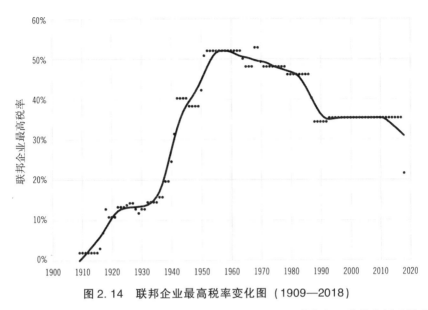

图 2.14 联邦企业最高税率变化图（1909—2018）

资料来源：Tax Foundation；World Tax Database；IRS. 数据经二维散点图平滑法处理：0.15。

第三次进步时代的税收改革是针对继承财富的不平等。巨大的家族财富为继承带来了好处，因此违反了机会平等原则。机会平等强调所有人都应该在同一起跑线上开始人生竞赛，即便像约翰·D. 洛克菲勒（John D. Rockefeller）和安德鲁·卡内基（Andrew Carnegie）这样的镀金时代最富有的受益人也赞成对大宗遗产征税。[100] 遗产税的最高税率和被征税的遗产规模都呈现出明显的倒 U 型曲线，从 1916 年到 1941 年（尤其是 1931—1941 年）都在上升，然后缓慢上升，直到 1976 年，所有 30 万美元以上的遗产都要缴税，最高税率为 77%。[101] 有趣的是，遗产税的这种严格程度的提高并不仅仅归因于罗斯福新政以及战时预算的需要。事实上，遗产税有史以来最大幅度的上涨（1930—1932 年）是在赫伯特·胡佛的支持下通过的。[102]

但在 1976 年之后的 40 年间，按照现在我们熟悉的倒 U 型曲线，遗产税的最高税率不断下降，适用门槛不断上升，如图 2.15 所示。

2016年，特朗普减税政策免除了550万美元以下的遗产，最高税率降至40%，将遗产税的影响几乎降回到了镀金时代的水平。

图2.15　最高遗产税税率和免税额变化图（1916—2017）

数据来源：Eleanor Krause and Isabel Sawhill, unpub. data. 参见尾注 2.101。

综上所述，正如皮凯蒂和赛斯所认为的，大趋同的一个重要原因是"累进所得税（以及累进遗产税和企业所得税）的产生和发展"[103]。此外，伊曼纽尔·赛斯及其同事还指出了一个有趣的事实，即税收累进率和税前收入平等之间存在着很强的相关性。换句话说，这并不是简单地通过高税率减少了最高收入，而是税前收入分配的确定和税收累进率的确定在某种程度上是相互关联的，也许是因为两者都部分地受同一外部因素的影响，也许是出于其他原因。[104] 无论怎样，我们对美国税收累进率长期变化的简要回顾表明，在全国数千个司法管辖区的政党纲领、税收游说者、税收制定委员会和税务官员的表面之下，一种广泛的长达一个世纪的平等主义起伏在发挥作用。

政府的财政政策既包括支出，也包括税收。正如我们在本章前文所指出的，政府财政活动（包括税收和转移支付）的净效果是适度改善收入平等，但这种改善的意义随着时间的推移以及税收和转移支付的不同而有所不同。图 2.8 中两条线之间的距离变化，可以粗略衡量政府征税和支出决策在不同时期减少不平等的程度。在 20 世纪的两个半期，支出方面的累进性都在增加，这基本上是因为政府总规模的增长以及政府支出的净再分配。因此，直到 1980 年左右，政府在税收和支出方面采取的行动往往倾向于促进平等，而 1980 年之后，税收的变化倾向于加剧不平等，但支出的变化则倾向于减少不平等，因此，总体而言，1980 年以来的税收和支出适度减少了收入的不平等，缓冲了原本会更严重的平等性下降趋势。

然而，重要的是，这些扩大的支出大部分代表了中产阶级权利计划的增长，如社会保障和医疗保险。[105] 这些不断增长的转移计划的主要受益者是收入分配中 40% 的中产美国老年人，而不是最底层的 50%。这种支出（实际上是把钱从年轻人手中转移到老年人身上）使得收入的年龄分布更平等，主要是解决了 1960 年代令像《另一个美国》（*The Other America*）的作者迈克尔·哈林顿（Michael Harrington）这样的社会改革家愤慨的老年贫困问题。然而，这些新支出并没有对收入的阶级分配产生如此显著的影响，而这也是哈林顿所关注的。[106] "反贫困战争"只有"反老年贫困战争"获胜了。这些转移支付并没有大大缩小最上层的 1% 和最下层的 50% 之间的差距。经济学家皮凯蒂、赛斯和祖克曼总结说："底层一半的成年人口因此在四十多年中没有从经济增长中获益，他们税后收入的微弱增长被增加的医疗支出抵消了。"[107]

观察过去半个世纪中美国社会中这一不公允现象的一个方法是：比较每个家庭的平均月"福利"津贴与退休工人及配偶的平均月社会保障津贴，如图 2.16 所示。从 1930 年代中期到我们现在熟悉的转折点——1970 年左右，这两种形式对"穷人"和"老人"的援助一直保持同步，以 2003 年美元价格计算，1970 年大约达到 900 美元。但在随后的 30 年里，实际社会保障福利的平均水平不断提高，2001 年达到 1483 美元，而实际福利支付的平均水平则在稳步下降，2001 年仅为 392 美元。[108] 指数化的社会保障支付曲线与福利支付曲线之间像被插入了一个楔子，原因就是通货膨胀。[109]

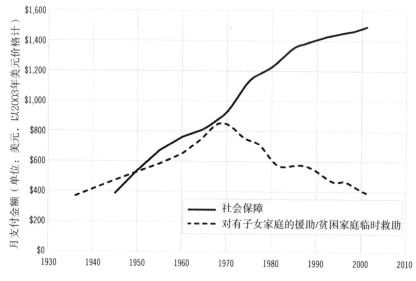

图 2.16　对老年人和穷人的社会支出情况变化图（1936—2001）

资料来源：Robert Sahr，*PS* 2004，参见尾注 2.108。数据经二维散点图平滑法处理：0.15。

61　　　总之，在大趋同期间，税收和支出都朝着进步的方向发展，因此，政府的再分配是促进日益平等的主要因素。相比之下，随着大分化的到来，税收变成了累退，但支出在继续累进，这淡化了 1980 年后的不平等趋势，至少对老龄化的中产阶级而言是如此。政府财政活动的净效应在解释大分化时不那么明显，而市场和其他非市场力量则更为重要。然而，必须强调的是，政府的非财政行动（或不行动）也会对收入不平等产生强大的间接影响；一个重要的例子就是我们现在要讨论的监管政策。

金融监管

大托拉斯和垄断企业的反竞争行为，尤其是大型金融机构的不当行为，是镀金时代的主要抗议主题。1873 年和 1893 年的金融恐慌（由于不计后果、经常欺诈和腐败的金融投机，尤其是银行和铁路的投机行为）导致了深度的长期萧条，农村贫困程度和工业失业率上升，进而导致平民主义运动和政党的兴起，并最终导致进步时代的改革。所有这些都能在当代美国生活中找到影子，特别是在 2008 年金融危机和大衰退之后。[110]

毫不奇怪，金融监管是进步时代的一项重大政策创新。例如，建立拥有监督权的美联储，以及接连出台"反垄断"新举措。在大萧条之后，这些控制措施通过证券交易委员会（SEC）之类的创新获得极大加强。在 1930 年代至 1950 年代期间，历届联邦政府在此基础上进行了更加严格的监管，直到 1970 年代末的放松监管运动，但当时的监管力度依然很大。在大趋同期间，对金融服务业的监管日益加强，金融家的收入大幅减少。由于华尔街公司和大银行从业者集中在收入分配的顶层，他们收入的减少是促进平等的重要力量。[111]

如图 2.17 所示，在自由市场经济学家的影响下，始于 20 世纪 70 年代的金融市场放松监管，产生了另一种常见的倒 U 型曲线。经济学家托马斯·菲利蓬（Thomas Philippon）和阿里尔·雷舍夫（Ariell Reshef）指出，金融监管的放松几乎必然导致与金融服务业相关的收入增加。[112] 事实上，他们估计，仅这一因素就占大分化期间收入不平等总增长的 15% ~ 25%。

62

图2.17　对金融市场的监管及放松监管变化图（1909—2006）

资料来源：Thomas Philippon and Ariell Reshef，*QJEcon* Nov.2012，参见尾注2.112。

　　当然，就像125年前一样，今天在金融以外的领域，反竞争和不受监管的市场集中问题也获得广泛讨论。当时和现在一样，这一问题当时在技术最先进的行业，比如铁路、电话、钢铁行业最明显，今天则是在互联网和制药行业最明显。尽管是在两个时代，但反竞争的做法在许多行业都很普遍。我们还没有找到125年来非金融行业市场集中度或市场监管的可比数据，因此无法构建一个与图2.17相当的图表，但这一原则似乎在21世纪初和19世纪末同样适用。[113] 在第五章中，我们将在1960年代的新右派思潮中寻找1970年代放松监管运动的根源。

最低工资

最低工资政策是最后一个能够反映并有助于解释 20 世纪经济平等起伏的公共政策实例。在 20 世纪的头几十年里，各州都曾试行过最低工资法，[114] 但直到"新政"后期，联邦政府才实施了相同的法律。此后，经通货膨胀调整的全国最低工资基本上呈现出我们现在熟悉的倒 U 型曲线。最低工资在 1968 年达到顶峰，几乎与我们在本章探讨的其他曲线的顶峰时间完全相同（参见图 2.18）。

图 2.18 美国实际最低工资变化图（1938—2020）

资料来源：Department of Labor；Federal Reserve. 数据经二维散点图平滑法处理：0.15。

近年来，最低工资标准的升降引起人们广泛关注，它被视为造成 63 "大趋同"和"大分化"的重要因素，许多州和地方最近都提高了最低工资水平，旨在扭转收入不平等趋势。[115] 最低工资法对工资水平的直接影响，是否被其对低工资就业机会的间接负面影响全部或部分抵消，经济学家们对此分歧很大。一系列新的州和地方举措或可加速这一争论的解决，但可以合理地认为，最低工资可能对收入分配低端的不平等产生了一些影响，但对收入分配高端的不平等影响不大，但近年来最大规模的不平等集中在高端。[116]

最低工资的历史最突出的意义也许是，它极为严格地遵循着同一个倒 U 型曲线，它源于进步时代的州一级，在 1930 年代进入国家一级，在 1960 年代末达到顶峰，然后和所有与收入不平等有因果关系的其他因素一样，在同一时间下降。在一系列非常广泛的公共政策中，我们可以看到在半个世纪甚至更长时间里，钟摆摆向更平等的方向，然而在之后的半个世纪中，它又摆回更不平等的方向。由于这些政策本身会影响到国家的最终收入分配，因此，政策钟摆与结果钟摆几近完美契合也就不足为奇了。但潜在的因果关系可能并不像这种相关性所暗示得那么简单。

社会规范

许多仔细研究过去半个世纪以来收入不平等日益加剧的经济学家，都强调了我们上文概述的相同因素。托马斯·皮凯蒂、伊曼纽尔·赛斯和加布里埃尔·祖克曼认为，"在美国，50% 的底层收入停滞不前，而 1% 的顶层却收入激增，这与减少累进税、普遍放松监管（特别是放松对金融部门的监管）、削弱工会以及削减联邦最低工资相吻合。"[117]

另一方面，如经济学家所说，政策并不是"外生的"，也就是说，它并不是像太阳黑子那样可以为我们所忽略的外部因素。相反，注意到这些政策波动的重要性，只会迫使我们解释政策变化的时间和方向。为什么在大趋同时期有利于平等的政策生效，为什么后来在 1965 年前后的十年左右，这些政策都发生了变化？所有这些独立因素在长达一个世纪的同步跳跃中上下移动，就像一支训练有素的芭蕾舞团，这绝非巧合。

从一个更广泛的框架来看，经济平等趋势的起源很大程度上在纯经济领域之外。政治似乎是幕后故事的重要组成部分，我们将在下一章对此进行讨论。[118] 另一方面，正如我们在讨论里根主义时所注意到的，政治本身的因果作用可能很复杂。从平等主义到不平等主义的政策和结果的转变早于里根以压倒优势入主白宫，因此在这个意义上，政治似乎是经济变化的滞后指标，而不是领先指标，我们将会在本书中反复提及这个耐人寻味的问题。

不断变化的社会规范很可能是解释曲线上下两端的重要因素。经济学作为一种专业，通常不愿意援引这些"软"因素，部分原因是这些因素很难测度。然而，许多研究"大趋同"和"大分化"的优秀经济学家，包括保罗·克鲁格曼（Paul Krugman）、托马斯·皮凯蒂和伊曼纽尔·赛斯、安东尼·阿特金森（Anthony Atkinson）和彼得·戴蒙德（Peter Diamond）都认为，如果不把有关公平和得体的规范考虑在内，就不可能解释经济平等的剧烈波动。[119]

20 世纪初对"财阀统治"日益增长的强烈敌意，反映了道德上对不平等的愤慨，而这种愤慨在镀金时代是不存在的，因为彼时强调的是社会达尔文主义和所有权。但大萧条带来的彻底破坏，给社会团结的理想而非赤裸裸的个人主义，带来了新的力量，甚至是在赫伯特·胡佛这样的共和党人中也是如此。[120] 第二次世界大战中广泛的共同牺牲又有力地强化了最伟大一代人的平等主义规范，他们在随后的战后四分之一世纪中主导了美国的社会和政治。那一时期的高管薪酬无疑受到了公平和得体规范，以及我们可以称之为"令人愤慨"的因素的

66

制约。[121]

在第五章，我们将更直接地探讨美国文化在 1960 年代是如何向个人主义急剧转变的，但一个简单比较就能说明这种转变是如何影响高管薪酬的。在 1960 年代初，乔治·罗姆尼（George Romney）是商业巨头，作为美国汽车公司的董事长兼首席执行官，他得到了丰厚的报酬。1960 年，也就是他收入最高的一年，他的收入刚刚超过 66.1 万美元，约合今天的 550 万美元。尽管如此，他也经常拒绝一些他认为过高的奖金和加薪。例如，1960 年他拒绝了 10 万美元的奖金，在 5 年时间里，他总共拒绝了 26.8 万美元，约占同期总收入的 20%。他担心过度补贴会对高管们产生下述影响：过于丰厚的薪酬可能导致人们沉迷于"成功的诱惑，从而分散了他们对更重要事务的注意力"[122]。此外，他支付的税款占其收入的三分之一以上。

50 年后，乔治·罗姆尼的儿子米特（Mitt）在 2010 年的收入为 2170 万美元，大约是他父亲高峰期收入的 4 倍。其中，他缴纳的实际税率为 13.9%，大约是他父亲的三分之一。据我们所知，没有证据表明米特曾主动返还过任何报酬，不过他和妻子在 2010 年进行了 300 万美元的慈善捐款，其中包括给摩门教会 150 万美元。在 2012 年的总统竞选期间，他说："有 47% 的人……依赖政府，他们认为自己是受害者……而这些人没有缴纳所得税……所以我不担心这些人。我永远无法说服他们去承担个人的责任，关心个人的生活。"当他父亲在 1968 年竞选总统时，正当 60 年来社会规范从"我"到"我们"的趋势达到顶峰之时，他从未说过这样的话。[123]

这无疑是一个极端案例。1960 年代的大多数高管都没有乔治这么慷慨，今天也很少有像米特这样的收入。然而，他们各自的经济平等观为我们提供了一个完美的窗口，让我们了解过去半个世纪以来，围绕薪酬和经济公平的规范是如何转变的。事实上，这些规范的转变为整个 20 世纪不平等的转变，以及公共政策的转变，如教育投资或税收累进等，提供了一个可能令人信服的解释，这些转变显示了 20 世纪 60 年代中期的同一个转折点。我们将在第五章再次讨论社会规范的变迁问题。同时，我们可以用一个简单得出人意料的图表来总结我们所了解的经济平等趋势，因为本书所研究的各种趋势高度吻合。图 2.19 将本章中所有相关的图表组合成了一条曲线，这条曲线展现了我们所研究的各种措施中反复出现的倒 U 型。[124] 这条曲线描绘了进步时代为改善经济平等所做的基础性努力，"繁荣的 20 年代"的暂时逆转，以及从 1930年代开始向着更大的平等急速推进，并在 1960 年左右的大趋同中达到高潮。而后我们看到，在大分化期间，不平等现象加速逆转，一直持续到 21 世纪。这种经济模式的更广泛影响，即对从"我"到"我们"再到"我"这一趋势的影响，以及造成这种情况的可能原因，我们将在接下来的章节加以阐明。

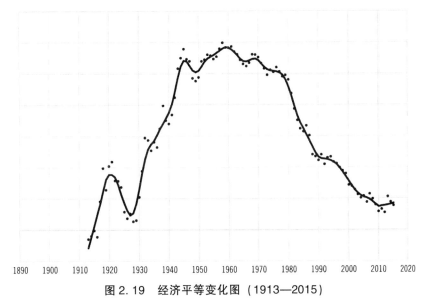

图 2.19 经济平等变化图（1913—2015）

资料来源：参见尾注 1.4。数据经二维散点图平滑法处理：0.1。

第三章

政治：从部落主义到礼让社会的循环

众所周知，建国者们并未预见到政党在新共和国的兴起，但他们完全明白，正如詹姆斯·麦迪逊在《联邦党人文集》第 10 篇所言："党争的潜在原因……植根于人性之中。"分歧是政治，尤其是民主政治的一个永恒不变的特征。但是，如何框定和解决分歧，在美国历史上并不是一成不变的。历史学家记录了我们政治斗争的激烈程度是如何跌宕起伏的，我们有 1815—1825 年的"和睦时代"（Era of Good Feelings），也有在其 40 年之后发生的南北战争自相残杀。

在这一章中，我们要问的是，在过去的四分之一世纪中，政治冲突是如何形成和重新定义的。我们的任务最初是描述自 19 世纪末以来，美国的政治两极分化经历了哪些起伏？结果发现，从许多衡量指标来看，两极分化在这一时期同样呈现出一条倒 U 型曲线，这条曲线与我们在上一章中发现的经济平等曲线极其相似。在本章末尾，我们将超越简单的描述，探询极端的两极分化对美国民主的影响。

近几十年来，两极分化的确切含义以及如何衡量两极分化的问题
一直困扰着政治学界，但有一张图表被大多数人视为辩论的起点。几乎所有政治学家都接受图 3.1 所描绘的 20 世纪政党史的基本曲线，尽管对曲线后半段的探讨比前半段多得多。该图显示，在 19 世纪末，跨党派合作程度较低，且呈下降趋势，换言之，党派冲突程度较高，且呈上升趋势。[1]（如第二章所述，为避免混淆，在本书中，我们将所有

图表中"上升"的方向表示为更平等、更不两极分化、联系更紧密、更共同体化)。镀金时代是政治两极分化严重的时期。然而，随着新世纪的开启和进步运动的兴起，出现了一个转折点，跨党派合作逐渐增多，仅在"繁荣的 20 年代"短暂放缓，然后在新政和第二次世界大战中达到合作的新高度。这种合作趋势在 20 世纪 50 年代趋于平缓，直到 20 世纪 70 年代，党派主义才开始变得更加激烈，两党合作更趋少见。[2] 在过去 50 年中，党派主义稳步加速，造就了我们今天严重两极分化的世界。本章将首先介绍图 3.1 所示的政治起伏史。在本章后半部分，我们会呈现两极化和去极化的各个维度、原因及后果的定量证据，并探询："那又怎样？"

71

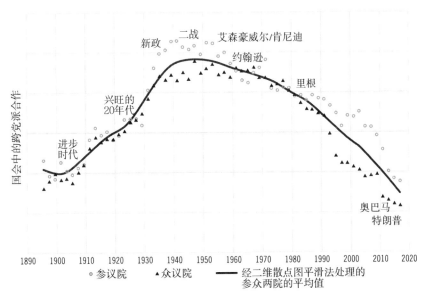

图 3.1 国会跨党派合作情况变化图 (1895—2017)

资料来源：Congressional Roll-Call Votes Database 2019. 数据经二维散点图平滑法处理：0.2。

第一个镀金时代以来政党政治的兴衰

近几十年来，两极分化主要是沿着我们熟悉的左派-右派、自由派-保守派的意识形态维度发生的，但两极分化并不总是与意识形态分歧有关。[3]19世纪末的政党冲突与我们这个时代的路线有些不同，但在当时和当下，政治都是两极分化的，如图3.1所示。这两个时期都有激烈的宗派之争，而在这两个时期，两极分化都建立在强大的党内凝聚力与零和党际冲突上，这种冲突拒绝妥协，妖魔化对手，没有共同点，每一方的胜利都被定义为另一方的损失。

19世纪末的政治分歧植根于南北战争，共和党在北方挥舞着"血衫"反对民主党的"南方基地"；也根植于地区经济差异，即以农业为基础的南方、西部与工业化的中西部、东北地区的差异，但这些差异在我们当代的认识中很少是"意识形态的"。例如，从1860年至1912年的半个世纪中唯一当选的民主党总统，即所谓的波旁民主党人格罗弗·克利夫兰，虽然在1897年单独否决了种族主义的反移民立法，但他大多时候都站在保守的商业利益一边。镀金时代的两极分化主要不是国家规模与自由市场的问题，尽管这个问题是下一个世纪政党政治的主要分歧。

相反，在19世纪后期，政党联盟是非常部落化的，其实就是庞大的赞助人网络在争夺战利品。强化地区经济分化的是种族分化以及文化和城乡分化，这与今天的文化和城乡分化并不完全相同。从19世纪90年代开始，禁酒令（以及支撑禁酒令的宗教保守主义）一直是美国政治的一条主要分界线，直到20世纪30年代，禁酒令被废除，才从国家议程中真正剔除出去。[4]尽管意识形态的影响没有像今天这般铺天盖地，但一如托马斯·纳斯特（Thomas Nast）的一幅当代政治漫画所描述的那样：两党之间的冲突是很激烈的。如同今天一样，跨党派联盟的情况比较罕见。[5]

SECTARIAN BITTERNESS.

图 3.2　1870 年托马斯·纳斯特论宗派仇恨

资料来源：*Harper's Weekly* 13，Feb. 26，1870. 由哈佛大学图书馆提供。

　　随着镀金时代在 19 世纪 90 年代达到高潮，两极分化加剧了。1893 年的大恐慌，伴随美国历史上极其严重的经济衰退，引发了劳工和资本之间广泛的暴力冲突。1896 年重组后的选举，由民主党的威廉·詹宁斯·布莱恩（William Jennings Bryan）对阵共和党的威廉·麦金利（William McKinley），成为内战后对决最激烈、最尖锐的一次选举。两党就关税和货币政策展开激烈争论。布莱恩在他著名的"黄金十字架"演说中展示了自己的观点。他像被钉在十字架上的耶稣一般，伸开双臂怒吼道：

　　　　在我们的身后，是这个国家和世界的劳动大众，由商业利益、劳动利益和各地劳动者所支撑，我们要回应他们对金本位的要求："你们不能把这顶荆棘冠冕压在劳动者的额头，你们不能把人类钉在黄金十字架上。"[6]

　　1896 年选举的政党冲突，既是以阶级或意识形态冲突为基础，也　73

是以行业和地区冲突为基础，因为大多数共和党人代表工业选区，特别是在北部和东部，而大多数民主党人代表农业选区，特别是在南部和西部。例如，在1896年的众议院选举中，获胜的共和党人有86%来自工业地区，而获胜的民主党人有60%来自农业地区。[7]

19世纪70年代开始在北方工业化地区蔓延的罢工、暴力和最终的无政府主义恐怖主义浪潮，直到20世纪20年代才消退。[8]同时，随着1877年重建的结束，南方白人对黑人的镇压变得更加暴力，最终开始在整个地区实行吉姆·克劳法，即种族隔离制度，1896年最高法院在普莱西诉弗格森案（*Plessy v. Ferguson*）中正式批准了这一制度。19世纪80年代，针对黑人的私刑浪潮汹涌澎湃，1892年达到每隔一天就有一起暴行的骇人速度，尽管有北方的谴责之声，但这种情况持续了几十年。[9]然而，无论黑人的处境多么可怕，种族问题直到20世纪后期才成为全国性政党议程上的重要议题。[10]我们将在第六章回溯这个时代种族压迫的历史，以及随后一个世纪中种族进步和倒退的复杂故事。就目前而言，关键是阐明在20世纪之交，美国的政治，无论是北方还是南方，都出现了近半个世纪以来从未有过的严重撕裂。

这些党派分歧的激烈程度阻碍了对新重大问题的认识和解决。在越来越多的选民眼中，两个传统的政党及其领导人没有帮助国家解决新的紧迫问题。平民党、自由银币党和社会党等第三党派兴起，改革联盟逐渐开始跨越党派界限。进步运动及其达到高潮的标志是泰迪·罗斯福领导的进步党或者说"公麋党"的出现，集中体现了这种不满情绪。到1912年，这类第三党获得了35%的全国总统普选票，这是美国历史上第三党的最高分，也体现了公众对两极分化的政党制度的不满。[11]

在国家议程上争夺一席之地的新问题包括：老年人、失业者和残疾人的保险；累进制收入和遗产税；环境监管；劳动改革；对大企业垄断的过度保护；妇女选举权；竞选资金改革；以及全民医疗保险。

74

这与我们当代政治议程多么相似啊！最初，支持这些改革的主要是进步主义的民主党人，但随着新世纪的开启，进步主义也在自由派共和党人中找到了强有力的拥护者，比如泰迪·罗斯福，共和党开始分裂成"立场派"和新兴的"进步派"。这场跨党派的进步运动最早在19世纪80年代和90年代出现在州和地方层面，但随着1901年麦金莱遇刺后西奥多·罗斯福出人意料地登上总统宝座，进步运动在国家层面获得了权力。正如我们将在下一章和结论中会再次看到的那样，市民社会的活动家和社会运动，从激进的工会成员到安置所的组织者，从改革派的地方政治家到教会领袖，都在这一过程中发挥了至关重要的作用。

正如政治学家汉斯·诺埃尔（Hans Noel）所言，"进步主义者破坏了现有的政党联盟……一个进步的元素横切各党，并最终重塑了它们。"[12] 事实上，到1912年，三个主要候选人，泰迪·罗斯福、威廉·霍华德·塔夫脱和伍德罗·威尔逊，都宣称自己是进步主义者。他们的政策并不完全相同，他们的政党成员也不都是进步的，但他们三人都支持反垄断倡议和累进制联邦所得税。尽管泰迪·罗斯福的公麋党在三方总统竞选中落败，但该党1912年的纲领为威尔逊的总统任期、新政及以后的进步政策议程做了铺垫。[13]

图3.1表明，进步时代党派界限开始模糊的一个标志是，这一时期的重大改革在共和党和民主党执政期间都得到了两党的支持（和反对）。在1906年至1919年间通过的十项重大改革中，包括州际贸易委员会、纯净食品和药品法、联邦所得税、参议员直选、1913年关税削减、美联储、克莱顿反托拉斯法、童工立法、禁酒令和妇女选举权，执政当局平均获得本党78%的参众两院议员和40%的反对党议员的支持。[14] 政党路线的选票开始被两党联盟取代。

第一次世界大战后，跨党派进步运动的兴起继续缓和着党派两极分化，特别是在国会中，尽管不如战前进步主义高潮时期那么强烈。

国会改革削弱了领导层的集权，更多的立法工作开始在各种委员会中进行，在这些委员会中，在两党进步联盟中更新并变得更正式的跨党派联盟，可以更自由地独立于两个党派进行运作。[15] 甚至作为 19 世纪党派分裂关键轴心的贸易政策，在 20 世纪 20 年代也减少了党派分化，他们在关税问题上实现了跨党派联盟。甚至在总统政治中，1920 年两党都在权衡提名进步派共和党赫伯特·胡佛作为候选人的可能性，富兰克林·罗斯福私下写道："胡佛当然是个奇迹。我希望让他当美国总统。"[16]

当然，进步运动并没有消除两极分化，但它反映了两大政党领导人所具有的改革主义、平等主义，甚至社群主义的情感，为几十年来两极分化的下降奠定了基础。如图 3.1 所示，这种进步趋势不仅影响了国会投票，而且将两党的新一代改革者带入政坛，他们主导了未来几十年的总统政治。虽然并非所有人都是终身进步主义者，但在 20 世纪上半叶，10 位共和党总统候选人中的 8 位和 8 位民主党总统候选人中的 6 位，都在 20 世纪初开启了他们作为广泛的进步运动成员的职业生涯。[17] 正如我们在上一章所回顾的经济政策一样，进步时代也深深影响了 20 世纪上半叶的政治生活。

然而，在 20 世纪 20 年代，进步主义的直接影响开始减弱，共和党和民主党之间的融合似乎有所减缓。泰迪·罗斯福之后，许多共和党人开始与利用政府解决社会问题的进步主义思想保持距离。第一次世界大战期间，政府迅速扩张，共和党人沃伦·哈丁打着"回归正常"的旗号当选。他的继任者卡尔文·柯立芝早在 20 年前就以进步主义者的身份进入政坛，但在 1925 年担任总统时，他在削减税收和开支的同时，却断言"美国人民的主要事务是商业"[18]。

1928 年选举反映了 19 世纪末美国社会在移民、宗教、禁酒、小镇与大都会之间最深刻的冲突。这令天主教的纽约市人艾尔·史密斯与赫伯特·胡佛对立起来，胡佛曾是一位采矿工程师，他赢得了进步人道主义者的声誉，贵格会的教会教育培养了他社群团结与服务他人的情操。他的传记作者肯尼思·怀特（Kenneth Whyte）称胡佛是自由派共和党人，是"进步主义的化身"，尤其是技术官僚版的进步主义。[19] 作为总统，面对 1929 年全球经济的空前崩溃，胡佛笃信当时的正统保守经济理论，对政府行动持怀疑态度，但在其他方面，他将自己视为进步时代的继承人。[20]

大萧条的创伤、富兰克林·罗斯福 1932 年的大获全胜，以及随后的新政，使许多共和党进步派变成了反动派。在 1932 年完败后，胡佛对罗斯福和新政的批评越来越粗暴。在整个 20 世纪 30 年代，以反动的美国自由联盟为首的保守派富商恶毒攻击富兰克林·罗斯福，认为他是"他们阶级的叛徒"，罗斯福毫不客气地回应道，"我欢迎他们的仇恨"，并给他们贴上了"经济保皇党"标签。[21]

另一方面，随着新政的实施，跨党派联盟和结盟并未减少，反倒更加普遍，这削弱了党派的两极分化。新政使进步的民主党人与保守的南方民主党人、自由的共和党人与保守的共和党人之间的分歧越来越大。[22] 在幕后，以仍然如日中天的东北部为中心的一批强势自由派共和党人，试图通过接受富兰克林·罗斯福的社会福利政策，同时攻击其经济"国家主义"，来重振自己的政党。阿尔夫·兰登（Alf Landon）这位命运多舛的中间派共和党候选人，1936 年的竞选纲领就是中庸的，但支持新政的主要内容。[23]

在 1936 年经历了比 1932 年更大的溃败之后，甚至有更多的共和党领导人认识到需要接受新政的大部分内容。1938 年，迅速崛起的纽约州长托马斯·E. 杜威（Thomas E. Dewey，他在 1944 年和 1948 年成为共和党总统候选人）就自称是"新政共和党人"；同时在 1940 年大选前夕，参议员亚瑟·范登伯格（Arthur Vandenberg），作为一位极为保守的孤立主义者，他写了一篇广受关注的文章，名叫《必须挽救新政》（The New Deal Must Be Salvaged）。[24]

与此同时，在富兰克林·罗斯福的第二个任期内，保守的南方民主党人对新政越来越不满，部分（但只是部分）是因为种族问题。一些学者将20世纪30年代末的去极化归因于南方民主党人在种族问题上从新政联盟中倒戈。[25] 这一事实，进而也就是种族主义，显然是整个故事的重要组成部分，但它不能解释共和党人对新政的惊人支持。平均而言，九大新政改革：重建金融公司、农业调整法、田纳西流域管理局（TVA）、国家工业复苏法、国家住房法、工程进度管理局、社会保障、国家劳资关系法和公平劳动标准法，获得81%的国会民主党人支持，但也得到了近一半即47%的国会共和党人支持。[26]

简言之，两党在种族、外交和社会经济政策上都存在内部分歧，而他们在总统候选人的立场上却出人意料地趋于一致。大萧条时期政党政治的历史现实，与人们普遍认为这一时期是政党路线激烈"厮杀"的观点并不一致。在19世纪90年代，困难时期已经产生了激烈的党派分化，但在20世纪30年代，更加困难的时期恰好出现了几乎前所未有的跨党派合作。虽然这种两党合作的程度远非充分，但还是与今天的政党政治形成了鲜明的对比。

78　　1940年，分裂的共和党提名现在已被人遗忘的温德尔·威尔基（Wendell Willkie）作为总统候选人。威尔基是一位成功的商人，在他被提名前几个月，他还是一位进步的民主党活动家，他因反对新政早期的工业政策，特别是反对田纳西流域管理局而获得全国性的认可，但他像富兰克林·罗斯福一样是一位国际主义者，甚至比后者更强调种族和性别平等。与1936年一样，1940年的共和党纲领及其提名人都认可新政的核心成就，包括对金融机构的监管、集体谈判、失业津贴，甚至社会保障，尽管他们仍然抨击新政的"国家主义"和富兰克林·罗斯福的"傲慢"。

此外，1940年的共和党纲领赞同《平等权利修正案》（Equal Rights Amendment），谴责对黑人的歧视，即强调种族和性别平等，

1940 年的共和党实际上是民主党左派。[27] 与之相比，非裔美国人是到了 20 世纪 30 年代至 70 年代，才逐渐从林肯党的一贯支持者，转变为发起新政和 1964 年《民权法》（Civil Right Act）的民主党的坚定支持者。[28]

1940 年的竞选活动本身和大多数竞选活动一样，竞争激烈，但紧接着威尔基敦促尽可能与罗斯福政府合作，罗斯福也做出了回应。但最后威尔基没能征服共和党守旧派，可即便在他从舞台上消失之后，与新政达成一致的政治要求仍然存在。简言之，在 20 世纪 30 年代的大萧条时期，早在珍珠港事件将美国带入第二次世界大战之前，共和党和民主党之间始于进步时代、减缓于 20 世纪 20 年代的融合，又重新开始，甚至加快了步伐，正如图 3.1 所示。

毫不奇怪，党派分歧在第二次世界大战期间达到 20 世纪的最低点。1944 年，纽约州长杜威终于在共和党提名中拔得头筹。正如专门研究总统的历史学家保罗·博勒（Paul Boller）所言："杜威发动的竞选活动是共识自由主义的典范。杜威赞同新政的大部分社会立法，并支持罗斯福的外交政策，包括参与战后国际组织，杜威对罗斯福的批评几乎完全集中在新政和战时经济的管理上。"[29] 另一方面，如图 3.1 所示，1941 年至 1945 年间，两党合作并不比 1939 年多多少，也不比战后几十年多很多。换句话说，就像我们在上一章所研究的经济平等趋势一样，跨党合作并不是短暂的战时举措，党派间的这种去极化趋势在 20 世纪上半叶一直清晰可见，在战后的四分之一个世纪也持续存在。

与 20 世纪初激烈甚至暴力的冲突或 21 世纪初的党派恶斗相比，第二次世界大战后的二十多年里，美国政治的部落化和两极化程度低得多。对 1901 年至 2017 年所有就职演说的非正式内容分析表明，1949 年至 1965 年间的就职演说，包括杜鲁门、艾森豪威尔、肯尼迪和约翰逊，都强调共同价值观、公平和团结，而不是自力更生、个人

79

主义以及身份认同上与众不同。

例如，在 1953 年，共和党第三十四任总统在宣誓就职后的祈祷词中说："我们特别要祈祷，我们应该关注所有人，不分地位、种族或职业。愿合作……追求那些……不同政治信仰者的共同目标。"而在 1965 年，民主党第三十六任总统比 20 世纪任何一位总统都更雄辩地谈到了种族和经济正义，他说："正义要求我们记住，当任何公民否认他的同胞，说他的肤色与自己不同，或者他的信仰怪异与自己不同时，他就是在背叛美国。"人们肯定很难想象第四十五任总统会说出这样的话。[30]

两党对种族平等的强调逐渐上升，是"我们"价值观得到增强的一个方面。例如，艾森豪威尔积极执行杜鲁门 1948 年旨在整合美国军队的行政命令。随着进步的北方民主党人与自由的北方共和党人联合起来，民权问题暂时成为两党的共同议题，尽管他们的行动仍不足以应对种族不平等。不过，两党在种族问题上的合作并不持久。

然而，战后的平等主义和社群主义浪潮完全不同于种族问题。正如我们在上一章中看到的，在这个时代，经济收益继续变得更加平等。德怀特·艾森豪威尔 1952 年当选为新政一代人中的第一位共和党总统，而在接受共和党提名之前，他实际上曾考虑过作为民主党人参选。1952 年，他作为一名意识形态保守的共和党人参加竞选，但他以温和派的身份执政，是近代以来党派色彩最淡的总统。他的国内政策实际上与他 1952 年和 1956 年的民主党竞选对手阿德莱·史蒂文森差别不大。艾森豪威尔把他的立场描述为"现代共和主义"。他在 1954 年 11 月 8 日给他的兄弟埃德加（Edgar）写信道："如果有任何政党试图废除社会保险、失业保险，并取消劳动法和农业项目，这个党就会被踢出我们的政治史。"在他的第一个任期内，面对共和党守旧派，他甚至私下里琢磨着要成立一个名为"中间道路"的新党，在共和党和民主党之间寻求共同点。艾森豪威尔时期可以说是 20 世纪中叶去极化的巅峰时期。[31]

　　一些历史学家在回顾这段时期时将之称为"保守共识"，与20世纪60年代中期相比，这一时期确实是保守的。但事实上，艾森豪威尔扩展了新政的核心内容，包括社会保障、最低工资条例和劳动法。1954年，他将社会保障的覆盖面扩大到1000万农场和服务行业的工人，这些工人被排除在最初的新政计划之外，部分原因是他们中的黑人和女性比例过高。他上任后的第一件事就是建立新的卫生、教育和福利部。在他的任期内，社会福利开支占国民生产总值的比例从1952年的7.6%上升到1961年的11.5%。[32]

　　艾森豪威尔在承认战争时期遗留下来的高税率负担的同时，强调美国人还希望扩大社会保障、失业保险、更多的公共住房、更好的医疗保障、更多的学校以及对基础设施的大规模投资。（州际公路系统是他最引以为豪的内政成就。）他解释说，这些事都需要钱，这些钱必须来自税收，这与共和党在第一次世界大战后削减税收和预算形成了鲜明对比。所有这一切都缘起于一位共和党总统与温和的民主党国会 81 领导人萨姆·雷伯恩（Sam Rayburn）和林登·约翰逊的合作，他们合作制定的政策被后世共和党领导人斥为"税收和支出自由主义"。[33]

　　不过，我们也不能夸大20世纪50年代初"和睦时代"的氛围，那是一个频频引发叛国指控的时期。1954年，参议员约瑟夫·麦卡锡（Joseph McCarthy）称从富兰克林到艾森豪威尔的这段时期为"叛国的二十年"。1960年，共和党右翼领袖参议员巴里·戈德华特（Barry Goldwater）在回顾20世纪50年代时，抱怨艾森豪威尔"搞了个一毛钱商店新政"。[34]然而，在20世纪中叶，主流政治价值观包括协议、妥协和两党合作。两次被提名为共和党总统候选人的托马斯·杜威，为这个时代温和的党派主义辩护说："各党派的相似性是美国政治制度力量的核心。"[35]

　　在1960年选举中，肯尼迪和尼克松都开展了中间派取向的竞选活动，他们在国内政策上的分歧相对较小。肯尼迪实际上是一个保守的民主党人，尽管他偶尔会发表自由主义言论。他引用杰斐逊的话警告自由主义者说："伟大的创新不应该强加给微弱的多数派。"[36]他强调通过两党共识来行动，这一点因为参议院的阻挠而获得强化，但也导致了种族和民权领域的政策停滞，当然也不仅限于这两个领域。然而，正如美国人在 21 世纪所了解到的，两极分化本身也会导致政策停滞。

可到了 20 世纪 60 年代初，被排挤了近三十年的共和党右翼开始公开反抗。巴里·戈德华特在阐述新右翼重生的自由主义时，呼吁"做出选择而非回声"，就反映了这种情绪。1964 年，戈德华特粉碎了共和党自由派，他认为，"捍卫自由的极端主义不是恶行"，"追求正义的温和不是美德"。但这种两极分化的选择对整体选民来说还为时过早，戈德华特被约翰逊击败，后者正确预见到自己的跨党派吸引力将转化为选举的胜利："你问一个自称为自由派的选民我是什么派，他会说我是自由派。你问一个自称保守派的选民我是什么派，他会说我是保守派。"[37]这就是低潮期的党派政治。在 1964 年取得压倒胜利的鼓舞下，约翰逊在种族和不平等问题上向左偏移，挖了一条意识形态鸿沟，这个鸿沟在接下来的半个世纪里又稳步扩大。然而，在约翰逊影响深远的"伟大社会"倡议下，所有主要法案都得到了两党内多数派或相当多少数派的支持（获得共识的倡议包括反贫困、民权、投票权、医疗保险/医疗补助、联邦教育援助和移民改革等，但半个世纪之后，这些议题却成了党派激烈分化的核心问题）。平均而言，这些法案获得 74% 的国会民主党人和 63% 的国会共和党人支持，这一事实被后来抨击"伟大社会"计划的左翼极端主义的共和党人所遗忘。[38]在幕后，约翰逊与国会共和党名义领袖、参议员埃弗里特·德克森（Everett Dirksen）合作，就像他自己十年前与艾森豪威尔合作一样。1968 年，理查德·尼克松用一个接受所有重大社会改革的共和党纲领参加竞选，就像艾森豪威尔在 20 世纪 50 年代接受新政的核心内容一样。这次竞选是自由共和主义的高潮，也是 20 世纪党派分化的又一个低潮。

作为总统，尼克松是一个模棱两可的过渡人物。在国内政策上，除了种族和民权问题以外，他总体来说是一个温和派。虽然在追求权力过程中他高度党派化，是个机会主义分子，而且偏执、报复心强，但他思想灵活并接受自由主义政策。正如历史学家詹姆斯·帕特森（James Patterson）所指出的，除了泰迪·罗斯福之外，"尼克松很容易成为 20 世纪最自由的共和党总统。"[39] 他或多或少保持了"伟大社会"计划的完整性；增加了社会开支；支持环境保护署、《清洁空气法》（Clean Air Act）、《职业安全与健康法》（Occupational Safety and Health Act）以及国家艺术和人文基金会；签署了《教育修正案第九条》，终结了教育中的性别歧视；认为自己"在经济学上是凯恩斯主义者"[40]；甚至提出了国家医疗保险制度和保证年收入的建议，尽管两个建议都没有付诸实施。

然而，在种族这一最重要问题上，尼克松带领共和党人大幅右转，部分原因是为了应对阿拉巴马州前州长乔治·华莱士（George Wallace）的第三党候选人竞选。尼克松这样做的意图最初并不十分明确。例如，他的第一任住房和城市发展部（HUD）部长是乔治·罗姆尼，乔治是美国汽车公司总裁，也是未来共和党总统候选人米特·罗姆尼的父亲，他是进步共和主义最后一搏的典范。[41] 乔治·罗姆尼的共和主义认为，世界并非资本和劳工、白人和黑人、朋友和敌人、我们和他们之间的零和竞争。作为住房和城市发展部部长，他坚定认为少数族裔应该在富裕的白人郊区获得优质住房。但是，在新共和党中，他已经成为一个政治包袱、一块 20 世纪初的化石，1972 年尼克松迫使他下台。

20 世纪六七十年代初是两党政治不断变动的时期。民主党在民权、性别权利和社会权利方面向左倾，加上共和党煽动和利用白人对民权胜利的反对情绪，导致了更大的社会、文化和政治两极分化。南方民主党人在民权立法问题上脱党，正如自由派共和党人因党内在这些问题上右倾而被边缘化一样。两党的中间派都被削弱了，主要原因就是种族冲突。

1964 年，共和党提名了几十年来最保守的候选人。1972 年，随着新左派接管基层，民主党提名了乔治·麦戈文（George McGovern），这可能是有史以来美国主要政党提名的最左倾的候选人。[42] 尽管短期内，这些"做选择而非回声"的候选人都遭到痛击，但这两个人被提名为候选人预示着一个选择日益分明的时期即将到来。

到了 20 世纪 60 年代末，两党合作已经过时了。1968 年，乔治·华莱士抱怨主要政党之间"没有一毛钱的差别"。1972 年，美国著名的自由派评论家戴维·布罗德（David Broder）则对政党缺乏两极分化表示惋惜："这个国家需要的是一些不加掩饰的政治党派主义。"[43] 他可能是在引用美国政治学会 1950 年的一份报告——《走向更负责任的两党制》（Toward a More Responsible Two-Party System）[44]，该报告呼吁加强党派特色，以取代"双胞胎"党。华莱士、布罗德和政治学家们即将得到他们想要的东西。

党派部落主义开始缓慢重现，并且发展的速度和力道越来越快。20 世纪 60 年代末开始的两极分化最初主要由种族驱动，因为两党分歧越来越大，内部也越来越同质化。约翰逊和尼克松（讽刺的是，两人都是自己党内的温和派）是两极分化的孪生祖先，约翰逊在 1964 年至 1965 年签署了《民权法》（据报道，正如他本人所预言的那样[45]），使民主党失去了保守的南方，尼克松在 1968 年采取了一种本质上带有种族主义色彩的"南方战略"，将这些保守的南方人吸纳进了共和党阵营。[46]

在"水门事件""越战"以及 20 世纪 60 年代末 70 年代初的无数其他冲突（将在第八章讨论）之后，杰拉德·福特和吉米·卡特总统暂时向中间靠拢，试图抑制日益严重的两极分化。然而，到了 1975

年，罗纳德·里根擎起"不要苍白的粉色，要有大胆的色彩"的激昂
旗帜，1980 年以后，"里根革命"将共和党拉向越来越右倾的轨道，
这一运动将持续到 21 世纪。[47] 从民权开始的两极分化迅速蔓延到许多
其他问题上，因为各党在过去没有党派之分的问题上愈加采取相反的
立场，从而扩大并加强了基本的两极分化。这些日益分化的问题包括：

　　——"大政府"。正如我们所看到的，在战后时期，像艾
森豪威尔这样的共和党人曾为高税收辩护，认为这是扩大公
共服务的必要代价。但随着 20 世纪 60 年代巴里·戈德华特
和经济学家米尔顿·弗里德曼（Milton Friedman）领导的新保
守主义出现，共和党人急剧右倾。[48] 他们现在认为，"大政府"
和"税收与支出"自由主义政策造成了赤字、通货膨胀和失
业，政府监管干扰了自由市场的效率。[49] 罗纳德·里根在 1981
年就职演说中说，"政府并非解决我们问题的良方，政府本身
就是问题。"[50] 到了 20 世纪 90 年代，比尔·克林顿领导下的
民主党人开始在福利、犯罪和放松监管等问题上跟随共和党
人向右转，但速度始终跟不上共和党人的步伐；这种不断扩
大的意识形态差距，很快成为两极分化的主要方面。左翼民
主党人，比如杰西·杰克逊（Jesse Jackson），在 1995 年反对
民主党建制派向中间靠拢。"现在，我们在美国得到了什么？
是一个党，却有两个名字，共和党和轻共和党。"这实际上呼
应了戈德华特在 30 年前的抱怨。[51]

　　——堕胎和宗教。1960 年代末，民主党人比共和党人更
可能成为教会信徒。[52] 在 1973 年罗伊诉韦德案（Roe v. Wade）
判决中，堕胎问题并未让美国人因党派或宗教而产生分歧。
南方浸信会教徒的第一反应实际上是支持罗伊案判决。但到
了 1976 年（尤其是在 1990 年代），党派、宗教信仰和对堕胎

85

的态度开始演变成近乎完美的两极分化，成为 21 世纪初政党分裂的核心所在。出人意料的是，这种重组主要是由于美国人调整了他们的宗教信仰和堕胎立场，以适应他们日益分化的党派关系，而不是相反。[53]党派之争正在成为美国社会的主要分歧，而政党认同就是主要力场。

　　——环境问题。尼克松政府最初对新生的环保运动做出了积极回应，成立了环保署，并通过了 1970 年《清洁空气法》。然而，随着里根主义的到来，共和党人对环保主义越来越持怀疑态度，这一趋势因其领导人在 21 世纪毫不妥协地否认气候科学而达到顶点。

　　——教育。众议院和参议院约 40% 的共和党人与约 80% 的民主党人，一起投票支持 1965 年具有里程碑意义的《中小学教育法》（Elementary and Secondary Education Act），这是林登·贝恩斯·约翰逊消除贫困战争的一部分。但随着学校取消种族隔离问题的升温，以及 20 世纪 80 年代自由市场的正统观念渗透到共和党，两党在公立学校与私立学校或特许学校问题上开始出现分歧，这种分歧将持续到下一个世纪。最终，即使是关于"拼读法"和"整体语言"阅读教学法的技术性辩论，也成为党内主导的"阅读战争"议题。[54]

　　因此，过去半个世纪，政党两极分化的重现始于种族这一美国历史上唯一不变的核心冲突，但两极分化很快就不止于种族问题了。[55]到了奥巴马和特朗普时期，国会中的两党合作几乎不复存在；在这一时期的六次重大投票中，政府得到了本党 95% 的支持，但反对党只有 3% 支持。[56]从统计学角度看，政党两极分化正迅速接近数学上的完美形式。

　　种族冲突最初使两党以一种对称的两极分化偏离温和的中轴，但 1975 年以来，两极分化的动态变化愈加不对称，正如刚才概述的各党

在特定问题上态度演变所表明的那样。如图 3.3 所示，在一个又一个
问题上，民主党人大部分时间仍处于中左翼，而共和党的重心越来越
右倾。换句话说，过去半个世纪两党合作之所以从美国政治中消失，
主要是共和党变得越来越极端。这种右倾可以部分地归因于富裕的、
高度保守的商业精英们持续推动美国政治向右转，这种努力至少象征性
地体现在 1971 年小刘易斯·鲍威尔（Lewis F. Powell，Jr.）的一份备忘
录中，该备忘录阐述了一种协调一致的长期政治战略。[57]上一章描述的
社会顶层出现的加速不平等现象，是这种政党两极分化快速增长的一大
刺激因素，不过正如我们稍后将会论证的那样，此果并非只有一因。

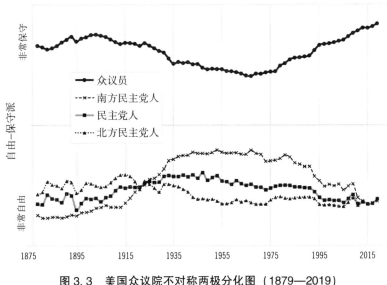

图 3.3　美国众议院不对称两极分化图（1879—2019）

资料来源：Jeffrey B. Lewis et al.，Congressional Roll-Call Votes Database（2019）.

政治学家诺兰·麦卡蒂（Nolan McCarty）总结了几乎所有的无党
派评估，"在两极分化加剧时期，主要动力是共和党越来越保守。"[58]
这种不对称性是否会在未来几年持续下去，取决于民主党，尤其是国
会民主党是否左倾。但正如图 3.3 所显示的，如果以历史为鉴，任何

87

这样的转变都可能需要数十年时间才能实现。这些右倾或左倾的结果是：在当代美国，政党两极分化和部落化已经达到自内战以来前所未有的程度，而且看不到尽头。

两极分化的规模与因果

到目前为止，我们已经以十年为单位甚至逐年探讨了两极化和去两极化的历史故事。在这一节中，我们将视角拉远至过去 125 年的完整趋势，并探讨这种较长曲线模式的原因和后果。在图 3.1 中，我们看到了这种模式如何表现在国会投票趋势中，但任何这样的单一衡量标准都可能会产生误导。如果我们能够用其他标准来确证，就可以加强我们对这种长模式的信心。

88　　　图 3.4 提供的指标是基于全国性报纸对民选官员政党冲突的报道，并不限于国会唱名投票领域的议题。[59] 这一指标每年都有所不同，取决于在任何特定时间碰巧出现在国家议程上的问题。然而，基本趋势明确无误，它证实了国会投票的倒 U 型曲线。在 19 世纪 90 年代镀金时代的最后几年，政党冲突很严重，所以跨党派礼让程度很低。随着进步时代的到来，政党冲突开始减少，且在接下来的 40 年里持续减少。正如国会投票一样，全国性报刊所反映的跨党派合作在第二次世界大战期间达到顶峰，也正如国会投票一样，这段党派相对和谐的时期几乎一直持续到 20 世纪 60 年代。最后，这张图显示了 1970 年后几乎没有中断的半个世纪的快速分化，并最终在 21 世纪初达到高潮。简言之，这个独立的衡量指标在所有要点上证实了图 3.1 所示的熟悉的倒 U 模式。

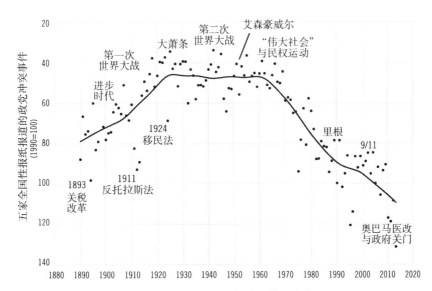

图 3.4　全国性报刊报道的跨党派联盟与冲突情况变化图（1890—2013）

资料来源：Azzimonti，"Partisan Conflict and Private Investment". 数据经二维散点图平滑法处理：0.25。

大众层面的两极分化

到目前为止，我们所探讨的政治制度和领导人层面的两极分化衡量指标，适用于 19 世纪 90 年代至 21 世纪 10 年代的整个时期，既显示了 20 世纪中叶之前的去极化，也显示了 1970 年之后两极分化的复苏。[60] 我们现在转向普通公众层面的两极分化指标，我们的证据大多限于 1970 年之后的时期，因为那个时候系统的民意调查才变得普遍起来。除了几个重要的例外，我们无法评估在两党两极分化程度较低的半个世纪中美国普通民众的两极化趋势。实际上，我们在很大程度上看不到这出戏的第一幕，因为第二幕才刚上演，尽管在少数情况下我们可以瞥见第一幕的结尾。

在整个时期，衡量普通选民党派之争的少有的几个衡量指标之一是

"分裂投票"，即选民选择一个政党的人当总统，选另一个政党的人当国会议员。在去极化时期，分裂投票很常见，因为政党差异似乎不大，而在两极分化时期，选民的这种混合忠诚很罕见。例如，在高度分化的特朗普时代，全国注意力都在密切关注这类案例，如共和党人在希拉里·克林顿选区当选，或民主党人在特朗普选区当选，只是因为这些案例太罕见了，但40年前，近半数国会议员都以这种方式承受交叉压力。

这一变化模式原则上可能反映了自上而下或自下而上的机制，即选民对政党路线的忠诚度变化，或政党提名行为的变化（审查候选人时已除掉RINOs，即"名义上的共和党人"；或DINOs，即"名义上的民主党人"）。无论是哪种情况，分裂投票趋势都与我们熟悉的政党两极分化倒U型曲线相呼应，如图3.5[61]所示，选民层面的两极分化似乎整齐地跟随了政治精英层面的两极分化，只是滞后了大约十年。这种滞后表明但不能证明，两极分化是由政党领导人主导的，选民们逐渐调整自己，以配合精英阶层的两极分化。

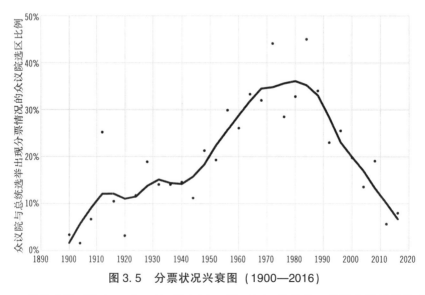

图3.5 分票状况兴衰图（1900—2016）

资料来源：Fiorina, *Unstable Majorities*, Fig. 7.4. 数据经二维散点图平滑法处理：0.25。

不过，我们还是很幸运地获得了一个直接指标，可用于衡量在 20 世纪 70 年代政党两极分化转折点之前普通民众的跨党派态度。根据盖洛普公司早在 20 世纪 30 年代末就开始的民调数据显示，对在任总统的评价的党派差异呈现出熟悉的 U 型曲线，即先去极化，然后再极化。[62] 图 3.6 显示了本党选民对总统的支持率与本党反对者对总统的支持率之间的差异。从 1937 年 9 月到 1948 年 6 月的十多年间，民主党和共和党选民对总统的评价逐渐趋于一致。回想一下，这正是温德尔·威尔基和托马斯·杜威带领共和党人对新政妥协的时期。当然，这 11 年的去极化也包含了第二次世界大战的影响，这与战争（或者说得人心的战争）会导致国家趋同的观点一致。

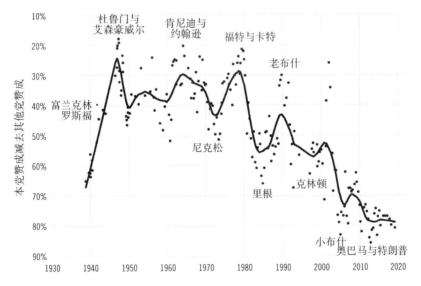

图 3.6　各党派对总统支持率的变化图（基于 1938—2019 年盖洛普民意调查）

资料来源：Gallup Polls. 参见尾注 3.62。数据经二维散点图平滑法处理：0.1。

然而，与我们在上一章所考察的经济趋同和在本章前面所考察的精英阶层政治去极化一样，这种大规模的去极化一直持续到战争结束 30 年后的 20 世纪 70 年代，所以它不可能只是战时团结的残念。美国普通民众看待总统的这种党派分化态度，直到战争结束近 40 年后的 1984 年，才短暂达致 1938 年战前的极化程度。直到战争结束 60 年后的 2005 年左右，这种极化态度才恢复到战前的两极分化水平。所以，战时团结可以部分解释去极化现象，但它远非主要原因。

图 3.6 中最近几年的数据显示，这一指标目前已经接近统计极限，即所有来自总统本党的选民都认可他的表现，而来自反对党的选民则没有人认可他的表现。[63] 在 2013 年至 2019 年期间，来自总统本党的支持率平均约为 88%，而来自反对党的支持率约为 8%，相差大概 80 个百分点！相比之下，1947 年 1 月，民主党人只有 61% 认可哈里·杜鲁门，而有 41% 的共和党人认可他；到了 1964 年 2 月，有 84% 民主党人认可林登·约翰逊，而认可他的共和党人也达到了 64%。我们已经习惯了将极端的两党分化视为正常现象，我们几乎忘了在"里根革命"的头几年，党派分歧通常约为 30 个百分点，大致相当于本党支持者约有三分之二，而反对党支持者能达到三分之一。

前两项大规模去极化措施，即分裂投票和总统支持率，直到 20 世纪 80 年代才真正开始逆转，而此时国会层面的再极化现象已经开始了整整十年。另一方面，正如我们将看到的，在选举层面，党派投票率在 20 世纪五六十年代普遍下降，在 20 世纪 70 年代又开始上升，而对另一党派的"情感极化"趋势似乎到 20 世纪 80 年代末才发生转变。简言之，根据粗略的经验，大众和精英层面的许多政治两极化措施在 20 世纪 70 年代开始增加，并在 20 世纪 80 年代加速，但大众层面的两极化往往滞后精英层面的两极化十几年。

1952 年后，当最早的选民态度和行为系统调查开始后，我们就可以测量政党认同对选民行为的直接影响，以及选民继承父辈党派忠诚的程度。这些反映美国普通民众的政党两极分化和部落主义指标，都呈现出人们熟悉的倒 U 型曲线，从 1952 年到 20 世纪 70 年代中期，一直是下降趋势，然后开始上升。[64] 从 20 世纪 50 年代到 70 年代，投票行为似乎越来越不受政党忠诚和家庭传统影响。与此同时，人们对任一政党的认同度都变得更为淡薄，极端党派的人越来越少，独立派的人越来越多。当时的分析人士称这种趋势为"去极化"，这种粗略等同于去极化的趋势似乎将无限持续下去，没有尽头。

但到了 20 世纪 70 年代，又是这个令人熟悉的转折点，这种"去极化"趋势发生逆转，越来越多的选民开始将自己描述为"坚定"的民主党人或"坚定"的共和党人，这种身份认同对实际投票行为的预测作用越来越大。在 1952 年至 1976 年间，选民的长期政党认同与其实际投票之间的相关性有所下降，但随后却又意外地急速上升。[65] 在之后的半个世纪里，随着选民的党派界限越来越严格和一致，选民的政党归属与他们在具体问题上的意识形态立场以及他们的实际投票行为之间的一致性也越来越强。

许多读者可能会认为，精英阶层在政治观念上远离中间派两极分化的现象，会导致不满于在这两个政党之间进行选择的独立派增多，尽管我们从其他证据中可知，许多选民在政策观点上只是在"追随领袖"。与 30 年前相比，今天可能有更多的人说自己是"独立派"，拒绝两党，但证据表明，这类人士的内部差异很大，包括许多自我伪装的党员，而且它与党员中更强的党派忠诚趋势共存。一些自称"独立"的选民实际上表现得更像党派人士，因为他们现在已不太可能在选举中转换党派。这可能是因为，党派以及追随领袖的选民越来越两极分化和部落化，从而使许多其他选民望而却步，他们可能选择"独立"的名头，象征性地把自己和部落化区分开。[66]

政治学家约瑟夫·巴福米（Joseph Bafumi）和罗伯特·夏皮罗（Robert Y. Shapiro）在 2008 年撰文指出：

> 这种党派之争使选民比以往任何时候都更强烈地受左／右意识形态思维的影响。20 世纪 70 年代中期至今，几十年来，

个人所表达的党派归属和自我报告的意识形态之间的联系越来越紧密，而党派归属及其所表达的自由主义-保守主义意识形态与美国人对相关政策议题的意见之间的联系也越来越紧密。这种党派和意识形态的分类和分化过程，日益反映并进一步助长了两党政治领导人之间更为明显的党派和意识形态冲突。[67]

94   巴福米和夏皮罗认为，这种更严格的党派站队现象，与 20 世纪 60 年代政治动荡的后果有关，正如我们在前文对全国政党政治的描述，这些政治动荡包括南方党在种族问题上的重组，以及堕胎、妇女权利、宗教、环保主义等新议题的出现。[68]

我们对大众政治极化的讨论主要集中在政党极化和政治部落主义上，而不是在诸如全球变暖、医疗保险或放松监管等具体内外问题上的一致或分歧。主要原因有三：首先，在 20 世纪 60 年代的调查研究开始之前，我们没有很好的办法测量选民对具体问题的看法。其次，在随后半个世纪的研究中，一个最有力的发现是，大多数普通选民对公共问题的细节知之甚少，这让他们对当时的许多问题完全没有看法，[69] 大多数人每天都有比政策辩论更紧要的事情要操心。最后，最近的政治学研究发现，选民倾向于调整他们的政策立场，以适应他们对某一政党"部落"的忠诚，而不是相反。[70] 体育迷通常对他们的球队有强烈的亲近感，尽管他们无法为自己的这种情感提供合理的解释。同样，政治学家克里斯托弗·阿肯（Christopher Achen）和拉里·巴特尔斯（Larry Bartels）认为，"不是政策偏好或意识形态，而是群体和党派的忠诚度才是民主政治的根本。"[71] 迈克尔·巴伯（Michael Barber）和杰里米·C.波普（Jeremy C. Pope）发现，"群体忠诚比任何意识形态原则都更能激发意见。"[72] 党派认同与其说是意识形态承诺，不如说是一种部落归属，这是政党极化问题的关键。

与这种对党派部落主义的日渐加强相一致的是，选民对总统候选人个人特质的评价越来越多地由党派忠诚度决定。1980 年后，各党派的党员越来越把积极特质赋予己方候选人，把消极特质赋予对方候选人。数据显示，"党员们越来越认为对方候选人有个人缺陷。"[73] 这种模式反映了情感上的两极分化，正如我们很快将要看到的，这是当代政治生活的一个关键特征。

一代人的政治认同与下一代人的实际政治行为之间的对应关系是 95 政治部落主义的另一个微妙标志，因为它代表了家庭传统对当代政治行为的塑造力量。从 1958 年到 20 世纪 60 年代末，选民的政党认同和投票取向与他或她父母的政党认同之间的关联性稳步下降，[74] 这意味着较弱的部落主义倾向，但在 20 世纪 60 年代末到 2015 年之间又急剧上升，这表明了更显著的部落主义倾向。[75] 在缺乏调查数据的情况下，我们很可能永远无法知道这种代际关系在 20 世纪上半叶有多紧密，但至少我们知道，随着 20 世纪 50 年代首次进行选举调查，我们开始对选民个体行为有所了解，那个时候部落主义正在下降，并在之后的 20 年里持续下降。然后在 20 世纪 70 年代初，部落主义现象开始加强，现在它比以往任何时候都要强。

20 世纪 70 年代初之后，即使是在远离国家政治顶层的地方事务中，大众的两极分化也越来越普遍，这种两极分化不是体现在谁参与，而是体现在谁不参与。1973 年至 1994 年间，自称中间派的人对公共会议、地方公民组织、政党和政治集会的参与率下降了一半以上。自称"温和"的自由派或保守派的参与率只下降了大约三分之一。在自称"非常"自由或"非常"保守的人中，参与率降得更多。具有讽刺意味的是，在越来越多的美国人将自己的政治观点描述为"中间派"或"温和派"的同时，在实际参加会议、写信，在公民委员会任职，甚至去教堂的人中，意识形态光谱上的极端派的比例越来越大。由于温和派的声音已经沉寂，更极端的观点逐渐在美国基层公民生活中占据主导地位。尽管许多美国人仍然自称温和派，但地方公民生活已经越来越两极分化。[76]

政治观察家比尔·毕晓普（Bill Bishop）和罗伯特·库欣（Robert Cushing）在2008年出版了《大分类》（*The Big Sort*）一书，该书被人们广泛讨论。二人在书中指出，美国人越来越多地将自己划分为政治上同质而地理上隔离的飞地，两个政党部落之间的文化和生活方式差异越来越大，这既是这种基于党派身份进行分类的原因，也是其结果。社会科学家们对现有证据是否支持这些说法持怀疑态度，尽管最近的证据似乎更符合大分类假说。[77] 尽管如此，对过去半个世纪是否存在地理大分类状况，现在必须秉承苏格兰的审慎判决原则：证据不足。

不过，在社会学上显然已经出现了一种大分类。由于美国人的政治观点以及党派和社会归属的一致性不断提高，党派偏见甚至敌意开始弥漫在普通美国人的私人生活中。[78] 曾经，共和党自由派或民主党保守派、福音派民主党或非洲裔共和党这种交叉联系和"不一致"的身份，一度缓和了党派偏见，但现在这种交叉联系和"不一致"都比较少见了。[79] 皮尤研究中心发现，2016年，75%的美国人表示在自己朋友圈中没有政治分歧，这一比例高于2000年的65%。[80] 对于"部落主义"这个词而言，若使用一个不那么贬义的术语来描述，则可以用"团队精神"，但无论我们如何标记它，它已经成为国会和其他政治机构中政党"两极分化"的孪生兄弟，这一点我们在前文已经探讨过。

因此，随着美国人越来越多地依据两党标准进行自我分类，社会身份与党派忠诚度更趋一致，党派间的偏见甚至愤怒也随之加剧。人与人之间的党派敌意也在增加。[81] 美国选民越来越认为另一党的支持者在思想上极端，在人格上有缺陷。民主党和共和党都越来越不喜欢甚至厌恶他们的对手。在评估美国人的"智力"时，党外定型观念从1960年的6%上升到2008年的48%；对"自私"认知的党外偏见也从21%上升到47%。从1994年到2016年，在二十多年间，对反对党持"极度不利"看法的比例从不到20%稳步上升到约56%。[82]

正如在全国选举研究（National Election Study）中所测量的那样，这种情况也体现在0~100分的"感觉温度计"得分上。[83] 尽管对自己政党的感觉总是比对反对派的态度更温暖，但这种感觉多年来没有太大变化，稳定在70度左右。然而，1978年至2016年间，对反对党的平均热情从略低于中性的48度稳步下降到冷淡的30度，如图3.7所示，[84] 早期对"民主党人"或"共和党人"（而非对政党本身）态度的测量数据表明，党派敌意在20世纪60年代实际上一直在下降，直到20世纪70年代中期才开始急剧增加。[85]

图3.7 党际情感稳步降温示意图（1978—2016）

资料来源：American National Election Studies. 数据经二维散点图平滑法处理：0.33。

这些感觉温度计的测量值显示，党派间的敌意现在甚至比种族或宗教间的敌意还要强烈，种族和宗教的敌意在过去几年都有所下降。换言之，当种族和宗教分歧正在令人惊讶地逐渐缩小之际，党派分歧却在扩大。[86] 事实上，正如政治学家仙托·延加（Shanto Iyengar）及其同事最近所指出的，"21 世纪第二个十年，美国最重要的断层线不是种族、宗教或经济地位，而是党派归属。"[87] 简言之，对普通美国人而言，党派之争越来越被定义为"我们"对"他们"，这不仅体现在公共生活中，甚至在私人生活中也是如此。[88]

98

这种在情感上日益严重的两极分化甚至影响了人们对通婚的态度。1960 年到 2010 年，反对后代与党外人士结婚的比例，在民主党人中从 4% 升至 33%，在共和党人中从 5% 升至 49%。[89] 这种党派偏见在网上约会和实际婚姻中都有体现，因为人们越来越根据政治派别来选择伴侣，这种选择甚至超过了教育或宗教取向。[90] 在过去半个世纪里，跨越种族和宗教界限的婚姻比过去更为普遍，[91] 跨越党派界限的婚姻却不那么普遍了。[92] 丈夫和妻子在政治上越来越一致，这反过来又加强了下一代对党派身份的继承，因为我们知道，如果父母双方在政治上一致，子女更有可能继承党派身份。通过这种非常亲密的方式，在过去半个世纪里，党派身份已经逐渐取代宗教，成为美国"部落"归属的主要基础。[93]

如果像我们刚才看到的那样，在过去半个世纪里，党派身份变得比其他社会身份，如地区、职业、阶级、宗教甚或种族身份，更为强势，那么一个合理的问题（鉴于我们已经汇编了一个世纪以来两极化和去两极化的 U 型曲线的大量证据）就是，1900 年至 1965 年是否出现了相反的过程，如果是，为什么？诚然，身份肯定会造成分裂，但身份本身是可塑的，并非会不可避免地固定下来，而且事实上它可以成为团结的源泉。正如我们将在第五章中要讨论的，1900 年至 1965 年间，"我们"意识的不断扩大似乎成为美国身份的特征。因此，尽管因为缺乏调查数据，所以没有直接证据证明早期党派认同的强度，不过从极化和部落化的镀金时代到 20 世纪中叶去极化的美国，在这半个世纪里，党派认同和情感极化可能都减弱了，不过对这一假设还是要谨慎地说：证据不足。但重要的是：虽然我们无法确定过去 125 年中普通美国人两极化情绪的演化趋势，但我们可以确定政党两极化发展的基本 U 型曲线。

解释？[94]

在过去几十年里，精英阶层或普罗大众两极分化的原因究竟是什么？是鸡生蛋还是蛋生鸡？这一直是政治学家激烈争论的焦点。[95] 部落化现象的兴衰在普通公民和民选官员的观念中都有反映，但这种相关性并没有告诉我们是什么导致了什么，是民众在领导者中诱导了更多或更少的温和，还是领导者向选民呈现了更多或更少的两极化选择？

人们普遍认为，国会议员在党内的意识形态分歧越来越大，但在具体问题上关于大众两极分化的证据却有颇多争议。显而易见的是，选民们越来越依据意识形态的一致性进行自我分类，所以共和党自由派和民主党保守派越来越少，而共和党党员和民主党党员在同一问题上所持的立场也越来越不一样。正如我们所看到的，投票中的党派一致性有所增加。

然而，即使大众两极分化的证据很明显，选民也有可能只是对政党精英提出的更多两极化方案做出反应。两极分化似乎始于 20 世纪 70 年代的精英阶层，到了 20 世纪 80 年代，随着选民对领导人提供的和活动家鼓励的日益不同的选择做出反应，两极分化扩散至整体选民，大家将自己分成了对立阵营。[96] 精英和群众两极分化的模式，并不能最终证明变革的因果动力是来自政党领导人还是选民。也许两者都有，而且双向反馈，因为选民的党派敌意和领导人的拒绝妥协是同一个恶性反馈循环的两面。当公众对党派对手的信任度很低时，政治家就没有什么动力去妥协，而当政治家不妥协时，他们就会向自己的支持者发出信号，表示坚定的反对是适当的。

目前，专家们认为，在这种精英与大众的互动中，主动力是自上
而下的。精英们向选民发出两极化信息，试图通过党派呼吁来赢得支
持。而选民往往会因为自己党内领导人的这些信息而改变对问题的看
法。随着领导人在具体问题上发出的"信号"分歧越来越大，这种分
歧会迅速蔓延到其追随者身上。[97] 最近的一个例子是：在美俄关系上，
两党的长期共识在 2016 年后迅速转化为大众的两极分化，因为特朗普
总统实际上向他的支持者发出信号，表示同情俄罗斯在当下是适当的
政策。前面提到的另一个例子是对堕胎的看法，由于政治领导人发出
的信号，普通选民对堕胎的看法似乎更加极化了。[98] 这种自上而下的因
果关系解释符合这样一个事实，即大众两极化往往比精英两极化晚 10
年或 20 年。

一些学者特别强调，专家和政治活动家是党派极化的主要影响力
量，在民选官员和普通民众中诱发了更多的极端主义。[99]20 世纪 60 年
代以后，共和党和民主党活动家之间的意识形态差别大幅增加，正如
我们所看到的，那些仍然出现在地方公民生活中的人们，越来越多地
来自意识形态的两极。激进分子与社会运动，似乎在鼓励极端主义，
并将冲突范围扩大到基于身份议题划分群己权界上，发挥了强有力的
作用。这些选择由媒体传播，并由寻求选举优势的政治领导人加以阐
明。这些因素结合在一起，很可能促使选民将自己归入特定的党派
阵营。

本章与前一章倒 U 型曲线的比较表明，在过去 125 年中，经济不
平等和政治两极分化是步调一致的。但是，正如几代社会科学研究者
烂熟于心的准则，相关性并不能证明因果关系。诺兰·麦卡蒂、基
思·普尔（Keith T. Poole）和霍华德·罗森塔尔（Howard Rosenthal）
是这一学术领域的先驱，他们最初认为不平等导致了两极分化，[100] 但
现在人们普遍认为二者的时间对不上。我们的分析表明，如果说不平
等是滞后变量的话，也就是说不平等加剧的时间比两极分化加剧的时

间要晚，那么不平等不太可能成为两极分化的主动力。最近，政治学家布莱恩·德特雷（Bryan J. Dettrey）和詹姆斯·坎贝尔（James E. Campbell）认为"收入不平等似乎并不是导致两极分化加剧的重要原因"，而经济学家约翰·杜卡（John V. Duca）和杰森·萨文（Jason L. Saving）则指出，不平等和两极分化之间的因果关系是双向的。[101] 不平等和两极分化随着时间的推移高度相关的事实也符合下述可能性，即两者都是某些不确定的第三因素的后果，我们将在随后的章节探讨这种可能性。

学者和专家们为过去半个世纪的两极分化提供了各种可能的解释，但对 20 世纪上半叶的长期去极化趋势的关注要少得多，而且许多解释与那一时期政党政治的实际历史很不相符。事实上，即使是 1970 年后两极分化加剧的后期，支持许多假定的因果关系的证据也很薄弱。比如政治家个人的作用，选举或立法机构的作用，像选区划分或竞选资金等，皆是如此。[102] 大众媒体的变化，从 1900 年的"黄色新闻"（yellow journalism）到 20 世纪中叶的沃尔特·克朗凯特叔叔（Uncle Walter Cronkite），再到今天的福克斯新闻（Fox News）和推特新闻，是该谜团中的一个合理的怀疑对象，但研究并没有发现哪个是因、哪个是果。[103] 我们将在本书后半部分再探讨如何理解整个 125 年周期内的两极化下降又上升现象。

两极分化的后果？

民主需要在政治市场上寻求选民支持的各政党之间进行公平而激烈的竞争。某个有影响力的民主理论甚至认为，政党竞争正是民主的定义。[104]20 世纪上半叶，美国民主最主要的限制恰恰是种族平等被排除在大多数政党竞争的议程之外，而 20 世纪 20 年代到 60 年代，美国民主唯一重要的收获正是种族平等成为政党竞争的核心问题。因此，政党差异本身对民主是有益的。

但另一方面，过去半个世纪中激烈而普遍的政治极化明显伤害了美国民主。任何当代的美国政治观察家，都知道这种两极分化对公共生活的破坏性影响。田纳西州共和党参议员（1967 年至 1984 年）、"伟大的调解人"霍华德·贝克（Howard Baker），对承认"另一个人可能是对的"这一政治价值观大加赞赏。在那个不太极化的时代，政治家的优势在于能够看到问题的两面，从而寻找双赢的解决方案，但随着这种技能或倾向的减弱，争端变得越来越难以解决。[105]

在普通公民层面，正如政治哲学家丹妮尔·艾伦（Danielle Allen）所指出的，在民主制度中，当我们一方被打败时，我们需要明白，接受短期内的失败对于维护民主的长期目标至关重要。"民主国家的任何生活都有输有赢，因此，拥有牢固的民主公民精神，就是要知道如何处理输赢并留在游戏中。"[106] 但两极分化破坏了这种精神。

诺兰·麦卡蒂清楚地说明了为什么美国的两极分化加剧了国家政策制定的僵局。[107] 我们国家麦迪逊式的权力分立、制衡和联邦制，再加上一直存在参议员阻挠议事的可能性，使得行使否决权的现象成倍增加，说"不"比说"是"容易得多。如果两党之间没有互谅互让，要想说"是"就更难了。这种宪法效应在两党激烈竞争时期会被放大，此时行政和立法部门的控制权更可能被两党心胸狭隘地分割。极端的两极分化在我们 U 型曲线的两端与这种"不安全的多数"重合，加剧了僵局，这可能并非巧合。[108] 要知道在过去 125 年中，大多数实质性的立法改革方案，包括进步时代的改革、新政、伟大社会，甚至"里根革命"，都是得到了两党的大力支持，这绝非偶然。[109]

两极分化带来的不文明和僵持不下的一个后果是，美国政府的效率降低了，管理国家财富的能力，包括解决持续存在的经济和种族不平等的能力都降低了。我们这个时代的一个显著趋势是，公众对我们政治机构本身的信心下降了，尽管政治学家对这是两极分化的因还是果仍然意见不一。在 20 世纪中期，共和党和民主党的公民都倾向于信任（或偶尔不信任）政府，无论哪个党执政，但 1960 年代中期以来，对政府的整体信任度开始下降，特别是在"出局党"（无论因何出局）的支持者中。随着这一周期的持续，人们对政府的整体信心逐步下降，而党内和党外的差距也不断扩大。党派的两极分化导致了对政府信任度的日益分化。

图 3.8 对政府的信任度下降趋势图（1958—2019）

资料来源：Pew Research Center，"Public Trust"，April 2019. 数据经二维散点图平滑法处理：0.12。

我们缺乏 19 世纪的民意调查数据，但政治学家马克·赫瑟林顿（Marc J. Hetherington）和托马斯·鲁道夫（Thomas J. Rudolph）推测，在镀金时代，公众对政府的信任度较低，正如本章前文所述，当时两极分化程度较高。[110] 因此，我们可以推测，对政府的信任直到 20 世纪 60 年代才上升，这反映了 20 世纪中期政党融合的漫长时期所取得的多方面的社会和经济成就。早期的一些调查数据表明，如图 3.8 所示，1958 年到 1964 年，人们对政府的信任不断上升。然而，此后，由于越南战争、水门事件以及 20 世纪 60 年代末 70 年代初的种族和经济问题，人们对政府的信任度从 1964 年的 77% 骤降至 1978 年的 29%。在里根和克林顿的繁荣时期，人们对政府的信任度暂时略有回升，但在 2000 年后进一步暴跌，而且没有受到 21 世纪经济繁荣的影响。这个测量政府信任度的标准指数现在在 15% 到 20% 之间徘徊，而 60 年前它的峰值是 75% 左右。图 3.8 展示了普通美国人对政府功能的信心崩塌的全过程，这一趋势与现在人们所熟悉的这一时期的政党极化模式吻合。

对联邦政府信任度的下降，是普通美国人在政治上愤世嫉俗情绪不断上升这一更大模式的一部分。公众的愤世嫉俗和政治疏远一直遵104循着同样令人沮丧的模式，只是在里根和克林顿的繁荣时期曾有过两次短暂的喘息，因此在过去的 60 年里，普通公民的政治效能感已经从大约 70% 骤降至 30%。随着政党两极分化的加剧，公众对两个政党的蔑视也大大增加，就像一个世纪前的镀金时代一样，导致当时第三党的支持率上升。以下的几个例子可以说明过去六七十年来的惊人变化。

——1964 年，在被要求选择政府是代表① "少数大利益集团" 还是② "整体利益" 时，美国人乐观地选择后者的比例高达二比一以上（64% 比 29%）。2018 年，在经历了半个世纪的经济不平等和政治动荡之后，这种乐观评估已经完全被连续不断的愤世嫉俗浪潮淹没，只是在 20 世纪 80 年代和105 90 年代暂时被经济繁荣打断了一下。如图 3.9 所示，现在说代表 "整体利益" 的人比说代表 "少数大利益集团" 的人多出三倍以上（76% 比 21%）。同时，在过去半个世纪里，认

同 "国家管理者并不真正关心你的情况" 的美国人比例从
1966 年的 26% 大幅上升到 2016 年的 82%。

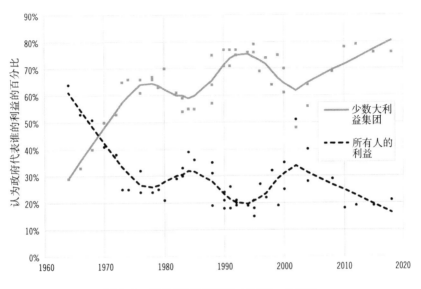

图 3.9　政治疏离趋势图（1964—2018）

资料来源：Pew Research Center, "Amer. Democracy", April 2018.
数据经二维散点图平滑法处理：0.3。

　　——最后，图 3.10 汇编了来自几个独立的长期调查研究
数据，它提供了一张 20 世纪的最后三分之二时期，政治犬儒
主义及其反面即政治效能感的连贯变化趋势图。[111]1950 年代，
政治效能似乎在上升，但 1960 年至今的 60 年间，只是在 20
世纪 90 年代末的互联网爆发期和 "911 事件" 中强大但短暂
地围拢在国旗下的时刻，政治效能略有上升（犬儒主义略有
下降），其他时间均在下降。简言之，几十年的两极分化已经
明显伤害了美国人对民主政治的信心，就像一个世纪前的第
一个镀金时代一样。

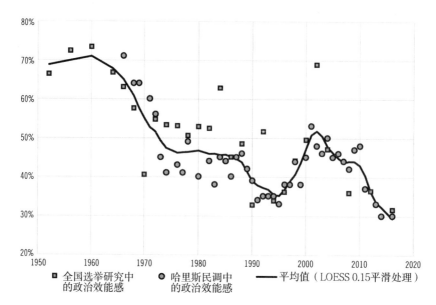

图 3.10　政治效能与政治犬儒主义变化趋势图（1952—2016）

资料来源：American National Election Studies；Harris Poll. 数据经二维散点图平滑法处理：0.15。

106　　之所以担心两极分化，主要还是因为，从长远来看，极端的两极分化会导致民主的崩溃。政治学家史蒂文·列维茨基（Steven Levitsky）和丹尼尔·齐布拉特（Daniel Ziblatt）在他们的畅销书《民主之死》（*How Democracies Die*）中颇具说服力地表达了这种担忧：

　　　　当社会分裂成世界观截然不同的党派阵营时，当人们认为这些分歧存在且不可调和时，政治竞争就可能演变成党派仇恨。各方不再把对方视为合法的对手，而是危险的敌人。失败不再是政治进程中可以接受的部分，而是一场灾难。[112]

　　那么，在本章中，我们对两极分化有了哪些认识呢？我们发现，20 世纪伊始，美国政治被深度甚至暴力的政治竞争所侵蚀，但在随后

的60年里，美国人逐渐学会了跨党派合作，以解决共同困境。当然，¹⁰⁷
我们在许多公共问题上都存在巨大分歧，这在任何多元化的民主国家
都很自然，但从20世纪60年代中期开始，我们的分歧逐渐变得更加
严重，最初是由长期被压制的种族正义议题所激发，但后来迅速蔓延
到所有议题。两极分化蔓延到地方政治，最终甚至进入我们的私人生
活，直到我们中的许多人几乎无法想象生活在同一个社区。两极分化
导致了僵局，甚至使政府无法对大多数人都觉得是问题的问题做出反
应。这必然导致普遍的犬儒主义，以及对基本民主制度的疏远。

　　这种模式非常清晰和普遍，可用一张图来概括，它结合了国会中
的两党合作趋势、全国媒体报道的跨党派礼让、选民的分裂投票[113]和
总统支持率的跨党一致性。图3.11总结了过去125年中政治友好的大
趋势。[114]它很容易与第二章、第四章和第五章末尾的类似图表进行比¹⁰⁸
较，这些图表显示，美国在经济、社会和文化方面存在相同的长期
趋势。

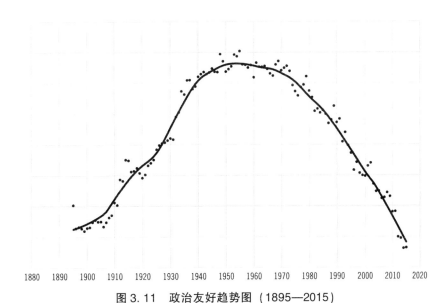

图3.11　政治友好趋势图（1895—2015）

资料来源：参见尾注1.4。数据经二维散点图平滑法处理：0.20。

在就这些趋势的更广泛影响制定一份资产负债表之前，有必要探讨 19 世纪末以来美国社会变化的社会和文化层面，这是我们接下来的两章的任务。

第四章

社会：在孤立与团结之间

正如我们在第一章所回顾的，托克维尔自 19 世纪 30 年代踏足美 国国土以来，一直是美国社群主义者的守护神。但他也认为，个人主义是美国平等的必然结果。因此，在认识到社群和个人诉求存在相互竞争之后，托克维尔曾专辟一个章节描述美国人如何寻求融合二者，他把这一章的标题设为："美国人如何用正确理解的自利原则抗衡个人主义"。[1]

在这一章，我们将探讨美国人在过去 125 年中如何在个人主义和社群主义的两极之间穿梭。像托克维尔一样，我们也将从民间结社和社区参与的其他表现形式开始讨论。我们特别关注在这一时期大部分时间里非常突出的两种组织形式：宗教机构和工会。而后，我们转向最普遍的社会团结和社会联系形式，探索在这一个半世纪中不断变化的组建家庭模式。最后，我们简要探讨一下支撑社会团结和社会联系的心理表征，即社会信任。

当我们观察保龄球联盟、祈祷团体和家庭等更广泛的社会领域时，我们将发现一个大致相似的模式，即在这些看似与经济和政治相去甚 远的社会团结形式中，存在着一种明显的相似性。在第一个镀金时代，社会团结（民间组织、教会、工会，甚至组建家庭）处于相对较低的点，在进步时代开始上升，20 世纪 60 年代达到高点，然后稳步下降到第二个镀金时代，这一路径与我们在前面两章中观察到的倒 U 型曲线非常一致。对于社会团结的每个方面，我们都会提供发生这一变迁的历史叙事，并辅以相关量化证据。[2]

公民联合

南北战争结束时，美国仍像托克维尔访问时那样，主要是小农场、小城镇和小企业构成的一块土地。30 年后的 19 世纪末，美国迅速成为一个城市国家，生在欧洲或美国乡村的大量移民，如今在大型工业联合企业经营的工厂辛勤劳作。当数百万美国人搬到芝加哥、密尔沃基或匹兹堡时，他们把家人和朋友留在农场，还有数百万人搬到了下东城或北区，把社区机构留在波兰犹太小镇或意大利村庄。

这些移民现在不仅生活在一个新社区中，而且生活在一个如此陌生和脱节的环境中，以至于许多人质疑它是否堪称"社区"。事实上，在 20 世纪初，所有美国人，不仅仅是移民，都刚刚经历了严重迷失方向的社会变革。沃尔特·李普曼（Walter Lippmann）在 1914 年写道："我们对自身存在的根源感到不安。所有人类关系，包括父母和孩子、丈夫和妻子、工人和雇主，都在一种陌生的情境中不断变化……我们改变环境的速度比我们知道如何改变自己还快。"[3]

但就在这些问题爆发之际，美国人也开始着手解决这些问题。在 19 世纪末 20 世纪初的几十年里，不断增强的危机感，与受到鼓舞的基层和国家领导者一道，催生了非同寻常的社会创新和政治改革。事实上，我们很快就会看到，在 20 世纪末，美国生活的大多数主要社区机构都是在那个公民创新最丰富的时期创建或更新的。

乐观主义者，在当时和现在一样，欣喜地认为新的通信技术将使人类的同情心延伸更广。在威廉·艾伦·怀特（William Allen White）1910 年的乌托邦愿景中，新技术进步蕴含着"使国家成为邻里的可能性……电线、铁管、街道铁路、日报、电话……使我们成为一个整体……没有外乡人。所有人都能相互理解……事实上，这不过是精神觉醒的曙光"。[4]

另一方面，约翰·杜威（John Dewey）和玛丽·帕克·福利特（Mary Parker Follett）这类比较谨慎的进步主义者，关心的是如何维持面对面的联系。尽管他们承认并尊重更大的新社会，但他们也珍视旧的、更小的个人网络。

> 杜威写道：由蒸汽和电力创造的伟大社会可能是一个社会，但它不是共同体。新的、相对非个人的、机械的人类行为组合模式对共同体的入侵，是现代生活的显著事实。[5]
>
> 福莱特补充说：真正的团结永远不会实现，除非从某处开始，一个小团体与另一个小团体联合在一起……只有通过实际的联合，而不是靠想象力的呼吁，才能使不同的邻里团体成为健全、正常、不偏狭的城市生活的组成部分。然后，作为一个邻里团体的成员将同时意味着成为国家的负责任成员。[6]

有先见之明的进步主义者还担心社会组织的专业化问题。社会学家罗伯特·帕克（Robert Park）写道："我们……以前参与的所有社区和文化活动形式都被专业人员接管了，大多数人都不再是演员，而是观众。"[7] 社会改革者陷入两难境地。在社会服务方面，在公共卫生方面，在城市设计方面，在教育方面，在邻里组织方面，在文化慈善方面，甚至在游说方面，专业人员往往可以比善意的志愿者更高效地完成手头的工作。然而，剥夺志愿协会普通成员的权力，很容易削弱基层公民的参与，助长寡头政治。我们很快就会看到，同样的问题在半个多世纪后会再次出现。

112

19 世纪最后几十年，美国公民生活振兴的一个显著特点就是协会建设的大繁荣。可以肯定的是，美国人对俱乐部的热衷可以追溯到共和国初期。[8] 一些协会，比如独立共济会（Independent Order of Odd Fellows，18 世纪在英国创始的一个秘密兄弟会——译者注）可以追溯到 19 世纪的前三分之一，其他许多协会可以追溯到内战及其后。[9] 在 19 世纪末 20 世纪初，新一代的公民企业家在这些早期协会基础上建立了一个庞大的新公民协会架构。在皮奥里亚和圣路易斯、波士顿和博伊西及鲍林格林、加尔维斯顿、丹佛，以及旧金山，市民们组织了俱乐部、教堂、地方分会、退伍军人团体、族裔团体和专业团体。[10] 一场所谓"俱乐部运动"席卷了整个国家，强调业余自助。还出现了很多关于如何建立男孩俱乐部或妇女俱乐部的手册。1876 年，亨利·马丁·罗伯特（Henry Martyn Robert）出版了《罗伯特议事规则》（*Robert's Rules of Order*），为如雨后春笋般涌现的俱乐部和委员会会议带来了秩序。

1870 年至 1920 年，公民的创造力达到了美国历史上前所未有的高潮，这不仅体现在俱乐部的数量上，也体现在新设组织的范围和持久性上。社会历史学家茜达·斯科克波尔（Theda Skocpol）及其同事证明，美国历史上最大的群众性会员组织，有一半是在 1870 年至 1920 年的几十年间成立的，其中 58 家全国性的志愿组织至少招募了 1% 的成年男性或女性。[11] 如图 4.1 所示，这种大型会员协会的数量在镀金时代和进步时代急剧增长，但在 1910 年之后，在 20 世纪剩下的时间里，增量相对很小。[12]

地方和国家研究基本上讲述了同一个故事：从镀金时代到进步时代播下的"组织的种子"异常顽强，在接下来的 60 年里，它们开花结果，形成了一个很托克维尔的美国。[13] 事实上，在 20 世纪末，美国生活中大多数广义的、以时代为基础的公民机构都是在该世纪初前后数十年的特殊社会创造力中建立的。从红十字会到有色人种协进会（NAACP），从哥伦布骑士团（Knights of Columbus）到哈达萨（Hadassah，

美国妇女拥护犹太复国主义的组织——译者注），从童子军（Boy
Scouts）到扶轮社（Rotary Club），从家委会（PTA）到塞拉俱乐部
（Sierra Club），从吉迪恩协会（Gideon Society）到奥杜邦协会（Audu-
bon Society），从美国律师协会到农场局联合会（Farm Bureau Federa-
tion），从大哥大姐会（Big Brothers and Big Sisters）到妇女选民联盟
（League of Women Voters），从卡车司机工会到营火少女团（Campfire
Girls），在 20 世纪末的美国生活中，很难说出一个不是在 20 世纪初的
这几十年里发起的主要公民机构。[14]

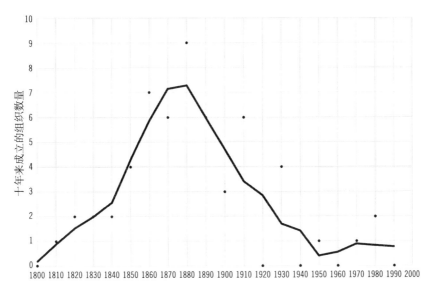

图 4.1　58 个主要的全国性会员组织的成立时间（1800—1990）

资料来源：Theda Skocpol, *Diminished Democracy*, 26–29. 数据经二维散点图平
滑法处理：0.33。

一个世纪前的美国比今天的性别和种族化程度要高得多，在那个 114
时期成立的大多数组织都是按性别和种族进行隔离的。组织激增最突
出的例子是兄弟会，如驼鹿会和老鹰会。据历史学家戴维·贝托
（David Beito）计算，1910 年，"保守估计，所有 19 岁以上的成年男

性中，有三分之一是其成员"。在某种程度上，兄弟情谊代表了人们对这个快速变革的时代中个人主义和社会失范的对抗，希望能在一个无序和不确定的世界中获得庇护。"今天的捐赠者将是明天的接受者"，基于这一互惠原则之上的互助行为，是这些团体的核心特征。贝托评论道，"通过加入一个地方分会，入会者至少隐含地接受了一套价值理念。各种社团致力于推进互助主义、自力更生、商业培训、节俭、领导技能、自治、自控和良好的道德品质。"在20世纪初，一些新的服务俱乐部，比如扶轮社、吉瓦尼斯俱乐部（Kiwanis）、狮子会、青年会等，还有一些专业协会也加入进来。这些新团体提供了商业联系、更现代的面貌和更澎湃的公民热情。[15]

尽管19世纪末出现的许多新组织都不向妇女和少数族裔开放，但这种组织创新热潮并不局限于白人男性，因为妇女和少数族裔的组织发展也很可观，事实上，黑人的发展甚至比白人更快。几乎所有这些组织，无论种族和性别，都倾向于包括中产阶级和工人阶级的成员，正如斯科克波尔所强调的那样，它们同时还具有互助和提升德性的功能。[16]按种族和性别划分的种族隔离问题，可能与我们现在的价值观背道而驰。然而，作为社会资本增长的一种形式，公民组织虽然在19世纪末20世纪初基本上是种族和性别隔离的，但肯定不限于中产阶级的白人男性。

妇女团体是为了应对内战后妇女教育的快速增长而成立的，在这一时期，她们的重点逐渐从阅读和交谈转移到代表社会和政治改革进行基层动员，如禁酒、童工、妇女就业、城市贫困、幼儿园，特别是妇女选举权，在进步时代结束时，妇女选举权在第十八条和第十九条宪法修正案中达到了顶峰。[17]在19世纪末20世纪初，一位新当选的社团主任萨拉·普拉特·德克尔（Sarah Platt Decker）感叹道："不要但丁，要行动！不要布朗宁，要生存！……我们沉溺在文学中已经够久了。"[18]1890年，这一妇女组织网络共同组成了妇女俱乐部总联合会

（General Federation of Women's Clubs）。

1873 年至 1874 年间，一场或多或少自发的草根十字军东征促成了庞大的妇女基督教禁酒联盟（Women's Christian Temperance Union, WCTU）的成立。"做好一切"是 WCTU 领导人弗朗西斯·威拉德（Frances Willard）的座右铭，在她的领导下，WCTU 很快成为更广泛的道德和社会改革工具。[19] 那个时期，全国母亲代表大会（National Congress of Mothers，部分源于 1897 年的幼儿园运动）继续组织当地学校的家长和教师团体。1924 年，全国母亲代表大会正式更名为全国家长和教师大会（National Congress of Parents and Teachers，后称家委会，即 PTA）。[20] 有趣的是，一些妇女团体甚至弥合了严重的阶级差距。例如，年轻的移民女性为在曼哈顿下东城的服装业建立工会而奋斗，这获得了妇女工会联盟（Women's Trade Union League）强有力的政治和财政支持，该联盟得到上东城进步社会名流的积极支持，如世界上最强大的资本家 J. P. 摩根（J. P. Morgan）的女儿安妮·摩根（Anne Morgan）。[21]

正如哥伦布骑士团、圣约信徒会（B'nai B'rith）和王子堂共济会（Prince Hall Freemasonry，一个黑人共济会组织）所表明的那样，各族裔群体通常会建立自己的兄弟会组织。互助的仁爱协会是许多移民社区的基石，提供经济保障、友情，甚至政治代表。根据历史学家罗兰·伯特霍夫（Rowland Berthoff）的说法，"移民们已经习惯了那种美国历史上最紧密的社区生活，他们很快就采用了美国志愿协会的兄弟会形式，以便将他们当地的族裔社区结合起来，对抗美国生活中不可预测的松散性。"[22]

黑人协会的重要性日益增加，模式大致相同，包括互助、葬礼、社交协会，以及兄弟会和妇女团体。19 世纪末 20 世纪初，杜波依斯（W. E. B. Du Bois）在他的经典研究报告《费城黑人》（*The Philadelphia Negro*）中，强调了黑人社团的重要性，如共济会（Odd Fellows

116

and Freemasons），它们提供了"摆脱单调工作的消遣，野心和阴谋的舞台，游行的机会，以及防止不幸的保险"，每年数百万白人也基本是出于这些理由而加入这些组织。非裔美国人兄弟会于20世纪前三分之二的时间里，在争取民权的斗争中发挥了强大的作用。教会在非裔美国人社区的社会资本形成中发挥着独特的重要作用。黑人妇女俱乐部也是如此，如成立于1896年的全国有色人种妇女俱乐部协会（National Association of Colored Women's Clubs），是社会和种族正义的有力倡导者，在一个多世纪后仍然非常活跃。同时，出现了一些将黑人和白人联系在一起支持社会改革的协会，尤其是有色人种协进会和城市联盟（Urban League）。[23]

　　进步时代的改革者将青年发展作为其组织投入的重中之重。在不到十年的时间里（1901—1910年），在全国范围内成立了大部分主导20世纪的青年组织，如童子军和女童子军、营火少女团、四健会（4-H，全美最大的青少年组织，为青少年提供课外教育，旨在提高青少年发展的生存技能——译者注）、男孩俱乐部和女孩俱乐部、大哥大姐会。在市场营销天赋作用下，这些新组织将持久的社会价值，比如"童子军值得信赖、乐于助人、友好、礼貌"，融入露营、运动和游戏的乐趣之中。[24]

　　作为一场社会运动，进步主义避开了任何"自上而下"或"自下而上"的简单分类。许多新的兄弟会、公民和改革组织旨在为国家各部门培养领导人，而其他组织则是为了响应地方倡议而出现的。有些组织，像四健会和格兰奇协会（Grange），实际上就是联邦政府创立的。更重要的是，这些倡议从一个社区横向扩散到另一个社区。诞生于某一地区的倡议在其他地方得到了响应和发展，因为当地活动家都打算相互学习如何重建社群关系。事实上，19世纪末的社团建设浪潮是在中心地带的小城镇开始的，而不是在国际大都市。正如社会历史学家斯科克波尔所指出的，"这种组织扩张方式，很容易让人联想到卫理公会和浸信会的巡回神职人员内战前在美国使用的技术，就像野火般向大众传布。"[25]

这段制度性的发酵期在 1920 年左右结束，为美国公民在之后 100 年的组织发展奠定了基础。在 1920 年之后的半个世纪里，镀金时代和进步时代成立的组织在成员和地理覆盖范围上都稳步扩大。其中许多组织实际上是特许经营形式的组织，旨在快速传播，而这正是 1920 年至 1960 年间发生的事情。特许经营形式的商业组织始于 1880 年的胜家缝纫机和 19 世纪 90 年代的汽车经销商，这种模式很快被同时代的新公民组织所采用。这些组织只发明了一次，然后就无休止地复制自己，以满足美国人对连接方式的无尽需求。

例如，第一个扶轮社是由保罗·哈里斯（Paul Harris）于 1905 年在芝加哥创立的，他是一位年轻的律师，刚从一个小镇来到芝加哥，他缺乏有用的社会关系，在城市漩涡中"极度孤独"。在四年内，他的芝加哥俱乐部扩展到 200 名成员，而六年内，扶轮社就遍及美国每个主要城市。像吉瓦尼斯俱乐部和狮子会（以及其他几家）这样的模仿性竞争者迅速蔓延全国。1920 年，全国范围内的服务俱乐部会员成倍增长，达到 30 万，1930 年达到几百万，这就是 20 世纪前四分之一时期的传播速度，直到近半个世纪后雷·克罗克（Ray Kroc）创立麦当劳特许经营系统，速度方可与之匹敌。[26] 服务俱乐部并非这些年里唯一快速增长的组织，许多古老的兄弟会组织同样增长迅速，如麋鹿会、驼鹿会，甚至共济会。在经历了大萧条时期的挫折后，服务俱乐部、兄弟会以及国内几乎所有其他民间协会，都在二战期间和二战后四分之一世纪里经历了一次令人瞩目的繁荣。

这些组织迅速传播的秘密是"盒子社交"手册，内容包括解释地方分会的组织、宗旨、道德规范、官员和委员会、会员义务（如出席每周会议）、口号、旨在构建团结性的会议仪式（例如，每周留出一段时间让成员表扬其他成员的近期成就），以及致力于社会责任和社

118

区服务（例如，吉瓦尼斯煎饼日募捐活动、扶轮社的奖学金或狮子会的防盲工作）。童子军、奥杜邦协会、红十字会、全国城市联盟和（为黑人中产阶级的孩子设立的）杰克与吉尔协会（Jack-and-Jill），都说明了特许经营形式对于快速增长和传播的普遍性和有效性。

批评者指责这些新的"即时"社交形式是中产阶级、低级趣味、循规蹈矩的"巴比特作风"（Babbitry），但这种批评忽视了它们作为一种新社区形式在创新方面的重要性，它们重新安排了农村的谷仓聚会、缝纫聚会和小镇上的邻里关系，而这些本已经被 19 世纪末的经济发展和社会动荡淘汰了。另一个重要意义是，在这些新组织中，无论男女，也无论种族背景，他们对社区服务和社会团结的奉献精神高度一致。[27]

图 4.2　全国性协会分会会员率变化图（1900—2016）

资料来源：Putnam, *Bowling Alone*, 53-55; Taylor Mann.

在整个 20 世纪，各种民间协会成员名册的变化模式与其他领域惊人相似。图 4.2 对这种模式进行了总结，它综合了 1900 年到 2016 年间 32 个不同的全国性的、以分会形式为基础的组织的会员率变化，从圣约信徒会和哥伦布骑士团到麋鹿会和家委会。[28] 在每种情况下，我们都以会员数的人口比重为标尺，例如四健会会员在所有农村青年中的比重，哈达萨会员在所有犹太妇女中的比重，等等。该图概括地展现了整个 20 世纪美国社区组织生活的一些重要事实。

在 20 世纪的大部分时间里，越来越多的美国人参加了这种以分会为基础的协会。这一数字的长期上升趋势反映了这样一个事实：几乎每年都有更多的妇女加入妇女俱乐部，更多的农村居民加入格兰奇协会，更多的年轻人加入童子军，更多的犹太人加入哈达萨和圣约信徒会，更多的男人加入兄弟会。随着时间的推移，美国似乎越来越符合托克维尔所做的描述：一个参与之国。

20 世纪 30 年代，这种普遍上升的公民参与趋势中断了，这是大萧条对美国社区造成创伤影响的无声证据。这个样本中几乎每个成人组织的会员记录都带有那个时期的伤痕。在某些情况下，这种效应只是暂停了参与热情的增长，但在另一些情况下，这种逆转非同寻常。例如，1930 年至 1935 年间，妇女选民联盟的成员减少了一半，麋鹿会、驼鹿会和哥伦布骑士团的成员也减少了一半。这段历史凸显了严重的经济危机对公民参与的影响。

然而，这些损失的大部分在 1940 年代初就获得了弥补。二战激发了大规模的爱国主义运动和集体团结运动，在战争结束后，这些能量重新进入社区生活。1945 年之后的 20 年，是美国历史上社区参与最重要的时期之一。作为有潜力发展会员的那些组织的一部分，这 32 个组织的"市场份额"急剧上升。这种公民参与爆炸式增长的广度几乎涵盖了每个协会，从"老式"组织，如格兰奇协会和麋鹿会（截至 20 世纪 60 年代，已经发展了一个世纪）到新的服务俱乐部，如狮子会和妇女选民联盟（截至 20 世纪 60 年代，已经发展了 40 年）。

到 20 世纪中叶，要衡量公民的参与度，最好的标准莫过于看他们

119

120

是否参与了各种团体，比如宗教组织、体育团体、慈善团体、工会和专业团体、邻里协会、爱好团体、家长团体、读书俱乐部、青年团体、兄弟会组织、退伍军人组织等。无论种族和性别，大多数美国人都属于一个或多个这类团体，美国公民的参与率可以说处于或接近世界前茅。美国各地的社区组织似乎都走到了扩大参与的新纪元的门槛上。除了大萧条引起的公民参与度停滞之外，进步主义者播下的种子年复一年地生长，勤奋的公民园丁细心培育，并用日益增长的富裕和教育来浇灌。每份年度报告都记录了会员人数的增加。我们很快就会看到，教会和犹太教堂都挤满了人，因为比起几十年前，更多美国人聚在一起做礼拜，可能比美国历史上任何时候都多。

然而，到了 20 世纪 50 年代末，勃发的社区参与热情开始减退。20 世纪 60 年代末 70 年代初，成员的增长开始落后于人口增长。平均而言，在所有这些组织中，会员率在 1957 年开始趋于平稳，在 20 世纪 60 年代初达到顶峰，1969 年开始持续下降。在 20 世纪 40 年代初和 60 年代初之间，会员率增加了一倍多，但到了 2000 年，战后公民大规模参与的成果已经彻底消失。这种下降一直持续到 21 世纪的前 20 年，到 2016 年，一个多世纪的公民创造力消失殆尽。

这些平均数掩盖了不同组织经验之间的一些重要差异。例如，不同的组织受大萧条的影响不尽相同，共济会和哈达萨的成员大量减少，而像四健会、童子军和女童子军这样的青年组织成员似乎没有受到成年人经济困境的影响。战后几乎每个组织都经历了一段繁荣时期，但对于格兰奇协会和妇女俱乐部总联合会来说，好时光在 20 世纪 50 年代中期已经结束，而其他组织，比如"乐观主义者"，直到 20 世纪 80 年代还处在一个较高水平上。有色人种协进会的会员人数在二战期间急剧上升，在 20 世纪 50 年代初崩溃，在 20 世纪 60 年代初的民权运动期间又恢复到最高水平，然后从 20 世纪 70 年代开始停滞不前，再次下滑。

在这些会员记录的背后，是几十个关于领导者的成败、组织坚韧性、战略失误以及社会生活和政治变迁的个人故事，但这些各不相同的组织有一个共同特征，就是从 1900 年到 20 世纪 50 年代快速增长，期间被大萧条暂时打断，20 世纪 60 年代增长放缓，20 世纪 70 年代开始迅速逆转，这一趋势呈现了美国社区公民参与变化的证据。即使我们探讨每个组织衰落的细节，我们照样会发现这个显著的事实，即这些非常不同又非常长寿的组织都遵循着同样的模式。

这里可能有个例外，即以华盛顿为基地的非营利性全国协会的迅速崛起。根据《协会百科全书》（*Encyclopedia of Associations*）的记录，非营利组织数量在 20 世纪最后 30 年急剧增加，1968 年至 1997 年，从 10 299 个增加到 22 901 个，增加了一倍多。[29] 老的分会组织是否被这些新非营利组织所取代了，所以图 4.2 中显示的会员人数下降可能是个假象？

事实上，相对来说，新非营利性协会中很少有真正的大众会员。社会学家戴维·霍顿·史密斯（David Horton Smith）发现，1988 年《协会百科全书》中的近半团体，如动物营养研究委员会、全国统一交通事故统计大会和全国矿渣协会，根本没有个人会员。即使在实际拥有会员的协会中，平均会员人数也从 1956 年的 111 000 人下降到 1998 年的 13 000 人。换句话说，虽然"协会"数量增加了一倍多，但个人会员的平均数量只有原来的十分之一，而对于更多的团体而言，个人会员也都少得多。[30]20 世纪 60 年代到 90 年代的组织爆发，只代表了组织的扩散，而非基层参与的繁荣。

正如茜达·斯科克波尔在《贬值的民主：从会员资格走向管理的美国公民生活》（*Diminished Democracy*：*From Membership to Management in American Civic Life*，2003 年）一书中所论述的那样。不断涌现的新组织是专业管理的宣传组织，而不是会员制协会。她解释说，20 世纪 60 年代和 70 年代的社会运动，

122

不经意间促成了国家公民生活的重组，其中专业管理的协会和机构激增，而跨阶级的会员制协会则失势。在我们这个时代，参与公民活动的组织机构变得越来越多，但加入其中的人却变得越来越少……这些新运动综合了草根民众的抗议、积极分子的激进主义，以及游说政府和教育公众的专业引导……在 20 世纪 70 年代至 90 年代期间，较老的自愿性会员联合会迅速减少，而新的社会运动和专业管理的公民组织大量涌现，这重新定义了国家公民生活的目标和方式。今天，美国庞大的会员制协会比美国历史上任何时候都更少关注兄弟情谊、姐妹情谊、公民关系和社区服务。[31]

尽管这些新团体往往依赖普通公民的财政支持，并可能忠实地代表他们发言，但对绝大多数成员来说，成为会员的唯一行为就是写一张会费支票，或者偶尔读一读通讯。很少有人参加这类组织的任何会议，许多人根本就没开过会，而且大多数会员不可能在知情的情况下遇到任何其他会员。在较新的团体中，会员资格意味着动笔，而不是参加会议。

邮购得来的"会员资格"显然是衡量公民参与的一个糟糕的标准。例如，绿色和平组织（Greenpeace）通过一项极其激进的直邮计划，成为美国最大的环保组织。该组织在 1990 年达到顶峰时，其会员占全国环保组织所有会员的三分之一以上。后来，绿色和平组织的领导者担心环保组织印刷成吨的垃圾邮件，暂时减少了直接邮件招募。三年内，绿色和平组织的"会员"数量减少了 85%。[32]

我们当然可以将注意力专注于具有真实成员的实际分会组织上（如图 4.2 所示），但单个组织的成员数无法衡量美国人参与志愿协会的整体趋势。首先，在一个世纪或更长的时间里，特定组织的受欢迎程度可能会有起伏。如果较新的、更有活力的组织不在我们的考察之列，那么图 4.2 的下降趋势可能只适用于"老式"组织，而不是所有基于社区的组织。其次，"持卡"会员可能无法准确反映社区的实际参与度。

为了解决这两个问题，我们放弃了迄今为止所依赖的组织发展记录，转而探寻一些直接的调查证据，这些证据包括各种类型的组织隶属关系，并可以区分正式成员身份和实际参与度。在 20 世纪 70 年代初之前，调查的覆盖率还很低，因此为了能更灵敏地反映成员的资格性质，不得不将时间跨度限定在较小范围内，这也是我们在前几章中遇到的无法避免的困境。然而，事实证明，现有的调查证据加强了我们到目前为止所讲述的故事。

1970 年以前的少量调查证据与组织发展记录相一致，这些记录显示，在 20 世纪 50 年代中期至 70 年代中期，普通美国人在志愿协会中的正式成员人数是稳定的或略有下降。[33] 20 世纪 70 年代中期之后，调查证据更加丰富，我们对趋势的判断更加自信。三个主要调查档案包含了一些相关信息：综合社会调查（GSS），罗珀（Roper）社会和政治趋势调查档案，以及恒美（DDB Needham）生活方式调查档案。[34]

在过去的半个世纪里，组织成员资格总体上有什么变化呢？GSS 在 20 世纪 70 年代初至 90 年代初调查过正式组织的成员情况，但遗憾的是，这项重要的全国性调查没有涵盖 20 世纪最后 25 年的情况。GSS 的数据表明，在这 20 年里，正式成员的比率只是略有下滑，从大约 75% 的美国人下滑到大约 70%。

然而，当我们研究比单纯的持卡会员更积极的参与形式的证据时，这个温和的结论就发生了巨大的变化。美国各个组织的积极成员，曾经非常普遍地在组织中担任领导者或者进入委员会任职。[35] 在美国公民社会的全盛时期，绝大多数志愿协会的活跃分子迟早都会被说服，在组织中发挥一些领导作用。20 世纪后期，符合这种情况的美国人的数

124

量有什么变化呢？

根据罗珀研究人员的调查，1973 年至 1994 年，无论是"老式"兄弟会组织还是新纪元的交心小组，在任何地方组织中担任领导职务的男女人数都减少了一半（此后的罗珀调查再未涉及这一问题）。在这 20 年中，白人比黑人更可能担任领导职务，但两个种族的下降趋势一致。1973 年至 1994 年间，白人领导比例从 17% 下降到 9%，黑人领导比例从 12% 下降到 7%。按照这一标准，无论种族，美国几乎一半的公民基础设施在短短 20 年内就消失了。[36]

据说伍迪·艾伦（Woody Allen）曾打趣道，生活八成是简单的"出席"。[37]公民参与也可以这么说，"出席"为评估我们社区组织生活趋势提供了一个有用的标准。在 1975 年至 2005 年的 31 次年度调查中，恒美的研究人员向超过 10.6 万名美国人询问："你在去年参加过多少次俱乐部会议？"图 4.3 显示，这种形式的公民参与在这 30 年中不断减少。1975 年至 1976 年，美国男性和女性平均每年参加 12 次俱乐部会议，基本上每月一次。[38]2005 年，全国平均数缩减了三分之二，每年只参加四次会议。1975 年至 1976 年，64% 的美国人在前一年至少参加过一次俱乐部会议。2005 年，这个数字已经下降到 33%。简言之，在 20 世纪 70 年代中期，近三分之二的美国人仍然参加俱乐部会议，但到了 21 世纪头五年，三分之二的美国人从未参加过会议。这些趋势同样没有种族差异。与其他国家相比，美国似乎仍然是一个参与之国，但是，如果说"参与"不该仅仅意味着名义上的隶属关系，那么与美国的过去相比，美国的现在已经不再是参与之国了。

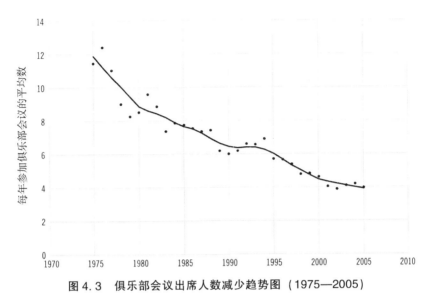

图 4.3　俱乐部会议出席人数减少趋势图（1975—2005）

资料来源：DBB Needham Life Style surveys，已更新。数据经二维散点图平滑法处理：0.33。

　　因此，两个不同的调查档案表明，在 20 世纪的最后几十年里，积极参与当地俱乐部和组织的人数减少了一半到三分之二。这一估计与一份完全不同的证据非常一致。1965 年到 1995 年的每十年，全国范围内的抽样人群需要完成一份"时间日记"，记录他们如何度过随机选择的"日记日"的每一分钟。从这些日记中，我们可以重建 1965 年至 1995 年这 30 年间美国人对时间的平均使用的逐渐演变。[39]

　　广义来讲，我们的时间分配在这一时期并未发生多大变化，比如，在这几十年里，我们每晚的睡眠时间平均约 8 小时，但也有一些重要的例外。现在，我们花更多时间看屏幕，花更少时间料理家务和照顾孩子。除了一小部分中上层的专业人士，美国的平均工作时间在过去半个世纪里有所下降。然而，时间日记显示，在这一时期，我们投入社区组织的时间也在稳步下降。[40]

　　除了参与宗教团体（这一点我们单独进行研究），美国人在组织

生活中的平均投入时间从 1965 年的每月 3.7 小时下降到 1975 年的
2.9 小时，1985 年和 1995 年的 2.3 小时。1965 年，平均每天有 7% 的
美国人在社区组织中花费一些时间。1995 年，这个数字下降到 3%。
这些数字表明，20 世纪 60 年代，近半美国人每周在俱乐部和地方协
会投入一些时间，20 世纪 90 年代，这个数字已不足四分之一。[41]

从绝对值来看，在所有教育水平和社会阶层中，组织活动和俱乐
部会议出席率的下降大致相当。然而，由于受教育程度较低的人一开
始就很少参与社区组织，因此，底层民众的相对降幅更大。

这里报告的组织溃散状况，来自完全不同的证据线：不同的抽样
技术、不同的调查组织、不同的问题、不同类型的组织。但他们的估
计却如此接近，即在 20 世纪的最后几十年里，积极参与地方组织的人
数下降了一半以上，这就像西南树轮、北极冰芯以及英国海军部的天
气记录，都证实全球变暖的事实一样具有说服力。

127   总之，组织记录表明，在 20 世纪的前三分之二时期，美国人对各
种公民协会的参与程度稳步上升，只在大萧条期间暂时停滞不前。相
比之下，在 20 世纪的最后三分之一，只有邮寄名单上的成员继续扩
大，并创造了一种全新的社交方式，其成员实际上从未谋面。我们当
然可以找到个别例外，即成功逆风而上的特定组织，但总的情况是，
社区组织的参与度在下降。在过去的半个多世纪里，公民组织中的持
卡会员已经减少了四分之一。更重要的是，积极参与俱乐部和其他志
愿协会的人数已经减少了一半。[42]

尽管许多美国人还在声称我们是各种组织的"成员"，但大多数
美国人不再把时间花在社区组织中，他们不再做委员会工作，不再担
任官员，也不再参加会议。尽管教育的迅速发展使我们比以往任何时
候都更有技能、资源和兴趣，这一切曾经促进了公民参与。简言之，
近半个世纪以来，美国人成群结队地退出了有组织的社区生活，这与
一个世纪前的情况完全相反。

宗教与慈善[43]

长期以来，宗教机构一直是美国社区联系和社会团结的最重要来源。即使在我们的世俗时代，所有团体成员也约有一半是宗教性质的，比如教会、圣经研究小组、祈祷圈等，所有慈善事业和志愿服务中约有一半是在宗教背景下进行的。对许多美国人来说，宗教与其说是一个神学信仰，不如说是一个丰富的社会资源。而且，参与社区的信仰活动有利于与更广泛的世俗世界进行联系。

宗教团体的积极成员比非宗教人士更可能为慈善事业慷慨解囊，而且不仅仅针对宗教事业，还包括世俗事业。经常去教堂的人比很少去教堂的人做义工的可能性高一倍以上，做义工也不仅是在教堂做导引，也参与世俗活动。[44] 有宗教信仰的美国人加入世俗组织（例如邻里协会、扶轮社或童子军等）的可能性是非宗教人士的两倍到三倍，并积极参与当地公民生活。严谨的统计分析表明，参与宗教活动和参与公民公益事业之间的联系并非虚假相关，很可能是因果关系，这个结论也许对世俗的美国人来说是令人惊讶的。简言之，宗教参与是预测更普遍的社会联系趋势的关键指标。[45]

传统上，美国人在宗教机构中的活跃度远高于其他国家，我们经常认为我们的宗教性是一个稳定的民族特征。然而，像其他形式的社会联系一样，宗教在美国历史上也经历了起伏。社会学家罗杰·芬克（Roger Finke）和罗德尼·斯塔克（Rodney Stark）指出，殖民时代的美国人并不像国家神话中所暗示的那样信奉宗教。[46] 在革命时期，只有不到五分之一的美国人隶属于某个宗教团体，1850 年，这一数字上升到了 34%。[47]

另一方面，在整个美国历史上，也曾有过周期性的强烈宗教信仰

浪潮，称为"大觉醒"。传统上，第一次大觉醒据说发生在 18 世纪 50
年代，随后在 19 世纪二三十年代发生了第二次大觉醒，1860 年左右
开始了第三次大觉醒。这样的觉醒都以宗教活动的急剧增加为特征，
这一点特别体现在福音派教会和新宗教运动中。

　　然而，到了 19 世纪末的镀金时代，这种宗教热潮已经消退。在公
开场合，宗教言论无处不在，美国历史上的大部分时期都是这样。新
教原本在文化上占据主导地位，但随着来自天主教国家的移民越来越
多，宗教正成为一种宗派和分裂的力量，甚至在东部沿海地区引发了
反天主教的暴力。本土主义、种族中心主义、反犹主义和种族主义的
情绪越来越普遍，且往往与宗教的不宽容纠缠在一起。

　　另一方面，在日常生活中，大多数美国人是"无宗教信仰"或
"不参加任何教会"的。就像当代"属灵却不在教者"，即那些虽然信
上帝却没有宗教身份的人，换句话说，这些世俗的美国人不一定不信
教，但他们在成员资格、出席活动或捐款方面跟任何宗教机构都没有
联系。[48] 进步时代以抨击现实而闻名的记者，雷·斯坦纳德·贝克
（Ray Stannard Baker）曾在 1910 年这样写道：

> 　　不仅工人阶级与教会疏远，特别是与新教教会疏远，而
> 且很大一部分属于所谓有教养阶级的成功人士也与教会失去
> 联系。有些人保留了会员资格，但教会在他们的生活中并非
> 必不可少……更重要的是，这种漠不关心的态度绝不仅限于
> "邪恶的城市"，而是在全国各地的小城镇、乡村和大城市中
> 上演，可能只有最近出现"信仰复兴运动"的少数几个地方
> 算是例外。[49]

　　著名的美国宗教史学家悉尼·阿尔斯特伦（Sydney Ahlstrom）报
告说，1910 年总人口中只有 43% 的人声称属于某个教会，1909 年

《华盛顿邮报》的一篇文章提供了一个非常类似的估计，即美国的非教会人口"可能超过我们的教会会员，比例大约是3∶2"。[50]

在镀金时代，新教神学倾向于忽视耶稣"穷人有福了"的祝福所提出的社会和道德问题，把重点放在个人的虔诚和救赎上。阿尔斯特伦指出了镀金时代宗教的这种个人主义关切，他认为：

> 把关注点放在个体罪人上，必然导致对极其个人化的罪恶的关注。由此产生的对社会道德的侵蚀甚至在殖民时期就已受到注意，但这种趋势的全面影响直到内战后才显现出来，当时大企业的崛起开始使几乎所有美国人的道德生活复杂化……
>
> 信仰复兴运动往往在社会层面变得琐碎或模棱两可，甚至毫无意义。正是这些倾向使得像（沃尔特·）劳申布施（Walter Rauschenbusch）这样虔诚的基督徒极为苛刻地批评福音派。[51]

130

直到一个世纪后，"成功福音"迅速崛起，它主张个人的宗教信仰会带来个人的成功，美国宗教才又包含了对宗教意义的物质主义解释。[52] 在美国，宗教机构并非千篇一律或铁板一块。因此，在归纳美国宗教趋势时，我们需要注意这种多样性。

随着进步时代的到来，主流新教教徒开始从个人主义转向对更广泛社区的关注，社会福音运动就是最好的例证，自由派新教领袖努力让他们的中产阶级教友注意城市贫困等紧迫的社会问题，并强调社会团结比个人主义更重要。[53] 该运动在20世纪初的新教教徒中并非主流，但它是文化变革的一个前沿指标。社会福音运动展现了对个人主义、自由放任和不平等问题的回应；它试图使宗教与新的社会和知识环境关联起来。

沃尔特·劳申布施是基督教神学家和浸礼会牧师，是20世纪初在美国蓬勃发展的社会福音和"单一税种"社会改革运动的关键人物。劳申布施在纽约州北部长大，在曼哈顿的"地狱厨房"（克林顿区）开始他的工作，他在那里直面失业、贫穷、营养不良，尤其是无辜儿童的死亡。他从拯救个人灵魂的虔诚呼吁转向所谓"社会福音"，将基督教道德用于社会改革。他写道，洗礼"不是个人救赎的仪式，而是对宗教和社会运动的奉献"[54]。他的影响在主流新教中持续了几十年；他1907年出版了《基督教与社会危机》（*Christianity and the Social Crisis*）一书，马丁·路德·金认为这本书在自己思想中留下了不可磨灭的印记。

劳申布施并不孤单。1899年，堪萨斯州托皮卡市的教会牧师查尔斯·谢尔顿（Charles Sheldon）在一本畅销小说中推广了"耶稣会怎么做？"这句话（矛盾的是，这句话目前在保守派基督徒中很常用），他的书是福音派对经济不平等的攻击，借鉴了耶稣的宣言：骆驼穿过针眼，比富人进天国更容易。

> 耶稣会怎么做？在我看来，有时就像大教会里的人有好衣服穿，有漂亮房子住，有钱买奢侈品，可以去避暑等，而教会之外的人，我是说成千上万的人，死在公寓里，在街上为工作游走，家里从来没有钢琴和画作，在痛苦、酗酒和罪恶中长大。[55]

在这种社群主义转向中，许多教会采用了宗教历史学家布鲁克斯·霍利菲尔德（E. Brooks Holifield）所说的"社会聚会"模式。

> 数以千计的教会把自己变成了一个个活动中心，不仅为礼拜开放，还为主日学校、音乐会、教会社团、妇女会议、青年团体、女孩协会、少年军、缝纫聚会、慈善协会、日间

学校、禁酒会、体育俱乐部、童子军，以及其他无名的活动
提供服务……亨利·沃德·比彻（Henry Ward Beecher）建议
耶鲁大学神学院的学生在他们的教区"增加野餐"，除了野
餐，还有许多不同种类的集会，包括在体育馆、教区住宅和
营地的活动，以及棒球队和军事演习小组。[56]

宗教思想向外关注社会弊病，这符合进步时代的改革主义情绪，
但新教教徒肯定不会普遍接受这一转向。事实上，到了 20 世纪初的几
十年，许多"原教旨主义"新教徒开始从主流新教教派的"现代主 132
义"神学中分裂出来，尤其是在南方和中西部。这种分裂将成为整个
20 世纪新教的标志，主流教会在 20 世纪上半叶占了上风，而福音派
（主要是原教旨主义者的继承人，尽管不再那么禁欲和内向）在下半
叶日益占据主导地位。

随着美国工业文化在 20 世纪之交更加世俗化，大多数宗教教派对
社会团结越来越敏感，有些甚至比新教徒还敏感。天主教徒往往更同
情穷人的困境，这主要是因为更多的天主教徒属于移民劳工阶层。教
皇利奥十三世在 1891 年的通谕《新事物》（Rerum Novarum）中，"拒
绝经济自由主义的自由放任理论，奠定了现代天主教社会教义的核心
内容，其基础是获得公正工资和组织工会权，呼吁更公平地分配财富，
以及国家有责任在经济生活中确保社会公正。"[57]

教会一如既往在黑人社区中发挥着主导作用。非裔美国人教会的
著名历史学家伊夫林·希金博特姆（Evelyn Higginbotham）指出，"教
会里有各种各样的活动，包括学校、流动图书馆、音乐会、餐馆、保
险公司、职业培训、体育俱乐部，这些都是为了满足比个别教会成员
更广泛的人群。教会……可以举行政治集会、举办妇女俱乐部会议以
及学校毕业典礼。"[58]简言之，社会改革主义基督教是当时许多社会活
动的灵感之源。1912 年，在提名西奥多·罗斯福为总统的前夕，参加

进步党大会的代表们自发地唱起："前进吧，基督徒战士！"[59]

在进步时代，并非所有宗教的社会参与都集中在我们今天所说的"进步"事业上。最重要的一个保守主义例子是禁酒运动，该运动因为 1919 年宪法禁酒令修正案的通过而达到高潮。这场运动使美国人在宗教上产生分歧，特别是在"支持禁酒"的新教徒和"反对禁酒"的天主教徒之间，同时也说明，在这个时代，即使是保守的宗教也有外向社区改革取向，而不仅仅是内向的个人救赎。

在进步时代之后的几十年里，美国人对有组织宗教的参与度是如何演变的？图 4.4 综合了 19 世纪末教会成员的量化证据，其中包括 1890 年至 1989 年的美国历史统计数据，这是当时联邦普查局收集的信息，然后是 1990 年至 2018 年的盖洛普民意调查。[60] 现有的最佳证据表明，在 20 世纪上半叶，教会成员缓慢但稳步上升，从 1890 年占成年人口的 45% 左右上升到第二次世界大战前夕的 60% 左右。

图 4.4　教会成员变化图（1890—2018）

资料来源：*Historical Statistics of the US*，Gallup．参见尾注 4.60。数据经二维散点图平滑法处理：0.15。

二战的焦虑强化了美国人的宗教信仰，据说战壕里没有无神论者。与我们在前两章中研究的经济和政治趋势完全一致，战后宗教信仰的活跃度并未消退，反而强化了。[61] 战后的富裕以及与"无神论共产主义"冷战的开始，鼓励了物质乐观主义和尊重传统价值观的矛盾混合，包括爱国主义和宗教信仰。去教堂的热潮是由在大萧条中幸存下来的青少年以及在二战中幸存下来的士兵及其女友等善男信女推动的，他们现在终于准备好开始正常生活了，有一份稳定的工作、一套新房、一辆新车，以及一个不断壮大的家庭。当时和现在一样，与结婚、安家和养育子女相伴的，是经常去教堂。

从一代人的角度来看，战后的宗教热潮主要集中在二十多岁的年轻人，他们每周的教会出席率从 1950 年 2 月的 31% 猛增到 1957 年 4 月的 51%，这一数据在短短 7 年内发生了惊人的变化，这意味着每年有数百万人加入了教会。[62] 这些大兵和他们的妻子，当然还有因战失去丈夫的寡妇，构成了美国宗教机构（以及公民机构）的基石，即使在 21 世纪，当他们的子（婴儿潮一代）孙（千禧一代）远离宗教之后很久，他们依然如故。[63]

20 世纪 50 年代的宗教参与热潮规模巨大，或许超过了美国历史上的任何时期。图 4.4 总结的会员人数清晰表明了这种热潮，图 4.5 总结的信众参加宗教活动的最方便易得的连续数据也表明了这一点。对于后一种测量方法的细节有很多争论，1944 年的峰值肯定是由战争时期的异常压力造成的，但几乎所有专家都同意，20 世纪 40 年代末到 20 世纪 60 年代初这段时间是美国宗教活动的特殊时期。[64]

战后的这股热潮没有党派或教派之分。共和党人和民主党人，自由派和保守派，天主教徒和新教徒以及犹太人，都挤满了教堂的长椅。（21 世纪的美国人可能会惊讶，20 世纪 60 年代中期，信教的美国人更可能成为民主党而非共和党，即使在白人中也是如此[65]。）

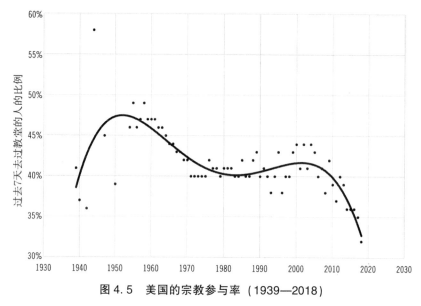

图4.5 美国的宗教参与率（1939—2018）

资料来源：Gallup Polls. 参见尾注4.64。

宗教活力的标志不仅体现在出席人数的增加，还体现在图4.4中所呈现的教会成员对教会机构的投入。[66]当时教堂的建设和圣经的出版
135 都创造了新纪录，以满足所有这些新皈依者。[67]正如安德鲁·谢林（Andrew Cherlin）所言，"人们想要家一般的宗教体验。大家身处基督教教堂或犹太教堂的神圣空间，获得了一种社区归属感。"[68]

在战后的美国，把人们带进教堂的不仅仅是宗教狂热。对许多挤在教堂长椅上的家庭来说，参加宗教活动与其说是一种虔诚之举，不如说是一种公民义务，就像加入家委会或扶轮社一样，正如我们刚刚看到的，他们的会员名单在这些年爆炸式增长。宗教代表了国家目标的统一主题，也就是社会学家罗伯特·贝拉（Robert Bellah）后来称之为"公民宗教"的主题。[69]悉尼·阿尔斯特伦恰切地总结了20世纪50年代宗教热潮的公民维度：

宗教和美国主义被带到了一个不寻常的高度。20世纪50

年代尤其如此，当时的总统德怀特·D.艾森豪威尔，在8年里，一直是普遍的宗教性和美国人自鸣得意的爱国道德主义的化身。这位总统甚至为新宗教观提供了一个经典的理由。他在1954年说："我们的政府，如果不建立在一种深刻的宗教信仰之上，就毫无意义，我不在乎它具体是什么。"[70]

136

艾森豪威尔无教派的自然神论被一些人批评为神学怀疑论，但无论神学的严谨性和全基督教的团结性是如何混合的，美国在20世纪50年代显然是一个非常宗教化的国度。在战后美国宗教的杰出编年史学家威尔·赫伯格（Will Herberg）看来，那些后来被称为"属灵却不在教者"，即没有任何宗教身份的人，"正在减少……宗教身份的普遍性肯定是美国过去25年的一个重要特征。"[71]大多数美国人期望宗教繁荣能像当代其他形式的社区参与高潮一样一直持续下去。1957年，69%的美国人告诉盖洛普民意调查机构，"宗教对美国生活的影响正在增加"。但在不到10年的时间里，这些期望就被打破了。

对美国的各种政治、社会和宗教机构来说，20世纪60年代是一场狂风暴雨。[72]阿尔斯特伦恰切地总结了美国宗教历史长河中的这一时期。

> 简言之，20世纪60年代是一个国家信心、爱国理想主义、道德传统主义，甚至是历史上的犹太-基督教有神论等信仰的旧有根基被淹没的时期……任何一个有理性观察力的美国人都清楚地感知到，艾森豪威尔时代的战后复兴已经彻底熄火，国家正在经历一场前所未有的良知危机。[73]

莫里斯·伊瑟曼（Maurice Isserman）和迈克尔·卡津（Michael Kazin）是20世纪60年代的杰出编年史学家，他们的结论是："对20

世纪 60 年代的美国而言，宗教变化最为深刻。"[74]

　　与其他主要机构一起，宗教机构也严重丧失了公众信任和自信。
已经习惯了一个多世纪的社会主导地位的主流新教教会，士气尤其低
落。自由派新教徒哈维·考克斯（Harvey Cox）的《世俗之城》（*The
Secular City*，1965 年），是 20 世纪 60 年代讨论最广泛的神学书籍，该
书批评宗教机构过于官僚，等级森严，对捐赠者言听计从，这抑制了
他们在尘世的使命。考克斯呼吁读者追求"创造性的疏离"，这意味
着放弃那些受制于"制度中心主义思维"的教会。

　　对大多数主流新教徒来说，"疏离"意味着离开传统教派。相比
之下，在天主教徒中，尽管梵蒂冈二世的自由主义改革（1962—1965
年举行的一次重要的天主教改革会议）产生了一些分歧，不过正式脱
离教会的现象最初并不常见，他们只是无视教会的戒律，比如不再定
期参加弥撒。20 世纪 60 年代，参加弥撒的人数迅速下降，天主教徒
在宗教出席率下降中占多数，但自认为天主教徒的人数并没有立即下
降。随着 20 世纪 90 年代逐渐出现的神父性虐待丑闻，完全脱离教会
的现象更普遍了。

　　20 世纪 60 年代还见证了前所未有的传统渠道之外的宗教实验。[75]
婴儿潮一代中的一些人对他们所谓的"精神"感兴趣，但对传统宗教
不屑一顾，他们被称为"探求者"，寻找新精神家园的人。"希拉主
义"（Sheilaism）的出现虽然不那么高调，但更能引起人们的共鸣，它
是以罗伯特·贝拉及其同事在畅销书《心灵的习性》（*Habits of the
Heart*，1985 年）中一位妇女的名字命名的：

　　　　"我相信上帝。我不是一个狂热分子。我不记得上次去教
　　堂是什么时候。我的信仰让我走了很长的路。这个信仰就是
　　希拉主义。那只是我自己的小声音……我自己的希拉主
　　义……就是试着爱自己，对自己温柔一点。"[76]

在这种对个人真理的推崇中，"宗教的确定性开始削弱，一定程度的宗教相对主义不可避免。"[77]传统宗教团体逐渐被宗教（或至少是精神）个人所取代。20世纪60年代的宗教创新很少能作为美国宗教舞台的重要元素存活下来，但摆在探求者面前的精神菜单的多样性本身就表明美国传统宗教的混乱。"灵性已经成为一种极其复杂的追求，每个人都以自己的方式去探求。"[78]宗教的"我们"正在让位于宗教的"我"。

20世纪60年代的震荡所带来的最明显变化，是宗教活动本身迅速减少。全国每周去教堂的人数从1958年的49%下降到1969年的42%，这是迄今为止有记录以来的最大降幅。[79]难以预料的是更明显的代际差异：在50岁以上的人（二战一代及其长辈）中，几乎没有任何下降，而在18岁至29岁的人（早期的婴儿潮一代）中，每周宗教活动几乎减少了一半，从1957年4月的51%骤降到1971年12月的28%。随着婴儿潮一代的年龄增长，他们变得更传统，但他们在遵守教规和习俗方面始终比父母同龄时差得多。正如婴儿潮一代的父母对战后宗教信仰的激增负有很大责任一样，婴儿潮一代本身对20年后宗教信仰的崩溃也负有很大责任。

或许美国人的行为是记录这场宗教震荡最灵敏的地震仪。我们一起回顾一下，1957年有69%的美国人认为"宗教在美国的影响正在增长"。仅仅5年之后，这个数字就下降到45%，1965年继续下降到33%，1967年下降到23%，1968年下降到18%，最后在1970年降到14%。几乎在一夜之间，美国从上帝的国家变成了一个无神的国家。

20世纪60年代宗教信仰的快速变化与同期性风气的快速变化紧密相连。正如我们将在第八章看到的，传统的性规范，特别是婚前性行为，几乎在一夜之间发生了变化。反过来，对性规范（如婚前性行为）的态度强烈预示了美国人在20世纪60年代和70年代对宗教的疏离。一场非常类似的（虽然速度稍慢）革命将改变人们对同性恋的态度，继而在 30 年后改变人们对宗教的态度。[80]

139 　　许多美国人将 20 世纪 60 年代的社会、性和宗教变革视为"解放"，但其他人对国家的导向深感不满，特别是对性的放纵，也对学校祈祷和其他教会–国家问题不满。他们对 60 年代的反应很快就产生了足以蔓延全国的强烈反弹。在接下来的 20 年里，这些在宗教和政治上都很保守的人加入福音派行列，这在一定程度上止住了 60 年代宗教参与的大流失，这是 60 年代大震荡的一波余震。图 4.4 和图 4.5 显示，60 年代大震荡中教会成员和出席率的急剧下降，在 70 年代和 80 年代减缓至停滞状态。这波余震最重要的结果是，保守主义（神学、社会、道德和政治）和宗教在公众眼中越来越被认为是宗教右派。对许多信奉宗教的美国人来说，这种结合代表了对 60 年代的放纵无度的适当反击。

　　然而，越来越多的美国人却不这么认为。随着 20 世纪 90 年代的到来，越来越多的美国人反对宗教领袖和有组织宗教的政治影响，这体现了对保守派基督徒日益增加的公众影响力的强烈反对。尤其是美国年轻人开始认为宗教很苛刻、仇视同性恋、伪善并且偏袒。[81] 所有这些都是警告，表明第二波余震即将搅乱美国的宗教格局。1990 年后，所谓的"属灵却不在教者"的兴起，清晰地表明第三波余震开始了。

　　这些"属灵却不在教者"是谁？从历史上看，无论他们的宗教信仰程度如何，几乎所有美国人都认同某种宗教。[82] 正如威尔·赫伯格所说，20 世纪 50 年代对"你的宗教偏好是什么？"的调查中，绝大多数人都表达了某种宗教认同。只有极少数人回答说"没有"。[83] 20 世纪 60 年代的大震荡使全国无宗教信仰者的比例从 5% 上升到 7% 左右，但这个数字在 20 年内几乎没有变化。

　　然而，1990 年前后，说自己"不信宗教"的美国人比例突然开始
140 上升，而且几乎在同一时间，如图 4.6 所示，表示"从不"去教堂的人比例也开始上升。[84] 这一转折点将被证明是美国近期宗教史上最具决

定性的转折点之一。正如图 4.4 和图 4.5 所示，随着 21 世纪的到来，始于 20 世纪 60 年代并在 70 年代和 80 年代暂停的宗教参与度再次加速下降。

图 4.6　不去教堂者和倍增的"属灵却不在教者"的比例变化图（1972—2018）

资料来源：General Social Survey. 数据经二维散点图平滑法处理：0.25。

在过去的半个世纪中，所有种族的美国人都远离了有组织的宗教。但长期以来，教会在非白人生活中发挥着比在白人中更重要的作用，无论从信仰、归属感还是从行为上来看都是如此。[85] 因此，值得一问的是，图 4.6 所示脱离教会的趋势图是否同样适用于非白人和白人。在最近几十年的全国调查中，拉美人都太少，无法对他们的宗教参与度进行可靠的估计。但可以看看白人和黑人的情况。1972 年至 2016 年，从未参加过教会活动的美国白人比例大约增加了三倍，从约 11% 增加到 31%，而在美国黑人中，这一比例也增加了两倍，从约 6% 增加到 20%。白人"属灵却不在教者"的比例从 1972 年的 6% 增加到 2016 年的 24%，黑人的这一比例也从 1972 年的 5% 增加到 2016 年的 20%。

简言之，在最近 50 年里，非白人和白人都以同样的速度脱离了有组织的宗教，尽管非白人仍比白人更遵守教规。[86]

与我们之前讨论的转折点一样，"属灵却不在教者"在 20 世纪 90 年代的崛起很大程度上是代际因素推动的。1990 年后成年美国人在同性恋和相关问题上的观点明显比前几代人更自由，这些年轻人也越来越拒绝宗教对政治的干预，甚至反对有组织宗教本身。他们成为新的"属灵却不在教者"的主体。年轻一代在某些道德和生活方式问题上越来越自由，老一代宗教领袖则热衷于反对同性婚姻的政治斗争，这两者之间的巨大反差是第三波余震的重要根源之一。迈克尔·霍特（Michael Hout）和克劳德·S. 菲舍尔（Claude S. Fischer）指出了"属灵却不在教者"崛起的重要性，他们将这一趋势归因于政治反弹和代际更替，两者都源于 20 世纪 60 年代的文化变革和冲突。[87]

在 21 世纪初的十几年里，老一辈美国人中只有 5% 说他们没有宗教信仰，但他们正在被千禧一代所取代，而千禧一代中说自己没有宗教信仰的能达到 35% 至 40%。这种代际交替现象大规模地、持续地降低了美国人的平均宗教参与水平，甚至导致一些学者得出如下结论：长久以来认为不会受"世俗化"影响的"神圣"美国终于要世俗化了。[88] 即便如此，在当代美国人的宗教归属中，对个人自治的要求达到了至少一个世纪以来的最高点。

回顾 20 世纪美国宗教历史的细节，我们可以清楚地看到我们在前几章中反复看到的那个倒 U 型模式。在 20 世纪前三分之二的时间里，无论是以教会成员身份还是以参加教会的人数来衡量，都能发现美国人越来越多地参与到有组织的宗教活动中来。但是，在现在所熟悉的 20 世纪 60 年代初的转折点上，所有这些趋势都发生了逆转，在整个 20 世纪 60 年代和 70 年代初急剧下降，在 20 世纪 80 年代和 90 年代暂停，然后在 21 世纪继续急剧下降。[89]

关于宗教和世俗的慈善事业的统计数据，尽管不太完整，不过也展现出了这种历史性的 U 型曲线。零星的证据表明，新教和天主教的捐赠（占可支配收入的比例）在大萧条期间严重受限，但随后在 1945 年到 20 世纪 60 年代之间出现了持续的反弹，这时教会成员数和教会出席率正在蓬勃发展。然而，之后涵盖所有主要基督教教派的更完善的捐赠数据展现出了一个长期而稳定的下降趋势，正好与教会成员数和出席率的长期下降相吻合。在 1968 年至 2016 年的半个世纪里，人均宗教捐赠占收入的比例下降了大约 60%。[90]

全国范围内所有个人捐赠（包括宗教捐赠和世俗捐赠）的国民收入比重数据，尽管不完善但比较全面地展现出一个典型的倒 U 型曲线。这个曲线从 1929 年到 1964 年稳步上升，几乎翻了一番，但从 1964 年到 1996 年又掉头向下。在 1996 年至 2005 年的 10 年间，全国慈善事业总额出人意料地上升了近三分之一，但在随后的 10 年又急剧下降。慷慨行为的短暂激增困惑了专家们好几年，但进一步调查显示，这完全是由 20 世纪 90 年代中期到大衰退期间的巨额捐赠推动的，而整个人口的捐赠率却在持续下降。几个较高的离群值拉高了"平均"捐赠标准。相比之下，在 1961 年至 2017 年的近六十年中，美国最大的慈善机构，同时也是几乎完全专注于小额捐赠的慈善机构，即联合劝募会（United Way）的捐款持续下降，在 1996 年至 2005 年的繁荣年份，所获捐款也没有增加。简言之，自 20 世纪 60 年代中期以来，大多数美国人对慈善事业的参与度在稳步下降，这种持续下降曾短暂地被新晋大富豪们的巨额捐赠对冲了一下。[91]

这正是上一个镀金时代所发生的事情，洛克菲勒、安德鲁·卡内基和他们的一些同行，由于不平等现象的大规模增加而变得非常富有，他们进行了大量捐赠。我们似乎很难批判比尔·盖茨、沃伦·巴菲特和马克·扎克伯格的慷慨，但他们个人的慈善行为无法掩盖自 20 世纪 60 年代我们的慷慨捐赠达到高峰以来，美国中产阶级中间不断扩散的自我中心主义。[92]

143

工人的团结

在处理经济不平等问题的第二章，我们详细讨论了工会作为经济机构在 20 世纪上半叶的兴起和 1960 年后的崩溃。但是，工会在其发挥最重要作用的时候也是社会机构，这在本章中值得额外关注。

在第一个镀金时代，工会成员的增长，需要共同的认同感和利益来塑造工人阶级的团结。19 世纪的工会主义受到工人的广泛抵制，这种抵制蕴含在个体工匠的传统理想之中，他们不愿为了那些和自己存在职业、人种或种族的历史裂隙的工人，牺牲自己的独立性和熟练工地位。一个波兰的火车头工程师为什么要为一个黑人而把自己的生计置于危险之中，仅仅因为他们碰巧效力于同一个大公司？劳资争议比如涉及集体行动困境，这诱使一些工人（罢工者或"工贼"）从工会叛离。对于非裔美国人和其他因白人偏见而被排除在工会之外的少数族裔来说，这种诱惑尤其巨大。

因此，成功的工会组织需要从本质上重塑身份。只有工会组织者努力在所有工人之间建立团结，才有希望克服这一困境。用工人活动家拉尔夫·卓别林（Ralph Chaplin）1913 年创作的经典工会歌词来说，就是：

> 世界上还有什么力量比一个人的力量更微弱？
> 但工会让我们强大。
> 永远团结，永远团结，永远团结。
> 因为工会让我们强大。[93]

144　　美国工人没有欧洲意义上的阶级意识，但他们确实骄傲地自认为是"工人阶级"。[94] 为了使 20 世纪三四十年代的工会运动取得成功，工会领导人和工人必须克服种族和人种分歧。[95]

因此，用集体身份取代个人主义是工会兴起的重要原因。经济历史学家托马斯·科克伦（Thomas C. Cochran）和威廉·米勒（William Miller）在 20 世纪 40 年代撰文强调，工会是其成员社会生活的重要部分，而不仅仅是获得物质改善的手段。

> 工人集体行动的根源远比简单的工资和工时问题复杂得多……工会只是进入俱乐部、地方分会和兄弟会等群众运动的一部分。为工会工作并授权作为代表与老板们斗争，是个人对其生存环境权的重申。面对工业事故和季节性失业，互惠政策给人安全感，而工会的社交活动、舞会、野餐和讲座则为人们提供了增加活力的休闲活动。[96]

在那些年里，工会成为社会和经济生活的一个重要制度，甚至在美国文化中也是如此，如图 4.7 所示，该图显示了 1880 年至 2008 年所有美国出版的书籍中提到工会的频率。工会出现在小说和侦探故事甚至诗歌中，主要不是因为其经济地位，而是因为其在日常生活中的重要性。地方工会提供医疗诊所、度假村、广播电台、运动队、教育课程和无数非正式的社会联系机会。[97] 在 20 世纪 60 年代的高峰期，大约三分之一的美国成年人属于工会家庭，这一数字到 2018 年降至 13%。[98]

我们在第二章的图 2.12 展现了工会会员数量的增减，并探讨了这一趋势背后的经济、政治和社会因素，包括经济的结构性变化以及企业管理层和各级政府的保守派政客几十年来积极开展的减少工会会员数和工会权力的运动。此外，随着会员人数的减少，工会会员的意义本身也 ¹⁴⁵从社会团结萎缩至集体谈判代表。工会大厅的大团结场景现在最多只是老年人逐渐远去的记忆。[99]"永远团结"作为一种价值规范，对个人主义的婴儿潮一代及其后继者完全失去了吸引力。正如扬斯敦一位年长的制造业下岗工人对工会成员缺乏团结的谴责："他们失去了对工会制企业兄弟情谊的理解，失去了同志友情，失去了同情心。他们只关心'我、我、我'……这就是为什么我认为工会的力量正在衰颓。"[100]

图 4.7　工会的文化重要性（1880—2008）

数据来源：Ngram. 参见下文第 169 页和尾注 5.19。数据经二维散点图平滑法处理：0.15。

家庭的形成[101]

我们已经看到，美国的主要社区机构，从公民协会到教堂再到工会，在一个同步的世纪里，从个人主义到共同体，再到个人主义，从"我"到"我们"再到"我"。也许令人惊讶的是，在社会的最基本单位，即家庭中也发现了类似的节奏。

在上述三个早期机构的案例中，我们研究了它们的数量和质量趋势，有多少人加入协会、教会或工会，以及都是什么样的协会、教会或工会。在我们对组建家庭趋势的研究中，我们提出了两个类似问题：从数量上看，在过去 125 年中，有多少男性和女性结婚组成了家庭，他们组成了什么样的家庭？在一个动荡的世纪里，像家庭这样复杂的社会制度，任何简化都会错过许多重要的微妙之处，但正如前几节所述，我们还是可以看出这一时期影响美国大多数家庭的一个广泛模式。

20 世纪初，美国人组建家庭并不普遍，时间还晚得惊人。与之前或之后的模式相比，在镀金时代，许多年轻人一直与其父母生活到二十几岁，如果他们结婚的话，通常在后半生才结婚，许多人终生单身，未婚无子。当确实要结婚时，也不太可能跨越阶级界限。当然，那个时代的大多数美国人和所有时代一样，最终还是会结婚生子。但当谈及拥有自己的核心家庭时，就像镀金时代的宗教一般，数量惊人的美国人是"属灵却不在教者"。

然而，在整个 20 世纪上半叶，年轻男女逐渐开始离家早婚。他们越来越不可能保持单身，当他们结婚时，他们更可能跨越阶级界限结婚，并在比较年轻时就生孩子。1960 年，早婚早育几乎成为所有美国人生活的一部分。

然而，在 20 世纪下半叶，美国年轻人在父母家里待得时间更长，推迟甚至回避结婚生子。单身人士变得越来越普遍，可能比美国历史上任何时候都要普遍。[102] 简言之，在 20 世纪初和 21 世纪初的两个"我"时期，结婚生子的人越来越少，结婚生子的时间也越来越晚，而在 20 世纪中叶的"我们"时期，对于几乎所有的美国人来说，"我们"是从他们的核心家庭开始的。

在过去几十年里，出现了大量新的家庭类型，同性家庭、同居家庭、"脆弱家庭"等，这些新家庭值得密切关注。[103] 我们并不想将这些新家庭斥为非法家庭。但在大多数情况下，这种非传统家庭在整个 20 世纪都很罕见，关于它们的可靠证据少之又少，当然，如果我们讨论

147

的是整个 21 世纪的事情，我们就会更关注它们。

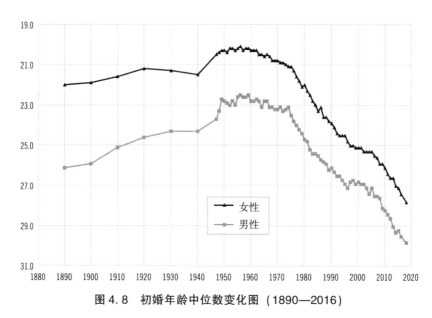

图 4.8 初婚年龄中位数变化图（1890—2016）

资料来源：Census Bureau, decennial censuses; since 1947, Current Population Survey.

让我们从上一个镀金时代和我们这个时代之间结婚率和结婚时间变化的一些基本数据开始。图 4.8 描绘了 1890 年至 2016 年美国男女初婚年龄的变化，曲线越向上表明结婚者越 "年轻"。图中显示，在 20 世纪初和 20 世纪末的两个镀金时代，男性和女性组建家庭的时间都比较晚。1890 年，女性的平均初婚年龄为 22 岁，男性为 26 岁，而在 20 世纪中叶，组建家庭的时间明显提前，女性约为 20 岁，男性约为 23 岁。20 世纪 40 年代末平均结婚年龄的急剧下降显然与二战后美国士兵回归平民生活有关，但向早婚发展的趋势几十年前就开始了，在战争结束后又持续了几十年。然而，2016 年，女性的平均初婚年龄上升到 27 岁左右，男性接近 30 岁。婴儿潮一代的父母很年轻就结婚了，但婴儿潮一代及其后代的情况就不同了，这一点在图 4.9 中表现得很明显。图 4.9 比较了连续几代人在其生命周期同一阶段的结婚率。平均而言，当今的初婚年龄尽管只比一个世纪前晚了 4 年左右，却比 20 世纪 60 年代晚了大概 7 年。

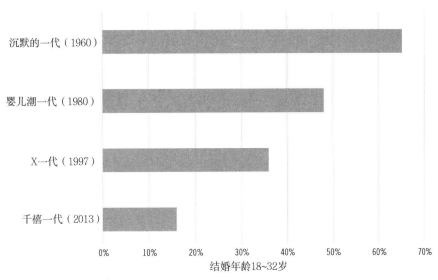

图 4.9　结婚率的代际差异

资料来源：https：//www.pewsocialtrends.org/2014/03/07/millennials-in-adult-hood/sdt-next-ame rica-03-07-2014-0-02/.

　　这些数据从某个方面来说低估了曲线的曲度，因为就"初婚年龄"的定义来看，它忽略了从未结婚的人。图 4.10 为 1900 年至 2015 年间婚姻的盛衰提供了一个更广泛的视角，观察在适婚年龄（30~44 岁）的所有美国成年人中，有多大比例的人实际上已婚。[104]

　　总之，在我们现在所熟悉的 1960 年，也就是 20 世纪中期的"团 149 结友爱"的巅峰时期，80% 的中年美国人（30~44 岁）已经结婚，平均结婚年龄是 21 岁。相比之下，1900 年，同一年龄组只有约 65% 的人结婚，平均结婚年龄是 24 岁；而到了 2018 年，该年龄组只有 45% 的人结婚，平均结婚年龄是 28 岁左右。这代表着数以亿计的普通美国人的重大个人决定，值得注意的是，在这 125 年间，家庭的构成趋势与公民、宗教和工会的参与趋势完全相同。

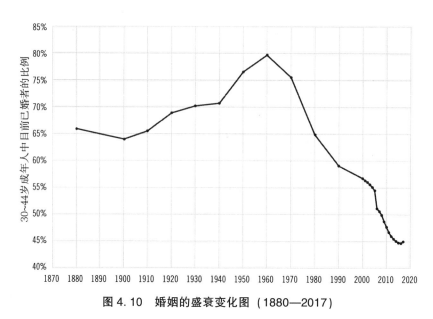

图 4.10　婚姻的盛衰变化图（1880—2017）

资料来源：IPUMS USA：Version 9.0，2019，https：//doi. org/10. 18128/D010. V9. 0.

　　有关年轻人何时搬出父母家的证据也证实了这一情况。在 20 世纪初和 20 世纪末，大约三分之一的年轻人（25～29 岁）因与父母同住而推迟组建家庭，但这一比例在 1970 年前后降至十分之一左右，因此，这一时期推迟组建家庭的情况也降到了最低。如图 4.11 所示，在 1970 年左右的家庭组建高峰期，几乎所有的美国年轻人在 20 多岁时都已经组建了自己的家庭，其中绝大多数人已婚。但在那个时期前后，许多年轻人都推迟了组建家庭时间。

　　在这一时期，发生变化的不仅是婚姻的发生率和时间，婚姻制度本身也变了。著名家庭社会学家安德鲁·谢林解释说，在 19 世纪末，大多数婚姻代表两个人之间的功利主义交易，他们各自需要对方提供的东西。在那个时代，典型的交易涉及男人提供物质支持，而女人则

150

照顾孩子和家。

图 4.11　年轻人（25~29 岁）独立生活的盛衰（1900—2016）

资料来源：https：//www. pewresearch. org/wp-content/uploads/sites/3/2010/10/
752-multi-genera tional-families. pdf（1900-2008）and https：//www. pewresearch.
org/fact-tank/2018/04/05/a-rec ord-64-million-americans-live-in-multi-generation-
al-households/（1940-2016）.

　　谢林接着说，在进步时代，出现了一种新的"伴侣婚姻"模式，其基础是浪漫的爱情、友谊和伙伴关系，而不是便利和私利。[105] 可以肯定的是，伴侣婚姻仍然是性别化的，远非平等主义，因为男性养家糊口模式仍然存在，但新的婚姻模式肯定不同于 19 世纪的便利　151 婚姻。[106]

　　在 20 世纪上半叶，伴侣婚姻观念在美国夫妻中逐渐占据主导地位，在 20 世纪 50 年代达到顶峰。20 世纪 50 年代的美国人结婚、早婚、生孩子的速度比 20 世纪任何其他 10 年都要快。谢林指出："通向体面成年人的唯一途径就是结婚，人们很快就走上了这条道路：大约一半的妇女在 20 岁时就结婚了。"[107]

　　谢林注意到 20 世纪中期家庭性质的变化与本章所探讨的其他趋势之间的密切联系。他观察到，"20 世纪 50 年代的家庭和 20 世纪 50 年代的教会相互支持"[108]，他还可能将 20 世纪 50 年代的社区团体加入到这一配对中，因为家委会会员人数恰好在这一时期达到顶峰，这并非偶然。1954 年，《麦考尔》（*McCall's*）杂志创造了"团结友爱"一词来描述这种新的家庭，"这种新的、更温暖的生活方式，不是彼此孤立的女性或男性个体，而是作为一个分享共同经历的家庭。"[109]

　　这种构建伴侣婚姻的方式最终会削弱男性主导的家庭，颠覆《老爸最知道》（*Father Knows Best*）和《反斗小宝贝》（*Leave It to Beaver*）的文化。家庭的概念即将向个人主义急转直下，这几乎与宗教个人主义转向亦步亦趋。[110] 1955 年迪娜·肖尔（Dinah Shore）和弗兰克·西纳特拉（Frank Sinatra）唱的是"爱情和婚姻，就像马和车"，12 年后披头士乐队反驳道"你所需要的只是爱"。

　　20 世纪 70 年代和 80 年代，流行杂志开始发表关于隐私、自我发展、个人成长和婚外身份重要性的文章。谢林解释说：

　　　　一种新的婚姻形式正在出现，妻子和丈夫都发展出一种独立的自我意识……他们这样问自己：婚姻是否给了我个人满足感？我作为一个人在成长吗？结果就是，伴侣婚姻转向个人化婚姻。[111]

　　这种文化转变显然与同时发生的妇女运动有关（我们将在第七章详细讨论），但它并不限于婚姻中的性别平衡；婚姻越来越随意，越来越脆弱。向个人化婚姻的文化转变，导致离婚和同居现象激增。

　　表现型个人主义将婚姻视为有限责任合同，可以通过"无过错"离婚（"表现型离婚"）来解除。至少一个世纪以来，美国的离婚率曲线一直在非常缓慢地稳定上升。人口学家阿兰·索顿（Arland Thorn-ton）、威廉姆·阿克辛（William G. Axinn）和谢宇（Yu Xie）报告说：
"事实上，这一轨迹高度稳定，19世纪90年代的人口学家据此准确预测了近百年后的20世纪80年代的离婚率。除了与萧条和战争有关的一些波动，美国的离婚率在1860年至1960年的整个世纪中缓慢而稳定地增长。"[112]20世纪50年代和60年代，即伴侣婚姻的全盛时期，离婚率下降至这一长期趋势之下，20世纪70年代和80年代又急剧上升到这一长期趋势之上。婴儿潮一代的父母曾回避离婚，但在婴儿潮一代及其子女中，离婚非常普遍。[113]

20世纪60年代末，婚前性行为的规范急剧变化（我们将在第八章详细介绍），美国的同居现象爆炸式增长。[114]同居夫妻（在20世纪初有时被称为"普通法婚姻"）比例在1880年至1960年可能略有下降，但肯定基本都低于1%。但到了2000年，这一比例上升了许多倍，大约占所有夫妇的10%～15%，这一趋势在21世纪仍在继续。2013年，19～44岁的女性有近三分之二曾经和人同居过。[115]2019年，尽管53%的美国成年人说"如果想在一起的夫妇最终结婚，社会更美好"，但有69%的人认为"即使这对夫妇不打算结婚，同居也可以接受"。[116]

然而，与一些北欧国家不同，在当代美国，同居不是"无证婚姻"，而是典型的短期关系。一半以上的同居在两年内结束。[117]对于大学毕业生来说，如今的同居通常以普通婚姻告终，但对于美国最底层三分之二的人来说，同居更普遍，它通常以双方都更换伴侣告终，往往还带着孩子，从而产生了复杂而脆弱的家庭。换句话说，对大多数美国人来说，同居通常不如结婚稳定。[118]

无论哪种情况，正如谢林所说，"同居都带有这样一种伦理观：如果任何一方不满意，就该结束这段关系；毕竟，这是人们生活在一起而不是结婚的部分原因……因此，同居的蔓延涉及个人主义亲密关系观念的传播，这种观点使得人们更可能在发现无法从婚姻或非婚姻关系中获得个人满足时，解除这种关系。"[119] "简言之，个人权利的进步，尽管值得称赞，但却使婚姻变得不那么必要，而且也使婚姻关系变得不那么稳定。"[120]

21 世纪初，除了同居关系在上升之外，随着年轻人中独生子女比例的急剧上升，从传统生活伴侣关系转向纯粹个人生活的趋势也加速了。在 18~34 岁的美国人中，没有稳定伴侣的人数从 2004 年的 33% 上升到 2018 年的 51%。不仅仅在公共生活中，而且在我们的个人生活中，无论好坏，"我"已经开始完全取代"我们"。[121]

20 世纪初和 21 世纪初之间的文化、社会和经济变化，不仅影响人们是否结婚、何时结婚、如何想象婚姻，还影响到谁与谁结婚。一般来说，长期以来美国上层和中产阶级比下层和工人阶级的结婚率要高一些，这无疑是因为经济紧缩使得维持婚姻更加困难。结婚率的这种阶级差距本身与经济平等的兴衰相关，我们在第二章中已经讨论了这种相关性。结婚率的阶级差距在 1890 年至 1910 年期间以及 1970 年之后这两个时期达到最高。阶级差距在 1920 年至 1970 年间最低，当时的不平等程度相对较低。[122]

此外，社会学家罗伯特·梅尔（Robert Mare）认为，美国人在阶级界限内或跨阶级结婚的可能性也遵循这一模式。这并不奇怪，因为高通婚率意味着阶级壁垒是可渗透的，而低通婚率则意味着阶级壁垒是僵化的。"20 世纪初，配偶双方在教育程度上相似性非常高，20 世纪 50 年代初，年轻夫妇受教育程度的相似性降至历史最低水平，那时以来，这种相似性一直在稳步上升。这些趋势大体上与 20 世纪美国社会经济不平等程度的升降平行。"[123] 事实上，梅尔的阶级通婚曲线正好反映了我们熟悉的倒 U 型曲线。另一种描述这一模式的方式是，在 19 世纪末和 21 世纪初的两个镀金时代，男性和女性结婚的可能性较小，尤其是不太可能与自己社会阶层之外的人结婚，而在 20 世纪 50 年代和 60 年代，也就是组建家庭的高峰期，他们更可能结婚或与社会阶层之外的人结婚。

目前为止，我们关注的是婚姻的趋势，但生育的趋势如何呢？众所周知，测量和解释出生率的趋势是一项复杂的统计工作，由于长期趋势（所谓"人口转型"，通常随着工业化从高出生率到低出生率）与短期效应（如与战争或周期性经济动荡相关的出生率下降）相互作用。[124] 撇开非婚生育不谈，较低和较晚的结婚率直接产生较低的出生率，所以我们探讨过的婚姻关系的起起落落应该会在 20 世纪的美国出生率上留下一些印记，而且确实如此。

不出所料，至少从 20 世纪 30 年代到 21 世纪 10 年代，母亲的平均初产年龄遵循相同的倒 U 型曲线。现有的统计数据并不完整，但在战后婴儿潮时期的 1950 年，母亲首次生育年龄平均不到 21 岁，而到 2016 年，在经历了 60 年的稳步增长后，平均初产年龄接近 27 岁，女大学毕业生的平均初产年龄超过 30 岁。[125]

关于这一时期出生率的标准说法是，美国从 19 世纪初开始朝向低出生率的长期"人口结构转型"，并在 20 世纪通过更有效的节育措施得到加强，20 世纪 50 年代的婴儿潮只是短暂中断了这种转型。[126] 正如谢林所言："（20）世纪终生生育水平的趋势形成了一个单一的大浪潮，在二战后的 10 年里，结婚并开始生育的妇女达到了顶峰"。[127]

图 4.12 展示了整个 20 世纪相继的几组女性同期群的无子化数据。纵观整个世纪，大约 25% 的女性仍然没有孩子，但这一比例在过去几十年中变化很大。图 4.12 中两条线（30 岁时无子女，45 岁时无子女）之间的差异，代表的是那些由于某种原因直到育龄晚期才有孩子的妇女。[128] 因此，例如，图 4.12 显示，在 1910 年左右出生的所有妇女中，大约 67% 在 1940 年之前至少有一个孩子，而大约 33% 在 1940 年仍然没有孩子，因为他们的正常生育年龄正好是大萧条最严重的时期。然而，随着战后的繁荣，到 1955 年，这一群体中又有 12% 的人

成为母亲，这对婴儿潮做出了重要贡献，也就是说到 45 岁时，这一群体中只有约 21% 的人仍然没有孩子。

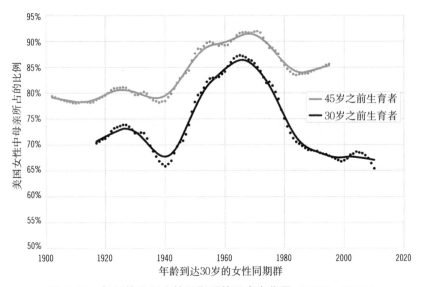

图 4.12　相继的几组女性同期群的孕产变化图（1900—2010）

资料来源：National Center for Health Statistics. 参见尾注 4.128。

在这张图中，我们不仅可以看到大萧条时期的生育低估和战后婴儿潮的暂时影响，还可以看到现在人们所熟悉的组建家庭的长期波动。该图中，最年轻的女性生于 1980 年，2010 年达到 30 岁。在千禧一代中，30 岁之前成为母亲的女性比例，约为 65%，相对较低，与大萧条时期"出生不足"的 1910 年出生的女性群体在她们 1940 年达到 30 岁时成为母亲的比例几乎是相同的。图 4.12 显示，与 20 世纪 60 年代中期该年龄段的女性群体（约 12%）相比，这两个群体无子女的可能性几乎高出三倍，约为 33%。这种代际对比生动地说明了 20 世纪组建家庭过程的彻底转变。

所以我们看到了美国人组建家庭的变化趋势，在许多方面遵循了前两章中不平等和两极分化，以及本章前面讨论的其他社区联系形式的倒 U 型曲线。作为一个家庭之国，我们从个人主义走向团结主义，然后又回到个人主义。

是什么导致了组建家庭趋势的倒 U 型曲线？20 世纪初和 20 世纪末，结婚的人减少，晚婚和无子女夫妇增多；而在这两个时间段内，更多人结婚，更早结婚，且生育了更多孩子。到目前为止，我们的讨论给人的印象可能是，这一趋势的主要动力在于，是否以及何时适合组建家庭的社会规范的变化，但这并不是唯一的故事。另一个非常合理的解释不是文化，而是经济。如果婚姻和生孩子都取决于一对夫妇能否负担得起，那么人们可能认为繁荣时期的富裕夫妇会早婚早育，而困难时期的贫困夫妇会推迟甚至放弃组建家庭。 157

在 20 世纪的某些时期，这种经济解释似乎是完全合理的。例如，在大萧条时期，结婚和生育都大大推迟了，我们从许多案例中都能看到，经济困难是造成这一事实的直接原因。比如，当时一位未婚的芝加哥妇女说："男孩们没有工作"；另一位说："我想找个有工作的男人"。[129] 另一方面，新近的经验研究似乎在某些方面与这种经济根源论相矛盾。例如，尽管近年来中上层夫妇的生活空前富裕，但在过去 125 年中，他们推迟结婚和生育的时间几乎比任何其他美国群体都要长。

对过去 125 年来组建家庭趋势的起伏进行全面描述超出了本章的范围。[130] 尽管如此，经济和文化解释似乎都是必要的，不过单凭这两个方面又略显不足。可以肯定，第一个镀金时代是极不平等的时代，但正如我们在第二章中所看到的，它总体上是一个空前繁荣的时代。然而，就在这一时期，许多人仍然未婚无子，特别是受过良好教育的妇女。[131] 这表明文化因素可能在这一时期起了重要作用。20 世纪 30 年代，经济因素显然占据主导地位。战后早期的家庭组建模式可能既受到经济繁荣的影响，也受到安德鲁·谢林所描述的"团结"文化的影响。在过去的半个世纪里，富裕与组建家庭较晚有关，贫困则与早育、不稳定或不存在的婚姻，即"脆弱家庭"有关。[132]

我们并不是说"我—我们—我"的故事是对过去 125 年来组建家庭的起伏趋势的全部解释。事实上，文化和经济以外的其他因素，例如节育的变化，特别是我们将在第七章中讨论的性别角色变化，无疑也是相关的。然而，我们确实认为，"我—我们—我"的曲线是这个故事的重要部分。

对是否以及何时结婚生子的决定是非常私人化的。尽管有证据表明，当孩子们由年龄稍大的父母在稳定的家庭中抚养长大时，他们可能成长得更好，但我们无意谴责或赞扬晚婚家庭。[133] 我们只是想说明美国人在过去 125 年中做出的选择发生了显著的变化。

社会信任

本章重点讨论了社会网络，因为这些网络是社区的有形纽带，并为普遍互惠的价值规范奠定了基础。这一规范相当于某种黄金法则，正如哲学家迈克尔·泰勒（Michael Taylor）所指出的：

> 在一个互惠体系中，每个人的行为通常都是由所谓的短期利他主义和长期自我利益的组合所决定的。我现在帮你，是为了（可能是模糊的、不确定的和无法计算的）将来你能帮我。[134]

当托克维尔在 19 世纪初访问美国时，他对美国人抵制相互利用的诱惑而为邻居着想感到震惊，这并不是因为美国人遵守某种不可能的理想主义的无私规则，而是因为我们追求"正确理解的自我利益"。[135]一个有效的普遍互惠规范能把自我利益与友好睦邻协调起来。在这种规范盛行的地方，其有效性体现在普遍的社会信任中。政治学家温迪·拉恩（Wendy M. Rahn）和约翰·特兰索（John E. Transue）认为，"社会信任，或者说普遍信任，可以看作是一种'通行判断'，即对大多数人而言，即使是没有直接经验的人，都愿意'姑且信之'。"[136]

因此，我们在总结过去一个多世纪美国社会团结趋势的各种调查时，要回顾一下社会信任趋势的数据。[137] 由于社会信任还没有通过十年一次的美国人口普查来测量，我们必须依靠调查数据，简单地询问美国人是否相互信任，因此我们无法获得 20 世纪早期对社会信任的任何直接测量数据。

幸运的是，这个话题在一些最早的科学调查中进行了测量，最初 是作为一个非常简单的问题提出的，"你是否同意大多数人值得信任？"这个版本的问题在 20 世纪 40 年代中期到 80 年代中期反复使用。与此同时，在 1960 年，调查研究人员开始使用关于社会信任问题的一个更为平衡的版本："一般来说，你觉得大多数人值得信任，还是说在与人打交道时不用太小心？"这个"二选一"版本很快成为衡量信任问题的全球标准，到目前为止，它已经在美国使用了数百次，在世界各地使用了数千次。当然，由于提供了两个选项，这一版本获得的"可信任"回答较少，与最初版本大约差出 15 个百分点。由于这两个版本已经并行使用了几十年，我们可以谨慎调整，将早期版本和后期版本的结果拼接在一起，如图 4.13 所示，勾勒出近八十年来美国社会信任的兴衰图景。

证据充分表明，社会信任从 20 世纪 40 年代中期到 60 年代中期一直在上升，此后便开始下降。二战期间，对"大多数人值得信任"的认同度一度达到 73% 的高点，战后不久又略微回落到 65% 左右，1957 年至 1964 年期间进一步上升到 77% 左右，1966 年下滑到 71%，到 1983 年又进一步下滑到 56%。[138]

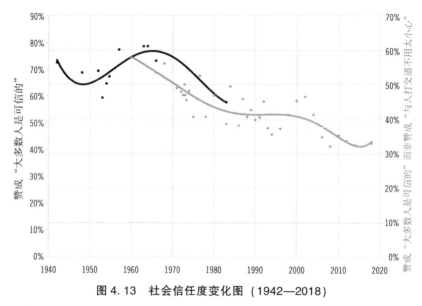

图 4.13 社会信任度变化图（1942—2018）

资料来源：Roper Center for Public Opinion Research.

与此同时，1960 年首次使用更平衡的版本，有 58% 的人表示"大多数人值得信任"，这是美国 60 年来在"二选一"问题测量上达到的最高水平。2010 年，美国的社会信任度下降到 33%。按整数计算，20世纪 60 年代初，近三分之二的美国人信任他人，但进入 21 世纪的前20 年，却有三分之二的美国人不信任他人。

1940 年代至今，80 年来针对这两个版本的问题的测量都显示，20世纪 60 年代初是普遍社会信任的最高点。将这两项证据拼凑在一起，可以看出，20 世纪 60 年代的社会信任度很高，而且不断上升。然而，到了 20 世纪 60 年代末，这种有利的趋势就逆转了，社会信任度开始长期连续下降，这种趋势已经被学者们反复证实。[139] 总之，20 世纪 60年代的美国中年人生活在一个比他们的成长期，也比他们的孩子所生活的社会有更高信任度的社会中。

研究人员还认为，自 20 世纪 70 年代以来，社会信任度的下降在一定程度上是一代人的事。也就是说，相继出生的美国人似乎被

160

"印"上了不同程度的社会信任的默认水平。（当然，每个人的信任度也会受到他们的代层之外许多其他因素的影响，包括年龄、种族、社会阶层、个人生活经历等[140]。）随着年龄较大、信任度较高的人群逐渐被年龄较小、信任度较低的人群所取代，国家的平均信任度也在下降。

　　在某种程度上，如果在较早几十年出生的人，例如那些在20世纪20年代出生、在40年代成年的人，或者那些在50年代出生、在70年代成年的人，他们的信任水平大致相当于他们成长社会的平均信任水平，我们可以使用连续的群组间差异来估计前几十年的信任水平。这种方法很棘手，因为对代际差异的分析出了名的复杂，因为这种方法要求我们估计一个人一生中究竟何时受到更广泛的外部世界影响。然而，近几十年来，这一问题的解决取得了明显进展，学者们普遍认为，人们的社会态度在他们达到成熟期时受到周围世界的决定性影响。[141]

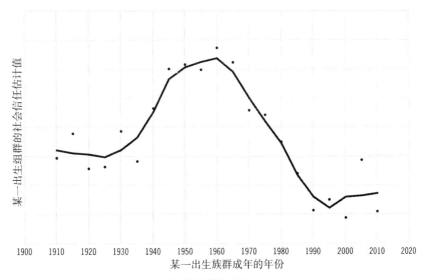

图 4.14　社会信任的代际差异（1910—2010）

资料来源：April K. Clark，"Rethinking the Decline in Social Capital"，Fig. 4（a）M2.

这里不适合做详细的方法论阐述，尤其是这种阐述现在在专业文献中很容易找到。[142] 为了我们的研究目的，我们可以使用这种间接方法，对连续几代人的信任水平做最佳估计，参见图4.14。令人惊讶的是，图4.13的实时分析和图4.14基于组群的分析都支持这样一个观点，即美国的社会信任在过去100年中呈现出一种曲线模式，从1930年代之前相对较低的信任水平开始，1940年开始上升，直到1960年左右达到峰值，然后逆转，从20世纪60年代中期到21世纪初，信任度持续下降。

162
考虑到数据不可避免的局限性，我们也不想夸大这些估计的精确度。尽管如此，我们对社会信任长期趋势的最佳估计，与本章中回顾的社会团结的其他趋势完全吻合：从进步时代到20世纪60年代的最高点，公民和宗教参与以及组建家庭稳步增加，在接下来的半个多世纪里，团结度稳步下降。[143]

在本章中我们学到了什么？图4.15总结了过去125年社会团结的大趋势，结合了公民参与、宗教、工会、家庭和社会信任的趋势。[144]它表明，除了20世纪20年代和30年代初的暂停，美国人从19世纪90年代到20世纪60年代的社会联系不断加强，但随后几乎所有的衡量标准都显示，在过去的半个世纪里，社会联系无休止地稳步下降。这个图可以很容易与第二章、第三章和第五章末尾的图表比较，后者显示了经济、政治和文化的同等长期趋势。在第八章中，我们将探讨这些曲线如何以及为什么重叠。

图 4.15 社会团结趋势图（1890—2017）

资料来源：参见尾注 1.4。数据经二维散点图平滑法处理：0.10。

第五章

文化：个人主义与社群主义[1]

个人和共同体之间的关系是社会思想中永恒的二元论之一。早在1623年，英国诗人约翰·多恩（John Donne）就写下了最早的社群主义箴言："人非孤岛，无法独善其身；……生于人世，人之亡故，皆令我神伤；莫问丧钟为谁而鸣；丧钟为你而鸣。"[2]

个人主义和社群主义之间的对比并不是完全单维的，个人在一极，社群在另一极。美国宪法的权利法案抓住了这一微妙之处：它规定个人权利神圣不可侵犯，而这也正是几乎所有美国人都崇拜的这部宪法的精髓。那么，权利法案标志着美国是个人主义还是社群主义呢？以美国边疆为例，在无数西部片中，孤独的牛仔在夕阳下驰骋，这是一个象征，但也有以马车作为象征的，在马车上，定居者们相互扶持、相互保护。这是个人主义还是社群主义呢？个人与社群之间不断演变的辩证关系是美国历史的一个重要特征。在这一章中，我们将追溯过去125年里美国文化中个人主义和共同体之间的波动平衡。

文化研究需要讲故事，需要关注细微的差别，我们的目标也是如此，但我们也会借助一些意想不到的定量数据来衡量这些波动。文化本质论者有时认为，文化是一种固定的民族特征，它决定了制度和行为，但我们有不同的看法。我们所使用的"文化"一词，在整个社会中并不统一，在不同时期也不统一，恰恰相反，它不是社会变革的独立第一因。正如我们将在第八章中讨论的，文化是相互作用的社会、经济和政治影响的一部分。

由于"文化"一词在许多不同的学科中广泛使用，其界定一直存在很多争议，特别是在文学研究和文化研究中，尤其是在人类学中。虽然这些争论很重要，也很吸引人，但我们在这里采用的意义更简单、更直接。我们所说的文化是指关于美国社会基本方面的信仰、价值观和规范。传统上，这种有限意义上的文化测量主要依靠调查，但正如我们在前面几章中所看到的，在我们这个时期的前半段，基本没有调查数据可言。前几章中非常有用的人口普查数据，几乎不包含关于文化变化的直接信息。因此，我们在这里主要依靠知识分子和文化史学的叙述，以及一种新的定量工具，使我们能够探索过去一两个世纪的美国文学作品。我们还发现了一些文化的行为测量法，我们将在本章中介绍这些方法，幸运的是，它们与我们最容易获得的、更丰富的、也"更软"的证据完全一致。

文化心理学家米歇尔·盖尔芬德（Michele Gelfand）强调了文化的力量：

> 文化……基本上是不可见的。我们很少意识到它有多么强大！我们理所当然地认为文化最重要方面之一是我们的社会规范。我们总是遵循规范，却很少意识到我们有多么需要规范：社会规范是维系我们团结的黏合剂，它们赋予我们身份，帮助我们实现高度的协调与合作……但是……有些群体的规范很强大，成员之间很紧密；而有些群体的规范则很孱弱，成员之间非常松散。[3]

盖尔芬德最感兴趣的是群体之间的差异，而我们关注的是不同时期的差异，但她对规范的"松紧"区分与我们对社群主义和个人主义规范的区分密切相关。

按照文学评论家莱昂内尔·特里林（Lionel Trilling）的说法，"文化"，正如我们所使用的术语，总是包含着一种竞争、一种较量、一种斗争。[4] 美国的历史和神话始终包含着个人和社群的元素，比如牛仔和马车。知识历史学家珍妮弗·拉特纳-罗森哈根（Jennifer Ratner-Rosenhagen）说："美国历史上没有一个时期的思想家没有在自我私利和社会义务之间的适当权力平衡上挣扎过。"[5] 仔细观察一下，你会发现长期以来，美国文化对个人和社群的相对重视程度各不相同，钟摆不规则地从一个极点摆动到另一个极点，然后再摆动回来。[6]

但这个钟摆不会自己摆动。它是由社会行动者以这样或那样的方式推动的，有时是由领导者推动，但往往是由草根活动家推动。随着它的摇摆，它修改了专家们最近所说的"奥弗顿之窗"，使一些政策更有希望且更容易获得认可，或者至少是可以想象的，而使另一些政策变得不那么容易。"'奥弗顿之窗'指的是公共讨论可以容忍的范围，也被称为'话语之窗'。这个词是以约瑟夫·奥弗顿（Joseph P. Overton）的名字命名的，他认为一个政策的政治可行性主要取决于它是否在这个范围内，而不是政客的个人偏好。"[7] 例如，随着我们的文化变得更加个人化，那些基于"我们在一起"这一假设的政策，如重新分配税收，就变得不可想象了，而像放松监管这样的政策就变得更加合理了。而随着钟摆向社群主义方向摆动，这些政策的合理性也会逆转。因此，文化不只是历史潮流中的浮萍，只会引起文人或流行文化鉴赏家的兴趣，它还是政治、经济和社会生活动力中的积极因素。

镀金时代/进步时代个人主义
与共同体之争（1870—1920）

166

亚伯拉罕·林肯虽然在美国历史上最暴力的时期当政，但从其背景和本能来看，他是一位社群主义和平等主义辉格党人。[8] 他对机会平等的强烈个人和道德追求仅次于对美国宪法秩序的追求。他竭力避免联邦分裂，在战争即将结束之际，他在第二次就职演说中敦促美国在战后重新统一为一个共同体，"勿以怨恨对待任何人，请把仁慈给所有人。"然而，林肯遇刺后，随着1877年重建的结束和工业革命的全面展开，他所强调的共享价值观的平等主义在两党中都让位于镀金时代的不平等个人主义。

在1893年庆祝工业变革的世界博览会上，历史学家弗雷德里克·杰克逊·特纳（Frederick Jackson Turner）反思了新兴的城市工业社会会不会破坏美国的个人主义。美国的个人主义是由当时刚刚关闭的边疆所培育的。[9]最近的研究证实，边疆生活确实与自力更生的文化和对经济再分配的敌意有关，这种印记在一个世纪后仍然可见。[10]就是这样，正如特纳所推测的那样，边疆普遍鼓励了美国的个人主义，边疆的关闭可能预示着对它的抛弃。正如我们所说的，边疆也象征着社群性的马车队和谷仓聚会，但特纳和最近的研究都表明，边疆更持久的遗产是个人主义。

就在这个时候，大西洋彼岸酝酿的一个意料之外的、不相关的科学论题——查尔斯·达尔文的《物种起源》，意外地加强了镀金时代的个人主义。达尔文在英国的信徒赫伯特·斯宾塞（Herbert Spencer）开始提出"社会达尔文主义"（尽管达尔文不认可这个词），其基础显然是达尔文式的"适者生存"原则。[11]美国著名社会学家威廉·格雷厄姆·萨姆纳（William Graham Sumner）追随斯宾塞将"适者生存"应用于人类社会，他辩称，"有些人在人生竞赛中比其他人更出色……优良的人从野蛮的丛林中爬出来，把他们的才能传给后代，他们的后代会爬得更高……意图通过减轻穷人的困境来推翻进化论的做法既不道德也不明智。"[12]

这一版本的社会达尔文主义始于1870年左右，其影响力在1890年至1915年间达至巅峰，并伴随镀金时代的兴衰，席卷了大部分知识

167

分子和中上层阶级。社会达尔文主义催生了科学种族主义、[13] 优生学和对自由放任资本主义的伪生物学辩护。科学种族主义为所谓"救赎时代"的南方人及其北方同情者，在当代努力将吉姆·克劳时期的压迫和嘲笑强加给被解放的奴隶提供了方便法门。对于曼哈顿上东区的富裕居民来说，他们对记者雅各布·里斯（Jacob Riis）在《另一半的生活》（*How the Other Half Lives*，1890 年）中拍摄的下东区贫民窟居民的骇人照片感到不安，但社会达尔文主义却让他们吃了定心丸，确信他们的财富理所应当。许多人开始相信镀金时代的弊病是进步的必然代价。尖端科学与古老的偏见相结合，促进了"人人为己"的原则。简言之，富人理所应得，穷人活该遭殃。在这样的背景下，朝向不折不扣的个人主义的文化运动几近巅峰。

然而，其他受过教育的美国中产阶级越来越反对这种观点。正如历史学家詹姆斯·克洛彭伯格（James Klopenberg）所指出的，"尽管历史学家发现了太多种进步主义，以至于无法简单描述这场连贯的运动，很明显，在（20 世纪）的前 20 年，出现了一系列不同的新政治思想和改革建议。"[14] 进步主义者在许多方面存在差异，但他们批判极端的个人主义。他们认为，个人主义背叛了美国价值观，并导致各种经济社会危机席卷美国。

进步主义者试图用科学的方法来实现社会的道德进步，就其特质而言，主要是改革派、务实派而非激进派，但他们都强烈地致力于民主实践，并追求更加平等的社会经济结果。许多人在种族和宗教同质化的小城镇长大，他们渴望在新兴工业化城市获得这种共同体感。他们试图提供一种新的、更为共同体化的现代化叙事，将富人和穷人、移民和本土美国人结合在一起，[15] 他们的观点逐渐深入人心。

与此同时，全国各地的改革者努力在地方建立网络，帮助改善社会生活，支持当地学校，推动培养更积极的"新公民"教育，创建社区中心，并讨论妇女选举权、死刑和种族平等紧迫的国家问题。正是在这种情况下，1916 年，西弗吉尼亚州一位默默无闻的农村教育家和积极的进步主义者哈尼凡（L. J. Hanifan）提出了"社会资本"概念，来表示他和他的同事所追求的目标。"现在，让我们去社交吧。"他们反对肆无忌惮的个人主义主流文化。约翰·杜威本人是一位发挥领导作用的社群主义进步主义者和教育改革家，他在精神上，也可能在事实上似乎是哈尼凡"社会资本"一词的创始人。这个词背后的概念在进步时代普遍存在，但这个词本身几乎从日常使用中消失了，直到 20 世纪末才重新出现，再次服务于社群主义对极端个人主义的批判。[16]

20 世纪初宗教观的变化也在文化变革中发挥了重要作用，甚至影响到许多世俗的思想家。正如我们在上一章所讨论的，19 世纪后半叶的美国新教主要关注个人救赎，但在新世纪之交，一种更具社会参与性的神学在"社会福音"标签下涌现。社会福音强调社群和平等是基督教信条的核心，改革派社会福音主义者抨击社会达尔文主义哲学。马尔塔·库克（Marta Cook）和詹姆斯·哈尔平（James Halpin）写道，"在天主教方面，教皇利奥十三世 1891 年的通谕《新事物》，成为美国新一代天主教徒社会活动家的知识和神学基础"，这其中就包括天主教工人运动的共同创始人多萝西·戴（Dorothy Day），她将领导天主教激进主义进入 20 世纪 50 年代。[17]

碰巧的是，我们可以用互联网时代的一个杰出工具所产生的数据来加强这种文化变化的历史叙事。谷歌已经将数百万书籍数字化，包含超过 5 万亿的英语单词，就书籍的出版年代来说可以追溯到 16 世纪。使用网站 http：// books. google. com/ngrams，可以显示任何单词或单词组在很长一段时间内的相对频率，从而估计某一单词或概念的文化显著性趋势。我们经常从 1880 年（我们感兴趣的时间起点）到 2008 年（档案可用的最后一年）美国出版的所有书籍中提取 Ngrams 数据。[18] 率先将 Ngrams 用于文化历史研究的学者，将该领域称为"文化组学"。[19] 他们认为，Ngrams 为探索和量化文化变化提供了一种更严

169

谨的新方法，这样，文化观点就不仅仅是主观的了。[20]

　　这种方法"基于书籍是文化的有形和公开表现这一前提"。[21] 当然，作家和书面文字并不是文化变化的唯一晴雨表，但书籍的优势在于系统记录不同时期的相似和差异。谷歌档案涵盖了极其广泛的类型，包括侦探故事、历史书、园艺书、儿童读物、诗歌、公共事务评论、自助书籍、科学和医学教科书、旅游指南、浪漫小说、烹饪书等，但它不允许用户限制使用哪些类型的书籍，因此，最好将其解释为一个宽泛的指标，旨在表明在任何特定时期，有文化的美国人在写什么和读什么。[22]

图 5.1　"适者生存"和"社会福音"的文化显著性（1880—2008）

资料来源：Ngram. 数据经二维散点图平滑法处理：0.10。

　　从第一个镀金时代到今天的第二个镀金时代，美国文化对个人或社群的重视程度有消有长，这里有一个颇具启发性的衡量标准，是 19 世纪下半叶诞生的两个短语："适者生存"和"社会福音"的相对频率变化。图 5.1 显示，"社会福音"几乎没有出现在 1890 年以前出版的任何书籍中，同时期"适者生存"的使用却非常频繁。[23] 另一方面，到 1920 年，对"社会福音"的关注迅速上升，对"适者生存"的关注开始消退。这一从社会达尔文主义到社会福音的指标变化，反映了从镀金时代到进步时代的文化变迁。 170

我们在前文已就图 5.1 的测量做过简介，这里还可以看出，在 20 世纪的大部分时间里，"适者生存"的文化显著性逐渐消失，但在 21 世纪又获得新生。相比之下，在 1960 年之前，"社会福音"的显著性一直在稳步上升。然而，从 20 世纪 60 年代开始，这个社群主义的概念已经从我们的文化环境中消失了。在本章的其余部分，我们将看到关于这一模式的一致且往往更为尖锐的证据：在 20 世纪的前三分之二时期，个人主义的主题从美国的文化辩论中逐渐消失，与此同时，社群主义的情绪逐渐升起（通常在 20 世纪 20 年代有个短暂的停顿），随后，从 20 世纪 70 年代到 21 世纪，这些趋势急剧逆转。当然，节奏还是我们已经很熟悉的"我—我们—我"。

人们在 19 世纪的最后几十年和 20 世纪的前几十年，已经坦率辩论过这种个人主义和社群主义之间的冲突。社群主义情绪虽然尚未在全国占据主导地位，但却是进步主义情绪的核心。泰迪·罗斯福、简·亚当斯（Jane Adams）和其他进步主义者明确反对"个人主义"，并赞同（用亚当斯的话说）"互惠互助的合作理念"，而不仅仅是慈善或公益事业，她和她的改革派同侪们认为，后者是自认为高人一等的援助形式。[24] 171

罗斯福更加强调我们的社群义务。1910 年 9 月 1 日，他在堪萨斯州奥萨瓦托米的约翰·布朗纪念公园落成典礼上，发表了"新民族主义"演说，阐述了支撑其进步主义的哲学思想。在对内战退伍军人的讲话中，罗斯福明确呼应了林肯的社群主义理念和辉格党人对社群和机会平等的关注，并强调，必要时可以通过政府对社会财富的再分配来实现。

任何争取健康自由的斗争，其实质始终并必须始终是，剥夺某个人或某一阶级所享有的并非通过服务他人而获得的权力、财富、地位或豁免权。这就是你们在内战中为之奋斗的目标，也是我们现在努力的方向……人的财富，只要体现他的力量和智慧，并充分关照同胞的福祉，我们就不会嫉妒他……人的财富，只要是体面地获得并能很好地利用，我们就不会嫉妒他。获得财富只求不损害社会的利益是不够的，还应该去代表社会的利益。我知道，这意味着美国要对本国的社会和经济状况实行更积极的政府干预政策。[25]

美国正在扭转其内战后在文化、政治和经济上的个人主义轨道，社群主义有了一个看似不太真实的新上层社会领袖。

172 罗斯福、亚当斯及其进步主义同事为他们正在努力实现的新愿景贴上了各种标签。"睦邻关系"，甚至更普通的"社群"都是常用术语，但使用最广泛的是"联合"（或"联合主义"）与"合作"。[26]我们可以再次求助于 Ngram，从数量上确认这些概念不断变化的文化显著性。如图 5.2 所示，这些社群主义理想在 20 世纪的前三分之二时期持续上升，但在 1970 年之后，它们又都稳步下降。[27]图 5.2 还包括"社会主义"，因为这一概念吸引了一些进步运动的活动家，但不是亚当斯，不是罗斯福，也不是很多被教条马克思主义拒之门外的人。尽管"社会主义"在思想和政治上产生了共鸣，但在整个 20 世纪，"联合"和"合作"的意义更为突出。细心的读者会在图 5.2 中看到我们在之前各章中一再呈现的倒 U 型曲线。

1912 年，罗斯福的公麋党被几乎同样进步主义的伍德罗·威尔逊击败。1916 年秋天，为了吸引罗斯福 1912 年的 400 万张选票，威尔逊领导国会批准了关于童工、八小时工作制、遗产税和提高累进所得

173

税的最后一批国家进步主义立法。"奥弗顿之窗"开始转为包括更多的进步主义政策，这是 20 世纪前 25 年中文化变革和基层组织发展的高潮。

图 5.2 "联合""合作"和"社会主义"的文化显著性（1880—2008）

资料来源：Ngram. 数据经二维散点图平滑法处理：0.15。

普通人的号角（1920—1950）[28]

第一次世界大战后，美国政治和文化的社群主义动力，似乎在"繁荣的 20 年代"那令人眩晕的物质主义插曲中消散了，相比于那些持久的政策或知识创新，人们记得更多的是"时髦女郎的"热舞、禁酒令、暴力犯罪和股市动荡。华尔街金融家带动的繁荣，似乎重振了（如果只是暂时的话）机会对懒人之外的所有人开放的神话。

讽刺的是，赫伯特·胡佛在根儿上是一位进步主义者，也是一位坚定的社群主义者，但他却创造了"粗犷的个人主义"这一术语，并不幸地接管了"繁荣的20年代"结束期的烂摊子。在1923年出版的广受赞誉的《美国个人主义》（*American Individualism*）一书中，胡佛主张将个人主义和社群主义这对矛盾体融合在一起。[29]用历史学家詹姆斯·克洛彭伯格（James Kloppenberg）的话说，胡佛"以进步的方式坚持认为自由放任是不负责任的，没有平等机会的个人主义是压迫性的。唯一值得拥有的美国式个人主义，必须将个人主动性与强调公共服务以及合作的深刻精神承诺结合起来"[30]。胡佛想要的是他所说的"联合之国"，其政府将鼓励企业、消费者、工人、农民和小商人之间的自愿合作。

正如我们在第三章中看到的，作为总统，胡佛制定了正统的保守主义经济政策，这与他以前接受的进步主义思想不同，而这种正统思想随着大萧条的爆发而以失败告终。尽管如此，20世纪20年代的胡佛很好地说明了两个重要事实：①好的保守派可能是反对"大政府"的社群主义者，但支持采取集体行动来纠正不公；②进步时代的社群主义洪流没有枯竭，但在"繁荣的20年代"转入地下。

对于被称为"X一代"的20世纪20年代的美国作家——包括欧内斯特·海明威、斯科特·菲茨杰拉德（Scott Fitzgerald）、格特鲁德·斯坦（Gertrude Stein）和埃兹拉·庞德（Ezra Pound）——来说，在第一次世界大战中阵亡了数百万人，1918年可怕的大流感又夺走了数百万人的生命，这摧毁了包括把善良和利他视为正常人类品质在内的所有幻象。他们经历了巨大的失落、疏离和绝望，他们的英雄也只剩下了内在的力量和个人可供赞美。在"时髦"的圈子里，20年代也是高度个人主义的，崇尚自由恋爱，蔑视传统。战争和大流感都助长了虚无主义。

1929年的股灾拉下了"繁荣20年代"的帷幕。当失业率从1929年的3%上升到1933年的25%时，认为失业是由性格缺陷造成的想法很难符合大萧条的现实。个人努力很难解决如此重大的集体困境。一个圣公会主教委员会认为，"社会由自主、独立的个人组成，这种观念从经济现实主义角度来看显然是错误的，从基督教理想主义角度来看也是如此。我们关于粗犷的个人主义的基本哲学必须修正，以满足合作时代的需要。"[31] 历史学家查尔斯·比尔德（Charles Beard）认为，"冷酷的事实是，人人为己、魔鬼为王的个人主义信条，是西方文明陷入困境的主要原因。"[32]

在文学作品中，社会良知和社会现实主义盛行，这在约翰·斯坦贝克（John Steinbeck）1939 年的作品《愤怒的葡萄》（*Grapes of Wrath*）中达到了顶峰。在电影界，它的表现是弗兰克·卡普拉（Frank Capra）在电影《史密斯先生去华盛顿》（*Mr. Smith Goes to Washington*，1939 年）和《美好生活》（*It's a Wonderful Life*，1946 年）中对社群精神的颂扬。正如卡普拉所说，"我的电影必须让每个男人、女人和孩子都知道，只有他们都学会彼此相爱，和平与拯救才会成为现实。"[33]

在政治上，新政也重新激活了进步时代的社群主义，这主要是因为许多新政支持者本身就是在进步运动中成长起来的。从 1900 年至 1903 年在哈佛时起，富兰克林·罗斯福就一直是一位社群主义的进步主义者，这很可能源于他的榜样，也就是他的第五代堂兄西奥多·罗斯福总统。1912 年，作为一名年轻的州参议员，在为保护阿迪朗达克山脉（Adirondacks）而斗争时，富兰克林·罗斯福就认为，有必要建立"社群自由"，即社群要求其成员承担某些责任的权利。[34] 社会福音运动和社区服务之家的经验对新政支持者的影响特别大，其中许多人，包括富兰克林·罗斯福最亲密的顾问之一哈里·霍普金斯（Harry Hopkins）、财政部长小亨利·摩根索（Henry Morgenthau, Jr.）、颇具开拓精神的劳工部长弗朗西斯·帕金斯（Frances Perkins），以及总统夫人埃莉诺（Eleanor），他们在进步时代自己尚年轻时就产生了这一

175

理想。[35]

从整个 20 世纪来看，新政在政治和文化上都是进步时代的延续，只是由于 20 世纪 20 年代的停顿而暂时中断。大萧条和对社群的关注，而不仅仅是对孤立个体的关注，再次改变了"奥弗顿之窗"，大规模政府干预变得更合理，自由放任政策则更可信了。

在 20 世纪 30 年代，社群主义精神不仅弥散在新政的国内政策中。早在 1931 年 1 月，国会就授权并由胡佛总统任命了一个战争政策委员会，以确保如果未来发生战争，每个人的战争负担能平等分布。委员会的执行秘书是一位前途远大的年轻军官，名叫德怀特·艾森豪威尔。该委员会是对"死亡商人"从第一次世界大战中获利这一日益流行的感受的回应，各党派对其报告的反应是压倒性的赞成。换言之，在美国实际参与二战的近十年前，"我们都在一起"的想法就获得了广泛认同。[36]

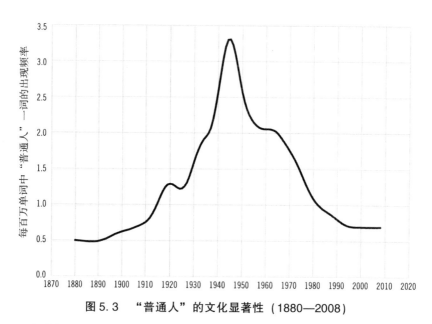

图 5.3 "普通人"的文化显著性（1880—2008）

资料来源：Ngram. 数据经二维散点图平滑法处理：0.10。

1942 年，作曲家阿伦·科普兰（Aaron Copland）创作了一首不朽的歌曲《普通人的号角》（Fanfare for the Common Man），这是20世纪中期美国最重要的国歌，其灵感部分来自副总统亨利·华莱士（Henry A. Wallace）早年的一次演讲，华莱士在其中宣布了"普通人世纪"的来临。如图5.3所示，"普通人"一词最早出现在进步时代的美国文学中，除了20世纪20年代的暂时停顿以外，该词在20世纪上半叶出现的频率一直稳步上升，在1945年达到顶峰，然后在20世纪余下的时间里其文化显著性逐渐减弱，60年代以后迅速衰落。1942年，"普通人"已经成为华莱士和科普兰所使用的民族团结、社会平等和社群主义等词汇的强大文化象征。[37]

几无间断的持续增长繁荣是二战后四分之一世纪最重要的特征。从1945年到1975年，贫困人口减少了近一半。战后的繁荣显然发挥了作用，但在那个时代（正如我们在第二章中看到的那样），穷人和工人阶级在整体增长中得到了更公平的份额。与此同时，1950年到1960年，领取社会保障支票的家庭数量增加了450万，几乎是原来的5倍，总体福利支出从9.6亿美元增加到107亿美元。20世纪60年代初，50%的主要工会合同都包含了保障生活费调整的内容。[38]

从新政到第二次世界大战，再到战后，共享价值观、社会团结和普通美国中产阶级生活方式的提升得到加强。当时的广告巧妙地概括了这些文化刻板印象，描绘了一个快乐的白人核心家庭，享受着前所未有的闲暇时光，周围都是负担得起的名牌消费品，母亲面带微笑地烹调着全美式牛排，父亲则手忙脚乱地摆弄着舷外发动机。当然，这些刻板印象被夸大了，但它们有更多的真实内核，因为前所未有的繁荣使这种生活方式比以往任何时候都更为广泛。在艺术方面，诺曼·罗克韦尔（Norman Rockwell）在《周六晚邮报》（*The Saturday Evening Post*）上发表的中庸画作，也反映并强化了20世纪中期的道德和文化共识。

我们可以恰当地说与战后富裕和乐观主义相关的文化"平淡无

奇"，但它并不是剔除了所有公民价值观的物质主义。"美国梦"一词最初是由詹姆斯·特拉斯洛·亚当斯（James Truslow Adams）在1931年开始宣传的，他解释说："这不仅仅是一个汽车和高工资的梦，而是一个社会秩序的梦，每个男人和女人都能获得与生俱来最充分的发展，无论他们出生时的偶然情况如何，他们都会获得别人的承认。"[39]

这种对"美国梦"的崇高理解一直持续到20世纪60年代。正如诺贝尔经济学奖获得者罗伯特·希勒（Robert Shiller）所提到的，"它意味着自由、相互尊重和机会平等。与其说是物质上的成功，不如说是道德上的成功。"希勒指出，人们在20世纪60年代更常提到美国梦，"1963年小马丁·路德·金'我有一个梦想'的演讲，就谈到了一个'深深扎根于美国梦'的愿景。（金）说他梦想着偏见的消失和社群精神的崛起……但是，随着这个词变得越来越普遍，它与平等和社群概念的联系减弱了。在20世纪70年代和80年代，房屋建筑商在广告中广泛使用这个词，也许是为了让炫耀式消费看起来像爱国主义。"[40]

希勒接着指出，在20世纪60年代之后的几十年里，政客和普通公民所使用的"美国梦"逐渐转变为个人物质成功的象征，比如拥有住房，而不是集体道德的成功。这种转变提醒人们，随着潜在文化的变化，同一个术语可能会象征着完全不同的理想。50年代可能的确平淡无奇，正如我们将在接下来的两章详细讨论的那样，50年代也浸泡在长期存在的种族和性别偏见之中，但共同的公民意识和平等主义价值观主导着那个时代的美国文化。

美国政治思想家在20世纪中叶强调非意识形态、非极端的中心主义。小阿瑟·施莱辛格（Arthur Schlesinger, Jr.）的畅销书《中枢》（*The Vital Center*，1949年）是这类思想的典型，他在书中为自由民主和国家监管的市场经济辩护，反对法西斯主义的极权主义，正如他所说，寻求"恢复个人和社群之间的平衡"。[41]

团结，即使是跨种族的团结，仍然是个占据主导地位的理想，在 20 世纪 60 年代早期，领导者甚至是那些有争议事业的倡导者，都将之作为一种基本价值观。1963 年 4 月，小马丁·路德·金把他的自由押在共同道德上，他在伯明翰监狱向批判自己的南方白人神父们这样申辩："我们身处同一个无法逃避的相互关系网，我们命运相连。"[42] 金的民权运动植根于社群主义价值观和社区建设。在金的《伯明翰狱中来信》（King's Birmingham Letter）发表两个月后，也是在他本人在达拉斯遇害的五个月前，肯尼迪以同样的口吻做出了回应：

> 当一个人的权利受到威胁时，每个人的权利都会被削弱……我们面对的主要是道德问题。它与圣经一样古老，与美国宪法一样清晰。问题的核心是，是否所有美国人都能获得平等的权利和机会，我们是否会以我们希望别人待我们的方式对待我们的美国同胞。[43]

诚然，金的这封信并没有说服当地的批判者，但它与国家文化的深层共鸣首次激起了一股支持民权运动的全国性浪潮。马丁·路德·金挥舞着《出埃及记》叙事的铁锤，这一叙事在各种族和各宗教界广受欢迎，高喊着"解放我的人民！"，他就这样在共同价值观基石上打破了吉姆·克劳种族隔离的桎梏。[44] 布尔·康纳（Bull Connor）的消防水龙头和警犬对北方白人的意见产生了巨大影响，正是因为他们蔑视这些共同价值观。

可以肯定的是，南方白人及其北方支持者经常指责民权活动家颠覆了那些同样广泛共享的价值观，而南方白人也经常援引"社群标准"作为抵制种族融合的借口。因此，共享价值观的实际意义受到质疑，但它们的存在意味着这场斗争发生在道德和文化基础之上，事实上，这给了种族融合倡导者至关重要的合法性。

简言之，在这一时期，无论他们的政策观点如何不同，美国人在很大程度上都有一个共同的道德话语，这一现实只有它在接下来的半个世纪中消失后才会引起注意。如图5.4所示，在20世纪20年代和60年代之间，"协议""妥协"与"团结"等概念在国家话语中变得越来越普遍，尽管这三个概念在1960年后的半个世纪内也会突然消失。因此，未经修饰的定量证据证实了社群主义价值观在20世纪50年代和60年代的美国文化中的持续上升。

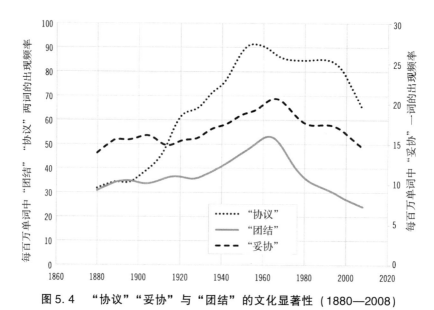

图5.4　"协议""妥协"与"团结"的文化显著性（1880—2008）

资料来源：Ngram. 数据经二维散点图平滑法处理：0.15。

喧哗的异议：20世纪50年代

目前为止，我们关注的是从20世纪10年代到60年代的社会变革模式，这些模式在经济上更平等、政治上更礼让、社会上更团结，似乎值得广泛赞扬。不过，好东西似乎无法拥有太多。文化方面的情况就比较复杂。尽管文化领域也准确无误地展现了我们所熟悉的倒 U 型曲线，但一些讲求公道的美国人可能会对规范的好坏提出不同看法。例如，在某些人看来，日益增长的社群主义文化可能是压迫式从众兴起的标志，走向个人主义文化可能象征着解放的曙光。事实上，20 世纪 60 年代脱离社群主义的一个优点就在于，赋予多样性、种族和性别平等更大的容忍和支持，我们将在接下来的两章详细讨论这一点。然而，20 世纪 60 年代后的宽容主要是一种"和平共存"的宽容，而不是马丁·路德·金的"至爱社区"所倡导的包容宽容和道德团结，而且肯定不宽容政治对手，正如我们在第三章中看到的那样。

在 20 世纪 50 年代初参议员约瑟夫·麦卡锡对"颠覆分子"的攻击中，社群主义的阴暗面一目了然。尽管更宽容的艾森豪威尔鄙视麦卡锡和麦卡锡主义，即便如此，他也试图将"反常者"排除在政府服务之外。[45] 同期针对同性恋者的"薰衣草恐慌"逐渐消退，但对天平过度转向"从众"和社群标准的担忧开始蔓延，尤其是在知识分子中。战前逃离欧洲法西斯主义的社会心理学家玛丽·贾霍达（Marie Jahoda）在 1956 年指出，"许多观察家都赞同我国当下面临这样一个公民自由危机：这是一个墨守成规的时代……人们很难容忍偏离平常均值的现象。"[46]

20 世纪五六十年代越来越多的对"颠覆"和"越轨"的评论，[181]就是这种情绪的文化反映，颠覆和越轨被定义为偏离广泛认同的社群标准（见图 5.5）。然而，令人震惊的是，随着 20 世纪 70 年代以来文化个人主义的兴起，对颠覆和越轨行为的讨论在一二十年内就迅速消失了。实际上，对异见的关注正是即将到来的文化转向的主要但却短暂的指标之一。

表面看来，20 世纪 50 年代的美国社会似乎有着不同寻常的共识，但表象可能是骗人的。细心的观察者可以看到在表象之下闪烁着越来越多深层的文化和思想异议迹象。反对传统、压抑和消费主义的文化反叛出现了。在文学领域，20世纪50年代带来了塞林格（J. D. Salinger）的《麦田里的守望者》（*Catcher in the Rye*）、威廉·戈尔丁（William Golding）的《蝇王》（*Lord of the Flies*）、杰克·凯鲁亚克（Jack Kerouac）的《在路上》（*On the Road*）所激发的"垮掉的一代"，以及其他反叛固守从众的20世纪中期的书籍。在电影界，这一趋势体现在詹姆斯·迪恩（James Dean）身上，他是1955年热门电影《无因反叛》（*Rebel Without a Cause*）的男主角，在23岁时死于一场车祸，并因这部电影获得奥斯卡奖追授提名。迪恩很快成为一个文化偶像，对成长于20世纪50年代的年轻人来说，他代表着幻灭和社会疏离。这十年间最好的小说都是对青春焦虑的暗黑映射，并暗示着即将发生地震般的文化转变。

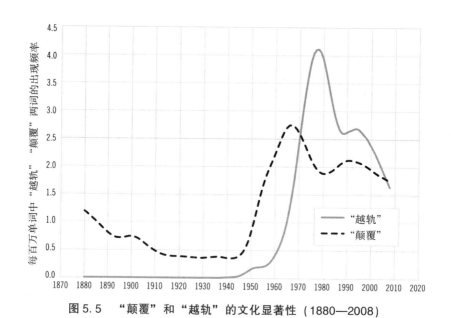

图5.5　"颠覆"和"越轨"的文化显著性（1880—2008）

资料来源：Ngram. 数据经二维散点图平滑法处理：0.10。

　　在20世纪50年代末60年代初，越来越多的学者和知识分子也对美国日益增长的"我们"感到担忧，并谴责从众趋势。戴维·里斯曼

（David Riesman）在其 1950 年的畅销书《孤独的人群》（*The Lonely Crowd*）中，将 20 世纪中叶"他人导向"的美国人与 19 世纪"内在导向"的美国人进行了（不利的）对比。[47]"内在导向"的人格强调个人动力、主动性和竞争，而"他人导向"的人更容易从朋友、老板和同事那里获得暗示，寻求"与他人更好地相处"。他人导向的优点不是个人的动力和创新，而是展现自己和蔼可亲的个性，寻求融入群体。对于数以百万计的美国年轻人来说，里斯曼的两极论在道德上是有意义的：以他人为导向是坏事，以内心为导向是好事。在《孤独的人群》中，里斯曼是中立观察者而非道德批判家，但在他 1954 年的《反思个人主义》（*Individualism Reconsidered*）中，他敦促美国人"当自我不为社会主流道德认可时，要有勇气做自己"[48]。他的年轻读者们对此言听计从。

是的，我跟在羊群后面，可我不是无脑服从，而是在尊重和坚持社群理念。

图 5.6　从众

资料来源：Alex Gregory, *The New Yorker*, June 30, 2003. 经许可转载。

威廉·怀特（William H. Whyte）1956 年的社会评论《有组织的人》（*The Organization Man*）和斯隆·威尔逊（Sloan Wilson）1957 年的小说《穿灰色法兰绒套装的人》（*The Man in the Gray Flannel Suit*）与《孤独的人群》是同一类型的经典作品。《有组织的人》批评了"归属感"、"团结性"、"社交性"、从众性、无阶级性和"社会道德"，视之为"在道德上使社会对个人的压力正当化的当代思想体系"。在怀特眼中，社会道德的缺陷并不在于它暗示个人对社会本身负有义务。相反，问题在于，人们开始相信"社会的需要和个人的需要是一样的"，其结果是任何表达不满的人都被视为心理失调。[49]

183   这些厚重的大部头出人意料地成为畅销书，表明类似的担忧正在数百万美国读者中蔓延。他们的不满体现了即将到来的对从众和共同体文化的抛弃，这种抛弃在 20 世纪 50 年代末迅速蔓延，并在 60 年代中期达到顶峰。随着美国社会在 20 世纪 60 年代末从"我们"转向"我"，关于过度"我们"的抱怨逐渐减少，并在 20 世纪 70 年代末消失。随着他们界定的问题开始在更加个人化的美国消散，这些抱怨似乎不再必要，甚至不再新奇。据说，水文工程师认为"大坝在溃决前就已渗漏"，[50] 事实上，这一文化指标是早期的预警信号，表明钟摆已经令人不安地过度倒向个人主义的极点。

从众是社群的黑暗孪生兄弟，因为社群主义几乎从定义上就包含了遵守规范的社会压力。然而，如果社群主义者对"我们"的定义过于狭隘，那么遵守社会规范就会包括惩罚持不同政见者和偏离者，无论是政治、性还是种族方面的。这在 20 世纪中叶的美国和 17 世纪的萨勒姆（美国马萨诸塞州的工业城市——译者注）一样真实，阿瑟·米勒（Arthur Miller）在 1953 年的戏剧《萨勒姆的女巫》（*The Crucible*）中强调了这种平行关系，这并非偶然。

在 20 世纪上半叶，社群的这一潜在劣势几乎没有得到讨论。然而，当"我—我们—我"的钟摆在 20 世纪 50 年代不断向上摆动时，184 美国人突然对社群的这一黑暗面有了更多认识。这种对我们哪能拥有这么多美好事物的事实的觉悟，反映在涉及"从众"的书籍数量突然增加（见图 5.7）。随着 20 世纪 60 年代从"我们"转向"我"，我们将在第八章更详细地讨论这一转折点，这种对从众的关注几乎与其出现一样迅速下降。这一文化变迁本身究竟是 20 世纪 60 年代转向的原因，亦或只是一种反思，这是我们将在第八章重新讨论的难题。

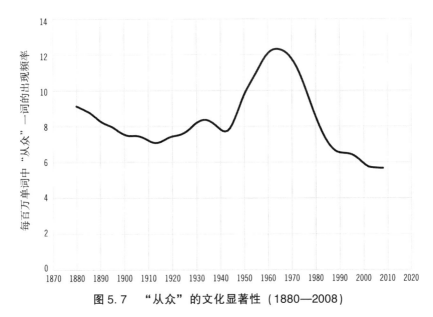

图5.7 "从众"的文化显著性（1880—2008）

资料来源：Ngram. 数据经二维散点图平滑法处理：0.10。

我们为什么要强调20世纪50年代个人主义异议的喧哗呢？在某种程度上，正如我们所说，它们似乎是即将到来的文化转变信号。但对我们的主张同样重要的是，它们隐含地表明，事实上，战后美国主要是"他人导向"和社群主义的。如果不是从众在事实上普遍存在，就不会有那么多抱怨。然而，目前为止，我们对从众的讨论仍停留在文学证据上。我们知道，在20世纪50年代，人们写了（也读了）很多关于从众的文章。但在20世纪50年代，美国人真的比现在更墨守成规、更"以他人为本"吗？幸运的是，在这一点上我们有强有力的实验证据。

1950年，社会心理学家所罗门·阿施（Solomon Asch）做了一项简单的视觉感知实验，结果令心理学家和公众都感到震惊。[51] 实验者要求被试判断三条对比线中哪一条的长度与目标线相同。至关重要的是，

185

这些判断是在其他参与者在场的情况下做出的。实验中只有一名参与者是真的被试，其他参与者是实验者的同谋，同谋要给出明显不正确的答案。尽管这些答案对于大多数真的被试来说明显是错误的，但正如实验后的访谈所显示的，大约三分之一的时间他们还是顺从了多数意见。换句话说，人们愿意忽略眼前的简单证据，以符合群体共识。对许多观察家来说，这些结果威胁到他们心目中作为个人主义和自治之地的美国图景。这项实验立即成为经典，在 20 世纪 50 年代和 60 年代初被多次重复。这些重复实验都证实，面对社会压力，美国人非常愿意压制自己的判断。

然而，随着重复实验持续到 20 世纪 70 年代和 80 年代，阿施效应逐渐缩小，然后消失了。最终，研究人员甚至无法检测到最低水平的从众，这表明"阿施实验的结果是 20 世纪 50 年代，也就是戴维·里斯曼所提出的'他人导向'时代的产物"。[52] 阿施后来同意，20 世纪中期美国的文化和社会压力可能促成了他的发现，而后来复制实验的失败并不是实验室的失败，而是现实社会变化的证据："历史环境可能改变了这个所谓的谷底状态。"[53]

换句话说，20 世纪 50 年代到 60 年代，在美国达到顶峰的社群和从众主义文化，不是社会批评家凭空想象出来的，而体现在普通美国人的实际行为中。"阿施社会压力效应"是历史上一个罕见的例子，不断变化的实验室结果不是科学无能的证据，而是更广泛的社会和文化变革的证据。

186   总之，20 世纪 50 年代的改革者们担忧的是，从众对个人主义的制约，以及（我们将在第六章和第七章看到的）种族和性别不平等的持续存在。20 世纪 60 年代的火花点燃了这些易燃的担忧，它们有助于扭转 20 世纪前三分之二时期的基本趋势，使我们走上一条不同的道路。这条新路确实会带来更多的文化自由和多样性，尽管这以牺牲早期的社群主义价值观为代价，而这一代价在世纪之交几乎没有引起人们的注意。

20世纪60年代以来个人主义的兴起

20世纪50年代，从塞林格和詹姆斯·迪恩到戴维·里斯曼和威廉·怀特的尖锐批判，都是从社会心理学角度进行的。他们并没有用政治意识形态来表达不满，里斯曼的书副标题是"美国人的性格变化研究"，众所周知，迪恩的"反叛"并没什么"原因"。这些文化批评家担心的是美国社会的约束和美国人心理的压抑，而不是对美国市场的约束和美国政治的压抑。然而，几乎与此同时，两项看似独立的发展，将20世纪50年代对美国的批评延伸至政治意识形态领域。令人惊讶的是，这在右翼和左翼中同时发生，从而产生了新右翼和新左翼。

在右翼，挑战源于艾恩·兰德（Ayn Rand）和弗里德里希·哈耶克（Friedrich Hayek），最终还包括米尔顿·弗里德曼（Milton Fried-man）等正统经济学家。这些开始被称为"自由主义者"的人吸引了年轻的保守派，因为他们的想法在单调乏味的"大政府"时代显得新鲜而有吸引力。哈耶克［《通往奴役之路》（Road to Serfdom），1944年］和兰德［《源泉》（The Fountainhead），1943年；《阿特拉斯耸耸肩》（Atlas Shrugged），1957年］对"集体主义"做出了回应。哈耶克是更好的思想家，而兰德是更好的小说家。《阿特拉斯耸耸肩》有时被认为是20世纪读者最多的书，仅次于《圣经》。[54]

兰德擅长引用有争议的格言："为什么人应该成为他兄弟的守护者，从来没人给过理由"，"利他主义与自由、资本主义和个人权利不相容"[55]。戈登·盖科（Gordon Gekko）在1987年的电影《华尔街》（Wall Street）中声称"贪婪是好的"，正好呼应了兰德。兰德的自由

187

主义如此容易理解，以至于它几乎成为历代保守派政治领导人的圣经，从玛格丽特·撒切尔和罗纳德·里根到艾伦·格林斯潘和前众议院议长保罗·瑞安。

《阿特拉斯耸耸肩》是一种右翼梗的来源，这种梗将持续到 21 世纪：根据这种梗，社会由两类人组成，"制造者"和"接受者"（兰德称之为"生产者"和"掠夺者"），制造东西的人和拿走东西的人。接受者通常利用政府权力从制造者那里获取东西。制造者，就像借以名之的阿特拉斯一样，承担着整个社会的重量。自由和繁荣所需要的，只是阿特拉斯对无能的接受者们"耸耸肩"。《阿特拉斯耸耸肩》和米特·罗姆尼在半个多世纪后的 2012 年总统竞选中提出的臭名昭著的观点一致，即美国 47% 的人属于"索取者阶层"，他们向联邦政府支付很少或根本不支付任何费用，但却"相信他们有权享受医疗保健、食物、住房等"[56]。

兰德的影响在硅谷尤为明显，正如她在 1964 年接受《花花公子》（*Playboy*）采访中所描述的那样，"人的存在是为了他自己，追求自己的幸福是他的最高道德目标，他不能为他人牺牲自己，也不能为自己牺牲他人"，[57] 这对白手起家的企业家有着明显的吸引力。2016 年，《名利场》（*Vanity Fair*）杂志把她评为科技行业最具影响力的人物，甚至超过史蒂夫·乔布斯。[58]

受兰德极端自由主义的启发，相比于平均主义和集体主义，新右派更强调个人主义、自由资本主义和不平等的优点。有鉴于此，我们在图 5.1 中关注的"适者生存"一词在 21 世纪的复兴并不令人惊讶，因为这是第一个镀金时代自由主义者的首要口号。

个人"选择"渐渐成为所有保守派的试金石。正如保罗·瑞安（Paul Ryan）所说，"我们参加了国会山的每场战斗……战斗通常被归结为个人主义与集体主义的冲突。"[59] 可以肯定，以自由主义为基础的自由市场原教旨主义，并不是 20 世纪 60 年代后保守派所遵循的唯一路线；其他人还探讨了法律和秩序、种族主义和福音派基督教等主题。在特朗普世界中，保守主义在很大程度上处于动荡之中，但在 1960 年至 2016 年的半个世纪中，保守主义从 20 世纪 50 年代共和党人（后来被称为"名义共和党人"）的团结和同情心明显转向自由个人主义。

这种文化转变的影响远远超出政治范畴。例如，在"我们"时代，企业管理的主流哲学（乔治·罗姆尼是其典范）是，企业决策应考虑到企业所有者以外的广泛支持者，包括员工、客户、供应商，甚至他们经营所及的更广泛的社区，这些后来也被称为"利益相关者"。但 20 世纪 70 年代更新的自由主义哲学主张，将企业管理的重点大幅缩小到一个群体，即公司股票的股东，并将管理者自身的收入与股票价格紧密联系起来。"股东价值"（即股票价格）成为衡量管理成功的唯一标准；根据 Ngram 的说法，这个词 1976 年首次出现，1980 年以后广泛使用。1981 年至 2001 年，通用电气首席执行官杰克·韦尔奇（Jack Welch）将这个想法从理论转化为主流商业文化，1999 年，他被《财富》杂志评为"世纪经理"。

与此同时，在光谱的最左端，也就是左派阵营也在推进着相反的同等演变，因为旧左派被新左派所取代，他们同样渴望用个人解放来取代制度化的团结。新右派希望消除对资本主义企业家的束缚，而新左派则希望将人们从压迫性的社群束缚中解放出来。弗朗西斯·福山（Francis Fukuyama）在《大断裂》（*The Great Disruption*，1999 年）一书中强调，左派和右派都把将人们从束缚中解放出来作为核心目标。对左派来说，生活方式受到限制；对右派来说，挣钱受到限制。[60]

20 世纪 50 年代末 60 年代初的左派思想家和活动家，通过反对高度组织化的精英来追求参与式民主理想。赖特·米尔斯（C. Wright Mills）撰写《权力精英》（*The Power Elite*，1956 年），旨在动员"新左派"反抗。他的观点得到了更多抽象思想家的响应，如赫伯特·马尔库塞（Herbert Marcuse），他在《单向度的人》（*One-Dimensional* 189

Man，1964 年）中指出，"技术理性"的政治胜利给美国社会带来了"一种舒适、平稳、合理、民主的不自由"，因为管理技术以"思想独立、自治和政治反对权"为代价，实现了"免于匮乏的自由"。[61]

新右派从一开始就抨击团结，支持极端的个人主义，与此不同的是，新左派早期的哲学和策略都是社群主义的。1962 年，汤姆·海登（Tom Hayden）起草了《学生争取民主社会组织的休伦港声明》（Port Huron Statement of The Students for a Democratic Society），并在整个 20 世纪 60 年代的校园广为流传。该声明将参与式民主、种族平等、经济正义与和平的理想作为左派的指南。从历史角度来看，休伦港声明是左派的转折点，也是社群主义的高点，谴责"利己主义的个人主义"，同时赞扬自我表达，反对墨守成规。[62]

在 20 世纪 60 年代后半期，新左派反叛文化中的个人主义倾向变得更加突出。根据 Ngram 的统计，"新左派"一词在 1963 年至 1968 年之间迅速流行起来。新左派比新右派更具异质性和分裂性，但总的来说，新左派都对国家感到失望，都强调解构压制性机构并主张自治。在纯政治领域之外，正如我们将在第八章讨论的那样，自由主义的嬉皮士口号"跟着感觉走"成为 60 年代左派的口号。

1966 年在伯克利举行的一次关于反战校园斗争的群众大会，很好地概括了从老左派向更个人化的新左派的转变。这是左派未来的一个缩影：①深受工会和民权运动影响的老左派，②日益壮大的嬉皮士和新左派亚文化。托德·吉特林（Todd Gitlin）的个人传记揭示了谁在这种融合中获胜。

　　　1966 年 12 月，伯克利反战抗议者试图将海军征兵表从学生会议程中驱逐出去。警方进行了干预。后来，在一次讨论校园斗争的群众大会上，有人开始唱一首老旧的工会备用歌曲《永远团结》（Solidarity Forever），声音有些结巴；很少

190

有人知道歌词。然后有人开始唱《黄色潜水艇》（Yellow Sub-marine），所有人都跟着唱了起来，合唱了一首又一首。只要稍微组织一下，披头士乐队的歌曲就可以让嬉皮士和活动家、学生和非学生共鸣，所有这些人终于感到可以表达他们对社群的钟爱了。他们没想到《黄色潜水艇》也能被视为幸福的少数人在小乌托邦中自鸣得意的社团之歌。[63]

大多数对20世纪60年代的解释都以左派和右派之间的政治斗争为框架，在这场斗争中，左派最初的胜利（伟大的社会和民权革命）引发了保守派的反弹，令右派掌权，自那以后，右派基本上主导了美国政治。在第三章中，我们认可这种说法，但我们也认为，更持久、更普遍的变化是从社群主义到个人主义，这个维度在概念和经验上都不同于左派-右派的光谱。60年代的转变与其说是从左到右（或相反），不如说是从"我们"到"我"，这种转变在左右两个极端都完全可见，因为旧右派让位于新右派，旧左派让位于新左派。新右派和新左派都显得新鲜而有吸引力，而社群主义理想则显得陈旧而局促。

在大多数情况下，新右派比新左派获得了更多的长期成功。民主党更像20世纪60年代新左派，2018年的共和党更像20世纪50年代的新右派。新左派的遗产只在一个领域延续并扩展到21世纪，它涉及"身份"概念。

在这里，文化创新也不是从政治而是从社会心理学开始的。1958年，心理学家埃里克·埃里克森（Erik Erikson）将"身份危机"一词引入美国词典，用来描述人类发展的一个常见阶段。[64]这个新词在美国引起了广泛共鸣，数百万年轻人渴望独立，并寻求建立个人身份。"身份危机"在接下来的20年里迅速传遍美国，然后开始淡出人们的视野。然而，那时"身份"概念本身已经开始超越发展心理学，在20世纪70年代和80年代扩展到性别和种族身份，到90年代扩展到身份

191

政治。[65]

　　"身份"本身，未经种族、性别或政治的修饰，在 20 世纪中期后迅速成为美国文化的一个重要主题，可靠的 Ngram 工具非常清晰地揭示了这一点。如图 5.8 所示，在 20 世纪下半叶，"身份"一词在美国文学中的出现频率增加了 5 倍以上。当然，身份可以是集体的，比如"我们民主党人""我们白人""我们妇女"，但在这一时期的大部分时间，"身份"既指个人身份，也指集体身份。图 5.8 所有提到"身份"的地方，只有不到 3% 涉及"身份政治""性别身份""种族身份""黑人身份""白人身份""阶级身份"，以及几乎所有其他人口身份的总和。简言之，20 世纪下半叶，身份认同在美国文化中迅速增加，这始于远离种族、性别、阶级和政治的年轻人心理。尽管身份认同最终也反映在这些领域，但其核心是对"我"的强调。

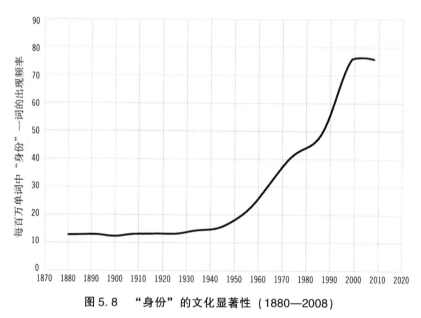

图 5.8　"身份"的文化显著性（1880—2008）

资料来源：Ngram. 数据经二维散点图平滑法处理：0.10。

　　在 20 世纪 60 年代中期，美国人对个人和社群的竞争诉求给予的权重不断变化，反映这种变化的一个终极指标，涉及权利和责任之间的平衡。当然，对个人权利的强调在美国政治文化中有着深刻的根源，可以追溯到美国建国之前。各州要求国家对"权利法案"作出承诺，作为批准宪法的前提条件。然而，从历史上看，我们对权利强烈的规范承诺一直被我们对公民责任的强烈承诺所抵消。我们告诉所有的新公民，"公民身份提供了许多好处，也提供了同样重要的责任"，"下面（在这本小册子中）你会发现，所有公民都应该行使和尊重的几项权利和责任。"[66]

因此，我们可以通过考察图 5.9 中我们国家文学中"权利"和"责任"之间不断变化的文化平衡，来了解个人主义和社群主义之间不断变化的平衡情况。[67]总的来说，"权利"在美式英语中比"责任"更为常见，但随着时间推移，这一优势发生了巨大变化。从镀金时代到大约 1960 年，与"权利"相比，美国作家越来越强调"责任"，当然不仅仅是公民责任，还有家庭责任、宗教责任等。在此期间，如图 5.9 所示，美国出版物中"责任"与"权利"的比例从 1900 年的 1∶4 上升到 1960 年的 4∶5，当时"责任"几乎与"权利"一样常用。相比之下，1960 年至 2008 年间，"责任"越来越少，"权利"却越来越普遍，从而使两个词的比例下降到大约 1∶3。

从 20 世纪 60 年代开始，正如哲学家玛丽·安·格伦登（Mary Ann Glendon）恰切言称[68]的"权利谈话"变得越来越突出。社群主义宪法学者以规范的理由批评了"权利革命"，但这种转变是好是坏在这里并不重要，重要的是这种转变的事实和时间。对个人权利的强调，包括公民权利、妇女权利、同性恋权利、消费者权利、儿童权利等，在过去半个世纪中稳步扩大，并且没有减弱的迹象。虽然最初只是作为一种进步的价值观，但"权利"很快就成为一种整个政治领域都接受的规范框架，涉及"未出生婴儿的权利"，"枪支权利"，甚至"白人权利"。[69] 图 5.9 提供了美国文化钟摆自 1900 年至 20 世纪 60 年代从个人主义到社群主义，再自 20 世纪 60 年代到今天摆回个人主义的鲜明证据。

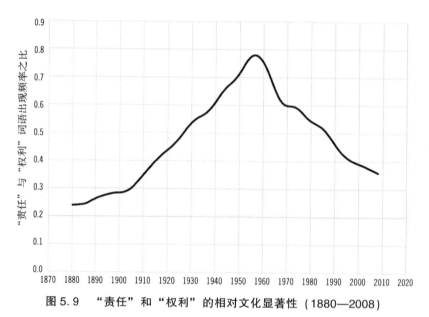

图 5.9　"责任"和"权利"的相对文化显著性（1880—2008）

资料来源：Ngram. 数据经二维散点图平滑法处理：0.10。

　　本章迄今为止提供的 Ngrams 序列，生动描述了 20 世纪 60 年代以来美国的文化变化。事实上，几乎在每种情况下，强调个人主义思想和主题的显著性都已经取代了强调团结、协议、联合、合作、妥协和我们应该矢志不忘的"从众"思想和主题。然而，过去半个世纪，一些最显著的变化证据发生在代际之间，因为 20 世纪 60 年代期间和之后成年的几代人更可能被社会化成支持个人自主。值得注意的是，对这段时期父母如何抚养子女的研究表明，父母的价值观已经从强调从众转变为自主和自我表达。[70]

194　　　一些传闻轶事有力地表明，美国人实际上变得更以自我为中心。"自助"书籍的销量在 20 世纪 60 年代和 70 年代飙升。[71]"自拍"已经主导了我们的摄影行为，现在我们谈论"分享自拍"，尽管"分享"

这个动词的含义发生了微妙的变化。它曾经是指由他人引导的行为，或用较早的字典定义来说，是"把某件东西的一部分给他人"。然而，最近，它的意思变得更加"内在导向"，或根据韦氏在线词典的定义，是指"与他人谈论自己的想法、感受或经历"。[72] 对于许多年轻美国人来说，在网上展示"精心策划的自我"已经成为一种习惯。早在 1979 年，像克里斯托弗·莱希（Christopher Lasch）这样的社会观察家就认为，美国人越来越自恋。[73]

社会心理学家让·特温奇（Jean Twenge）在《自恋流行病》[*The Narcissism Epidemic*，与基思·坎贝尔（W. Keith Campbell）合著，2009 年] 和《我这一代》（*Generation Me*，2014 年）中收集了这一趋势的大量证据。在她最早的一项研究中，她引用了一个惊人的事实：1950 年，12%的学生同意"我是一个非常重要的人"的说法；到 1990 年，这一数字上升到 80%！[74]特温奇的兴趣不在于临床定义的人格特征的发生率，而在于更广泛的社会和文化变化："20 世纪 60 年代为更大的利益而奋斗"转变为"20 世纪 80 年代的寻找头号人物"。[75]起初，特温奇的开创工作受到方法论方面的批评，但随着她不断改进证据范围，科学界也修订了对她的评价，目前普遍支持她的研究。她的最新研究表明，美国年轻人的自我中心意识长期以来不断增强。"没有什么单一事件引发了自恋的流行；相反，美国人的核心文化观念逐渐变得更注重自我欣赏和自我表达。与此同时，美国人对集体行动或政府力量失去信心。"[76] 她和一些人提供了大量证据，证明自 20 世纪 60 年代以来，自我关注度一直在增长，这与我们对文化变化的描述相符，但几乎没人将这一分析延伸到整个 20 世纪，这主要是因为在 20 世纪 60 年代之前缺乏系统的调查数据。

由于缺乏早期调查数据，我们在本章中几乎完全依赖文学叙事和 Ngrams 来追踪个人主义和社群主义之间的摇摆。然而，恰巧我们还有一个坚实的、长达一个世纪的行为指标，它是一个非常简单的选择，这个选择在某个时候几乎所有人都会面临，即我们给我们的新生儿取什么名字？

父母对孩子名字的选择集中在较少的名字上，意味着社会对合适的婴儿名字有更严格的限制，如果父母的选择更分散，则反映了一种宣扬个性的愿望。个人主义者给孩子取罕见的名字，这反映了他们想脱颖而出，而普通的名字则反映了他们想融入社会。在发达国家中，那些居民拥有更多特立独行的名字的国家，在霍夫斯泰德（Hofstede）文化个人主义指数中排名更高，代表着"对松散社会框架的偏好，个人只需照顾自己和直系亲属"。[77] 我们借用了包括让·特温奇在内的社会心理学家对婴儿名字的个人主义特质的测量。经济学家、社会学家和心理学家发现，这一指标在多种情况下与个人主义的其他指标密切相关。[78]

这种衡量个人主义的方法的优势在于，它是基于所有美国父母对其后代名字的实际选择，而不是基于影响美国的那些作家如何用词的神秘过程。引人注目的是，这一文化变化的客观指标与我们的 Ngram 词频数所反映的变化显著同步。

自 1879 年以来，人们每年都可从美国社会保障管理局获得婴儿名字数据。[79] 衡量父母对有限名字进行选择的集中度最敏感、最稳健的指标是基尼系数，这是一种统计分散度的指标。[80] 正如加州大学洛杉矶分校的加布里埃尔·罗斯曼（Gabriel Rossman）所述，"基尼系数基本上是取高百分位数和低百分位数之比的一个更好的版本。如果有两个人，他们的财富完全相等，或者有两个名字，起这两个名字的婴儿数量相同，那么你得到的基尼系数就会非常低。"[81]（换言之，当婴儿可选的名字越少时，起这些名字的婴儿数量集中度越高，基尼系数越高；当婴儿可选的名字越多时，起这些名字的婴儿数量分散度越高，基尼系数越低。——译者注）如图 5.10 所示，当基尼系数较高时，大多数父母会给自己的孩子起约翰和大卫、苏珊和玛丽这类更为传统的名字。

当该基尼系数较低时，更多婴儿会被赋予不寻常的名字，如塞拉斯、
贾登、哈珀和莫德，即使对移民和"外国"名字进行控制，婴儿命名
的基本趋势依然存在。[82] 图 5.10 显示，在过去 125 年中，这种对传统
和个人主义的不寻常测量，与我们的"我—我们—我"的倒 U 型曲线
几乎完全吻合，甚至包括了 20 世纪 20 年代的"暂停"时期。该数据
还显示，自 20 世纪 20 年代以来，男孩的传统名字比女孩的多，这种
性别差异在过去几十年不断扩大。尽管如此，从独特的名字到传统的
名字再到独特名字的周期性摇摆，与更多的文学文化指标遵循了完全
相同的模式。

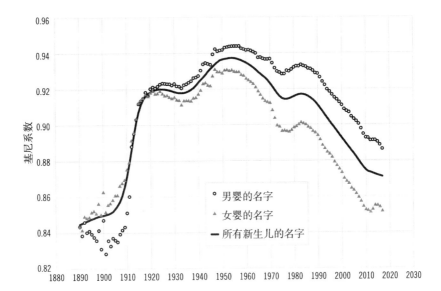

图 5.10 给新生儿起名字的传统性（与个人主义对比）（1890—2017）

资料来源：Social Security Administration."All baby names". 数据经二维散点图
平滑法处理：0.10。

代词用法

社会心理学家詹姆斯·彭尼贝克（James Pennebaker）在其引人入胜的著作《代词的秘密生活》（*The Secret Life of Pronouns*，2011年）中解释说，我们对第一人称复数和第一人称单数代词的使用颇具启发。例如，在牢固的婚姻和紧密的团队中，人们更经常使用"我们"一词。

197 同样，地位高、自信的人，专注于手头的任务，而不是自己，很少使用"我"这个词。频繁使用"我"与抑郁和自杀有关；事实上，研究人员报告说，代词在识别抑郁方面实际上比"悲伤"之类消极情绪词更可靠。另一方面，研究人员发现，在经历群体创伤之后（如"911事件"、戴安娜王妃之死，或大规模校园枪击事件），"我"的使用减少，"我们"的使用增加。频繁使用"我"似乎是个人孤立的信号，而"我们"通常是团结和集体认同的标志。[83]

彭尼贝克警告说，"我们"有多种含义，他至少指出了五种含义。"我们"可以指"我的朋友和我，而不是你"，也可以指王室的"我们"（如"我们不高兴"），或"地球上的每一个人"（如"我们面临全球灾难"），甚至可以指"你"（如"我们今天感觉如何?"）。当然，"我们"最传统的意思是"你和我"。相比之下，"我"没有多种用法，因此它是心理和文化焦点更清晰的指征。[84]但随着时间的推移，对"我"和"我们"的比较，提供了一个出人意料的个人和社群显著性的清晰指数。

近年来，学者们转向 Ngram 来探索"我"和"我们"在时间和空间上的出现频率，以此作为衡量个人主义的工具。帕特里夏·格林菲尔德（Patricia Greenfield）[85]和让·特温奇及其同事[86]分别发现，从长期来看，有证据表明，在过去两个世纪中语言转向更具"个人主义和物质主义价值观"的一面。不过，他们都专注于"我"，而忽略了"我们"，也都没有特别关注我们这本书感兴趣的时期。两人都特别关注单向的发展趋势（如现代化），而不是有升有降的双向趋势，而且特温奇也没有将她的研究延伸到1960年之前。

事实上，从1900年到1965年，"我"字在美国出版物中出现的频率越来越低，但在1965年之后（正如格林菲尔德和特温奇所报告的那样），这一趋势发生逆转，在以自我为中心的高涨情绪中，"我"字变得越来越频繁。在1965年至2008年间，所有美国书籍中"我"字的出现频率翻了一番。"我们"在总体上不太常见，其随时间的变化也不太明显，但图5.11将这两个代词结合起来，显示了1875年至2008年间美国各种文学作品中"我们"与"我"的比例。

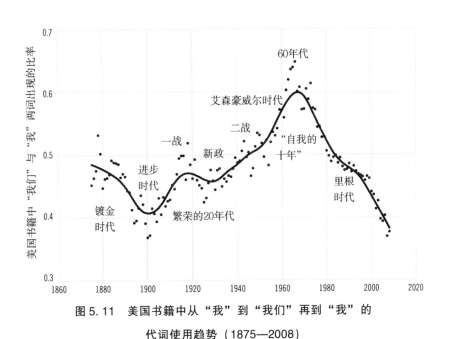

图5.11 美国书籍中从"我"到"我们"再到"我"的代词使用趋势（1875—2008）

资料来源：Ngram. 数据经二维散点图平滑法处理：0.20。

198   在这段时间里，我们可以看到 1875 年至 1900 年镀金时代个人主义的加速发展，取代了林肯时代的社群主义。接着，在 1900 年至 1916 年"我们"的高峰期，进步时代的社群主义重新激活，在 20 世纪 20 年代出现了熟悉的停顿，在大萧条和二战期间，"我们"又重新出现。在这里可以看到"我们"在 20 世纪 50 年代和 60 年代初显著增加，1967 年是个非常突然的转折点，接着是汤姆·沃尔夫（Tom Wolfe）所谓"自我的十年"。[87] 最后，我们可以看到，过去半个世纪的长期趋势是，个人主义越来越强烈。这张图与知识分子和文化历史学家对 20 世纪的描述非常吻合。这些完全独立的证据流汇合起来，使我们对本书关于"我—我们—我"曲线的描述充满信心。[88]

     与之前的分析一样，我们可以用一张图方便地总结本章的主要经验发现。图 5.12 追踪了 1880 年至 2017 年间美国文化综合指数沿着 199 "社群—个人"这一连续体发生的变化。该曲线实际上是我们在本章中看到的所有主要曲线的加权平均值。[89] 它展示了我们已经非常熟悉的模型。进一步的统计分析证实，这十项文化指标在过去一又四分之一世纪嘈杂、混乱、年复一年的波动中，70% 可以简单归因于共同的"我—我们—我"的钟摆。[90] 换言之，社群主义指标多年来的起伏令人印象深刻。

     但我们不能忽视一个事实，正如我们在前面提到的，"我们"是一个油滑的代词（可指代多种含义——译者注）。这种不确定性在图 5.11 和图 5.12 中非常明显。在 20 世纪 50 年代和 60 年代，美国人的"我们"是一个真正国家意义上的"我们"，还是一个将黑人、许多妇女和穷人排除在外的，白人、富裕的男性的"我们"？对于这个广泛而基本的问题，我们将在本书接下来的两章专门讨论。

图 5.12 文化：社群主义与个人主义（1890—2017）

资料来源：参见尾注 1.4。数据经二维散点图平滑法处理：0.10。

第六章

种族与美国的"我们"

在前几章中，我们概述了美国走向经济平等、政治礼让、社会内聚和文化社群主义的轨迹。这些轨迹在 20 世纪的前三分之二时期明显上升，在后三分之一时期突然逆转。我们迄今为止所研究的互联现象，在很大程度上可以总结为一个统计趋势，本书将之称为"我—我们—我"曲线。

然而，如果说美国 20 世纪前六十多年一直朝着一个更平等、更团结、更包容的"我们"迈进，那就必须考虑"我们"这个概念本身的争议。它到底有多包容？在经济上升期，我们建设了何种美国社群？我们国家是靠牺牲传统上被排斥的群体"走到一起"的吗？在有色人种[1]和女性的经历中，这种上升趋势是如何反映出来的？又或者根本没有反映？

种族界线

1903 年，美国最有影响力的学者和活动家之一杜波依斯写道："凡事以种族划界，就是 20 世纪的困境。"[2]当美国在 20 世纪前六十年向着更包容的"我们"攀登时，杜波依斯呼吁人们关注美国社群理想所面对的最大挑战和最久远的例外。

在内战和废除奴隶制之后的重建岁月中，许多非裔美国人在平等方面取得显著进步。最终，他们能够通过劳动获得土地所有权，实现长期以来对识字和学习的渴望，组织社群协会，推动修改南方各州宪法，行使投票权，并获得民选职位，所有这些他们都在认真地做。事实上，在重建期间，约有2000名黑人担任政府职务，从治安官、市长到国会两院议员。[3]

但到了19世纪末，重建带来种族平等的希望反倒成了一段痛苦的回忆。在南方救赎的旗帜下，对非裔美国人的暴力压迫在南方肆虐，每当黑人站起来主张新权利时，这种压迫就会加剧。仅在1868年至1871年间，就有大约400名黑人被私刑处死。[4]通过暴力夺回白人统治地位的策略在19世纪70年代、80年代和90年代，通过各种花样翻新的办法得到加强，如限制性的《黑人法典》（Black Codes），以及通过人头税、识字测试和选举欺诈剥夺非裔美国人的选举权。[5]尽管如此，北方共和党人也无法获得足够的白人支持，来继续努力推进重建。[6]南方对法律体系的操纵和一系列幕后政治交易，注定了重建的失败。随着美国进入镀金时代，800多万非裔美国人滑向国家认可并通过暴力强制执行的二等公民身份，而北方人对此越来越视而不见。[7]1896年，最高法院的普莱西诉弗格森案判决确立了"隔离但平等"理论，这彻底打破了有色人种真正享有平等权利和自由的希望。随着19世纪的结束，非裔美国人的前景确实很暗淡。

伴随20世纪的到来，美国黑人绝大多数仍然集中在南方，其日常生活被"吉姆·克劳法"宰制，这是一个将歧视和不利地位制度化的法律、习俗与法典体系。严重的种族隔离和社会排斥成了常态。所有公共设施和机构，包括洗手间、公共交通工具和学校，都实行种族隔离且极不平等。在执法部门的协助和怂恿下，对于黑人而言，哪怕是最小的违法行为都可能面临暴力甚至残暴的惩罚，无论这种违法行为是真实发生的还是被想象出来的。囚犯租借制度利用黑人的劳动力，使铁路承包商、矿业公司和种植园主以及各州从出租囚犯中获得丰厚的收入。[8] 经济前景黯淡，大多数黑人劳动力陷入虐待性的佃农制度中，没有土地所有权的希望，也无法摆脱赤贫。[9]

因此，在 20 世纪的头十年，从几乎所有角度看，美国黑人和白人之间的差距都是巨大的。1900 年，有色人种的预期寿命仅为 33 岁，白人为 47.6 岁。[10] 黑人儿童入学的可能性只有白人儿童的一半左右，[11] 黑人儿童就读的学校资金严重不足，人满为患，再加上奴隶制的遗留问题，导致黑人识字率仅为 55.5%，白人识字率则为 93.8%。[12]1900 年，只有约五分之一的非裔美国户主拥有自己的住房，不到白人拥有住房率的一半。[13] 尽管人口普查直到 1940 年才按种族记录劳动收入，彼得·林德特（Peter Lindert）和杰弗里·威廉姆森（Jeffrey Williamson）在他们关于美国不平等的权威历史记录中，利用其他数据重建了一些信息，据此估计黑人在 20 世纪初的收入不到白人的一半。[14]

正如第二章所述，在随后的 125 年中，美国黑人和白人的绝对地位普遍提高，但这一事实几乎没有告诉我们种族平等的状况。因此，为了理解种族平等在 20 世纪的演变，我们将在本章考察黑人和白人福祉的相对值，而不是黑人地位的绝对值。黑人的相对地位提高，意味着黑人比白人取得了更大进步，缩小了种族差距；当黑人的相对地位没有改善时，即使从绝对值来看，他们像白人一样可能比以前过得更好了，但种族差距并没有缩小。

在 20 世纪的前三分之二时期，大多数非裔美国人都生活在吉姆·克劳法的高压之下，这个国家同时也在迈向更具包容性的美国"我们"，但非裔美国人是个明显的例外。人们在谈到 20 世纪的种族平等趋势时普遍认为，在 20 世纪 60 年代中期的突变之前，一切都是歧视、排斥和不平等。这就像一个"曲棍球棒"故事，与我们现在熟悉的倒 U 型曲线对比，它看起来像一条平线，表明 60 年来几乎没有任何改善，随后在 20 世纪中叶之后出现了戏剧性的急剧好转。

在许多方面，"曲棍球棒"的图景是准确的。奴隶制废除后，有色人种一直被排斥在美国白人主流之外，这是美国历史上无法抹去的污点。然而，故事比表面看来更复杂。当我们仔细观察跨越 20 世纪的各种措施时，可以看到两个令人惊讶的现象。首先，美国黑人争取平等的进程并不是从 1965 年开始的。从许多方面来看，黑人在民权革命胜利之前已在朝着与白人平等的方向发展了，尽管吉姆·克劳法施加了种种限制。其次，民权运动之后，这种走向种族平等的长期趋势放缓、停止甚至逆转。与"曲棍球棒"图景不同，这些趋势体现了几十年来缓慢但毫无疑问走向平等的动力，随后是美国人的集体"减速期"，进步放缓，甚至在某些情况下逆转。[15] 让我们从四个关键领域来审视种族平等的长期趋势：健康、教育、经济和投票。[16]

健　康

由于环境因素、贫困、歧视和几乎所有非裔美国人都缺乏医保，在 20 世纪初，黑人和白人之间存在着巨大的健康差距：黑人预期寿命只有白人的 69%，黑人死亡率是白人的 1.4 倍，黑人婴儿死亡率是白人婴儿的 1.8 倍，黑人母亲分娩时死亡率是白人母亲的 1.8 倍。但在 20 世纪上半叶至三分之二的时间里，所有这些差距都在稳步缩小，尽管不均衡。图 6.1 描绘了 20 世纪黑人与白人的相对预期寿命，这是 1900 年至 20 世纪 50 年代末在种族平等方面取得相对持续进展的一个例证。[17] 当然，正如我们在第二章中所述，在此期间，白人的预期寿命稳步增长，但黑人的预期寿命增长得更快。平心而论，我们决不能忽视在整个时期内黑人的寿命更短，但从 1900 年到 1960 年，种族差距稳步缩小，这非常重要，事实上也在意料之外。

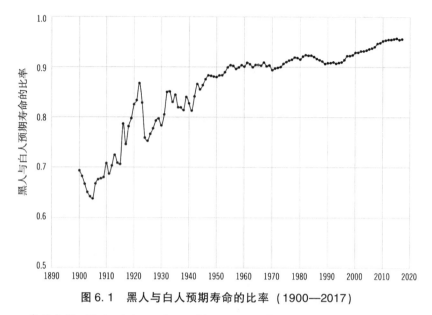

图 6.1　黑人与白人预期寿命的比率（1900—2017）

资料来源：National Center for Health Statistics, "Death Rates and Life Expectancy at Birth".

　　尽管美国黑人在 20 世纪的前三分之二时期取得重大进展，但此后进步几乎停止了。到 1995 年，预期寿命比率与 35 年前完全相同，白人比黑人多活 10%。尽管在此后 20 年取得了相对温和的进展，（现在白人的平均寿命仅比黑人长 5%，部分原因是工人阶级白人过早死亡的人数惊人增加），但明显已经停滞不前。[18]

　　20 世纪种族群体之间相对健康结果的其他衡量指标也与这一模式相呼应。在全国范围内，黑人与白人年龄校正死亡率的比率在 20 世纪上半叶显著改善，随后在 1955 年至 2000 年期间稳步恶化。1915 年至 1945 年，黑人与白人的婴儿死亡率差距急剧缩小，1945 年至 1965 年期间有所扩大，后又急剧缩小，直到 1970 年，此后，种族平等进程戛然而止。今天，黑人婴儿在出生后一年内死亡的可能性是白人婴儿的两倍多，就像他们在 20 世纪 60 年代早期一样。[19]

　　总体而言整个 20 世纪的全国数据令人惊讶地表明，1900 年到 20

世纪 60 年代末，美国各个方面都处在上升期，黑人和白人的健康差距显著缩小，此后就停滞不前。这种进展停滞的趋势与从"我们"到"我"的更大转变趋势非常吻合，我们在本书中多次看到这一转变。在民权运动之前，黑人为什么以及如何缩小与白人之间的不平等差距，为什么后来这一进程慢下来甚至止步不前？接下来我们将探索这个以及其他类似谜题。

教　育

就像健康和医保一样，在 20 世纪初，与美国白人相比，非裔美国人在教育成果和教育机会方面都与白人差距巨大。毕竟 1900 年的时候，90% 以上的非裔美国人住在南方。绝大多数黑人小学生和一半多的黑人学童没有机会接受任何教育，而且学校存在种族隔离，质量远远低于白人学校。但到了 20 世纪末，在教育投入和教育成果的大多数绝对衡量指标上，种族差距大大缩小，学校隔离，特别是在南方，大幅下降。然而，就像健康状况一样，20 世纪以来教育平等趋势的具体形态揭示了一些令人惊讶的情况。

20 世纪上半叶，在教育机会的相对种族平等方面有了重大改善。上学率就是一个例子。根据教育学者詹姆斯·安德森（James D. Anderson）的说法，在南方，黑人与白人之间的小学入学率差距在 1900 年至 1940 年间几乎消除了，如图 6.2 所示。[20] 可以肯定的是，尽管入学率差距消失，但这种学校教育是种族隔离的，而且质量非常不平等，正如美国最高法院在 1954 年布朗诉教育委员会一案（*Brown v. Board of Education*）中迟迟才承认的那样。

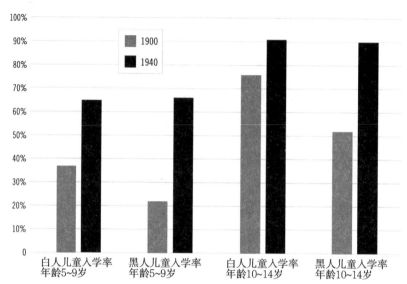

图6.2　1900年和1940年按年龄和种族划分的南方小学入学率增长情况

资料来源：Anderson, *The Education of Blacks in the South*, 151, 182.

教育机会平等并没有在高中入学率上得到同等实现，但在同一时期，种族差距的确大大缩小。1890年南方高中白人青年的入学率为4%，黑人青年的入学率仅为0.39%，二者比率约为10∶1。1933年，南方高中白人青年入学率为54%，黑人青年入学率为18%，二者比率上升到3∶1。[21]1960年，南方高中白人青年入学率为82%，黑人青年入学率为69%，比率进一步上升到1.2∶1。[22] 通过观察南方各年龄组（5岁到20岁）按种族和性别划分的入学率（不考虑学校年级），经济学家罗伯特·马戈（Robert A. Margo）发现，1890年至1950年间，种族入学率差距也在缩小。[23]尽管我们没有找到关于黑人与白人之间大学入学率的可比数据，但在这段时间内，南方黑人学生的绝对入学人数急剧增加，从1900年的2168人进入大学，到1935年的29 269人，[24]再到1952年的63 000人。[25]

20世纪上半叶，北方各州按种族划分的入学和出勤率的可比数据很难获得。然而，由于大移民（我们将在下文详细讨论这一现象），北方各州的黑人绝对入学率似乎有所上升，这或许有助于缩小全国的

入学差距。例如，历史学家文森特·富兰克林（Vincent P. Franklin）
在研究黑人移民的主要目的地费城的黑人教育时发现，该市的黑人公
立学校数量从 1910 年的 9 所扩大到 1937 年的 15 所。而在 1910 年至
1950 年，非裔美国人在费城所有公立学校的入学率增长了 677%。[26]

衡量教育平等的一个稍有不同的标准是教育程度，即不是有多少
所学校或多少学生上过这所学校，而是有多少人获得学位。在这个指
标上，更容易获得可靠的国家数据。与入学率一样，黑人和白人在完
成高中学业方面取得的最快和最显著的进展是在 1970 年之前实现的。
只是，如图 6.3 所示，这种情况的进步开始得稍晚一些。但在 1970 年
之后，黑人完成大学学业的相对速度下降，然后趋于平缓，再也没有
回到上升趋势。事实上，今天美国黑人完成大学学业的比例比 1970 年
的白人要低。非裔美国人完成高中学业的相对速度并没有非常严重的
停滞，但在民权运动后明显放缓了，而且今天仍然没有实现平等。

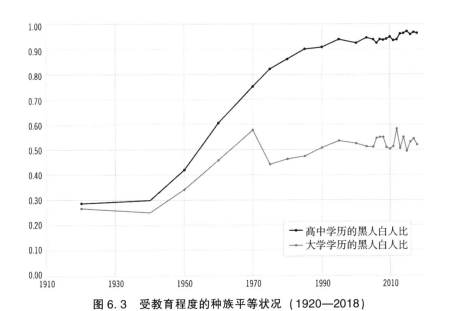

图 6.3 受教育程度的种族平等状况（1920—2018）

资料来源：National Center for Education Statistics, Table 104. 20; Current Popula-
tion Reports, Series P-20, various years; Current Population Survey, 1970 through 2018.

值得记住的是，正如我们在第二章中所展示的，大约是在 1900 年到 1965 年，美国年轻人的总体教育水平（包括白人和黑人）在连续群组中稳步上升。然而，在本章中，我们将重点放在这一背景下的种族差异上，所以我们关注的是黑人之于白人的相对地位，例如，平等意味着二者的比率是 1.0。图 6.3 显示，尽管白人教育程度在这一时期持续上升，但在 1940 年至 1970 年期间，黑人教育程度上升得更快，所以教育上的种族差距在缩小，因为黑人开始赶追白人了。但在 1970 年后，这种"赶追"趋势在高中教育中急剧放缓，而在大学教育中实际上已经结束了，这远远早于种族平等的实现。

当然，数量多并不等于质量高。在 20 世纪初，教育质量方面的种族差异十分明显。事实上，在重建后不久，每个黑人学生和白人学生在支出上的比例，以及黑人和白人在学年长度上的比例等指标都明显恶化。不过，这一恶化趋势在大约 1910 年开始逆转。[27] 根据林德特和威廉姆森的说法，从学生人均支出和师生比例来看，1910 年到 1950 年，南方非裔美国人的教育质量慢慢改善。[28] 此外，1940 年至 1954 年间，南方用于黑人学校的总支出增加了 288%，而白人学校只增加了 38%。[29] 南方的教师工资也同样趋于一致，1950 年黑人教育工作者的工资比 1940 年高出 85%，黑人和白人教师的收入比例缩小了 23 个百分点。[30] 虽然南方黑人教育设施仍然系统性地低于标准，[31] 但总体而言，尽管有吉姆·克劳法，可这种不平等正在缩小。

因此，在 20 世纪上半叶，美国黑人可获得的教育数量和质量都急剧提升，这是个令人惊讶的事实，与美国从"我"转向"我们"的大背景相呼应，绝大多数学校都是种族隔离的，在南方是法律上的隔离，在北方往往是事实上的隔离。[32] 学校隔离对种族平等产生了特别有害的影响，这不仅是因为资源上的差异，而且还因为在 20 世纪大部分时间里，白人学校通常提供文科课程教育，黑人学校通常只提供职业培训，导致非裔美国人只能从事低级工作，这一事实造成了终身不平等的后果。[33]

　　然而，纵观 20 世纪的全国学校融合趋势，变化开始的时间比人们通常认为的早得多。[34]学校融合似乎从 20 世纪初的极低水平一下子上 升到了 1960 年前的较高（但仍不充分）水平，这在很大程度上是因为黑人从完全隔离的南方迁入隔离程度稍低的北方。然后，在接下来的 10 年里，这一漫长而缓慢的增长急剧加速，这主要是因为最高法院的布朗诉教育委员会案判决对南方的影响。

　　然而，值得注意的是，即使是在布朗案之后急剧上升的学校融合趋势，也在 20 世纪 70 年代初趋于平缓，此后又开始了温和的重新隔离趋势。[35]就是这样，在近一个世纪以来，在教育数量和质量方面种族趋同趋势停止的同时，消除种族隔离的国家计划也开始停滞不前，甚至开始逆转。白人占大多数的学校和黑人占大多数的学校之间令人不安的差距（在班级规模、每名学生的支出、教师工资和课程跟踪方面）至今依然存在。[36]

　　进而，在教育质量、数量和融合方面推动种族平等的措施也明显减速，尽管在 20 世纪前三分之二的时间中教育平等取得了一些进展，但接着在大约 20 世纪 70 年代开始停滞不前，美国开始从"我们"下降到"我"。

经济收益

　　总的来说，在 20 世纪的头三分之二时期，非裔美国人的收入相对于白人收入有所增加。虽然很少有文献研究 1900 年至 1940 年间不同种族取得的经济收益，但现有数据表明，这一时期在种族收入平等方面取得了一定进展。[37]大多数学者都同意，1940 年至 1970 年之间，按种族划分的收入水平以最大的速度趋同。[38]根据经济学家托马斯·马洛尼（Thomas N. Maloney）的说法，20世纪40年代，黑人与白人男性的工资比率从0.48跃升至0.61，增长了27%，考虑到这发生在吉211 姆·克劳时代，已经很了不起了，[39] 当然这一成果很大程度上可能归因于此时黑人从南方大规模外流，而且这一外流过程正在加速。[40]

对收入平等的种族趋同的最新学术研究表明，美国黑人在这几十年中取得成就主要是"大趋同"的成果，这一点我们在第二章讨论过。当时在整个美国经济中创造收入平等的因素也在推动白人和黑人工人之间的平等，特别是当黑人工人迁移到他们可以获得更好工作的地方时。事实上，大趋同非但没有将非裔美国人排除在外，反而让他们获得了很大的好处（部分原因是他们有很多优势），因此在美国几十年的"我们"时代，收入的种族差距明显缩小。

相反，根据社会学家罗伯特·曼杜卡（Robert Manduca）的说法，"美国黑人-白人的家庭收入差距在2018年几乎与1968年完全相同"，而且"种族收入差距持续存在的一个关键且未被充分认识的驱动力，就是全国范围的收入不平等在加剧"。[41] 换句话说，种族收入差距在美国的"我们"时代缩小了，而这种缩小趋势在美国的"我"时代停止了。

当然，绝对平等过去和现在都是个遥远的目标。事实上，正如我们现在看到的许多其他衡量指标一样，黑人和白人在收入平等方面的进步在20世纪70年代末趋于平缓或彻底反转，如图6.4以及许多其他数据所展示的那样。[42] 正如罗伯特·马戈（Robert A. Margo）所写的，从1940年到1970年，黑人与白人的收入比率平均每10年提高7.7个百分点。趋同还不够快，但如果这种变化速度继续下去，收入比率"在2010年将达到0.88，而不是其实际上的0.64"。[43] 在美国的"我"时代，国民收入差距的扩大而不是进一步缩小的关键结果是，今天黑人和白人收入的中位数差异"和1950年一样大"。[44]

此外，近几十年来，非裔美国人的劳动力参与率持续下降，年轻212 黑人男子的监禁率激增，许多学者认为这些因素使黑人与白人的收入比向上倾斜，这意味着自 1970 年以来停滞不前的现实可能比看起来更糟糕。在对这些因素进行修正后，许多经济学家认为，1970 年至 2010 年间，黑人男子基本上没有任何相对的经济进步，这确实是一幅暗淡的画面。[45]

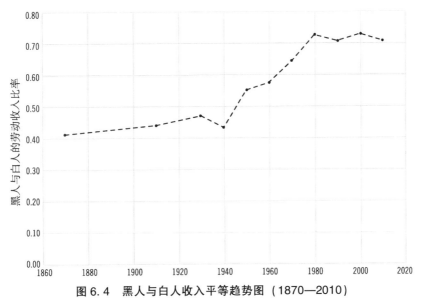

图 6.4 黑人与白人收入平等趋势图（1870—2010）

资料来源：Lindert and Williamson, *Unequal Gains*（2016），190.

然而，一个相反的现象是，由于反歧视措施和日益增长的教育流动性，非裔美国人在专业部门就业的增长在 20 世纪后三分之一时期加速，这些改善集中在南方。由此产生了向上流动的黑人中产阶级，但与此同时，向下流动的黑人"下层阶级"的贫困程度继续加深，就这样，在最富有和最贫穷的非裔美国人之间造成了巨大的种族内部差异。对于这一分歧的意义，存在巨大的政治争论。然而，即使考虑黑人中产阶级的增长，在 20 世纪的最后三分之一时期，平均而言，美国黑人经历了持平或向下的经济流动。[46]

因此，平均来看，当美国朝着越来越平等的经济关系发展时，非

213

裔美国人获得了更大的帮助，当美国朝着越来越不平等的经济关系发展时，非裔美国人受到更大的伤害。

图6.5　黑人和白人的住房拥有率变化图（1900—2017）

资料来源：1900-1970, IPUMS；1973-2017, Current Population Survey. 参见尾注 6.47。

由于财富与收入和就业高度相关，因此，如图 6.5 所示，房屋所有权方面的种族平等状况也呈现出类似的趋势，这也许并不令人惊讶。相对住房拥有率（这里显示为黑人与白人住房拥有率之比）的第一次明显增长发生在 1900 年至 1910 年之间，这在很大程度上归功于南方黑人农民摆脱了租赁关系而成为农场主，这种现象在吉姆·克劳法的恶劣影响下基本不可能发生。[47] 但这一比例在 1930 年至 1970 年间有了明显改善，[48] 因为随着黑人向北迁徙（这一现象将在下文详细讨论），他们越来越多地获得了以前由白人居住而现在他们可以负担的房屋，特别是在 1940 年以后，白人大量迁移到郊区。[49] 当然，在这几十年里，美国黑人获得抵押贷款和更理想社区的机会受到了红线歧视（redlining，

214

在投资和服务方面按种族、收入等因素划分不同等级的区域——译者注）和相关做法的限制。但是，值得注意的是，即使在贷款人和房地产经纪人的种族歧视被视为非法行为时，黑人房屋所有权的增长也停滞不前，然后缓慢下降，最终在 2008 年金融危机之后暴跌。2017 年，黑人和白人在房屋所有权方面的不平等程度与 1950 年一样高。

讽刺的是，20 世纪 70 年代旨在鼓励低收入家庭拥有住房的政策，事实上却被房地产行业的种族主义做法用来限制黑人拥有住房，这也是经济停滞的一个原因。[50] 最近，当次贷机构在 20 世纪 90 年代寻找借款人时，他们过度将目标瞄准美国黑人，令其在掠夺性的贷款条件下进行再融资或购买房屋。2008 年泡沫破裂时，许多人因丧失抵押品赎回权而失去房屋，这反映在图 6.5 所示的近期房屋拥有率下降中。[51] 简言之，黑人与白人贫富差距仍然巨大，因为房屋所有权占普通美国人财富的很大部分。[52]

我们再次看到了过去 125 年里，黑人和白人的物质福利比率那出人意料的变化模式。在 1970 年之前的半个世纪里，美国在实现种族平等方面取得了不完全的却实质性的进展，但在随后的半个世纪里，这一进展意外地停止了。

投　票

在 20 世纪初，非裔美国人的政治参与程度几乎在所有方面都低得可怜。在南方，剥夺政治权是白人至上主义和吉姆·克劳法的基石。[53]1867 年至 1908 年间，南方的登记选民名单剔除了近 620 000 名黑人，导致选民登记率下降 84.5%。[54] 鉴于截至 1910 年，近十分之九的美国黑人都居住在南方，[55] 在 20 世纪的前 20 年，这种地区性剥夺选举权的模式主宰了整个国家。

215　　　但从 1920 年到 1956 年，南方登记的黑人选民数出现惊人增长，种族化的投票限制也有所减少，这使得该地区黑人和白人之间的政治机会取得了更大的平等。学者们将这些发展归因于有色人种协进会的法律运动、城市联盟的黑人选民登记运动，以及人头税因为南方贫困白人的反对而普遍废除。[56] 在 1940 年代，黑人选民登记人数激增，部分原因是 1943 年降低了投票年龄，1944 年最高法院在史密斯诉奥尔赖特案（*Smith v. Allwright*）中判决，宣布白人初选非法。1940 年至 1956 年，登记在册的南方黑人选民人数增加了七倍多。尽管这些新选民只占南部黑人人口的四分之一左右，但在 20 世纪中叶，实现平等的进程加快了。

　　基于种族剥夺选举权的现象在南部以外的地区少得多，因此 1915 年后大量黑人迁往北方，这很可能增强了南方已经出现的政治参与趋势。例如，政治学家戴安·平德休斯（Dianne Pinderhughes）在她对芝加哥政治参与的案例研究中发现，在 1920 年至 1940 年间的总统选举中，黑人居民的选民登记率和投票率都很高，甚至比其他本土出生的群体和移民群体还高。[57] 1936 年，黑人选区的登记选民在总统竞选中的投票率最高时达到 70% 以上。[58] 平德休斯将黑人选民的高参与率归因于非裔美国人教会网络的动员、政治参与对受吉姆·克劳法影响的前南方居民的象征意义，以及在大萧条的政治重组中对政治家的竞争激励。[59] 综上所述，相关证据表明，在 20 世纪上半叶，全国黑人投票率显著增加。

　　在 20 世纪中叶，全国范围内非裔美国人的政治机会和代表权仍远低于白人，还有很大提升空间。1965 年之后会有更快的改善。然而，在具有里程碑意义的 1965 年《投票权法》（Voting Right Act）出台之

216 前的黑人参政进展，常常被这一历史性胜利冲淡。然而，如图 6.6 所示，在《投票权法》之后，南方黑人的选民登记率开始呈现持平的状态，1970 年后大约在 55% 和 65% 之间波动；事实上，2018 年南方的

黑人选民登记率（65%）比 1970 年（66%）还低一点。[60]

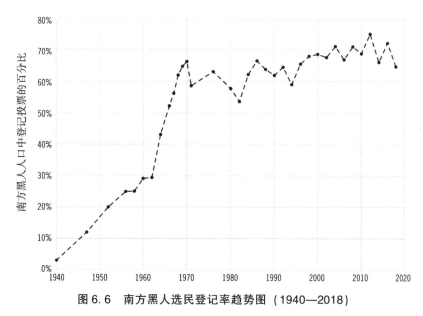

图 6.6 南方黑人选民登记率趋势图（1940—2018）

资料来源：Voter Education Project；Current Population Survey. 参见尾注 6.60。

20 世纪以来，按种族划分的全国选民投票率更难追踪，尤其是 1948 年以前。然而，数据表明，几乎所有在选民投票率方面取得的进展都发生在 1952 年至 1964 年之间，也就是在《投票权法》通过之前，而在 1964 年至 1968 年之间的小幅进展在 20 世纪余下的时间里几乎完全停止，这是个令人震惊的事实，与我们观察到的其他"减速"现象以及我们现在熟悉的从"我们"到"我"的转折点完全一致。

引人注目的是，非裔美国人在健康、教育、经济收益和投票方面实现平等的这些趋势，看起来是多么相似，而且与 20 世纪种族史讨论中经常假设的"曲棍球棒"故事又是多么不同。事实上，在 20 世纪 60 年代民权革命之前，美国黑人和白人在实现平等方面取得了不可否认且往往相当显著的进步。在美国大部分地区朝着更强烈的"我们"意识迈进的时期，美国黑人也在一些重要方面向着"我们"迈进。[61]

217

究竟是什么原因导致了这种出乎意料的模式，其中有多少是黑人自己努力的结果，我们很快就会讨论这些重要的话题。但首先我们需要探讨美国黑人在实现种族平等方面所受到的明显限制。

持续存在的种族排斥

我们刚刚看到的20世纪前三分之二时期的进步图景，掩盖了种族之间社会和政治机会的不平等。在此期间，非裔美国人在追平白人的道路上取得的许多进步，都发生在与白人的发展不相干且长期不平等的领域。因此，均等化不足以作为包容的符号，因为美国在这一时期建立起来的"我们"仍然是高度种族化的。

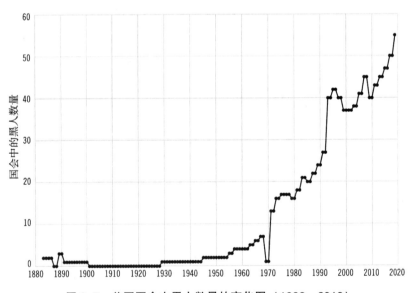

图 6.7　美国国会中黑人数量的变化图（1883—2019）

资料来源：Congressional Research Service. 参见尾注 6.62。

美国黑人的不平等地位显而易见，尽管他们的政治参与越来越多，但他们仍然缺乏政治代表权。这一点清晰地反映在国会中，如图 6.7 所示，国会黑人议员数量在 1965 年后才大幅增加，这是一种明显的"曲棍球棒"式的变化模式。[62]

历史学家小亨利·路易斯·盖茨（Henry Louis Gates，Jr.）在其著作《崎岖之路：重建、白人至上与吉姆·克劳的崛起》（*Stony the Road*：*Reconstruction*，*White Supremacy*，*and the Rise of Jim Crow*，2019 年）中，生动详细地记录了黑人被排斥在主流之外的现象，这与白人至上的主流文化相伴而生。这方面最突出的例子是，1915 年三 K 党因电影《一个国家的诞生》（*Birth of a Nation*）而重生。在重建前后的几十年里，科学种族主义，即相信非白人在生物学上是劣等的，充斥在学术界和流行文化中。

在 20 世纪的大部分时间里，在文娱和广告中，对非裔美国人进行 218 种族主义描述，将黑人男性描述为性掠夺者，以及庆祝私刑的恐怖明信片，在南方和北方都很常见。[63] 直到 20 世纪 70 年代，媒体对有色人种的描述才开始打破五六十年代恶毒的种族主义刻板印象。[64] 种族通婚一直受到恐吓和谴责，在许多州被禁止，直到 1967 年最高法院宣布这种禁令违宪，才引发了一场拖延已久的变革。

种族排斥的另一个重要例子是工作质量和工作保障。尽管二战后的繁荣提高了所有工人的就业前景和薪酬，但由于雇主的歧视和工会的排斥等因素，白人获得了更安全、有工会组织保障的工作岗位，黑人则主要从事历史学家托马斯·萨格鲁（Thomas J. Sugrue）所说的"最卑下、最肮脏"的工作。这些工作更容易受经济冲击影响，更少有长期保障，这使得非裔美国人更可能在经济困难时期遭受损失，而随着 20 世纪末的到来，他们也确实如此。[65]

但目前为止，影响最大的种族排斥形式是居住。黑人移民迁到新 219 城市后，往往定居在黑人占多数的社区，这是 20 世纪前三分之一时期大多数族裔群体的典型情况，这导致在北方城市形成了明显的黑人定居区。但随着 20 世纪向前推移，各种白人社区失去了独特的种族特征，种族隔离反而加深了。正如我们在图 6.5 所看到的，非裔美国人的住房拥有率在这段时间内呈上升趋势。但试图在白人社区购买住房的黑人家庭遇到巨大阻力。白人居民使用各种手段来保护他们社区的种族特征，并将黑人居民限制在隔离区内，这些手段包括限制性的住房契约、暴力以及种族操控等房地产业的惯常做法。当黑人居民设法成功搬进白人社区，随之而来的就是街区遭到破坏以及白人匆匆搬离，导致整个社区的种族构成在极短时间内发生改变。这样的过程令系统性居住隔离在 1920 年至 1940 年间大幅扩展。事实上，最近对更精细的隔离措施进行分析的研究表明，在美国所有地区，无论南北，无论城乡，1880 年至 1940 年，全国的隔离现象增加了一倍。[66]

但在 1940 年至 1970 年间，由于联邦政策存在部分重叠，[67] 再加上有种族偏见的房地产商的做法，以及白人对第二波大移民浪潮的有组织抵制（一些学者称之为"集体行动种族主义"[68]），居住隔离才真正加速并固化。在这一过程中，经济考虑进一步强化了白人房主对住宅融合的反对，即使他们在其他方面没有种族敌意。正如一位白人居民在第一个搬到他所在街区的黑人家庭房子外抗议时所说："他可能是个好人，但每次我看到他时，都会意识到我房子的价值下降了 2000 美元。"令人惊讶的是，到 1970 年，在一般的大都市区，80% 的美国黑人必须搬到不同的人口普查区，才能实现社区的种族融合。[69] 因此，在美国白人越来越多地在郊区购买高档住房之际，美国黑人仍被过度圈禁在城市核心区的老房子里。[70]

与此同时，在 20 世纪的大部分时间里，黑人男性被监禁的比率越来越高，这与居住隔离一样，给非裔美国人社区带来了毁灭性的后果。如图 6.8 所示，从 1926 年到 2000 年，被监禁者的种族不平等现象稳步上升，特别是（但不仅仅是）在禁毒战争期间。[71] 尽管过去 20 年的监狱改革逐渐减少了这种不平等，但今天的不平等程度仍比 20 世纪上半叶高得多。换句话说，监禁与我们所研究的种族不平等的其他趋势完全不同：在整个 20 世纪，在监禁指标上的种族不平等的上升几乎从未间断。

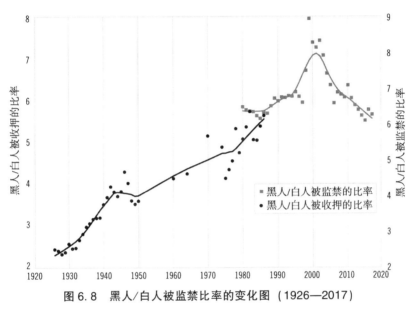

图 6.8　黑人/白人被监禁比率的变化图（1926—2017）

资料来源：US Department of Justice, Bureau of Justice Statistics. 参见尾注 6.71。
数据经二维散点图平滑法处理：0.35。

因此，即使美国黑人在健康、教育、收入和投票方面正朝着与白人同样平等的方向发展，尽管这个令人惊讶的事实在美国的种族故事中常被低估，但他们仍在许多方面被系统地排除在平等机会、平等准入和文化主流之外。但平等趋势出现的惊人时机，让我们想到了下一个问题：美国黑人如何在一个持续并往往非常严重的隔离和排斥时期实现可衡量的平等进展？ 221

大迁徙

第一种解释包含了美国历史上最戏剧性的人口变化之一。从1915年左右开始，一直到1970年左右，大约有600万美国黑人，占所有美国黑人的很大一部分，逃离了吉姆·克劳南方的暴力压迫，来到北方工业城市和西部的相对自由和安全的地方。1915年，只有10%的非裔美国人住在南方以外，但到1970年，这个数字已经增长到47%。[72] 这种大规模的人口外流往往是由白人的恐怖主义活动在当地引发的。但随着时间的推移，南方的洪水和农作物歉收、第一次世界大战后北方工厂的劳动力短缺、南方"棉花王"经济的重大变化以及黑人媒体开展的说服非裔美国人在南方以外地区过上更好生活的运动，都助长了这种移民。因此，北方城市的非裔美国人口增长迅速且引人注目。举一个典型的例子，克利夫兰的黑人数量在1910年还不到8500人。1920年这一数字跃升至近35 000人，1930年已达近72 000人。[73]

尽管黑人在北方城市的前景与白人并不相同，但对那些移民来说，这与南方农村的差别还是很明显的。我们来看一下在大迁徙期间从北卡罗来纳州搬到纽约市的非裔美国人普莱斯·戴维斯（Price Davis）的经历：

> 一切都变了。整个气氛都变了。我到了华盛顿特区，换了巴士，一个黑人妇女走过来，她告诉我："……在巴士上你可以坐在你想坐的任何地方。"我说，"我可以吗？"她说，"是的。"……我没有走到前面去，但我也没有坐在后面，我走到了中间的位置。当我到了纽约，上了一辆出租车，去了哈林区，我环顾四周。我看到一个黑人警察在指挥交通。我

222

说："哦，我的上帝，这就是应许之地！"[74]

　　当然，在很多方面，北方都不是"应许之地"。在很多北方城市，吉姆·克劳法依然是一个获得文化认可的现实，且常以暴力方式实行。1919 年，持续 6 天造成 38 人死亡的芝加哥种族骚乱，仅是其中一个例子。[75] 然而，尽管种族主义持续存在，不平等现象不断涌现，但北方仍然是个非裔美国人可以开始相对和平和舒适的生活、获得更好的教育机会、拥有自己的生意、可以投票和担任民选职位的地方。

　　从某种意义上说，大迁徙是一种双重迁徙，因为黑人不仅从极端种族主义的吉姆·克劳南方迁往种族主义程度稍低的北方，而且还从贫穷甚至原始的农村地区迁往具有现代设施的大都市地区。换句话说，当黑人从南方和北方的农场搬到城市时，他们不仅离开了那些个人境遇比二等公民还糟糕的地方，而且还搬到了拥有公共基础设施的地方。尽管美国黑人在很大程度上仍被隔离，但随着他们的迁移，他们对公立医院和公立学校等机构的总体使用机会大大增加。

　　他们的挣钱能力也大大增强。首先是战争造成的劳动力需求，然后是 1924 年《移民法》（Immigration Act）大大减缓了欧洲工人的流入，为美国黑人在北方工业城市找到工作提供了机会。事实上，许多北方工厂专门派代表到南方各州招聘黑人劳工。1915 年，北方城市的工厂工资通常是南方农村黑人工资的两倍到三倍，而对于少数进入熟练行业的人来说，这个差距甚至更大。[76]

　　此外，随着越来越多非裔美国人的迁徙，他们也能更好地受益于国家经济的空前增长，以及 1940 年至 1970 年工资的大幅上涨，这些现象我们在上文中已经提到，并在第二章详细讨论过。这种巨大的趋同导致那些原初境况最差的人，特别是非裔美国人，获得了更高比例的收入。[77] 事实上，在这一时期，黑人女性的相对收入增长甚至比黑人男性还明显，1970 年黑人妇女的中位收入实际上已经超过白人妇女。[78]

223

尽管在很大程度上与白人主流社会隔绝，但黑人艺术家、企业、学校、剧院、夜总会、文学社、教堂和志愿协会在移民目的地大量涌现，为数百万在陌生城市重新开始的人，提供了强烈的认同感、社群感和支持。这样一来，黑人对 20 世纪上半叶美国结社生活的全面发展做出了重大贡献，我们已在第四章讨论了这一点。[79]

简言之，缩小黑人与白人之间的不平等差距是黑人移民的意图之一，并产生了预期效果。然而，在 20 世纪上半叶，美国黑人的相对福利改善不仅仅是因为移民在北方城市遇到更有利的环境，也不仅仅是战后经济繁荣的结果。它们还受到南方缓慢但可衡量的变化的推动。由于移民外流给南方经济带来的经济压力，南方白人最初仍然采取常见的恐吓和暴力策略，以阻止重要的黑人劳工向北逃亡，但在这些手段失败后，他们开始探索如何激励黑人留下来，办法就是响应当地非裔美国人的动员，让南方的生活更宜居。[80] 仅举一个例子，1916 年整个乔治亚州、密西西比州、南卡罗来纳州、路易斯安那州或北卡罗来纳州都没有公立四年制黑人高中，但到 1926 年，南方每个主要城市都至少为黑人学生建立了一所公立高中。[81] 正如大迁徙编年史学家伊莎贝尔·威尔克森（Isabel Wilkerson）所言，"前南部邦联之所以变得更好，部分原因是那些做出牺牲离开它的人所造成的压力。"[82]

大迁徙被称为 20 世纪种族重组不为人知的伟大故事。"不为人知"的部分原因在于，许多移民选择不与孩子分享自己在吉姆·克劳制度下的生活，或者他们为摆脱这种制度所做的英勇努力，他们宁愿与促使自己离开南方的长达几个世纪的创伤彻底决裂。[83] 同时，历史学家也不重视大迁徙的影响，他们偏重强调 1964 年《民权法》里程碑式的胜利及其后续立法和联邦计划。[84] 但其实，其影响无论怎样强调都不为过。威尔克森这样描述它的重要性：

非裔美国人的历史往往被浓缩为两个时代：内战结束所

终结的 246 年的奴役时代，以及民权运动期间戏剧性的抗议时代。然而，从内战到民权运动的轴线，诱使我们跳过了中间反抗压迫的世纪征程，从而错过了普通人的故事，他们的希望因黑奴获得解放而受到鼓舞，却在重建时代结束之际破灭，又被吉姆·克劳法进一步粉碎，只有当他们从内心深处找到了挣脱束缚的勇气时，才最终恢复活力。[85]

事实上，正如前文数据所展现的，数百万美国黑人为了在美国的"我们"中占有一席之地而开展的运动，在催化 20 世纪上半叶白人和黑人之间缓慢但稳定的平等化方面发挥了关键作用。这主要是因为，尽管远非完美，但南方以外的美国黑人的生活几乎在各个方面都要好一些。[86] 在北部和西部，非裔美国人也更有能力参与互助；通过组织各种合作社和机构，带来社会、教育和经济的进步；通过艺术、文学和行动主义，发出强大的声音；建构政治权力；并倡导变革。[87] 这些勇气和毅力，也许比其他任何东西都更能解释上述进步。

简言之，在大迁徙中，数百万美国黑人为了改善命运的机会而背井离乡，这是一股缩小种族差距的强大力量，尽管在他们重新定居的地方，黑人的待遇仍与白人相去甚远。

公共和私人倡议   225

20 世纪上半叶美国黑人在平等方面取得惊人进步的第二个原因在于，白人当权者采取的干预举措。20 世纪初，慈善基金会通过资助黑人护士学校，升级黑人医院设施，为公共卫生部门聘用的黑人医生支付工资，发起高效的疾病根除行动以及补贴病人护理，将资源引向为非裔美国人服务的各种制度。[88]

1914 年至 1932 年，芝加哥罗森瓦尔德基金会（Rosenwald Foundation）的学校建设项目与黑人社区合作，支持为农村黑人青年建设 4977 所学校，将小学教育扩大到南方 15 个州的 883 个县。[89] 到这个项目结束时，多达 36% 的南方黑人学龄儿童在这些学校上过学。仅仅是这一计划，就非常有效地缩小了 1910 年至 1925 年出生的同龄人在完成教育年限方面的种族差距，其中约有 40% 的贡献来自罗森瓦尔德学校。该项目对南方农村黑人的识字和认知测试成绩也有明显的积极影响。[90]

一些历史学家认为，这些举措是白人精英出于自私的原因而为，那些主张这些努力是由包容伦理驱动的想法受到了挑战。[91] 尽管如此，它们的确极大改善了非裔美国人的预期寿命、婴儿死亡率、入学率和教育程度，从而缩小了整体福利方面的种族差异。

在 20 世纪的前三分之二时期，联邦政府的干预也在推动种族间结果的稳定均等方面发挥了重要作用。从进步时代开始，北方的改革者倡导的公共举措对黑人的健康和福祉产生了非常积极的影响，当然到目前为止，黑人依然是最缺乏公共服务的美国人。改善供水和污水处理系统的项目，[92] 为结核病等疾病提供教育和治疗的项目，[93] 以及为农村地区提供医疗服务的项目等，都只是当时为黑人提供公共服务的几个例子。[94] 此外，历史学家还指出，世纪之交是公共教育的"黄金时代"，进步主义改革者带头扩大对学校的资助，这在非裔美国人移民的北方城市尤为明显，至少在一定程度上导致了 20 世纪初入学率的上升。[95]

历史学家爱德华·比尔兹利（Edward Beardsley）也证明，第一次世界大战是联邦在南方加强干预的关键转折点，因为征兵过程让人们认识到地区健康差距如此之大，战时以国防名义对联邦支出的支持为利好南方黑人的公共卫生举措提供了政治掩护。联邦政府的资金用于支持清除滋生疟疾蚊子的湿地、强制性病检测项目、儿童卫生局和结核病疗养院，所有这些都极大改善了黑人的健康状况。[96] 新政还带来了向黑人农业工人提供医疗服务的农村卫生合作社等卫生项目，以及工程进度管理局资助的学校体检和儿童营养项目。[97] 作为二战期间动员工作的一部分，联邦投资进一步增加，包括对黑人医学院的大规模补贴，以及 1946 年的希尔-伯顿计划（Hill-Burton program），它根据需要向各州提供 7500 万美元的赠款用于建设医院，最大的投资集中在南方农村。[98]

一些学者对联邦计划对黑人福利的影响持怀疑态度，因为许多人被系统地剥夺了福利。例如，1935 年的《社会保障法》（Social Security Act）包括母婴护理和受抚养儿童援助的配套资金，但不包括农业和家庭佣工，而这两类占美国黑人总数的三分之二。[99] 而且，南方州的卫生官员往往很少接触黑人受助者，即使他们确实有资格获得援助。爱德华·比尔兹利就计算过，在乔治亚州用于残疾儿童的新政支出占符合条件的白人居民的 40%，但只占黑人的 2%。[100]

漫长的民权运动

上文概述的所有因素，包括移民进入更好的环境、开放工业岗位、对南方各州施加压力以改善状况、私人慈善家和公共改革者的努力、现代福利国家的建立、战时的组织和战后的繁荣，这些因素加在一起，在 20 世纪上半叶，使美国黑人的相对福祉缓慢但稳步得到改善。

然而，迄今为止，促成积极变革的最重要力量是黑人自身的组织和宣传。在 20 世纪的前三分之二时期，黑人向着种族平等的方向攀升，但同时又被持续排斥在主流社会之外，这刺激非裔美国人更积极地抵制压迫、呼吁真正平等和全面包容。随着越来越多黑人迁出南方，北方的黑人机构，如教会、学院、大学、宣传团体和政治组织获得了权力和影响。他们关注文化和政治叙事，组织社区活动，与白人盟友合作，围绕种族正义催化积极行动，正是他们的这种新能力催生了民权运动，而这早于 20 世纪 50 年代著名的午餐柜台静坐和法律斗争，更早于 1963 年的华盛顿游行。

在叙述民权运动史时，人们通常会把注意力集中在 1954 年布朗诉教育委员会案的判决，到 1964 年通过《民权法》和 1965 年通过《投票权法》这十余年间。然而，最近关于 20 世纪美国种族正义的论述，开始强调 20 世纪上半叶极大地促进了种族融合的关键动力和重要进展。[101] "漫长的民权运动"[102] 一词已被用来描述两代非裔美国人的努力，他们不仅向北迁徙，而且在吉姆·克劳法的长期黑暗统治下激烈地挑战着种族主义。他们的坚定努力在这个国家的排他性社会、政治和法律结构中制造出足够多的裂痕，从而促进了 20 世纪 60 年代的戏剧性变化，这些变化基本上是从一座无法再支撑的水坝中迸发出来的。

228　　虽然对漫长的民权运动的详细描述可以写满几卷书，但我们在这里只强调几个关键的行动和胜利还是很有用的，这些行动和胜利发生在我们通常与分水岭时期之前，并且与上文讨论的缓慢但稳定的种族平等运动相吻合，并推动了这些运动。

全国有色人种协进会（NAACP）是争取种族正义斗争中最具影响力的组织之一，成立于 1909 年，由杜波依斯领导，他与著名白人进步主义者合作鼓动变革。这一新组织主张抵制 1915 年的种族主义电影《一个国家的诞生》，不过成效褒贬不一。[103] 1917 年，残酷的圣路易斯种族暴乱导致 48 人死亡，全国有色人种协进会组织了大约一万名非裔美国人在纽约市第五大道静默游行，抗议种族暴力。[104] 这是美国第一次发生此类大规模抗议活动。[105] 1919 年全国有色人种协进会支持《戴尔反私刑法案》（Dyer Anti-Lynching Bill），该法案随后得到沃伦·哈丁总统支持，并于 1922 年在众议院以多数票通过，但在参议院却遭到南方民主党人阻挠。[106] 尽管在这个时代种族正义的立法胜利寥寥无几，但这是一个民权鼓动者整合在一起形成全国性运动的时代，获得了影响力、曝光率以及主要来自进步主义改革者行列的白人盟友的支持。

随着 1929 年的股市崩盘和随后的大萧条，非裔美国人最先失去工作，并最终受到最严重的打击。尽管罗斯福新政仍不充分且（如上所述）分配不公平，但从绝对意义上讲，罗斯福新政为非裔美国人提供了比重建以来任何时候都多的联邦经济支持。[107] 新政在公共资源保护队、工程进度管理局和公共工程管理局中为美国黑人提供了工作机会，许多部门的工作人员都包括"黑人事务"顾问，其中最著名的是玛丽·麦克劳德·贝休恩（Mary McLeod Bethune），她确保全国青年协会（National Youth Association）向黑人提供就业和职业培训。[108] 越来越多的非裔美国人将罗斯福及其新政视为最大的政治希望，并帮助确保罗斯福在 1936 年连任，他们大批大批地离开共和党，转而支持民主党。

事实上，一些学者认为，国家政党的种族重组比人们通常认为的更为渐进，更受基层组织和意识形态转变的推动。自 20 世纪 40 年代初起，北方民主党人开始支持民权立法，一些学者认为这是后来胜利的"初步试验"。从历史角度来看，这一发展是大迁徙的直接政治后果，因为北方民主党白人对其选民中越来越多的黑人选民做出了回应。这一时期提出的法案既涉及政治平等，包括取缔人头税、将士兵投票联邦化，又涉及经济平等，包括强制推行公平就业，并以各州遵守反歧视措施为条件提供学校午餐资助，进而结束教育领域的歧视。[109] 正如我们在第三章中所指出的，共和党人对这些举措的支持有时甚至比民主党人更强烈。

第二次世界大战大大推动了非裔美国人激进主义的发展以及白人对平等权利的支持，这从根本上改变了美国黑人与白人种族平等和种族包容的对话基调。当黑人军人从为民主原则而战的战场上归来时，他们在国内屈从于不民主现实的意愿也在消退，他们的动机在增长，不仅是为了让更多的人离开南方，而且希望努力改变政治。因此，在第二次世界大战期间，全国有色人种协进会的成员从 50 000 人激增到 450 000 人，[110]这使之在 20 世纪 40 年代的基层和国家层面开展了更多的鼓动活动。一个例子是海军老兵奥蒂斯·平克特（Otis Pinkert）的行动，他在战争中获得三次晋升，但在回家的火车上被迫坐在隔离车厢里。当他到达家乡阿拉巴马州的塔斯基吉时，他对一家主要向黑人售卖物品却只雇用白人的商店进行了抗议，表达他的愤怒。他让这家商店关了门，并以聘请一位黑人经理作为结束抗议活动的交换条件。[111]黑人退伍士兵在为国家和世界服务后，为登记投票、投票或要求得到

230 哪怕一点点的尊重而做出的类似努力都遭到了威胁和暴力，当然这主要发生在南方。[112]但像平克特这样的胜利慢慢地越来越多，因此激发了美国黑人的勇气和信念，他们继续努力敲击着美国"我们"的大门。

第二次世界大战期间，武装部队的种族隔离成为活动家们的另一个焦点。1941 年，在罗斯福政府令人失望地决定继续实行军队种族隔离后，第一个以非裔美国人为主的工会，即卧铺车列车员兄弟会（Brotherhood of Sleeping Car Porters）的创始人菲利普·伦道夫（A. Philip Randolph），威胁要带 10 万名非裔美国人到华盛顿游行。为了避免示威，罗斯福发布了第 8802 号行政命令，禁止在联邦机构和国防工业的战争雇佣中进行种族歧视。[113]

第二次世界大战使黑人和白人都希望争取种族正义的斗争能出现转折点。弥漫在学术界并为歧视提供依据的科学种族主义，在大屠杀之后已经失去了信誉。[114]民权领袖和国际媒体强调了在国外争取人权而在国内容忍种族主义的虚伪性。[115]因此，外交政策压力成为战后和冷战时期政府保障民权的主要动力。1948 年，哈里·杜鲁门（Harry Truman）通过在民主党党纲中保留一个强有力的民权条款，继续吸引非裔美国人加入民主党，从而在一定程度上确保了选举成功。上任后他兑现了之前的承诺，成立了总统民权委员会，该委员会最终产生了一份 178 页的报告，主张全面改革。其结果就是，杜鲁门颁布了人们

期待已久的军队种族隔离禁令。[116]

　　1944 年，瑞典经济学家冈纳·缪达尔（Gunnar Myrdal）应卡内基基金会（Carnegie Foundation）要求研究了种族关系后，发表了题为《美国的困境》（*An American Dilemma*）的严厉批评，直指白人种族主义。该书强调，在美国，在种族歧视的残酷现实和民主平等的"美国信条"之间必须进行的清算，时机已经成熟。缪达尔乐观地写道："自重建以来，还没有更多的理由期待美国种族关系发生朝着美国理想发展的根本变化。"[117] 这本书是一本畅销书，缪达尔的分析深受非裔美国人和白人知识分子的欢迎。历史学家詹姆斯·帕特森（James Patterson）写道："对缪达尔观点的支持几乎是一致的，这反映了自由主义者在战争结束时对种族和民族进步的期望越来越高。"[118] 这种乐观情绪也被战后时期前所未有的政治礼让所推动，我们在第三章中详细讨论了这一点。自由派的共识越来越积极地回应民权活动家的诉求，他们坚持认为采取更积极主动的措施来确保种族平等的时机已经到来。

　　除了政治上越来越重视公民权利，在 20 世纪中叶，文化上也越来越重视种族宽容。一个例子是反诽谤联盟（Anti-Defamation League）的分支机构美国民主研究所（Institute for American Democracy）向学生分发的一本书的封面，它展现的是华盛顿特区漫画公司的超人建议一群孩子反对歧视：

　　　　"记住，孩子们，你们的学校和我们的国家一样，都是由许多不同种族、宗教和民族的美国人组成的，所以……如果你听说有人因为宗教、种族或民族，而出言反对你的同学或其他人，不要等，马上告诉他这种说法是非美国的！"[119]

　　在美国民主研究所宣传缪达尔的"美国信条"式理想的过程中，这个超人漫画是自由反种族主义者乐观主义的典型例子，而这种乐观主义正是 20 世纪中期美国的特色。

尽管这种乐观情绪被夸大了，但还是在司法和立法方面取得了成功。最高法院在 1950 年的多份判决中取消了州立大学的种族隔离制度，这为变革开辟了一条道路，促使非裔美国律师瑟古德·马歇尔（Thurgood Marshall）寻找一个能提出中小学教育隔离问题的案件。1954 年，布朗诉教育委员会案产生了里程碑式的判决。[120] 当然，最高法院要求"以审慎的速度"消除学校的种族隔离，这给拖延留下了很大空间，而艾森豪威尔总统并不热衷于为布朗案判决辩护。但此后不久，国会通过了自重建以来的第一部联邦民权立法，即 1957 年《民权法》，当时被《纽约时报》誉为"20 世纪国会最重要的国内行动"。[121] 该法的主要目的是改善这样一个事实：尽管当时在民权方面取得了重大进展，但仅有 20% 的美国黑人登记投票。不过，虽然消除种族隔离的政策对黑人投票的影响有限，[122] 可它建立了美国民权委员会，该委员会进行的活动、发布的报告，促进了公众舆论的转变，并为随后的立法胜利开辟了道路。

马丁·路德·金博士在 20 世纪 50 年代末已经成为一位强大的民权领袖，他开始雄辩有力地呼吁终结美国的虚伪。尽管金仍是民权运动最受尊敬的领袖，但其他黑人领袖，如埃拉·贝克（Ella Baker）和范妮·卢·哈默（Fannie Lou Hamer），以及许多非裔美国人组织，包括学生非暴力协调委员会（SNCC）和南方基督教领袖会议（SCLC），共同努力发动了前所未有的抗议活动，从 1960 年开始在南方隔离的午餐柜台进行非暴力静坐；到 1961 年，学生种族融合小组发起免费乘车运动，试图迫使实施要求州际交通一体化的法律；再到 1963 年的华盛顿游行，约 30 万民权倡导者聚集在一起，呼吁联邦立即采取行动；以及 1964 年的"自由之夏"，年轻的黑人和白人活动家联合起来，为非裔美国人登记投票而努力。

约翰·肯尼迪在这一波激进主义浪潮的高潮中成为总统。然而，肯尼迪迟迟没有将民权放在首位，而是在冷战高峰时期将重点放在国家安全上。[123] 尽管如此，他很快就开始积极将民主党与民权运动联系起来，让更多黑人进入联邦政府，并鼓励司法部在发起选举权案件方面发挥更积极的作用。肯尼迪的继任者林登·约翰逊将注意力集中在国内问题和肯尼迪未能实现的"梦想"上，迅速将民权问题置于议程中心。作为一名南方人和政治联盟高手，他确保了 1964 年分水岭式的《民权法》、1965 年《投票权法》和 1968 年《公平住房法》的通过，以及一系列旨在让所有美国人，特别是黑人摆脱贫困的伟大社会计划的实施。1967 年，他还任命瑟古德·马歇尔为最高法院法官，这是最高法院的第一位非裔美国法官，也是种族融合的一个里程碑。

233

尽管胜利缓慢得令人痛苦，并且每次都会遇到阻力，但美国从一个自私而分裂的"我"社会，走向一个更利他、更内聚的"我们"社会的上升过程，已经为 20 世纪 50 年代和 60 年代的革命性突破奠定了基础。当然，主要是非裔美国人的活动推动着美国"我们"的范围纳入了黑人。约翰逊总统非常清楚这一事实，他在 1965 年对国会的演讲中说："这场斗争的真正英雄是美国黑人，他们呼吁我们兑现美国的承诺。如果不是因为他们坚持不懈的勇气和对美国民主的信仰，我们当中有谁能说我们会取得同样的进步？"[124] 长期民权运动和大迁徙的关键影响是，它最终挑战国家，促进实现了人与人之间的平等和包容。

改变白人态度

民权运动是整个世纪以来推动非裔美国人走向平等和包容的多种力量的顶点。然而，还有一种力量，那就是在 20 世纪的前三分之二时期，白人的种族主义态度明显下降了。

研究公众舆论的学者们普遍认为，与大迁徙和漫长的民权运动同

时，公开的或"传统的"白人种族主义在 20 世纪中期之前就开始大
幅下降，并持续到 20 世纪 80 年代。[125] 始于 1942 年的最早的民意调查
234 显示，这种支持种族平等的转变，体现在学校、交通、公共设施、住
宅选择、黑人总统候选人和异族通婚等领域（见图 6.9）。20 世纪 60
年代中期的研究表明，白人对种族平等原则的支持在年轻、受过良好
教育的成年人，即婴儿潮一代的父母中最高。20 世纪 90 年代，白人
成年人对种族平等原则的支持已经非常普遍，民调机构不再问这些问
题，但种族通婚问题除外。对这一问题的回答表明，支持种族平等原
则的长期趋势一直持续到 21 世纪。

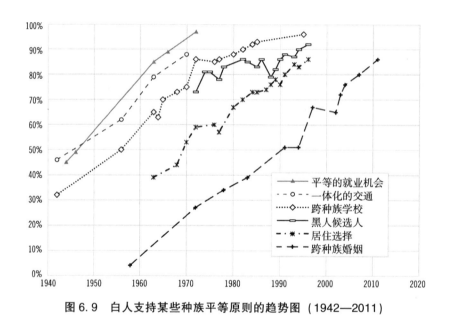

图 6.9　白人支持某些种族平等原则的趋势图（1942—2011）

资料来源：Schuman et al. , *Racial Attitudes*；Krysan and Moberg, *Portrait*. 参见尾
注 6.125。

　　这一趋势在研究同期群数据时尤其明显，同期群数据能跟踪不同
时期的代际变化。从 20 世纪初成长起来的几代人到 20 世纪中叶成长
起来的几代人，每一代人的种族关系观念都更加自由包容，人们的态

度朝着减少偏见的方向稳步前进。由于最具偏见的白人群体已经在 20 世纪最初几十年社会化，我们可以合理地确定，当代对公众舆论的调查拉开帷幕之时，向上发展的基本趋势已经开始了。　235

因此，随着偏见较多人群的死亡和偏见较少人群的成年，白人成年人作为一个群体，越来越不可能告诉调查者他们的黑人同胞在本质上或生物学上低人一等，而更可能说他们至少原则支持种族融合的社会空间和机构。与所有代际变化一样，这一变化的发生与其说是因为思想变了，不如说是因为成年人口代际构成变了。

在历史长河中，白人对种族平等原则的态度发生了巨大变化，它是民权运动和美国崛起这一背景的重要组成部分。另一方面，随着民权运动的推进，这些原则通过政府政策的实施问题，如补偿行动，逐渐凸显出来。在这些问题上，白人的抵抗更为强烈，对变革的阻力也更大，我们将在下文讨论这一事实。甚至白人对种族平等原则的支持也随着 20 世纪的结束而放缓，部分原因是在二战前的几代人离开舞台后，同期群替代引擎产生的总体进步变少了。

换言之，20 世纪 60 年代后，代际间的态度转变放缓了。婴儿潮一代的父母在种族问题上比自己父母一代自由得多，但婴儿潮一代并没有比他们的父母更自由，而婴儿潮一代与其子女之间的差异甚至小于婴儿潮一代与其父母之间的差异。白人种族态度的代际变化速度正在放缓，而且这种放缓还带有滞后性，它表现为白人的整体变化速度在下降。

因此，整个 20 世纪，传统白人种族主义的消退主要发生在 20 世纪 70 年代之前，使人相信种族主义态度正在自由化，甚至美国的"我们"正在扩大。事实上，1964 年的盖洛普民意调查显示，美国人对《民权法》的支持率几乎是二比一（58% 对 31%），1965 年 4 月，　236 足足有 76% 的人表示支持即将出台的《投票权法》。[126] 几十年来，这种人们逐渐接受的种族融合和包容原则，几乎可以肯定是受到了大迁徙和长期民权运动的影响，这也是约翰逊能够确保结束法律上种族隔离的突破性立法的一个重要因素。

在争取通过投票权法案的关键时刻，约翰逊总统向国会发表了一次演讲，他在演讲中预计，要想充分保障美国的种族平等和包容，还有很长的路要走。他警告说："即使我们通过这项法案，战斗也不会结束。但我们会克服的。"约翰逊总结道，他完全支持民权示威者的大合唱。这样一来，他在修辞和立法上都将黑人"我们"历史性地纳入进美国"我们"，倒向美国白人的自由化态度，并将他的希望加入到小马丁·路德·金的"梦想"之中，这种扩大"我们"的力量将保持下去。[127]

白人的强烈抵制

在 20 世纪上半叶，白人对黑人平等的支持取得了实质进展，这在当代调查和代际分析中都可以看到。然而，到了紧要关头，许多美国白人却不愿遵守这些原则。但正如拉罗什福科（La Rochefoucauld）所说，"伪善是邪恶对美德的致敬。"忽视整个 20 世纪白人接受种族平等原则的巨大变化是错误的，但如果认为这种转变直接转化成了实践也是错误的。

可悲的是，正当民权运动开始取得重大成功，特别是当政府采取补偿行动来实现融合之时，促成这一变革的脆弱的全国共识开始受到侵蚀。虽然平等和包容作为原则听起来不错，但美国白人很快开始担忧变革的步伐。尽管大多数人支持 1964 年《民权法》，但在该法通过后不久进行的一项全国民意调查显示，68% 的美国人希望在执行该法时有所节制。事实上，许多人认为，约翰逊政府在实施种族融合方面走得太快了。值得注意的是，随着 1965 年《投票权法》在国会通过，表达这种观点的调查对象比例，从 1965 年 3 月的 34% 跃升至 5 月的 45%。[128]

政府对这一新法律的执行，也越来越受到心怀不满的白人有组织的抵制和暴力反抗。社会学家道格·麦克亚当（Doug McAdam）和卡琳娜·克鲁斯（Karina Kloos）称之为"白人抵抗运动"，并认为它首先在 20 世纪 60 年代初的南方发展起来，20 世纪 60 年代中后期扩散到全国其他地区，旨在"反对非裔美国人为争取传统民权和日益威胁'黑人权力'化身的自由斗争"[129]。

这种"白人的抵抗"是激烈的，而且往往是暴力的。在 1965 年的"血色星期天"中，州警察袭击了试图从塞尔玛游行到阿拉巴马州蒙哥马利的示威者，对他们进行鞭打、棒击并使用了催泪瓦斯。然后，在 1968 年，通过呼吁爱、非暴力和相互理解，带领非裔美国人取得空前胜利的金，被一颗子弹击倒。在 20 世纪五六十年代，金不是唯一因为非暴力鼓动种族正义而被杀害的人，还有梅德加·埃弗斯（Medgar Evers）、吉米·李·杰克逊（Jimmie Lee Jackson）以及其他几位。[130] 随着全国 130 多个城市爆发骚乱，全国经历了强烈的悲痛、愤怒和更多的暴力。[131]

这种反弹并不局限于南方，也不仅仅是暴民的暴力现象，它很快也对政治候选人产生了严重影响。根据麦克亚当和克鲁斯的说法，到 20 世纪 60 年代中期，"国家的种族两极分化程度已经发展到这种程度：一个候选人如果公开争取黑人的选票，就会招致其白人选民的严重背叛"，他们越来越从种族角度来看待伟大社会计划。[132]

在底特律和纽瓦克发生骚乱后，约翰逊总统于 1967 年 7 月任命组建了克纳委员会（Kerner Commission），该委员会于 1968 年 2 月报告说，这些骚乱无疑是非裔美国人对猖獗的种族主义、警察暴行和无法回避的贫困感到愤怒的结果。但约翰逊拒绝了该委员会提出的全面改革建议，即结束非裔美国人的贫民窟化，并增加联邦减贫投入，这表

238

明在他成立该委员会后的七个月内，其善变的政治敏感性已经感知到白人态度的巨大变化。[133]

事实上，1968 年，就在金博士被杀几个月后，阿拉巴马州州长乔治·华莱士（三年前曾主持过"血色星期天"活动）参加了总统竞选，并获得了 13.5% 的选民票。近千万美国人跨地区投票，将一个顽固的种族隔离主义者推上了国家的最高职位，[134] 给 20 世纪前三分之二时期的所有胜利蒙上了阴影，并暴露出这样一个事实，即尽管已经取得了这么多成就，但美国人对将充分的公民权利和特权扩大到所有人的承诺仍然大打折扣。

尽管华莱士吸走了相当大比例的共和党选民，但理查德·尼克松精明地利用了麦克亚当和克鲁斯的所谓"种族反应政治"，在 1968 年赢得了总统大选。他们写道，他"大肆宣传的'南方战略'"，"更准确地说，是对新动态的反映，而不是大胆的新方向。"他们接着说，华莱士出人意料的成功"对两党政治战略家无异于一个启示"，他们从此明白，掌握关键的权力平衡意味着吸引日益增长的白人反抗力量。因此，尼克松总统开始将他的言论转向种族保守立场，并任命了保守的法官，这些法官开始推翻民权运动的胜利果实。他因此成功赢得华莱士的支持者，攻下了南方各州，并在 1972 年以压倒优势赢得连任。正如我们在第三章所指出的，这是政党两极化 U 型曲线的关键转折点。[135]

随着 20 世纪 70 年代的发展，政治家们越来越明白，虽然美国人可以忍受美国黑人缓慢、稳定和独立的进步，但当这些进步要求重组权力结构、重新分配资源、重塑文化规范和追求真正融合时，反弹就随之而来。这一点最明显的体现莫过于白人对政府强制推行的校车种族融合的强烈抵制。当白人逃往郊区，以规避 1968 年《公平住房法》所鼓励的邻里融合时，反弹也很明显。

事实上，在研究人们对旨在实现种族平等政策（通常简称为"种族政策"）的态度时，学者们发现，不仅白人受访者仍然广泛反对，而且自 1970 年以来，他们的支持率普遍呈下降趋势。白人对在学校、公共场所和就业领域禁止歧视和隔离政策的支持率，自 1970 年代初以来有所下降。[136] 与此同时，自 1970 年以来，白人对向美国黑人提供补偿性政府援助或优惠待遇的补偿行动计划的支持率一直很低，无论受访者被问及的是直接支出还是政府援助，是学校招生还是就业招聘。[137]

同样，在后民权时代，尽管白人受访者表示，当涉及少量黑人时（即当种族融合学校中只有"几个"黑人儿童或隔壁只有一个黑人家庭时），他们对种族融合的支持度越来越高，但当涉及大比例的黑人时，支持度就低得多，这表明他们对种族宽容的追求是有限的。[138]

在 20 世纪末，当被问及种族不平等的原因时，很少有白人受访者说美国黑人"低能"。然而，他们最常见的替代解释既不是种族歧视，也不是 20 世纪最后几十年中不断下降的"机会少"，而是"活力差"，这种观点似乎只是把种族主义态度从先天性转变成非先天性。[139] 尽管对传统白人种族主义的测量通常显示出长达一个世纪的代际下降趋势，但同期群分析显示这一下降过程最近几十年有所减缓。

因此，虽然在 20 世纪的前三分之二时期，对种族包容的态度有了非常真实的自由化趋势，但在这一进展之后，白人显然对使包容成为现实所需的措施产生了强烈反冲。

美国开始减速

240

然而，在 1963 年至 1966 年期间取得分水岭式的司法和立法胜利之后，非裔美国人的确比以往任何时候都更快地走向了社会、法律和政治的融合。这在政治代表权、种族通婚、公共的空间、机构和媒体的融合、美国黑人进入职业学校和中上层职业等领域尤其如此。

而且，正如我们上文所讨论的，尽管黑人没有实现平等，但到 20 世纪 60 年代中期，他们在健康、教育程度、收入、房屋所有权，甚至投票方面与白人平等的不充分进步已经持续了几十年。因此，我们可以合理预期，随着排斥性法律的改变，以及越来越多阻碍全方位融合的藩篱被打破，种族间已经存在的平等趋势将继续甚至加速。然而，20 世纪的最后三分之一时期令人沮丧的现实是，这种进步明显减速，在某些情况下甚至出现逆转。

在 20 世纪的最后几十年里：

——美国黑人相对预期寿命的增长停滞不前，直到 21 世纪初才开始再次改善。[140]

——婴儿死亡率种族差距的缩小趋于平稳，美国黑人的婴儿死亡率近年来有所上升。[141]

——黑人/白人在高中和大学学位获得方面的比例几乎没有任何改善。

——种族间收入平等的进展出现逆转，总体而言，黑人和白人的收入差距明显扩大。[142]

——黑人的相对住房拥有率趋于平稳，甚至有所下降。

——学校开始重新隔离。[143]

——白人态度的代际自由化趋势放缓。

241　　一次又一次的测量显示，在民权运动之前的几十年，积极变化的速度实际比其之后的几十年要快。而在许多情况下，这种进展随后就停止或逆转了。

克莱蒙（U. W. Clemon）是一位非裔美国律师，四十多年前赢得了阿拉巴马州学校取消种族隔离案，创造了先例，最近他又在同一个县打了一场非常接近的法律战，他说，"我从没想到，我在 2017 年还要打一场我认为我在 1971 年已经基本打赢了的仗。"[144]

对于美国为何不继续推动平等、融合和更包容的"我们",一个重要的解释是,美国白人直言不讳地反对这样做所需要的举措,而且往往是暴力反对。与此同时,许多美国黑人也开始对自由派当权者的承诺失去信心,也对看上去进展极其缓慢的种族融合项目失去信心。1978 年,《纽约时报》报道的调查数据表明,尽管大多数美国黑人总体上承认白人邻居的自由化态度,但 44% 的人认为,白人对帮助他们获得"更好的发展"并不"感兴趣"。[145]

因此,在 20 世纪 60 年代中期,从"我们"到"我"的文化转变与白人对民权运动的强烈反击密切相关,也与从吉姆·克劳种族主义向一种新的白人种族主义转变密切相关,有时后者也被称为"自由放任的种族主义"。1997 年,劳伦斯·博博(Lawrence Bobo)及其同事认为,"对种族隔离的支持,对异族通婚的反感,以及对黑人内在劣根性的信念,是吉姆·克劳时代的意识形态基石。集体的种族怨恨是自由放任种族主义新时代的核心内容之一。"[146]2004 年,唐纳德·金德(Donald Kinder)和霍华德·舒曼(Howard Schuman)引用玛丽·杰克曼(Mary Jackman)的话说,"白人开始拥护个人主义理念……因为这为他们提供了一个有原则的、明显中立的理由,来反对有利于美国黑人的政策。"[147]

我们在前四章中记录了经济、政治、社会和文化方面从"我们"到"我"的广泛的全国性转变,这一转变对黑人的伤害和白人一样多,甚至更多。更个人主义的美国并不比更社群主义的美国对少数族裔更友好,有时甚至更不友好。 242

种族与"我—我们—我"曲线

对于美国在 20 世纪的前三分之二时期从"我"到"我们"的广泛攀升，一种可能的解释是，由于它与吉姆·克劳的种族主义排斥不谋而合，所以当时美国构建的"我们"是以牺牲非裔美国人为代价的。有些人可能会说，很简单，在这一时期，正在构建一个白人男性的"我们"，没给其他人留出空间，构建"我们"的力量最终来自排他性。

然而，这一观点没有考虑到黑人在同一时期朝着与白人平等的方向前进的方式，也没有考虑到长期的民权运动所取得的缓慢但重要的胜利，民权运动在几十年间以重要的方式（尽管最终并不充分）说服白人当权派扩大"我们"的范围。正如一位反思美国种族关系的作家所说，这些改变"还不足以马上消除这个世界的种种差异"。[148] 不过到了 20 世纪 60 年代末，尽管扩大种族范围的工作还没有完成，但美国已经比历史上任何时候都更接近包容的"我们"。

事实上，将永久改变美国种族法律关系、具有里程碑意义的民权立法，在"我—我们—我"曲线的高峰期通过，表明"我们"意识的扩大（前文已讨论过了，在 20 世纪 60 年代之前，"我们"意识已在许多领域扎根）实际上是消除"种族界线"的一个先决条件。如果没有历史学家布鲁斯·舒尔曼（Bruce Schulman）所说的，美国在过去几十年中一直朝着"广阔的普遍主义愿景"进发，[149] 很难想象这样一个经历了长期暴力抵制的、具有分水岭意义的变化会成为可能。

此外，我们注意到的"减速"现象，即在大约 1970 年之前，许多种族平等措施的进展实际上较快，而此后则放缓、停滞和逆转，它243在很大程度上与国家从扩大的"我们"向缩小的"我"的大转变相吻合。拖延已久的种族融合行动为进一步改善种族关系带来了希望，但随着国家转向一个不那么平等的理想，这些希望也都没有实现。因此，如果从整个世纪的角度来看，那种主张为了给种族进步铺平道路而必须消解白人男性"我们"的想法，是没有数据支持的。这是因为，随着这个"我们"的瓦解，许多重要领域的种族进步也都停滞不前。

当然，白人对黑人解放非常真实而强烈的反击，是美国如何以及为什么从"我们"回到"我"的故事的一个重要部分。事实上，在深刻的、嵌入历史的、尚未解决的种族主义背景下，美国大踏步转向"我"，肯定是对维持更多样的多种族"我们"这一最高挑战的某种重要回应。例如，经济学家查尔斯·巴拉德（Charles Ballard）认为，"对民权运动的长期抵制"是过去50年中产生更普遍的反平等主义浪潮的关键因素。[150] 社会学家道格·麦克亚当和卡琳娜·克鲁斯，在论及种族仇恨导致远离政治自由主义和大政府时提出了类似主张。[151] 此外，布鲁斯·舒尔曼认为，我们在前一章中讨论过的20世纪70年代所支持的身份政治和文化，助长了竞争风气的兴起，并放弃了更广泛的公共场所的合作伦理。他指出，结果是公民身份概念的支离破碎，不再基于广泛的共同性，更多是要求与狭隘的群体身份感相关的权利和特权。[152]

如果不断加剧的不平等、不断下降的社会资本、瘫痪政治的两极化、激增的文化自恋和断裂的共同利益概念等这些导致美国全面转向"我"的决定因素，在某种程度上是为最终实现种族平等而付出的必要代价，有些人可能会说这很值得。但事实是，尽管从"我们"转向了"我"，这种平等仍未实现。这种转变对非裔美国人的伤害与其他人一样大，甚至更大。此外，20世纪朝向平等的主要进展不是在美国分裂的"我"的时刻发生的，而是在其更早时期朝向不完美的、但更广泛的"我们"的漫长过程中发生的。

1945年，在杜波依斯首次将"种族界线"描述为20世纪的决定

244

性问题 42 年后，非裔美国社会学家圣克莱尔·德雷克（St. Clair Drake）和霍勒斯·凯顿（Horace R. Cayton）出版了《黑人大都会》（*Black Metropolis*），这是一项开创性的研究著作探讨了大迁徙移民在芝加哥南区矛盾而复杂的生活。他们描绘了一幅生动但又往往令人痛心的生活画卷，作为一个完全隔离的角落，美国充满了追求美国梦的人，他们以前所未有的方式参与了美国梦。尽管在 20 世纪中叶，被排斥在美国主流社会之外仍是黑人的主要经历，但巨变正在发生。"种族界线不是静止的，"作者总结道："它弯弯曲曲，有时还是断裂的。"[153]

因此，20 世纪美国复杂的种族历史的一个教训也许就是这样："我们"可以用更包容或更排他的术语来界定，这种包容性可以随着时间推移逐渐改变。但自私、支离破碎的"我"社会并不是实现种族平等的有利环境。此外，任何试图建立没有充分包容性、没有充分平等性或不真正包容差异的美国"我们"的做法，都将埋下失败的种子。寻找新的、更具包容性的方法来实现小马丁·路德·金未实现的"至爱社区"愿景，即一个真正的多种族和多文化的"我们"的愿景，与以往一样紧迫，并将决定美国是否最终能够扭转下滑趋势，进入另一个上升期。

第七章
性别与美国的"我们"

在上一章中，我们讨论了非裔美国人的经历如何映射到美国 20 世
纪的上升阶段，从中提出了一个关键问题，即那些证据是否表明美国
"我们"的几十年是以有色人种为代价的。在本章中，我们用同样的
问题考察妇女的经历。从性别角度看这个世纪美国的"我—我们—
我"的世纪故事如何得到证实、反驳或复杂化的。

正如我们在对非裔美国人的研究中所看到的，在我们这个多元化
的国家，对任何一个亚群体进行总体讨论都是一项危险的工作，因为
它不可避免会掩盖重要的地理、经济、文化和特异性的经验差异。当
我们考虑的群体是"妇女"时尤其如此，因为妇女约占总人口的一
半。此外，在基于我们的兴趣轨迹定义如此广泛的群体时，我们也必
须承认下述事实，即这个群体包含了其他所有边缘化群体，这就引入
了交叉性问题，而且分层式歧视可能产生的经验和结果是利用单一分
类数据所不能完全反映的。[1] 因此，我们提醒读者，这项研究是一项宏
观历史练习，因此难免涉及复杂故事的简化，我们提供了一个概括性
的解释，来说明我们现在所熟悉的倒 U 型曲线这一极强劲现象如何通
过性别反映和/或折射出来。[2]

20 世纪初的美国妇女

尽管自美利坚共和国成立以来，妇女一直在呼吁平等和包容，[3] 但人们还是普遍认为，美国妇女运动发端于 1848 年塞尼卡瀑布集会。这是第一次以解决妇女权利问题为主旨的全国集会，近 300 人在纽约州北部的一座教堂里讨论"妇女的状况和权利"，并通过决议呼吁在 12 个领域实现男女平权，包括财产所有权、教育、就业、公共领域的参与能力，以及最具争议性的选举权。[4] 因此，塞尼卡瀑布集会可谓发起了"第一波"美国妇女运动。[5]

根据历史学家克里斯蒂娜·斯坦塞尔（Christine Stansell）的说法，到 1900 年，"塞尼卡瀑布集会提出的许多要求已经赢得初步胜利，包括大学教育、进入职业领域、放宽财产权限制、（和）儿童监护权。"[6] 当然，这些变化主要利好最有特权的妇女，对解决目前的种族和族裔歧视毫无作用。此外，当时人们普遍期望妇女扮演狭义的妻子和母亲角色，并在很大程度上认为婚姻和就业相互排斥。然而，在 20 世纪的最初几十年，选择不结婚对中产阶级、受过教育的"新女性"越来越有吸引力，她们渴望将自己的教育用于家庭之外，并急切地利用新出现的机会来这样做。

然而，总的来说，在 20 世纪初，只有大约 20% 的妇女成为正式劳动力。[7] 这些职业女性大多数都单身，受教育程度低，并来自低收入家庭，她们是出于需要而寻求雇佣劳动就业。[8] 她们的经历与享有特权的 247 同胞明显不同，她们经常面临极其恶劣的工作条件，1911 年纽约市三角衬衫厂的毁灭性火灾就是明证，这场火灾夺去 146 人的生命，大部分是移民妇女和女孩。因此，为工人阶级妇女争取更高的工资和更好的工作条件，成为早期妇女运动的重要组成部分。

但是，三角衬衫厂火灾这样的悲剧也激发了新一代中产阶级女性改革者，她们开始主张，随着越来越多妇女进入工业经济，劳动、贫困和阶级问题应该在妇女解放中发挥关键作用。许多女性活动家受进步运动的社群主义理念启发，开始将长期且仍在进行的争取妇女选举权的斗争，重塑为与创造更广泛的美国"我们"这一更大目标分不开的东西。[9]

然而，这一许多女性改革者开始倡导的进步观点，以及她们更多的女权主义姐妹们提出的权利叙事，仍然高度种族化。许多早期女权主义者最初与被奴役的非裔美国人找到了共同的事业，并作为内战前废奴运动的热情参与者发出了自己的声音，因此，20世纪早期妇女运动中的种族主义尤其引人注目。但在1870年，法律上给予黑人男性投票权的宪法第十五条修正案获得批准，尽管在黑人男性选举权问题上，有人要求并积极辩论给予女性投票权，但在修正案的受保护类别中，"性别"显然不存在。这一事实激怒了一些白人妇女参政者，并分裂了争取种族公正和两性平等的运动，甚至分裂了妇女参政者。[10] 因此，20世纪早期的妇女运动是多样化和多层面的，包括许多不同的亚群体，她们的行动和议程随着时间推移要么走向融合，要么走向分裂。

这一现实的另一个例子是，在20世纪之交，更有活力的年轻一代女权主义者开始加入妇女选举权运动的队伍，他们并不害怕采用更有争议和更对抗的策略来推动他们的事业。他们帮助推动长达72年的斗争取得成功，赋予妇女投票权的宪法第十九条修正案终于在1920年获得批准。[11] 这一分水岭式的胜利，加上进步的童工立法、保护女工的法律和越来越多的工会组织，新的教育和职业机会的开放，以及慢慢改变的关于性和女性身份的文化观念，意味着许多美国妇女对自己性别的未来满怀乐观主义。斯坦塞尔写道："人们期待20世纪能为男女之间带来，如果不是乌托邦的话，一些伟大而光辉的东西。这是一种女权主义，它承诺推动女性进入一个有热情的男性陪伴的光辉未来。"[12]

尽管高度和谐的性别平等目标仍然遥不可及，但在随后的一个世纪，妇女还是取得了实质进步，妇女的社会角色得到极大的重塑和重新想象，权利和机会得到极大扩展，女性劳动力的参与率增加了两倍，许多争取更安全和更公平工作条件的战斗已经获胜，以前不允许妇女参加的工作类别已经开放，妇女在教育程度和投票率上甚至超过男性。虽然这些进步在不同的妇女群体中非常不平衡，但经济史学家克劳迪娅·戈尔丁将这些和其他长达一个世纪的发展趋势称为"性别大趋同"。[13]

那么，这一进展究竟是如何实现的呢？对 20 世纪两性平等发展的流行历史叙事通常采取以下两种形式之一：

——"第一波女权主义运动"取得重大进步，最大的成就是获得了投票权。但根据这种说法，在取得这些成就之后，妇女活动甚至两性平等都出现了长达数十年的停滞甚至缩减，这就需要从 20 世纪 60 年代开始动员推动"第二波"女性运动。正如这个故事所说，20 世纪六七十年代的"女权主义革命"最终使我们今天看到的广泛进步成为可能。与这一叙事相关但稍有不同的版本淡化了 20 世纪初女性的成就，认为它对大多数妇女的生活影响甚微，而在妇女平等和包容方面取得的几乎所有显著进步都可以归因于 20 世纪 60 年代的妇女运动。

——第二种叙事（我们认为更有说服力）表明，妇女迈向平等和包容的故事实际上可能比经常重复的第一种叙事更为复杂。虽然有些指标显然表明女性取得的进展是长期而滞后的，但许多其他指标表明，在整个 20 世纪，妇女实际上正在朝着平等和包容的方向稳步前进。这种进展既没有在两波激进运动之间停滞，也没有在 20 世纪 60 年代之前受到遏制。

249

此外，尽管性别平等在许多方面尚未实现，但与我们在种族问题上一再看到的现象不同，近几十年来其进步几乎没有明显放缓。相反，一旦妇女开始走向教育、经济和政治平等（无论是在 20 世纪初还是晚些时候），这一进步趋势基本没有减弱。[14]

因此，仔细观察一个世纪以来几个不同的性别平等实证指标，很难揭示一个简单的故事，但可能会纠正一些常见的错误观念，即女性在迈向全面平等参与美国"我们"的过程中所取得的显著但仍不充分的进步速度和时机，可能与我们通常认为的不同。

妇女教育状况

正如我们在第二章中所讨论的那样，在 20 世纪初，免费高中教育的普及在全国范围内大幅扩展，这反映在图 7.1 所描述的总体毕业率的急剧增长上，[15] 女孩的入学率和毕业率都高于男孩，特别是在 20 世纪早期的几十年。1900 年，所有高中毕业生中，整整 60% 是女生。据经济史学家苏珊·卡特（Susan B. Carter）和马克·普鲁斯（Mark Prus）称，"在 20 世纪的第二个十年里"，在入学率方面，"白人女孩的人数超过男孩四分之一，黑人女孩的人数超过男孩三分之一。"[16] 250

许多年轻男子被蓬勃发展的工业部门所吸引，这往往意味着他们辍学，从而促成了 20 世纪初的女性教育优势。但是，在 20 世纪最初的几十年里，这么多女孩上中学的另一个原因是，迅速扩大的文职部门，为受过中学教育的年轻女性提供了干净、体面、体力要求不高的工作。事实上，到了 20 世纪 30 年代，大多数文职工作都要求有高中文凭，这为完成中学教育创造了明显的经济激励。因此，经济的结构变化慢慢带来了更大的教育回报，尤其是对白人女性而言。[17]

　　然而，当大萧条迫使大量年轻男子失业时，他们中的许多人又回到学校，女性领先的规模开始缩小。在第二次世界大战期间，当年轻男子去打仗时，这种差距急剧增加，但随后又恢复到长期平衡状态。如图 7.1 所示，在 20 世纪余下的时间里，女性高中毕业生略多于一半，这一事实今天仍然成立。值得注意的是，高中毕业生的性别比例，在高中毕业率不均衡但显著增长的一个世纪中一直保持稳定。在 19 世纪八九十年代，略多于一半的高中毕业生是女性，当时只有 5% 的美国青年从高中毕业，而今天略微超过一半的高中毕业生是女性，此时近 90% 的年轻人从高中毕业。一个半世纪以来，高中教育中的性别平等一直是个常态。

251

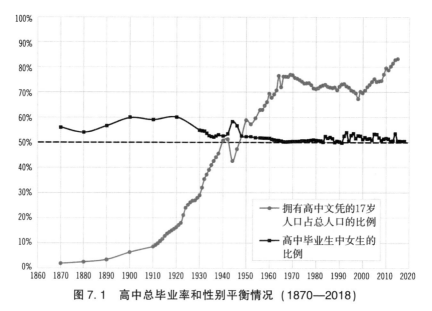

图 7.1　高中总毕业率和性别平衡情况（1870—2018）

资料来源：*Historical Statistics of the United States*；National Center for Educational Statistics.

图 7.2　应届大学毕业生的性别平衡情况（1870—2017）

资料来源：U. S. Census；Current Population Survey；National Center for Education Statistics.

　　然而，如图 7.2 所示，大学教育情况大为不同。20 世纪初，男性比女性有明显优势，女性上大学的机会是新出现的，且非常有限。1900 年，不到 20% 的大学毕业生是女性，但这一比例在整个世纪不断攀升。因此，大学毕业生的性别差距在 20 世纪总体上缩小了，但 20世纪 50 年代是个显著的例外，当时的性别差距暂时扩大。这一时期，在《退伍军人权利法》推动下，男性上大学的人数迅速增加，许多女性为了组建家庭（婴儿潮一代）而提前或推迟上大学。[18] 此外，一些学者还认为，《退伍军人权利法》导致男性在高等教育中享有特权，一些案例显示，为了给退伍军人腾出空间，暂时限制了女性的入学名额。[19] 因此，在 20 世纪 50 年代，女性在本科生中的比例有所下降，导致高等教育的性别平等进程出现暂时倒退。这种挫折是暂时的，到了20 世纪 80 年代，女性的大学毕业率已经赶上男性，然后开始超越他们。现在，女性获得学士学位的可能性大大高于男性，这一事实在除

252

亚裔美国人以外的所有种族和族裔群体中都是如此。[20]研究生教育的两性平等更为滞后，但在 20 世纪下半叶也取得快速进展，如图 7.3 所示。

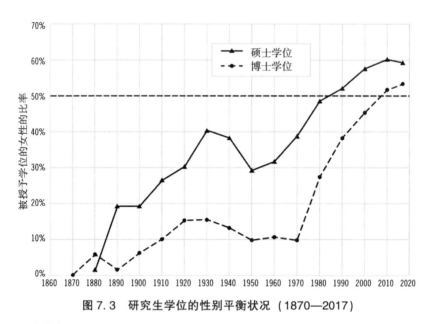

图 7.3　研究生学位的性别平衡状况（1870—2017）

资料来源：U. S. Census；Current Population Survey；National Center for Education Statistics.

　　总而言之，从 19 世纪末开始，女性在本科和研究生教育中都远远落后于男性，从 1900 年到 20 世纪三四十年代左右，女性在性别平等方面取得了实质进展。在 20 世纪中叶，这一进展被第二次世界大战及其后果打乱，但随后在 1950 年左右，在学士和硕士学位方面，以及 1970 年左右，在博士学位方面，男女平等又全面恢复并加速发展，到 2017 年，57% 的学士学位、59% 的硕士学位和 53% 的博士学位都授予了女性。[21]

　　同样的模式也适用于法律和医学等领域的专业学位，这些专业学位在实现性别平等过程中长期滞后，随后在 20 世纪的最后 30 年迅速发展。为了解释 1970 年后这一戏剧性的增长，克劳迪娅·戈尔丁指出了鼓励女性寻求高等教育，特别是寻求以职业为导向的教育的几个因素：60 年代后的女权主义鼓励了独立心态，离婚率上升进而提升了妇女在经济上支持家庭的需要，避孕药的出现允许推迟生育，年轻女性看到年龄较大的女性更多地参与工作，寿命更长。戈尔丁总结道：

> 由此（年轻女性）增加了对正规学校教育的投入，主修职业导向的课程，并继续在专业和研究生院学习的人数大大增加。她们的视野比前几代人更宽广，身份也发生了变化，这使她们觉得职业优先于婚姻，或与婚姻同等重要。[22]

因此，在 20 世纪的教育公平问题上，我们看到了一个明显的例子，即高等学位的男女平等长期滞后。但更引人注目的是，妇女在中等和大学教育上取得了基本稳定的、长达一个世纪的进步，这一趋势为 20 世纪末经济平等变化奠定了重要基础。[23]

性别平等的经济学

妇女在教育平等方面的进步，甚至在高中、大学和研究生学历方面超过男性，这些成就是否反映在经济收益中呢？

当我们回顾 20 世纪的女权主义时，脑海中最常浮现的一个形象是贝蒂·弗里丹（Betty Friedan）对不快乐、不满足的家庭主妇的描述。根据她的说法，当她在 1963 年出版《女性的奥秘》（*The Feminine Mystique*）时，她们在很大程度上仍然被母性和家庭奴役所禁锢。然而，尽管这一形象在塑造 20 世纪的性别叙事上很有影响力，但事实上，早在 1860 年，女性就开始稳步进入职场，如图 7.4 所示。[24]

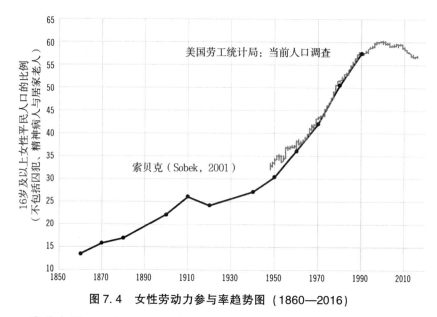

图 7.4　女性劳动力参与率趋势图（1860—2016）

资料来源：Matthew Sobek，"New Statistics on the U.S. Labor Force, 1850 - 1990"，*Historical Methods* 34（2001）：71-87；Current Population Survey. 1860 年的数据排除了奴隶。

255　　　　我们看到，从 1920 年到 1990 年，妇女的劳动参与率实际上是稳定增长的（1950 年后有所加速），就业方面的性别差距在整个 20 世纪逐步缩小。有趣的是，这一衡量指标并没有显示出 1965 年至 1975 年妇女运动对整个女性劳动参与的任何影响。[25]

　　　　在整个 20 世纪，越来越多的妇女外出工作，妇女在有偿劳动中的比例越来越大，最终约占今天所有有偿劳动者的 47%。[26] 如图 7.4 所示，随着 21 世纪的到来，妇女进入劳动力市场的人数开始减少，学者们将这一事实主要归因于持续缺乏有利于家庭的工作政策和负担得起的公共托儿服务，但也归因于最近男性养家和女性持家这一传统态度的复苏，我们马上就将讨论这两个事实。尽管关于这一特殊的经济放

256 缓给妇女和经济带来代价的文章很多，但它实际上并不反映性别平等的减少，因为男性劳动参与率在这个时候也在下降。

事实上，当我们把整个 20 世纪以来男性和女性参与有偿劳动的情况并列齐观时（参见图 7.5），我们看到性别差距明显在稳步缩小，几乎从未中断。这种日益平等的趋势适用于所有种族群体和年龄，但 55 岁以上的妇女是个重要的例外。然而，不同种族的妇女在何时以何种方式进入劳动市场上，也有一定差异。[27] 这一趋势在各个家庭收入水平上都是如此。然而，在 20 世纪，高收入家庭的劳动参与率比低收入家庭增长更快。这主要是由于文秘、销售和服务部门为受过教育的女性提供了白领职位。值得注意的是，这一趋势也适用于所有婚姻状况，而已婚妇女的就业率增幅最大。[28]

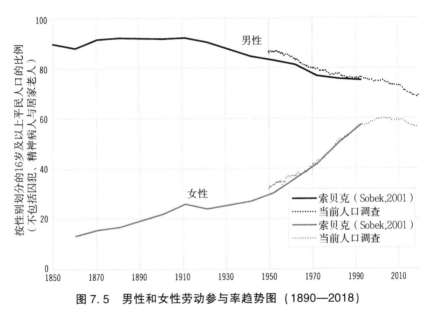

图 7.5　男性和女性劳动参与率趋势图（1890—2018）

资料来源：Matthew Sobek, "New Statistics on the U.S. Labor Force, 1850－1990", *Historical Methods* 34（2001）：71-87；Current Population Survey. 1860 年的数据排除了奴隶。

这些趋势的形态似乎在讲述一个男女在劳动力方面稳步走向平等的故事，这一现象在美国向更广泛的"我们"迈进之前就开始了，并在之后持续了很长时间。然而，劳动参与数据仅仅衡量有工作的妇女数量，而不是妇女在工作中获得报酬、待遇和成就的质量。事实上，弗里丹所呼吁的一个重要内容，就是在家庭之外进行有意义的工作。

当看到女性劳动参与率稳步上升时，一个发人深省的问题是，为什么越来越多的女性参加工作。是为了寻求满足和意义，还是出于日益增长的经济需要？虽然我们没有整个世纪的完全数据，但1978年至1999年间进行的恒美生活方式调查就问过女性这个问题。她们的回答见图7.6。值得注意的是，在弗里丹的呼吁之后，报称因为想工作而工作的妇女人数在这一时期保持不变，而报称因为不得不工作的妇女人数几乎翻了一番。这种对比反映了20世纪70年代，也就是美国"我"时代的10年后，越来越多的美国工人阶级面临经济挑战，我们已在第二章详细讨论了这一点，以及同一时期单亲家庭的显著增加，正如我们在第四章所讨论的。

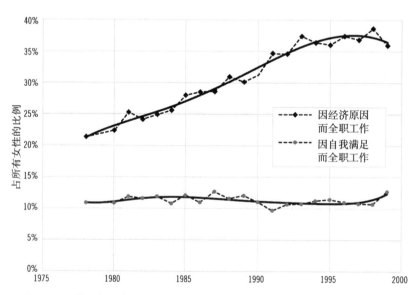

图7.6 美国妇女出于必需或自主选择外出工作的情况（1978—1999）

资料来源：DDB Needham Life Style Survey, in Putnam, *Bowling Alone*, pp. 196-98.

　　一般来说，对妇女就业大趋势的讨论，都将劳动参与度的提高解释为性别平等的可喜进展。然而，图 7.6 的一个微妙但重要的含义在于，20 世纪 70 年代、80 年代和 90 年代妇女稳步进入有偿劳动市场（如图 7.4 和图 7.5 所示），是否真是妇女生活越来越充实的标志。如果越来越多的妇女能够享受专业工作带来的个人和经济收益，这无疑是对性别平等的肯定。然而，如果来自少数族裔社区的贫困妇女越来越被迫离开她们的孩子，进入劳动力市场，就像 20 世纪 90 年代的福利改革一样，那么，我们是否该将其视为性别平等的有利因素就不太确定了。相反，它可能被视为阶级歧视的恶化，类似我们在第二章所讨论的经济平等趋势。

图 7.7　男女全职工人年收入比率趋势图（1890—2012）

资料来源：Goldin, *Understanding the Gender Gap*, 59.

　　此外，尽管在劳动参与方面存在稳定的、长达一个世纪的性别平等趋势，但是，走向同工同酬的过程却远没有这么简单。如图 7.7 所示，1890 年至 1955 年间，妇女的收入确实有了稳定的增长，导致薪 258

酬平等水平大幅跃升。（纵轴很容易解释为妇女 2012 年获得 "0.77 美元"，而在 20 世纪 60 年代则为 "0.61 美元"）。然而，在此后的 30 年，这一趋势发生了逆转。只有在 20 世纪 80 年代，妇女才开始在工资平等方面取得有意义的进展，最近几年则又停滞不前。[29]

就收入而言，所谓 "第二波女权主义" 和 1964 年通过的《民权法第七条》的滞后影响更为明显。该第七条正式禁止薪酬和报酬方面的性别歧视。然而，正如上图所示，这项法律变化的最终影响姗姗来迟，主要是因为该法的执行取决于妇女所提起的歧视指控诉讼，这往往需要多年时间才能得出结论。此外，到 1969 年，平等就业机会委员会（EEOC）收到了超过五万份性别歧视报告，该机构根本无力核实这些报告。[30] 但到 1980 年，十多年的立法和司法胜利终于开始在妇女薪酬平等方面取得重大进展。在 20 世纪下半叶，歧视的减少、工资差距的缩小，都表明妇女获得了更多的教育成果，包括她们越来越多地选择那些能在将来赚大钱的教育轨道，以及她们雄心勃勃地追求进入传统上属于男性的职业。[31]

然而，2017 年，当一个典型的职业男性赚 1 美元时，与之相同的一个典型的职业女性却仍然只能赚到 84 美分，性别工资差距为 16%。[32] 根据妇女政策研究所（Institute for Women's Policy Research）的数据，"如果男女平等的变化继续以过去 50 年的慢速进行，女性需要 42 年或直到 2059 年，才能实现与男性薪酬平等。"[33] 有色人种女性的情况更为严峻，她们的收入通常远远低于 84 美分，实现薪酬平等的步伐明显更慢。按照目前的速度，"黑人妇女的年收入中位数将在 2119 年达到与白人男子相同的水平，西班牙裔妇女则要等到 2224 年。"[34] 此外，妇女已经实现甚至超过了与男子的教育平等，但这一事实尚未对工资产生同等影响。正如乔治敦大学教育和劳动力中心所报告的那样，"在所有教育水平上，女性的收入平均比男性少 25%"，而且一般来说，"女性必须拥有博士学位，才能和拥有学士学位的男性收入一样多。"[35] 因此,尽管在 20 世纪的最后三分之一时期,两性朝向工资平等改善速度比以往任何时候都快,但真正平等仍然难以实现。

尽管进入劳动力大军的女性人数非常多,但她们承担的家务和育儿责任仍远大于男性。[36] 一些观察家强调,这种不平衡及其对妇女长时间工作能力的限制,以及妇女必须更频繁地从工作和事业中休息以照顾孩子或老人,这些是薪酬差距顽固持续存在的主要原因。[37] 一些薪酬差距显然也是歧视造成的,因为女性被剥夺了晋升或加薪的机会。今天,女性报称在工作场所遭受这种歧视的可能性是男性的两倍,[38] 经济学家经常指出,在性别薪酬差距中,有一定比例的差距是所有其他因素"无法解释"的。

目前为止,性别薪酬差距缩小却仍然显著的最大原因是职业隔离的持续存在。职业隔离是用"相异指数"(Index of Dissimilarity)测量法来跟踪的,该指数计算特定工作类别中男女就业的平均分布情况。如果像今天这样,女性占总劳动力的 47%,那么零职业隔离(或相异指数为零)将意味着:平均而言,在护理、工程、零售、财务规划等工作类别中,女性雇员都占 47%,男性占 53%。然而,如图 7.8 所示,1900 年,相异指数接近 70,这意味着 70% 的女性需要进入男性主导的职业(或反之),才能实现职业平等。因此,在 20 世纪初,美国劳动力中按性别划分的职业隔离率非常高。

但长期趋势显示,在 1960 年之前,这一指数变化不大,此后缓慢提升,1970 年后才明显改善。[39] 这一趋势是 20 世纪 60 年代女权主义运动似乎产生了重要影响的另一个例子,它最终促成许多长期不允许妇女参加的工作类别向女性开放。[40] 然而,今天仍有近 50% 的工人必须重新调整职业类别,才能实现职业上的性别平等。[41] 这一事实对薪酬差异有重要影响,因为一般来说,男性主导的工作类别比女性主导的报酬更高。因此,女性收入低于男性的一个主要原因是,他们集中在薪酬通常较低的工作上。[42]

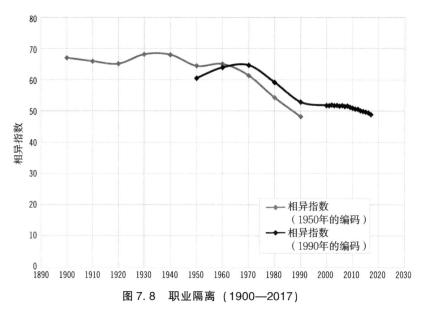

图 7.8　职业隔离（1900—2017）

资料来源：US Census；IPUMS；American Community Survey. 参见尾注 7.39。

　　职业隔离如何成了美国经济的持久特征？19 世纪末，美国的新兴
261　产业，如钢铁、木材、采矿和机械等对女性劳动力的需求非常少，走
出家庭寻求工作的妇女只能在工厂里从事生产纺织品、服装和罐头之
类工作，这些工作岗位通常没有资质要求，没有晋升机会，并且计件
付酬。[43] 然而，在 20 世纪之交，企业开始复合化发展，零售店变得相
当大，通信和公共事业等部门也急剧扩张。这些经济结构的变化造成
了对文秘工作人员日益增长的需求，其中大部分由女性来满足。1900
年，女性占所有白领工人的 18.5%，1930 年，这个数字增加了近两
倍，达到 33.2%。同样，1900 年，女性占文秘和销售职位的 20.2%，
1930 年则翻了一番，达到 40.4%。[44] 女性，尤其是受过教育的女性，
不再严格限制在非正式就业岗位上，如在洗衣店服务或照料寄宿生，
也不再限制在艰苦且低水平的正式工业岗位上。

　　然而，正如克劳迪娅·戈尔丁所言，女性工作的这一"惊人"转
262　变，也在工作场所引入了一种长期的性别歧视做法，对女性的晋升和

薪酬造成了歧视性的限制。尽管女性越来越与男性在相同的工厂、商店和企业工作，但她们被限制在某些工作类别中，受雇起薪较低，并在没有上升空间的职位上"被淘汰"。此外，即使妇女由于技能和经验水平不断提高而能够并确实得到了提升，她们的薪酬增长也远远慢于处于类似轨道上的男性，特别是在办公室工作和专业及企业职位上。[45] 尽管在这一时期有更多女性在婚后继续就业，但许多公司仍然保持着"婚姻禁区"，这些政策将已婚女性排除在某些职位之外，或者意味着女性在结婚后可能失业或降职。

在第二次世界大战期间，这种形式的职业隔离和对妇女的歧视往往让位于生产的需要，但这一点，特别是在重工业中，是短暂的。根据历史学家詹姆斯·帕特森的说法，战争结束后，"最大的输家是那些在战争期间找到工业岗位的女性：这些工作要么在复员浪潮中消失，要么被分配给回归平民生活的老兵。"[46] 铆钉工罗西因此能够在战争期间找到更好的工作、获得更高的报酬，这一点吸引了那些原本不打算工作的女性，并提高了对整体平等的期望。但是，一旦战争结束，将重工业和制造业的工作归还给男性，就需要恢复旧的说法，即这种工作对女性来说"太难了"，使她们不得不回到被隔离的行业和更卑微的职位。

然而，并非所有战时的职业成果都随着和平的到来而被抹去。在20世纪50年代，关于女性就业的辩论，从女性甚至已婚女性和母亲是否应该工作，转变为她们的就业条件如何。女性以非常高的比例进入性别化的职业。文职工作倍增，由于婴儿潮，小学教师的需求特别大。20世纪50年代的蓝领女性也进入了一些新领域，特别是由于繁荣的经济需求超过了男工的供应。"婚姻禁区"在20世纪40年代开始下降，到1950年几乎消失。[47] 战后兼职工作越来越多，使妇女更容易兼顾工作和家庭责任。

因此，虽然军人复员了，女性就业的强劲趋势仍在继续，尽管她们从事的工作又一次出现了明显的性别隔离，其特点就是薪酬不平等。尽管如此，当时的女性劳工领袖大多主张已婚女性有权工作，主张为母亲提供产假福利，并恢复战时的公共儿童护理服务。[48] 她们一般不挑战劳动的性别分工，而把工资要求的重点放在同工同酬上，以解决这样一个事实，即在一个性别隔离的经济中，大多数妇女根本不做与男性完全平等的工作。[49] 那么，战后时代并不是一个所有职业女性都回家的时代，也不是一个妇女运动和平等倡议的静默时刻，尽管人们常常如此描述。

然而，在战争结束后，确有数百万妇女自愿辞去战时工作，在接受问卷调查时，约有一半的妇女将"家庭责任"作为理由。[50] 但是，其中许多人可能期望在结婚和生育后重返工作岗位。另外，持续存在的职业隔离和薪酬不平等，以及战时机会的丧失，也可能使许多女性在战后不愿意继续从事工作。[51] 此外，在战后的几年里，对母职和家庭生活文化价值的强调有所增加。然而，20世纪在这一方面的长期趋势是越来越多的女性外出工作，其中大多数人更关心劳动条件，而不是弗里丹所说的"无名的困境"。然而，战后一代女性肯定感受到了强烈的幻灭感，她们面临着一种强烈的文化期望，即要么在家里，要么在报酬不足、性别隔离、没前途的工作中找到满足感。这些因素既助长了导致婴儿潮一代的空前生育率，也可能促成了《女性的奥秘》等批判声音的崛起。

此外，那些试图将事业与家务结合起来的女性在20世纪中叶仍然面临着一场艰苦的战斗。[52] 如上所述，尽管20世纪以来越来越多的女性参加了工作，但认为家务和育儿主要应由妇女负责的观念基本没变，这造成了许多人所说的"两班倒"，即女性基本上从事两份工作，在家庭以外从事有报酬的工作，在家里从事无报酬的工作。

除了限制妇女在工作场所的选择、报酬和成就感的各种歧视外，性骚扰也是长期存在的问题。长期以来，女性权利倡导者一直在关注工作场所中那些不受欢迎的性挑逗问题，以及期望以性来换取职业发展的问题。根据法律学者珍妮特·哈莉（Janet Halley）、凯瑟琳·麦金农（Catharine MacKinnon）和雷娃·西格尔（Reva Siegel）的说法，“早期女权运动和劳工运动中的女性，从未对我们称之为‘性骚扰’的一系列行为进行过持续攻击，但她们确实对这些行为提出了指控，这些指控预示了现代女权运动和劳工运动中的女性在 20 世纪 70 年代所表达的许多观点。”正是这些早期女权主义者提请注意这一问题的努力，最终带来了一项法律禁令，该禁令被纳入 1964 年《民权法第七条》。但是，正是 20 世纪 70 年代的先锋女律师、倡导者和理论家们帮助揭示了女性的故事，恰当界定了性骚扰，并对这一概念在法院的应用进行了微调。[53]

事实上，随着民权运动进入最明显、最成功的阶段，人们意识到女性在经济中面临的歧视现实，并在 20 世纪 60 年代诞生了一场重振旗鼓的妇女运动。尽管如上所述，具有里程碑意义的立法最终宣布对妇女的经济歧视为非法，但经过 10 年或更长时间的法律行动和宣传，人们才看到和感受到工作场所的歧视、性别薪酬不平等、职业隔离和性骚扰的真正变化。女性也需要时间才能看到《教育修正案第九条》规定的新教育平等所带来的积极效果。这些变革的效果在不同类别的女性中是不平衡的。但在这些变革得到支持的地方，效果确实巨大。 265

在这些变革没有生效之处，主要涉及贫困女性和有色人种女性，她们中的许多人今天依然从事着长期被认为是“妇女工作”的服务工作，这加剧了持续存在的性别和种族工资差距。[54] 因此，任何以“第二波女权主义”为基础的经济变革叙事，似乎最适合上层白人妇女的经历。此外，由于持续缺乏负担得起的和/或公共的儿童保育和老人护理选择，以及家务劳动和护理工作的持续性别化，进入高薪职业的女性在很大程度上依靠低阶层女性和有色人种女性提供家务劳动和儿童保育，这意味着阶级不平等在很大程度上支撑了工作场所性别平等的扩大。[55] 正如第二章所显示的，在过去半个世纪里，阶级划分在整个经济中的重要性日益增加，至少有些证据表明在女性中也是如此。但是，要解决这个特殊的问题，就需要在更大的社会范围内，重新思考如何集体管理女性长期以来所承担的人类护理工作，以便让她们有充分的选择自由，而不至于进一步扩大阶级差距。

因此，20世纪男女经济平等的进展喜忧参半，不同的标准和相应的妇女分组，实现性别平等的速度和时间不同。然而，在20世纪上半叶，女性在许多方面朝着与男性平等的方向发展，此后进步加快。然而，20世纪的"性别大趋同"尚未完成，未来还大有可为。[56]

公共场所中的女性

尽管19世纪女性在倡导废除奴隶制、禁酒、保护消费者以及改善266 穷人与工人阶级的生存条件等公共运动中发挥了积极作用，但她们还是被坚决地剥夺了投票权和担任公职的机会。

因此，毫不奇怪，在1920年通过女性选举权后的第一次选举中，女性的投票率比男性低32个百分点，但在随后几年，如图7.9所示，女性迅速缩小了这一差距。因此，早在20世纪60年代妇女运动之前，妇女就开始培养作为选民的政治话语权。在整个20世纪，投票的性别差距一直在缩小，尽管1965年后速度稍有放缓，这有点出乎意料，因为这是一个将选举权扩大到有色人种女性的关键时期，在吉姆·克劳时期，有色人种女性实际上被剥夺了选举权。然而，总的来说，自宪法第十九条修正案获得批准以来，投票的性别差距或多或少在稳步缩小，并在今天的选民中形成了明显的女性优势。现在，女性在选举结果中发挥着关键作用，她们的投票率大约比男性高出4%。[57]

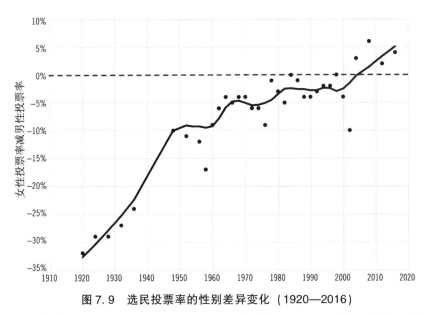

图 7.9　选民投票率的性别差异变化（1920—2016）

资料来源：Corder and Wolbrecht；ANES. 参见尾注 7.57。数据经二维散点图平滑法处理：0.25。

除了稳步提高她们在投票箱中的影响力之外，女性还进行了长期的宣传工作，以期在更大程度上实现性别平等。尽管"波浪"这一比喻在描述 20 世纪女性政治活动的形态时很常见，但这种观点实际上越来越受到质疑。[58] 尽管 1920 年至 1965 年两性平等在立法和司法上的胜利很少，但这绝不是一个女性退缩至私人领域的休眠期。女性通过志愿组织来努力实现她们的各种目标，并进入以前由男性主导的政党，担任拉票员、竞选助手、会议发言人，甚至是代表，尽管人数不多。[59]

此外，虽然有色人种女性和工人阶级女性的故事往往被排除在主流历史叙述之外，但她们在这一时期特别活跃，她们倡导改善工作条件、提高工资、实现工会代表权和种族公正。事实上，正是开拓性的非裔美国律师保利·默里（Pauli Murray）坚持要求在民权法中加入禁止就业性别歧视规定。政治学家克里斯汀·戈斯（Kristin A. Goss）将这一未受重视的女性积极倡议阶段描述为"波浪之间的膨胀期"。她

267

写道："无论以何种标准来衡量，选举后的几年都是妇女组织的繁荣期：团体数量增加，成员人数增加，政策联盟继续形成，国会越来越多地寻求女性观点。即使一个女性团体淡出人们的视线，另一个团体也会取而代之。"[60]

女性组织的激增也强调了这样一个事实：女性运动从来都不是议程单一的孤立现象。事实上，在20世纪的大部分时间里，女性团体在是否需要专门立法保护女性上（这是进步时代改革者的主要目标，也是1920年成立的劳工部妇女局的早期活动），或旨在实现平等权利的无性别歧视立法方面都存在分歧。虽然一些女性组织热烈支持1923年国会提出的《平等权利修正案》，但其他组织认为它将破坏现有的劳动保护法，对女工弊大于利。然而，20世纪40年代发生了一个明显的转变，许多保护性的劳动法出于战时生产考虑而被废除，这意味着对失去保护性劳动法的恐惧，不再是支持《平等权利修正案》的障碍。支持《平等权利修正案》的女性团体越来越多，很快两党政纲都包括了对女性平等权利和平等报酬的承诺。共和党是第一个支持《平等权利修正案》的政党，在涉及严格的性别平等问题上，共和党基本上算是早期领导者。另一方面，著名女性民主党人更支持保护女性（以及更普遍的工人）的健康、安全和经济福利的法律。[61] 即使到了20世纪60年代，优先考虑对女性的特殊保护与平等权利之间的紧张关系仍很突出，但此后天平明显向平等权利倾斜。戈斯认为，只有在这个时候，女性运动在女性身份和女性问题上的看法才是更狭隘的。[62] 这一向着基于权利、身份政治议程的转变，显然有助于在平等问题上实现分水岭式变革，但也从根本上改变了女性影响决策的性质，无论是好是坏。

在20世纪争取两性平等的斗争中，美国最重要的发展之一是肯尼迪1961年成立的女性地位问题总统委员会（Presidential Commission on the Status of Women），比女性运动建立组织基础大约早了五年。该委员会最初由埃莉诺·罗斯福（Eleanor Roosevelt）领导，其在 1963 年提出了一份报告，表明性别歧视问题的严重性。因此，1963 年通过了《同工同酬法》（Equal Pay Act），1964 年通过了《民权法》，将"性别"列为受保护类别。历史学家多萝西·苏·科布尔（Dorothy Sue Cobble）认为，这些早期胜利"是女性 25 年来政治活动的顶峰"。[63] 委员会报告毫不留情地揭露了美国生活中仍然存在明显的性别歧视以及不平等的常态。然而，在"第二波女权主义"出现之前，女性地位是重要的国家议题，这一事实强烈表明，美国不断扩大的"我们"意识已对女性的融入越来越敏感。

图 7.10　美国国会中的女性（1917—2019）

资料来源：Congressional Research Service.

话虽如此，在这一时期，很少有女性担任公职。事实上，有几个 269 州拒绝承认女性的选举权，这意味着女性只是空有可能担任公职，而实际上往往被禁止担任公职，直到 20 世纪 40 年代末。[64] 因此，女性当选官员的数量增长缓慢。图 7.10 显示了在美国国会任职的女性人数，在 1970 年之前几乎没有任何变化。各州立法机构的图表看起来非常相似。[65] 直到 1974 年，才有第一位女性当选州长，女性在获得法官职位方面也同样缓慢，桑德拉·戴·奥康纳（Sandra Day O'Connor）1981 年才进入最高法院。1974 年，卡特总统发起了一项补偿行动，以纠正性别不平衡，此后，这一进展开始加速。2003 年，21% 的联邦法官是女性，29% 的州最高法院法官是女性。[66]2018 年当选的第 116 届国会 24% 由女性组成，这是美国历史上的最高比例，比前一年增加很多。现在每 100 名美国参议员中有 25 名是女性。[67]

270　　　因此，虽然女性在整个 20 世纪的投票率越来越高并最终超过男性，但她们通过选举获得领导岗位却大大滞后，至少部分原因是歧视，现在也仍然只是女性人口比例的一半。然而，在获得选举权之前和之后，女性都组织并倡导自己的关切，相应议题也日益获得两党优先处理。作为一个庞大多样的群体，妇女议题并不统一，在如何推进妇女事业或哪些议题应该优先处理上并不存在全体妇女一致。这一事实有时会导致保障性别平等的立法追求变得复杂，许多妇女甚至被排除在对话之外。

性别平等态度变迁

　　关于 20 世纪女性解放的另一个反复传唱的故事是，女性在大部分时间里一直受普遍存在的反平等思想的压迫，这些关于性别角色的保守态度直到 20 世纪 60 年代女性运动之后才开始发生重大变化。提出这种观点的历史学家往往以一两个世纪中的民意调查为依据，根据他们的解释，这些民意调查显示人们强烈反对女权主义，并长期支持传统的女性观念。然而，这种瞬间快照无法捕捉到时间的变化，对这些民意调查的标准解释也无法反映参与者回答的实际细微差别。[68]虽然从

1970 年到 1990 年，态度变化确实特别快，但关于性别平等和女性角色的信念在 1970 年之前基本静止不变的看法，根本没有数据支持。我们的分析实际上显示，在 1970 年之前的几十年里，人们对性别平等的态度也有了很大改善。

正如我们在前几章中所看到的，确定态度长期变化的挑战之一是，在 20 世纪 70 年代初民意调查成为常规方法之前，调查数据稀缺或者根本不存在。然而，通过将 20 世纪末的民调数据分解为出生组别，还是有可能重建 20 世纪初人们态度的一些"古老记录"。这是因为，学者们一再证明，一个人对社会规范的态度很大程度上由生命早期的社会化决定，而且往往在个人生命周期中相当稳定。[69] 因此，如果一个出生在 20 世纪最初几十年的人在 1970 年被问及对性别平等的看法，可以认为，总的来说，他们所表达的意见更准确地反映了他们年轻时的社会规范，而不是他们被调查时的社会规范。然而，如果只是简单地报告说，1970 年接受调查的美国人中有一定比例的人持有某种观点，这种细微差别就得不到反映。在这个统计数字之下，必然存在重大的代际意见差异。因此，当后来报告说持某种特定态度的美国人的比例变化，主要是因为人的变化（因为老一代人被年轻一代人取代），而不是思想的变化，这也是事实。我们在第六章中考察种族平等态度的长期变化时，看到了这种"同期群替换"现象的证据，当我们考察性别平等态度的长期变化时，也可以看到类似的趋势。

首先，图 7.11 显示了从 20 世纪 70 年代到 21 世纪初，人们对性别角色的态度是如何变化的，这可以通过以下五个调查题目来判断。

1. 如果你的政党提名一位女性做总统，如果她有资格做这个工作，你会投票给她吗？（是的）

2. 女性应该照顾好家庭，让男性来管理国家。（不同意）

3. 如果已婚妇女的丈夫有能力供养她，你是否赞成她从

事商业或工业类的工作挣钱？（赞成）

4. 大多数男性比大多数女性在感情上更适合从政。（不同意）

5. 男性在家庭外获得成就，女性负责照顾家庭和家人，这对每个人都有好处。（不同意）

272　乍一看，图 7.11 似乎表明，20 世纪 60 年代的女性运动改变了许多人对这些问题的看法。

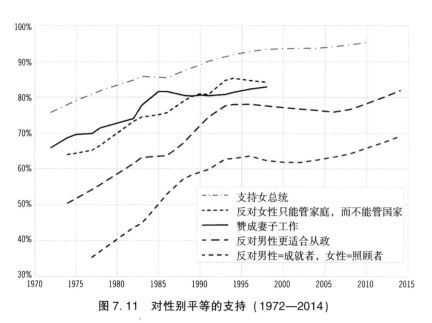

图 7.11　对性别平等的支持（1972—2014）

资料来源：General Social Survey. 数据经二维散点图平滑法处理：0.33。

然而，当对同样的数据按出生组别进行细分时（为简单起见，将其合并为一个指数），如下图 7.12 所示，就可以清楚地看出，事实上，过去和现在都存在着重大的代际差异。[70] 在 20 世纪头几十年出生并经历社会化的男性和女性（在图 7.12 的最低一行表示），即使在半个世纪后接受采访时，其性别角色观念也比二战前出生并经历社会化

的男性和女性（在后面两行）更传统。这一群体，广义上说，就是
“婴儿潮”的父母一代，比婴儿潮一代（底部第四行和第五行）更传
统。但再往后看，婴儿潮一代与其子女之间的差异要小得多。换句话
说，在20世纪五六十年代长大的婴儿潮一代，性别角色观比他们的父
母更平等。他们的父母是在20世纪二三十年代长大的，这批人又比他 273
们在20世纪初长大的父母更平等。

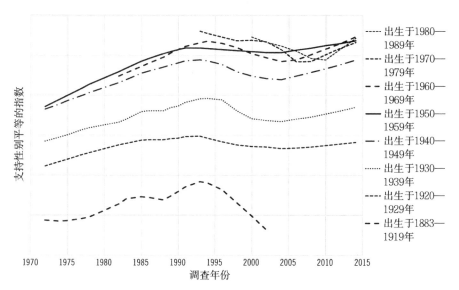

图7.12 按出生组别划分的对性别平等的支持情况（1972—2014）

资料来源：General Social Survey. 数据经二维散点图平滑法处理：0.5。

这意味着，就连续几代人的社会化环境而言，对更传统的性别分
工持否定态度，主要发生在1970年代之前，而不是之后。与之相反，
图7.12显示了一个令人惊讶的事实：平均而言，千禧一代（大致出
生于20世纪80年代）并不比婴儿潮一代（大致出生于20世纪50年
代）更支持性别平等，因为代表他们观点的线条在21世纪完全重叠
了。实际上，正如树干年轮显示过去几十年的气候差异一样，粗大的
年轮表示快速增长的时期，图7.12中的连续曲线也反映了过去几十年

社会氛围的差异，更大的差距表示快速变化的时期。

274 虽然经常有不同的报道，但这种形式的分析显示，从 20 世纪 70 年代开始，人们对性别平等的态度变化，实际上是通过对人口做减法实现的。也就是说，20 世纪前四分之一时期的人比他们之后的人更不支持性别平等（反映了社会化的代际差异），这意味着女权主义在 20 世纪上半叶逐渐但稳定地被人们接受。20 世纪 60 年代成年的人比他们的父母更支持性别平等，他们自己也比他们的父母在同一年龄段更支持性别平等。随着这些老一辈人在 20 世纪 70 年代至 90 年代之间去世，他们的离开意味着留下来的美国人被默认为（即所有人都不改变主意），对性别的态度逐渐变得更自由了。换句话说，在 20 世纪的最后几十年里，死神做了很多工作，增加了美国人对女性解放的总体支持。

历史学家已经注意到 20 世纪最初几十年间性别社会化的变化，并提供了一些有趣的例子和解释，包括育儿观念的变化，女童子军（进步时代的发明）之类鼓励女性成就的俱乐部的出现，（第四章讨论的）伴侣婚姻的兴起，对小家庭的偏好，以及女性（和男性）通过激进主义进行政治社会化。20 世纪 30 年代、40 年代和 50 年代，女性对性别平等事业的投入越来越大，对此的另一种解释是政治学家罗伯塔·西格尔（Roberta Sigel）提出的"相对剥夺"理论。从本质上讲，随着女性逐渐意识到自己的能力和抱负，她们越来越感到社会规范亏待了自己，进而开始调整自己的观念。西格尔特别针对 20 世纪 80 年代的女性提出了这一论点，但它很可能适用于整个 20 世纪的女性。[71]

当然，除了出生组别之外，近几十年来还有许多事情影响了人们的性别态度，包括许多男性和女性通过提高个人意识改变了观念。在过去的半个世纪中，许多人实际上朝着更平等的方向改变想法。这种"时期效应"表现在平行曲线的形状上就是，如果没有思想的改变，275 它将是完全平坦的。随着"第二波女权主义"的发展，每个群体都有

相当数量的人对这些问题做出了越来越平等的回答。这种变化在图
7.12 中可以看到，从 20 世纪 70 年代中期到 90 年代中期，每个出生
组群中对性别平等的支持率都在缓慢上升。因此，对 20 世纪七八十年
代支持性别平等的人数增长的另一部分解释，实际上是女性运动的影
响，它似乎确实导致了文化规范的广泛变化。然而，仅仅强调这个时
期效应，我们就失去了令人惊讶但相当明确的证据，即在 20 世纪早期
的几十年就开始的更实质变化。[72]

　　最后，上述图表还显示，随着 21 世纪的到来，态度自由化的速度
急剧放缓。千禧一代和 X 一代的性别角色观差异不大，也不一致。事
实上，在婴儿潮之后的几代人中，平等主义态度甚至似乎有些退缩，
针对 X 一代和千禧一代的民意调查证实了这一点。这是我们发现的一
个基于性别的测度，它显示了我们在种族问题上一再看到的"减速"
现象。

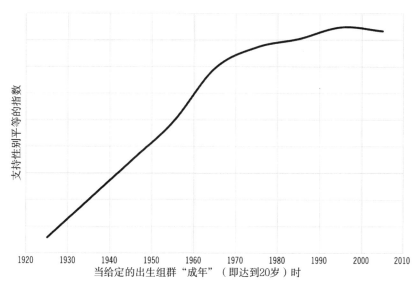

图 7.13　支持性别平等的代际差异估计

资料来源：General Social Survey. 数据经二维散点图平滑法处理：0.33。

我们可以通过展示连续组群态度之间的平均差异，来总结我们关于过去百年中性别态度变化时间的基本发现。图 7.13 显示了与图 7.12 相同的数据，但略有简化。上述四种现象都很明显：一个世纪以来，人们的性别态度稳定走向自由化，20 世纪 60 年代成年的美国人，其性别观念的自由化步伐略微加快，1970 年以后，随着婴儿潮一代长大成人，自由化步伐逐渐放缓，近年来，这一趋势发生了轻微但令人惊讶的逆转。[73] 图 7.13 表明，在过去百年中，美国人对性别平等的支持进度主要发生在 1970 年以前的美国人中。实际上，女性运动似乎只是为蓄势待发的火种点燃了一根火柴。

276 最近一项研究追踪了四十多年的调查数据，探究高中生对性别角色和平等态度相关问题的回答，结果发现从 1970 年到 1990 年，年轻人对女性享有平等的工作和领导机会的态度越来越积极，然后趋于平稳。关于家庭中的性别动态，在自由化近二十年后，年轻人的观念大概在 1995 年后明显变得更加传统，越来越多的人认为，男性就应该养家糊口并在家里做决定。[74] 千禧一代的男性也比 X 一代或婴儿潮一代的男性更可能认为，社会已经在工作场所创造性别平等方面有了足够的改变。[75]

尽管近几十年来对性别问题的自由化态度明显放缓，尤其是在年轻美国人中，但对其原因的解释并不完全一致。一些学者认为，这反映了年轻女性的一种新文化框架，它扩展了女权主义的修辞选项，将留在家里做全职母亲作为一个正当的"女权主义"选择。这一理论指277 出，20 世纪七八十年代普遍存在的"机会均等"框架越来越多地被"工作-家庭调和"的修辞取代，这种修辞主张采取措施支持那些兼顾工作和母亲身份的女性，而这一点在今天的女性宣传中更常见。[76] 其他观察家认为，婴儿潮一代以后的女性更个人主义，因此不太关心作为实现平等或克服歧视方式的集体行动或运动政治。[77] 还有人将这种变化归因于父母在双职工家庭中的实际困难，特别是在缺乏支持工作与家庭平衡的公共政策情况下。[78] 最后，自 20 世纪 90 年代以来，也有学者声称男性中出现了所谓"新性别歧视"。[79]

尽管有这些千差万别的解释，但越来越多的人认为，20 世纪 90 年代中期，关于男性和女性角色的传统主义重新抬头，特别是在护理工作方面，这些传统观念与更多女性具有平等工作能力、应该平等选择生计的女权主义信念并存。但究竟如何以及为什么会这样，现在还不清楚。[80] 最近的女权主义形式，如"#MeToo 运动"，其影响还有待观察。

虽然最近几代人传统主义观念的复苏令人费解，但在观察按年龄段划分的态度数据时，最令人瞩目的是，有明显证据表明，性别态度的自由化实际上主要发生在 20 世纪 70 年代之前，这一事实使女性解放仅在 20 世纪的最后三分之一时期内才蓬勃发展的简单故事变得复杂。令人惊讶的是，在主流社会接受性别平等的态度方面，绝大多数的进展并不是从 20 世纪 60 年代的女性运动开始的，甚至在那之后也没有加速。[81]

从进化到革命

如果女性一直在稳步进入工作场所，以越来越高的比例进入高中和大学，越来越多地参与公共领域，并看到沙文主义态度在 20 世纪以显著且相当稳定的速度逐渐消失，那么，为什么 20 世纪 60 年代的女权主义革命如此紧迫？是什么促使妇女成立新的倡议组织，组织大规模抗议活动，并走上街头要求解放？

第一个答案是，正如我们从非裔美国人的状况中所看到的，尽管 278 在 20 世纪的前三分之二时期，女性获得平等待遇的趋势明显并往往被低估，不过在许多重要且令人震惊的方面，女性仍然受到限制和排斥。

如上所述，到 20 世纪 60 年代，女性在寻求进入专业学校和获得就业方面的进展甚微，尽管女性投票率很高，但很少有女性担任公职。职业隔离、薪酬不平等、性骚扰和因怀孕而失业，是越来越多职业女性每天都要面对的长期现实。主流媒体对女性的描述狭隘地集中在婚姻、家庭和家人身上。此外，很多对女性的个人自由和自决权的限制仍然存在：1960 年，未婚女士和没有丈夫签名的已婚女士，都不能开立信用账户。在许多州，女性事实上（在某些情况下是法律上）被排除在陪审团服务之外；在其他州，她们不能无过错离婚或合法避孕。堕胎非法，任何关于女性性行为的公开讨论都被视为禁忌。女性不允许进入军事院校，也不允许参加许多体育活动。《平等权利修正案》辩论了 40 年却至今未获批准。在许多领域中，公开的性别歧视仍然是合法的、可接受的，并且广泛存在。事实上，在许多方面，正是女性在 20 世纪 60 年代之前所取得的进步，激起了人们对这些不平等现实的不满。越来越多的女性在成年后接受了教育，有了雄心壮志，有了独立的思想，但却发现她们的自由意志和选择被人为削减了。[82]

第二个答案是，尽管在 20 世纪上半叶对女性的态度实际上是自由化的，但在战后的几年里，主流媒体和广告所倡导的家庭风尚，即郊区化，以及对文化整合的广泛推动，创造了一种女性的形象和期望，在许多方面与女性在其他方面逐步但显著地走向平等的过程相矛盾。20 世纪 50 年代在许多方面都是文化自由化进程暂停甚至缩减的时期。因此，贝蒂·弗里丹的批判不仅准确地回应了文化期望，而且还回应了教育和薪酬平等方面的实际（尽管是暂时的）挫折、战后职业隔离的死灰复燃以及公共育儿服务的逆转，所有这些都是在《女性的奥秘》出版之前发生的。

另一个重要原因在于，正如 19 世纪所发生的，女性认为，促进种族平等包容的激进主义既是寻求两性平等包容的灵感，也是一种实践模式。随着民权运动在 20 世纪五六十年代得势并赢得重要胜利，女权主义者受到鼓舞，纷纷提出自己的主张。随着整个国家变得更有权利意识，抗议文化席卷全国，争取民权的斗争为要求性别权利开辟了更大空间。

很快，全国妇女组织（NOW）成立，目的是动员女性并向雇主施压迫使其遵守法律，迫使联邦政府执行反歧视措施，同时提醒人们注意更广泛的女性议题，包括堕胎和生殖健康、对女性的暴力和女同性恋权利。全国妇女组织最引人注目的行动之一，是1970年的全国妇女争取平等大罢工，旨在庆祝宪法第十九条修正案批准五十周年。它吸引了数以万计的女性参加全国各地的集会、游行和静坐，口号是"罢工忙，无暇熨衣裳!"

全国妇女组织成立后，女性运动促使一些最重要的法律获得通过，其中包括：

　　——1967年第11246号行政令，将全部补偿行动权利适用于女性

　　——1972年《平等就业机会法》

　　——1972年《教育修正案第九条》，将性别列为联邦资助教育的受保护类别

　　——1974年《妇女教育公平法》，该法概述了联邦防范教育领域性别歧视的各种措施

　　——1973年罗伊诉韦德案，堕胎合法化

　　——1974年《平等信贷机会法》

　　——1978年《反怀孕歧视法》

280

　　——1975年军事院校招收女性的法律

　　——首次宣布婚内强奸为非法，无过错离婚合法

但是，在20世纪的最后三分之一时期，性别激进主义最令人称道

的胜利是文化规范和对妇女态度的社会转变。女权主义理论在这一时期爆发，并促使人们对权力结构和父权制进行真正的革命性辩论，其中许多辩论就体现在下述简明扼要的运动口号中，"个人的即政治的"。许多经历过这一动荡时期的女性，都感受到了"第二性"在人们眼中的彻底转变，以及由此为女性打开的道路。[83] 然而，正如上面的民意数据所清楚表明的，这一变化建立在几十年缓慢而稳定的进步基础之上，而不是像晴天霹雳一样突然发生，它的冲击力很大程度上要归功于更传统的老一代人的消亡。此外，立法的胜利和对女性态度的改变，都是建立在持续的女性激进主义，女性经济、教育和政治地位缓慢而稳定的转变之上的，事实上，所有这些都是 20 世纪几十年来持续进行的。

经济史学家克劳迪娅·戈尔丁将女性在美国社会中的角色转变描述为四个阶段：在她的框架中，前三个阶段包括 19 世纪末到 20 世纪 70 年代末，是她所说的"进化"阶段，第四个阶段从 20 世纪 70 年代末持续到今天，是她所说的"革命"阶段。她写道："进化阶段慢慢导致了革命阶段，"并补充说："这一过程的革命部分与许多革命一样，都是由根本性的、长期的、进化的变化促成的，这些变化必要但不充分。"[84] 尽管她在这里主要指的是经济指标，但她的描述肯定广泛适用于从女性对教育和政治参与的追求，到涉及两性平等问题的法律和态度转变。20 世纪上半叶的变化是真实的、静悄悄的，虽然不充281 分，但却是女性何时以及如何成功实现更广泛、更深入地参与美国"我们"故事的关键部分。

女性与"我—我们—我"曲线

在这本书中，我们一直认为 1925 年至 1965 年间很多方面都朝着越来越包容的美国"我们"方向发展，在这个时期，平等主义价值观取得了胜利，礼让和内聚得到了提高，慷慨和团结的道德观盛行，对共同利益的共同承诺得到确立。然而，正如我们在上一章关于种族的描述所指出的，关键是要考虑一种非常现实的可能性，即在20世纪的前三分之二时期，正在形成的"我们"基本上只包括白人男性。由于非裔美国人、女性和许多其他群体在过去百年里（事实上，时间要长得多）为实现哪怕是基本形式的平等和包容进行了激烈的斗争，因此可以公平地假设，任何20世纪建构的所谓"我们"本质上都是种族主义和沙文主义的。

　　然而，正如我们在种族问题上所看到的，当我们审视20世纪性别平等的长期经验趋势时，很难说女性在20世纪末之前一直被完全排除在"我们"之外，或者完全被一种持续存在的男性中的观念所抛弃，人们往往认为，若不推翻这一观念，女性很难获得进步。性别平等的趋势当然不反映"我—我们—我"的曲线。我们已经举了太多例子，说明针对女性的平等包容一直推迟到20世纪末才开始。然而，20世纪的性别故事也没有否定我们更普遍的结论，我们发现了太多例证，说明在美国的上升期，女性在平等和包容方面取得了稳定而显著的进步。在20世纪六七十年代，女性与非裔美国人一起经历了分水岭式的变化，只有在几十年的不断进步中，才可能达到这一顶峰。此外，近几十年来，经济不平等加剧、女户主家庭比例上升以及同时发生的工资平等进展缓慢，这些交织在一起的"我"现象对女性尤其不利，这些现实在某种程度上与我们在同一时期看到的非裔美国人的"减速" 282现象相呼应。

　　总的来说，美国的"我们"在20世纪中叶从来都不够宽广，今天也是如此。但是，与种族平等趋势相比，性别平等的长期趋势提供了一个稍微乐观的画面。总的来说，相对于非裔美国人或经历过多方面不利处境的非裔美国妇女，女性在参与"我们"并从中获益的过程中取得了更大、更持久的成功。[85]事实上，要想让所有女性都能为美国工程做出充分的贡献，还有很多工作要做。在一些重要方面，前进的道路仍然充满艰辛。

1965年，肯尼迪总统委员会编写的《妇女地位报告》变成了一本被人广泛阅读的大众书。著名的人类学家玛格丽特·米德（Margaret Mead）撰写了序言和后记。她指出，该报告及其建议留下了两个关键问题没有解决：第一个问题，一旦女性平等参与劳动力市场，谁来处理"家庭生活的那些非常重要的方面"。第二个问题，受过教育的女性的地位上升，与为她们工作的女性的贫困停滞之间的鸿沟。米德准确地预言："有穷人在家庭、办公室和实验室中帮忙，就会有一些人努力工作做自己想做的事。"[86]

米德的观察很有先见之明。尽管该委员会报告在某些方面预示了女性争取平等包容之斗争的结局，但它也是在美国的历史悬崖时刻出现的，在其下坡方向上，一些群体的需求和利益与其他群体日益对立，并将最终导致一个更加分裂的国家。不幸的是，几乎没有证据表明，我们向以"我"为中心的美国的转变，加速了女性走向完全平等的进程。建立一个重视所有人的贡献、不限制任何人的机会、不带偏见地提供繁荣的社会，将为有色人种、女性以及仍在为平等和包容而斗争的其他边缘群体，事实上，也是为我们所有人，勾画美国民主的最终复兴。

第八章

20 世纪的弧线

广角历史

在本章中，我们的目标是看到森林，而不仅仅树木。我们首先总结一下四个主题章节（第二章的经济、第三章的政治、第四章的社会和第五章的文化）生动内容的广角变化。我们从对特定主题、特定变量和特定年代的详细叙述中抽身而出，探询美国过去125年中在个人和社群之间的平衡发生了何种变化。这种广角概述让我们发现这几十年来一个明显的轴心点，即通常说的"60年代"。因此，在本章后半部分，我们将放大特写镜头，了解这个轴心点在何时、如何以及为何出现。

本书所探讨的大多数主题近年来都获得了大量研究，其中就包括2000年出版的《独自打保龄》（*Bowling Alone*）。我们本书的贡献在两个不同以往之处。首先，我们探讨了过去125年，而不仅是过去10年或50年。其次，我们一并探讨了社会变革的四个广泛维度，而不是一次只讨论一个。

这种广角延时方法的好处在自然科学很常见。早期天文学，通过用望远镜观看夜空，开始在一个时间点上用单一的可见光辐射带研究 284

宇宙。后来的天文学家开始在更长的时间跨度内研究天空，并测量整个电磁波谱，创造了红外天文学、X 射线天文学等。最近，出现了多光谱天文学，可以整合来自不同光谱的图像，并在更长时间内进行观测。例如，我们当代对超新星的理解就是基于长时间收集的多光谱图像。[1]

与之类似，通过在超长时期内同时跨越多个维度（经济、政治、社会、文化）测量社会变化，我们可以发现和调查以前未受重视的模式。我们非常重视并的确依赖时间和范围较窄的研究，如大衰退以来的经济不平等研究，20 世纪 70 年代南方重组后的政党极化研究，或过去几十年工人阶级白人家庭组建研究，但我们试图将这些研究置于更广泛的背景中。

在前几章中，我们讲述了许多不同的历史模式，这些模式表面上似乎与工资、分裂投票、婴儿命名、俱乐部会员资格、慈善事业、结婚率、国会投票、工会组织，甚至代词用法完全无关。20 世纪上半叶一位流行的历史学家弗雷德里克·刘易斯·艾伦（Frederick Lewis Allen）很好地阐述了我们在写作本书时面临的挑战。

有时，历史学家希望能够同时写几个故事，也许以平行栏目呈现，而人脑的构造能够同时跟踪所有这些故事而不会眩晕，从而对众多事件流沿着时间通道并排运行的方式，获得更生动的现实感。[2]

在我们的案例中，我们发现在过去 125 年中，四个不同领域的趋势出现了意想不到的显著同步性，如图 8.1 所示。我们在相关章节的末尾已经分别看到了这四个单独的图；在这里，我们只是把它们汇集在一张图中，这能让我们看到这四个领域的趋势彼此多么相似。

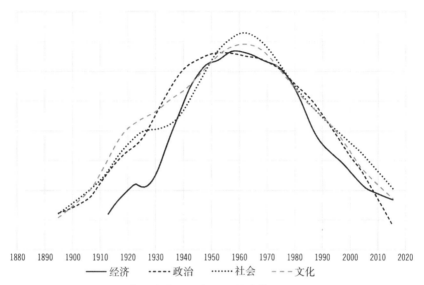

图 8.1 经济、政治、社会和文化趋势（1895—2015）

资料来源：参见尾注 1.4。数据经二维散点图平滑法处理：0.2。

　　综上所述，图 8.1 交织的曲线体现了过去 125 年来美国经济、政治、社会和文化的宏大而简约的叙事。[3] 镀金时代给美国带来了巨大的物质进步，但也带来了不平等、两极分化、社会混乱和自我中心文化。然后在 20 世纪之交的一二十年，进步运动在政治、人口统计和意识形态上呈现出多样性，除了共同体责任之外，几乎没有什么哲学上的内聚性。随着时间的推移，进步运动采取的举措改变了历史的方向。

　　在大约半个世纪的时间里，这些独立的"事件流"，有时相互激荡，有时相互碰撞，有时在漩涡中停顿，美国变得比镀金时代更平等、更少争议、联系更紧密、共同价值意识更强。后来，尽管并非毫无预 286 兆，但出乎意料的是，多样的潮流同时逆转了方向，自 20 世纪 60 年代以来，美国逐渐变得更不平等、更极化、更支离破碎、更个人化。美国走到了第二个镀金时代。

　　这就是本书迄今为止所讲述的核心故事。这条倒 U 型曲线无疑是这 125 年的简化宏观历史，可能会引起争议，因为它忽略了许多重要的东西，尤其是我们前两章所讨论的微妙而复杂的种族和性别曲线。同时，这种简化突显了导致美国当前萎靡不振的趋势。在本章和末章，我们要回过头来探寻，这一切对美国而言意味着什么。

定量分析证实，在很大程度上，这本书所涵盖的经济、政治、社会和文化的连续变化图反映了一个单一模式，我们将其简单命名为"我—我们—我"曲线。所有这些不同的变量跨越不同的时间密切相关。在许多不同的变量之下，似乎有个由基本的"我—我们—我"曲线表示的潜在变量。[4]

可以肯定的是，这个潜在变量并不是影响任何特定指标的唯一因素。单个经济、政治、社会和文化指标的逐年得分受到许多其他因素的影响。例如，当国会碰巧上调最低工资时，最低工资的实际价值就受到了影响，而党派投票则受到特定年份候选人的影响。然而，一个引人注目的事实是，这么多不同的指标，尽管受到许多特殊因素的影响，却都有力地证明了基本的倒 U 型曲线。这一共性强烈表明，"我—我们—我"曲线描绘了过去 125 年来美国社会变革的一条基本弧线，这条弧线的影响渗透到了美国生活的各个角落。

所以一个大问题是：什么导致了这种模式？

我们仔细研究了这些不同指标之间的系统差异，想看看是否有些变量"领先"，有些变量"滞后"。如果是这样，就可能给我们提供有价值的线索，让我们了解发生了什么。然而，这些变化的共时性使得我们几乎无法区分是什么导致了什么，就像无法分辨哪只鸟在引领一群鸟同时改变飞行方向一样。

在我们测量的几十个变量中，几乎没有哪个具有领先性。我们（使用高科技计量经济学分析）发现的唯一系统性差异是，令人意想不到的是，经济不平等，特别是财富不平等，似乎有一种适度的趋势滞后于其他变量。起初，我们怀疑经济不平等是这些相关趋势的主要驱动力，但统计证据表明，经济不平等更可能是社会变革的车尾，而不是引擎。[5]

我们也不能说政治是"我—我们—我"曲线的关键。尽管我们有一两个"去极化"经验指标在其他曲线之前就达到峰值，但我们对20世纪两极分化最好的单一测量指标，即国会投票，并不能得出政治极化先于我们讨论的其他因素的判断。

一些证据似乎表明，文化变革可能引领了这一进程，这与人们普遍认为（或许源自马克思主义）文化只是社会经济变革浪潮中的泡沫这一观点相左。与经济决定论相反，在更广泛的经济平等趋势确立之前的几十年，社会达尔文主义就已经发生了转向。同样，当20世纪50年代的文化喧嚣预示着社群主义即将发生转向时，社会不平等在几十年之后才开始加剧。不过，虽然这些证据很诱人，但它们太薄弱，无法支持任何明确的说法。

简言之，在这一阶段，现有的证据几乎没有任何迹象表明"我—我们—我"综合征的哪个病因可能是第一病因。这个鸟群中所有的鸟几乎同时转来转去，似乎没有领导。这一事实严重影响了因果分析。

对于任何直截了当的因果分析而言，还有一个障碍，就是我们的故事所包含的指标非常广泛。任何简单的"X→Y"的说法都会与该式中Y的广泛性和多样性冲突。一个对Y1（比如收入不平等）有效的具体解释（公式中的X）似乎不太可能同时解释Y2（比如俱乐部会员）、Y3（比如分裂投票）、Y4（比如婴儿名字），以及我们所研究的数十个Y。我们将很快回到因果关系问题上，但我们已经看到，它表面上不可能是一个简单的"X→Y"。 288

本书讨论的是平等、两极分化、社会团结和个人主义的变化及其转折点，而不是这些方面的静态水平。转折点发生的是方向的改变，而非即刻要达到的水平。当你踩油门时，你的汽车不会立即达到最高速度，当你踩下刹车时，汽车的动量会减慢，但你的速度不会立即变成零。社会也是如此；由于社会惯性，变化很少立即发生。

比如，进步时代见证了从镀金时代日益加剧的不平等、两极分化和社会分裂向着平等、礼让和社群主义的巨大转变，但平等、礼让和社群主义的水平并不是一夜之间就能改变的。在基本趋势结束后，1920 年的平等性和社群主义与 20 世纪 60 年代的标准相比仍然很低。1900 年至 1920 年间发生的是方向的改变，从长远来看，这才是根本性的。

同样，20 世纪 60 年代是从"我们"到"我"的明显转折点，我们将在本章后半部分探讨这一转折点，但就平等程度、两极分化、结婚率等而言，1970 年与 1960 年并无显著差异。在 20 世纪 60 年代发生巨变的是我们国家动力的推进方向，正如我们将看到的，方向的改变对当时的美国人来说完全可见。[6] "方向的改变"听起来很深奥，但事实上，转折点可能比转折点之间那些渐进的逐年变化更容易实时感知。

在我们叙事的核心部分，倒 U 型曲线不完全平滑或对称。特别是，20 世纪上半叶的趋势并不是严格意义上的线性，尽管它基本上是单调的，也就是说，它是增加或暂停的，但很少逆转，即便有也不会持续很长时间。向着"我们"的最大转变发生在大约 1920 年之前，然后发生在大约 1935 年之后，中间有个明显的停顿，集中在 20 世纪 20 年代。这一在"繁荣的 20 年代"期间或之后发生的停顿，可以在我们的大多数曲线中看到，包括经济平等、两极分化、宗教参与、俱乐部会员、家庭组建、公共政策，甚至婴儿名字。换言之，如果我们在 20 世纪 30 年代初就停止分析美国，这一长期趋势就不会显而易见或可预期了。[7]

在对 20 世纪美国历史的大多数传统叙事中，新政和第二次世界大战共同构成了中心支点，将 20 世纪分为"之前"和"之后"。这种传统叙述抓住了美国历史的重要特征，特别是在外交政策方面。然而，从本书的角度来看，20 世纪的美国历史是以 20 世纪 60 年代而非 40

年代为轴心的，正如我们在前面几章中反复看到的那样。

鉴于社群和个人主义之间的紧张关系，人们很自然地用了钟摆这个比喻，也就是在这两极之间来回摆动。当钟摆稳定地向一个方向移动时，反作用力开始积聚，从而最终导致钟摆反转方向。反转后，相反方向的运动会加速，但随着钟摆向另一极移动，它在平衡力的作用下减速，直到到达另一极，并再次反转。这个比喻自然而然地导致人们寻求平衡力，特别是当钟摆接近一个或另一个极点时。什么事件会破坏人们对当前制度和行为模式的信心？什么事件让我们分裂或团结在一起？哪些想法看起来过时了？哪些想法现在看起来新鲜、更有吸引力？为什么？类似的事情发生在20世纪60年代，本章稍后我们将探讨这些问题。

毫不奇怪，一些敏锐的美国历史观察家使用了钟摆比喻，就像我们偶尔做的那样。经济学家阿尔伯特·赫希曼（Albert O. Hirschman）在《转变的参与》（Shifting Involvements）一书中写到了"私人利益"与"公共行动"的循环，这一区别类似于（尽管不完全相同）我们自己对个人主义和社群主义的区分。[8] 前者是人们最关心个人利益的时期，不涉及更大的社群，也不支持公共行动。后者是集体主义的亲政府思维和行动时期。赫希曼指出，要想让钟摆模式存在，在私人利益与公共行动框架之外必然存在某些东西，也就是一些"外生变量"导致了这种参与模式的变化。他发现的答案是失望，也就是说，人们对一种思维方式不再抱有幻想，就失望地转向另一种思维方式。在某种程度上，一种思维定式的弊端与另一种思维定式的优点之间的日益失衡达到一个临界点，就像在平衡的天平一端加入沙粒一样。我们可以把钟摆式反转看作是对前一时期过度行为的反弹。在我们的例子中，到了20世纪60年代，社群主义观点似已陈旧过时，而左翼和右翼的个人主义观点似乎都有创新性。例如，我们在第五章中提到的，20世纪50年代对从众性的批判之声的迅速兴起，就可以看出这种反作

290

用力。[9]

另一方面，钟摆比喻对我们来说有严重的弱点。社会生活与物质世界不同，不存在机械平衡。物理的钟摆，在重力法则作用下以完全平稳的速度运动。相比之下，我们在所有四个领域所研究的曲线都显示出起起落落、快速变化和间歇停滞。更重要的是，正如我们在几乎所有章节中所讨论的那样，人的能动性和领导力至关重要。改变，无论是好是坏，在历史上都不是不可避免的。钟摆比喻（就像一些历史循环理论）意味着20世纪60年代的轴心点（以及可以想象的20世纪20年代的轴心点）是注定了的，但我们不相信这一点。由于美国钟摆是由人的力量推动的，我们认为20世纪60年代的转折点并非不可避免，并非如钟摆比喻所暗示的那样，仅仅是因为美国已经达到了某种最大可能的"我们"的水平。[10]

因果关系

我们对因果关系还知之甚少。正是因为这些曲线如此紧密地交织在一起，我们用来查看谁先谁后的传统因果分析工具，派不上用场了。此外，几乎可以肯定的是，我们的每个实证指标都有不同的因果背景，也一定存在着复杂的反馈回路。例如，经济不平等在某一阶段可能刺激两极分化，而在随后的阶段，两极分化可能会助长不平等。[11] 这种反馈回路排除了任何简单的因果关系。但科学的因果调查通常是理解的最后一步，而不是第一步，特别是在不可能进行真正实验的领域，例如在天文学和许多社会科学中。在这种情况下，描述一种现象并推测原因是重要的贡献，我们希望本书能做到这一点。如果将来的研究人员发现我们的描述和推测是可信的，他们无疑会在理解因果关系方面取得进展。

291

社会科学家和历史学家通常在解释方法上有所不同。当我们与定量社会科学家谈论"我—我们—我"曲线时，他们通常认为，只有当我们能够确定曲线的"原因"时，他们才会完全相信我们的故事；但当我们与历史学家交谈时，他们通常认为，如果我们确实确定了曲线的"原因"，他们不会相信我们的故事，因为"历史总是比这更复杂"。简言之，社会科学家更喜欢因果分析，而大多数历史学家则更喜欢叙事。[12]

诺贝尔经济学奖获得者罗伯特·希勒最近指出，历史学家可能发现了一些社会科学家不应忽视的问题。希勒在他的《叙事经济学》（*Narrative Economics*）一开篇回忆了一堂开明的本科历史课，在课上，他正巧读到了弗雷德里克·刘易斯·艾伦对20世纪20年代的描述，也就是本章前面提到的那位历史学家，他提到"众多事件流沿着时间通道并排行进"。希勒写道，他在那节课上学到的大萧条起因的知识，在理解那段经济和金融动荡时期时，比标准的计量经济学描述更有用。[13]

尽管如此，本书主要是关于趋势和叙述，而不是可证实的原因。我们所确定的各种趋势是由互为因果关系的因素编织在一起形成的，因此很难确定何为因何为果，甚至会产生误导。在20世纪，美国的实验遵循了一条长长的弧线，即先是日益团结，然后是日益个人主义。这一弧线对平等、政治、社会资本和文化都有影响。它导致了越来越多部落式的零和社会观，并最终导致了特朗普主义。各种经济、政治、社会和文化的趋势，交织在一个不可分割但仍可解释的框架中。

有些人可能倾向于将这种综合征最终归因于"从我到我们再到我"的文化动力学。但又用什么来解释文化呢？物质条件？结构变化？社会运动？还是政治？思想是在推动变革还是在回应变革？马克斯·韦伯（Max Weber）或许是过去两个世纪中最主要的社会理论家，他将文化视为一个历史过程，它有时引领社会变革，有时只是强化社会变革。根据韦伯的观点，人们在很大程度上受物质利益驱使。但他用了一个令人瞩目的比喻，认为文化可以像铁路上的一个道岔："不是观念，而是物质和观念的利益，直接支配着人们的行为。然而，'观念'所创造的'世界形象'，常常像扳道工一样，决定了利益动力所推动的行动轨迹。"[14]

出于上述原因，我们避免对"我—我们—我"曲线进行宽泛的因果解释，但简要总结一下其他研究人员最常提出的一些原因是有用的。这些因素作为整个倒 U 型曲线的简单原因是不可信的，但它们很可能与更复杂的解释有关。

——如今，当专家们思考为什么我们的政治如此两极分化，经济如此不平等，家庭如此衰微，教堂如此空旷，文化如此自我中心时，两个最常提到的罪魁祸首是"现在的年轻人"和互联网。然而，在我们本章回顾的错综复杂的可能原因中，有一点非常清楚："我—我们—我"曲线不可能归咎于"千禧一代"、推特和脸书。我们研究的时间线越长，这些所谓的罪魁祸首就越有铁一般的不在场证明。过去半个世纪的衰落比"千禧一代"和互联网早了几十年。但如果年轻人和社交网络不是问题所在，那它们就很可能是解题方案的一部分。我们将在下一章讨论这种可能性。

——许多关于过去半个世纪政治、经济、社会和文化衰落的描述，都是从 20 世纪 50 年代更内聚的美国开始的，并都在探究情况何以更糟了。[15]是因为婴儿潮一代、职业女性、福利国家、避孕药、电视吗？这些描述都包含了深刻的见解，但只有当我们从战后时代开始讲述时，这种因果问题的基本框架才有意义。（例如，考虑到本书更长更广的视角，电视对社会资本下降的影响，当下似乎不如 20 年前写《独自打保

293

龄》时那么重要了。）要想找一个单一的"原因"，来解释我们所说的"我—我们—我"曲线的起伏，更难了。

——随着联邦官僚机构的激增和公共福利项目的扩大，人们有时会认为集权大政府削弱了民间社会的中介机构，"排挤"了私人的慷慨行为，挫伤了个人的主动性。这是保守派评论家的常见解释，他们将 20 世纪 60 年代从"我们"到"我"的逆转归咎于福利国家。[16]"排挤"的经验证据并不充分，因为在美国各州和世界各国，大政府和社会团结之间的相关性，如果有的话，似乎是隐约的正相关，而非负相关。[17]

然而，大政府解释的更根本问题在于，根据大多数衡量标准（比如所有支出，或按实际人均计算的福利支出，或支出占 GDP 的比例，或政府雇员数等），政府规模的变化滞后于"我—我们—我"曲线几十年。从 1900 年到 1970 年，联邦政府支出和雇员数随着"我—我们—我"曲线稳步上升，并一直持续上升，直到 1980 年代后趋于平稳。大政府扼杀了民间社会的说法，与我们所看到的模式正好相反。事实上，经验证据强烈表明，政府规模是"我—我们—我"曲线的结果，而不是原因。最好的证据是，政府规模是对美国人"我们在一起"观念变迁的反应，政府规模的扩大并没有导致个人主义的增加。[18]自由主义作为一种哲学，可能更喜欢个人主义的增长，但他们的因果关系理论并不正确。

——那么，战争是原因吗？1897 年，法国社会学家埃米尔·涂尔干（Émile Durkheim）发现，社会团结在战争期间不断增强，从而降低了自杀率。[19]仅仅 10 年后，美国社会学家威廉·格雷厄姆·萨姆纳（William Graham Sumner）认为，"对外开战的迫切需要是内部和平的源泉……对群体的忠诚、为之牺牲、对他者的仇恨和蔑视、群内的兄弟情谊以及好战

294

性，搅在一起共同成长，是同一情境的共同产物。"[20]

当然，第二次世界大战需要美国人的共同牺牲和民族团结。在战争期间，"齐心协力事竟成"成为全国性的口号，同时出现了大规模的民事服务项目和强调弥合差异的宣传，例如好莱坞影片著名的多民族战壕。[21] 第二次世界大战无疑促成了"我—我们—我"曲线的形成。然而，正如我们在前几章中所指出的，经济平等、政治礼让、公民参与、家庭组建、慈善事业和文化团结的增加，始于二战之前的几十年，之后又持续了几十年，因此战争不是倒 U 型曲线的主要原因。

——经济不平等：许多关注健康、政治极化、社会融合和信任趋势的评论家，在没有充分证据的情况下，简单地假设经济的硬事实肯定推动了政治、社会和文化的软事实。[22] 我们毫不怀疑，事实上，我们坚持认为，经济不平等是"我—我们—我"综合征因果关系的核心部分。然而，正如我们所看到的，经济不平等似乎是个稍微滞后的指标，因此它很难成为该综合征的主因。

——物质上的富足或贫乏是否促进了对自我的关注？繁荣期和艰难期哪个更鼓励社会团结呢？事实证明，在这种理论配对中，双方都有令人信服的倡议。

·有人认为，富裕鼓励关注"我们"，困难时期鼓励关注"我"。在战后繁荣时期，历史学家戴维·波特（David Potter）在其广为流传的《富足的人》（*People of Plenty*）一书中强调，物质丰富是美国社会消费主义共识的基础。[23] 最近，泰勒·考恩（Tyler Cowen）认为，1973 年之前的经济活力允许采取促进平等的政策，20 世纪 70 年代后的经济停滞则可以解释不平等和政治失调的趋势。停滞又被视为长期（1880—1940 年）的高创新和生产力增长的终结之果。[24]

有人认为，人们在富裕且满足时，对他人更慷慨。然而，如果没有唾手可得的果实，政治就会更具争议。在紧缩时期，对家庭和政府预算的限制使人们向内看，以保护他们的后代，并确保自己不受日益增长的不确定性的影响。当物质限制减少时，我可以有更加慷慨的精神，而当物质限制收紧时，我就会蜷缩起来，担心眼前的私利。

最近，塞德希尔·穆莱纳桑（Sendhil Mullainathan）和埃尔德·沙菲尔（Eldar Shafir）的实验微观经济学工作，进一步强化了这一论点，他们的研究框架是稀缺性如何影响人们的注意力。[25] 一般的前提是，资源稀缺的人容易产生隧道视野，其注意力聚焦于眼前的需要，不再关注隧道之外的一切。反之，物质丰富的人则有条件去利他。

·另一方面，其他观察家认为，大萧条时期的高失业率和经济不安全感，与民间社会和公共政策中的"我们在一起"情绪高涨同时出现。与此类似，经济史学家埃里克·霍布斯鲍姆（Eric Hobsbawm）认为，战后的富裕和经济安全导致了"绝对的社会个人主义"的兴起，形成了一个"以自我为中心，只追求自身满足的个体组成的，彼此失联的社会"。富裕破坏了集体制度，侵蚀了道德规范，并带来了一个过度崇拜自我、反对社会的时代。[26] 同样，政治学家罗纳德·英格尔哈特（Ronald Inglehart）提出了一个著名的观点：战后经济繁荣时期的"后物质主义"儿童（与他们在大萧条时期长大的父母不同），更重视个人自主性和自我实现。[27] 英格尔哈特的直觉是，随着物质限制的放松，人们会更自由地关注自我发展和个性，而不仅仅是满足物质需求和与他人相处。英格尔哈特的直觉形成于战后富裕的顶峰期。根据这一理论，繁荣会产生一个"我"的社会。

·事实上，我们一直无法发现繁荣期或困难期与"我—我们—我"曲线之间存在任何一致的相关性，无论是正相关还是负相关。社群主义在大萧条和战后的长期繁荣中都有所上升，而个人主义在 19 世纪 90 年代和 20 世纪 70 年代的经济危机期间，以及 20 世纪 80 年代、90 年代和 21 世纪 10 年代的繁荣期都很盛行。更具体地说，无论怎样，我们都没发现"我—我们—我"曲线与失业率之间有显著的逐年相关性。

——对性别和种族解放的反弹。正如在第三章、第六章、第七章中所讨论的，我们确实在解释 20 世纪 60 年代权利革命后"我—我们—我"曲线的逆转时找到了反弹的证据。根据我们的判断，如果说种族和性别共同构成这条曲线的"主因"，那就太过分了，因为女性和非裔美国人都是通过"我们"这条长长的上升曲线取得的进步，这在很大程度上是他们自己努力的结果，但反弹无疑是解释 20 世纪 60 年代后曲线逆转的核心部分。在这种情况下，这些反馈回路会使事情变得复杂，但最终，如果不考虑种族和性别，就不可能谈论因果关系、"我—我们—我"曲线或美国历史上的任何其他东西。

——最后，对于过去半个世纪社群的衰落，常见的解释是将其归因于全球化，包括国际贸易和移民。(这种解释的一个版本似乎是特朗普总统"让美国再次伟大"政策的基础。)

·事实上，国际贸易占美国经济总量的比例，和外国出生人口占美国总人口的比例的变化曲线，都相当接近"我—我们—我"的曲线。

◎由于大萧条时期的贸易战和第二次世界大战造成了世界贸易的崩溃，进出口占美国国内生产总值的比例，从 1900 年的 11% 和 1920 年的 15% 急剧下降到 1930 年至

1969 年的约 5%~7%。然而，在 1970 年后的半个世纪里，全球化使国际贸易在美国经济中的比例从 7% 左右急剧上升到 27% 左右。

◎外国出生的居民占美国人口的比例从 1910 年 15% 左右的高点下降到 1965 年 5% 左右的低点，这可归因于 1924 年《移民法》对移民的严格限制。1965 年《移民和国籍法》（Immigration and Nationality Act）使美国重新向移民开放，在接下来的半个世纪里，（合法和非法）移民的比例从 5% 稳步上升到约 14%。[28]

——因此，单纯从匹配的曲线来看，全球货物和人员的流动与"我—我们—我"曲线密切相关。然而，在这些粗略的数字背后，关于贸易或移民导致"我—我们—我"曲线的假说，其证据并不牢靠。对国际贸易的具体研究，主要提供了一些贸易如何影响收入分配的混杂证据，往往只涉及贸易与经济不平等之间的联系，很难设想，贸易量的增加会导致人们晚婚、少上教堂、给孩子起不寻常的名字或更频繁地使用单数的第一人称。

——移民鼓励以自我为中心的观点乍看似难反驳。事实上，有人因为提出种族多样性导致人们变得保守而出了点名。但其研究也补充说，二者的联系只在短期内起作用。[29] 我们认为，从长期来看，如果有适当的政策，社会分裂最终会让位于"更包容的身份"，从而创造"新的、更广阔的'我们'意识"。

——事实上，从 1924 年美国关闭移民大门到 1965 年移民改革重新打开美国大门的 40 年间，美国发生了类似的事情。[30] 在"我—我们—我"曲线的长期上升过程中，美国人越来越适应种族多样性，并越来越愿意接受移民改革。1965 年

297

两党合作的《移民和国籍法》正是在"我—我们—我"曲线的高峰期由国会通过的，这并非偶然。在该法通过时，不分党派，有70%的美国人赞成该法。[31] 移民远未阻止社会和文化团结的提高，反之似乎同样可能：一个社会越团结，对移民和多样性的态度就越开放。

——人们对移民是否加强了经济不平等争论不休，但从长远来看，移民导致不平等的论点不很可靠。正如安妮·凯斯和安格斯·迪顿最近总结的经验证据，"移民，尽管吸引了大量注意力，但不可能是工人阶级工资长期停滞不前的主要原因，也不可能是通往中产阶级的阶梯被搬走的原因……"美国国家科学院在其2017年的移民报告中，以这样的话语结束了对工资证据的考察："特别是在10年或更长时间内衡量，移民对本地工资的整体影响可能很小或接近于零。"[32]

我们要说的不是全球化对"我—我们—我"曲线的影响直截了当，而是，全球化不足以作为主要原因，这与当下白人民族主义团体的说法不同。

到目前为止，我们在本章中使用了一个广角镜头，尽可能全面了解美国在19世纪末的第一个镀金时代和21世纪初的第二个镀金时代之间发生的事情。这种视角使我们能以出乎意料的清晰度发现个人和社群之间的平衡点所发生的变化。在本章的后半部分，我们聚焦于这一转折发生的那10年，也就是这一转折发生的具体年份。美国在20世纪60年代是个"我们"的国家，70年代却成了"我"的国家，这是怎么发生的呢？

60年代是20世纪的转折点

20世纪60年代是美国历史上争论最多的时代之一，但如果说能有一件事让所有学者接近达成共识的话，那就是美国在很短的时间内发生了巨大的变化。20世纪60年代，在流行音乐、时尚、艺术、种族关系、性规范、性别角色、吸毒、政治制度、宗教实践和消费习惯 299 等不同领域发生了高度可见的迅速转变。大约在1960年到1975年之间，美国发生了翻天覆地的变化，大多数亲历者都能感觉到。[33]

人们习惯于使用大的历史事件，如第二次世界大战或大萧条，作为理解大历史趋势的里程碑。但许多这样的趋势以当代观察家不易觉察的方式缓慢发展，而且（就像一些古代遗迹）只有在三万英尺高空的观察者才能看到。从1900年到20世纪60年代，平等主义社会的长期上升趋势就是这样，直到最近，1970年后的长期下降趋势才被同时代的人看清。但60年代的实际转折点在当时就已显现。

政治哲学家马克·莉拉（Mark Lilla）在前后对比中也发现了这一点，尽管他将其定义为总统领导力，而不是更广泛的社会趋势。

> 罗斯福时代描绘了这样一个美国：公民们参与到攻坚克难、相互保护、没有基本权利的集体事业之中，其口号是团结、机会和公共责任。里根时代则描绘了一个更个人化的美国：一旦摆脱了国家的桎梏，家庭、小社区和企业就能蓬勃发展。其口号是自力更生和最小政府。[34]

虽然我们同意莉拉对20世纪30年代和80年代之间政治文化的比较看法，但本书的证据强烈表明，转折点可以更准确地追溯到20世

60 年代。

历史学家对如何评价 20 世纪 60 年代存在重大争论，这在很大程度上是因为对前一个时代存在分歧。那些认为 50 年代循规蹈矩并有压迫感的历史学家，欢迎 60 年代的解放和个人主义，而那些珍视"50 年代共识"成就的人，则谴责 60 年代的混乱。（随着我们与 60 年代的距离越来越远，历史学家们的争论显然比这种简单的二分法更细致和复杂。）但是，60 年代的历史学家之间的共识领域也同样重要。[35]

300

——几乎所有历史学家都同意，重大的历史转折点大约发生在 1968 年与 1974 年之间，那是一场"革命""复兴""断裂""震荡"，此后"一切都发生了改变"，创造出了一个"新美国"。[36] 例如，莫里斯·伊瑟曼（Maurice Isserman）和迈克尔·卡津（Michael Kazin）认为，20 世纪 60 年代是美国内战规模的历史断裂时刻，将 20 世纪划分为 60 年代之前和之后的世界，这种变化"没有回头路可走，就像 1865 年之后，失落的南方世界再也无法复原一样"。[37]

——大多数历史学家也同意 20 世纪 60 年代存在上半期和下半期的分野，正如托德·吉特林（Todd Gitlin）的名言，一个是"希望的岁月"，一个是"愤怒的日子"。[38] 广泛共享的繁荣、民权运动（以 1964 年《民权法》和 1965 年《投票权法》为高潮），以及朝着平等、民主和宽容的进步（以 1964—1965 年的伟大社会和 1965 年的移民改革为标志），代表了"希望的岁月"。相比之下，反越战抗议（1966—1970 年）、城市骚乱（1965—1969 年）、黑豹党的崛起（1966—1968 年）、"法律与秩序"的反击（1968—1972 年）、1968 年的动荡，以及 20 世纪 70 年代的滞胀和对石油危机的怨声载道，代表着"愤怒的日子"。在 60 年代的前半期，各种左翼改革运动凝聚成"民权运动"，而在后半期，齐心协力的"运动"分裂成不同的派别。同时，在60年代的后半期，右翼中"沉默的大多数"助长了对自由主义当权派的反对，这种反对体现在种族、"税收和支出"、犯罪和文化多元主义等诸多方面。简言之，美国有两个"60年代"，而不是一个，第二个"60年代"一直延续到20世纪70年代初。[39]

——绝大多数学者将20世纪60年代之后的时代描述为个人主义时代，因为美国的政治、文化和知识生活越来越重视自我而非社会。例如，历史学家埃里克·霍布斯鲍姆认为，"因此，20世纪后期的文化革命最好理解为个人对社会的胜利，或者更确切地说，是过去将人类编织进社会的那些丝线的断裂。"[40] 其结果是：从政府到宗教，从工会到家庭，几乎每个社会制度都出现了权威危机，导致了幻灭和脱离。无论他们是否赞成这个 U 型转折，当时的大多数观察家和大多数美国人都认识到了这一点。[41]

301

换言之，美国主流社会进入20世纪60年代时，越来越倾向于"我们"的模式：过群体生活，有共同价值观，以及加倍努力实现种族和经济平等。当我们离开20世纪60年代时，则越来越倾向于"我"的模式：关注"权利"、文化战争，以及几乎毫无疑问的"自我的十年"（即20世纪70年代）。美国人就像一个游泳的人在转弯时一样，在20世纪60年代朝着社群的方向发展，但在这十年的中途突然改变了方向，把20世纪60年代抛在了身后，朝向了个人主义。在本章的这半部分，我们试图记录和理解这个迅疾的转折点。

由于20世纪60年代在历史记忆中与文化冲突、政治极化和经济低迷有着千丝万缕的联系，我们需要回忆这十年普遍存在的乐观主义感觉，以及历史学家詹姆斯·帕特森所说的加速富裕的"大期许"。

其背景是战后的繁荣，在20世纪60年代经济蓬勃发展的时期，繁荣的速度甚至更快。这种几无间断、普遍加速、广泛共享的繁荣是二战后四分之一世纪的最重要特征，提高了人们的愿望和期望。在20世纪60年代，实际的家庭收入中位数增加了30%，贫困率从1959年的22%降到1973年的11%。[42]

经济并不是20世纪60年代唯一繁荣之物：20世纪50年代的婴儿潮滚滚而来，增强了国民的乐观情绪，即使在最早的婴儿潮一代涌入大学之时，人们依然很乐观。正如我们在第二章中所展示的，在这个快速增长的青少年群体中，有一小部分人正在拥挤的校园里聚集，这

302 是一个先兆，将在这十年的后半期留下印记。总之，经济和人口的繁荣导致国民对未来满怀希望。

此外，进入20世纪60年代，美国仍处于二战空前胜利的魔力之下，这场所谓的"好战争"将我们的最高民族理想（战胜法西斯主义和传播民主）与我们无与伦比的全球军事、经济、文化和外交力量结合在一起。大多数美国人为国家感到自豪，对国家制度充满信心（回想一下我们在第三章中回顾的政府信任证据）。然而，我们看不到已经显露的端倪，很少有人会认为我们正在自掘坟墓。

诚然，在20世纪50年代，冷战和热核战争的威胁一直困扰着我们，给我们的自信蒙上了阴影，但在艾森豪威尔时代令人昏昏欲睡的岁月之后，约翰·肯尼迪在1960年的竞选言辞展现出极大的乐观主义，正如他在民主党提名大会上的演说所言，新一代人可以"让国家恢复活力"。[43]随着新政府的到来及其新边疆计划，我们似乎无所不能，包括十年内登上月球、实现全球持久和平，甚至最终摆脱我们数百年来的种族主义遗产。

1958年，即将成为肯尼迪顾问的经济学家约翰·肯尼斯·加尔布雷斯（John Kenneth Galbraith）在《富足社会》（*The Affluent Society*）中指出，二战后的美国在私人领域蓬勃发展，但在公共部门却一贫如

洗，社会和物质基础设施不足，收入差距持续存在。尽管我们现在看到 20 世纪 50 年代末的美国接近共同富裕的顶峰，但加尔布雷斯的书表达了进一步发展的雄心壮志，表达了以"我们"为中心的美国尚未实现的愿望。这是对平等主义持乐观态度的高潮时期。[44] 在 20 世纪 60 年代上半叶，这种越来越广泛的"我们"意识再加上国民自信心的增强，将产生一系列的社会运动，尽管没有人知道这些运动会带来什么。

1962 年 3 月至 1963 年 2 月期间，至少有四部开创性的、最畅销的通俗读物，描述了作者认为应该（而且可以）解决的美国深层次社会问题。每本书都有助于引发一场将深远影响下个世纪的重大思想和社会运动。

> ——迈克尔·哈林顿（Michael Harrington）的《另一个美国：美国的贫困》（*The Other America：Poverty in the United States*，1962 年 3 月出版）帮助启动了"伟大社会"。
>
> ——蕾切尔·卡森（Rachel Carson）的《寂静的春天》（*Silent Spring*，1962 年 9 月出版）引发了半个世纪的环保主义。
>
> ——詹姆斯·鲍德温（James Baldwin）的《下一次将是烈火》（*The Fire Next Time*，1963 年 1 月出版）雄辩地呼吁美国人超越"黑人问题"，并预示了下半个世纪严峻的种族矛盾。[45]
>
> ——贝蒂·弗里丹的《女性的奥秘》（1963 年 2 月出版）激发了新的女权主义，并在接下来的半个世纪里不断发展，尽管并不总是弗里丹所赞赏的方式。

这些作者（两名女性，两名男性；一名非裔美国人，三名白人）及其著作都是 20 世纪上半叶"我们"浪潮的产物（四人中有三人生于 1921 年至 1928 年之间；只有卡森生于 1907 年，年龄稍大）。与他们成长过程中普遍存在的风气相一致，他们都主张采取集体行动来解决共同的公共问题。[46] 他们是激进分子，但不愤世嫉俗。他们深刻批评 20 世纪中期的美国，但他们认为美国人可以团结起来支持他们的事业。他们关注美国在哪些方面没有达到自己的理想，但他们并没有因为现实的落差而放弃共同的目标。

这些高远的志向也体现了很高的期望值。美国有很大的问题，但我们可以解决它们。我们已经准备好更进一步。然而，如果这些期望被证明是过度的，而且我们在前进中遭遇动荡，我们也在不知不觉中为这令人怨恨的幻灭做好了准备。在 1963 年，这种命运和情绪的逆转快得超出任何人的想象。并非巧合的是，这些书所强调的四个问题：不平等、环境、种族和性别，在近六十年后仍是美国政治的核心问题，而这一议程在转向"我"之后仍未得到解决。

304 1963 年，即将到来的变化将是如此重大，对生活在其中的人们来说，历史似乎一夜之间天翻地覆。这十年的命运如何，一个耐人寻味的判断标准是，历史学家写了那么多专门讨论 20 世纪 60 年代的书。关注 20 世纪 60 年代的书籍似乎比 20 世纪其他几十年的总和还要多。事实上，从 1964 年到 1974 年，几乎每年（甚至每个月）都有一本关于那一年（或那一个月）的重要书籍，而这些书都以"改变美国""永远改变美国""震撼世界"或"一切都变了"为主题。

——约翰·马戈利斯，《最后的纯真：美国在 1964》（John Margolis, *The Last Innocent Year: America in 1964*）

——詹姆斯·帕特森，《毁灭前夜：1965 改变美国》（James Patterson, *The Eve of Destruction: How 1965 Transformed America*）

——乔恩·萨维奇，《1966，这十年爆发的那一年》（Jon

Savage，*1966：The Year the Decade Exploded*）

　　——维克多·布鲁克斯，《1967，冰与火之年》（Victor Brooks，*1967：The Year of Fire and Ice*）

　　——马克·库兰斯基，《1968，震撼世界的一年》（Mark Kurlansky，*1968：The Year That Rocked the World*）

　　——罗伯·柯克帕特里克，《1969，改变一切的一年》（Rob Kirkpatrick，*1969：The Year Everything Changed*）

　　——安德烈亚斯·基伦，《1973精神崩溃：水门、沃霍尔及后六十年代美国的诞生》（Andreas Killen，*1973 Nervous Breakdown：Watergate，Warhol，and the Birth of Post－Sixties A-merica*）

　　——吉姆·罗伯纳特，《1973，水门事件、罗伊诉韦德案、越南和永远改变美国的那个月》（Jim Robenalt，*January 1973：Watergate，Roe v. Wade，Vietnam and the Month That Changed America Forever*）

在整个美国历史上，似乎只有建国和内战激发了与20世纪60年代同样强烈的历史写作兴趣。

"我"（主语），"我"（宾语），"我的"

我们经常从政治角度思考20世纪60年代的地震，但它可能在文化中，特别是在流行文化中最为明显。正如我们前面提到的，60年代的文化革命形式是，年轻人拒绝50年代令人窒息的"我们"，支持解放和个人主义。罗纳德·英格尔哈特认为，60年代的物质富裕让年轻一代得以转向"自我实现"。英格尔哈特巧妙地总结了他的论点："人 305

295

不单靠面包生活，尤其是当他有大量面包时。"[47] 这是从自我实现到自恋的一小步。查尔斯·赖克（Charles Reich）的畅销书《绿化美国》（*The Greening of* America）宣布了一种革命性的"第三类价值观"，拒绝把"社会、公共利益和制度作为基本现实"，而把"个体的自我（作为）唯一的真正现实"。[48]

这种转变可能在流行音乐界最显而易见，从"我们"到"我"的转变如此明显和迅速，以至于我们几乎可以将其追溯到当下。20 世纪 60 年代中期的水牛春田（Buffalo Springfield）摇滚乐队在演唱"这里发生了一些事情，它是什么还不太清楚"时，抓住了这种变化的风向。在那重要的十年中，最有影响力的艺术家之一是鲍勃·迪伦，他的根在原声吉他和民间音乐中，他早期的热门歌曲《随风而逝》（Blowin' in the Wind，1963 年）和《变革时代》（The Times They Are A-Changin，1964 年）是典型的例证。与他同时代的人与合作者，包括琼·贝兹（Joan Baez）、伍迪·格思里（Woody Guthrie）、皮特·西格（Pete Seeger）、彼得（Peter）、保罗（Paul）和玛丽（Mary），他们都因其社会评论和对兄弟之爱的呼吁而闻名于世。早期的迪伦与其同龄人一样，是一位社会正义的民谣歌手。

但在 1965 年 7 月的纽波特民俗节（Newport Folk Festival）上，迪伦在音乐会中间从原声颂歌转向了电子摇滚，这一出名的举动引起了强烈且多为负面的反响，在其音乐家伙伴中也是如此。虽然反响不佳，但在随后几年里，迪伦有意从鼓励社群建设和社会抗议转变为表达自己的个性。因此，迪伦在"我"时代依然受人欢迎也就不足为奇了，但那些没有像他这样追随这一广泛文化转向的人，就没这么"好运"了。[49]

披头士是另一种流行音乐现象，不仅仅展现着音乐的魅力，而且象征着一代人的成长。[50] 和迪伦一样，披头士在 20 世纪 60 年代初以和谐的方式演唱团结的歌曲，比如《我想握住你的手》（I Want to Hold

Your Hand，1963 年）；《你只需要爱》（All You Need Is Love，1967
年）；《有朋友相助》（With a Little Help from My Friend，1967 年）。但
到了 1966 年，他们已经更适应孤独和疏远，他们在写到埃莉诺·里格
比（Eleanor Rigby）和麦肯齐神父（Father McKenzie）时说："所有孤
独的人，他们来自哪里？"

　　到了 1970 年，披头士乐队成员分道扬镳，从一个共同创作音乐的
团队转变为各自踏上自我发现之旅的个体。他们作为乐队录制的最后
一首歌是乔治·哈里森（George Harrison）所写的，这首歌的歌词既
是他个人对乐队难以驾驭的变动的抗议，也是对更广泛的 20 世纪 60
年代从"我们"转向"我"的公开文字记录。[51]

　　　　我所能听到的是，我（主语）我（宾语）我的，我（主
　　语）我（宾语）我的，我（主语）我（宾语）我的。

　　6 个月后，约翰·列侬（John Lennon）在他的个人主打歌《上帝》
（God）中回应：

　　　　我不相信披头士，我只相信我自己。

　　爱自己是一种美德而非恶习的观念，在 20 世纪 60 年代末和 70 年
代成为一种"新时代之物"。"学会爱自己……这是最伟大的爱"，这
句歌词最初出现在 1977 年穆罕默德·阿里（Muhammad Ali）传记片
《胜者为王之拳王阿里》（*The Greatest*）的主题歌中［后来，这句词又
出现在惠特尼·休斯顿（Whitney Houston）和奥利维亚·牛顿-约翰
（Olivia Newton-John）的畅销歌中］。这句词代表着文化向个人主义的
转向。很难想象纳京高（Nat "King" Cole）或艾拉·菲茨杰拉德（El-
la Fitzgerald）甚至猫王埃尔维斯·普雷斯利（Elvis Presley）这样的歌

手会狂想着怎么爱自己。

讽刺的是，穆罕默德·阿里本人并不是爱自己的倡导者。1975年，他对哈佛大学学生发表演讲时，说出了可能是历史上最简短的诗句，"我？我们！"[52] 他可能不知道，在他演讲的时候，美国文化正在发生巨变，这种巨变将颠倒词序和标点符号。

连锁危机

20世纪60年代不仅是一个文化转折点，而且是一个本来互不相干的多维度公共危机交织在一起的时代，导致许多长期酝酿的冲突达到沸点。

——约翰·肯尼迪、罗伯特·肯尼迪和马丁·路德·金遭遇暗杀

——越南战争

——学生动乱

——民权革命

307　　——城市危机和城市骚乱

——国内恐怖主义和虚无主义暴力

——妇女运动

——避孕药与性革命

——反主流文化与毒品泛滥

——对传统宗教和家庭价值观的空前质疑

——一系列环境危机

——水门事件与尼克松辞职

——滞胀、石油短缺以及经济低迷

从根本上说，这些基本上都是不相关的独立现象。无论是什么"导致"了避孕药的使用，它都不会"导致"越南战争、毒品流行或石油短缺。但综合起来，这些不同的危机似乎产生了协同效应，产生了某种类似国家神经崩溃的东西。这是一场终极完美风暴，风暴本身的强度促成了文化和政治的急剧转向。

对一些人来说，这一切都始于1963年11月22日，也就是约翰·肯尼迪在达拉斯被枪杀的那天。肯尼迪体现了20世纪60年代初的国家乐观主义，他的遇刺是一场毫无意义的悲剧，深深打击了美国人的纯真心灵。但这只是20世纪60年代震撼美国的一系列暗杀行动的第一次。

接下来就是1968年4月4日的马丁·路德·金遇刺。金的诡异预言，即他可能无法活着看到他为之奋斗了如此之久的应许之地，强化了人们的失落感。全国大部分人都把他看作，在一场过去、现在和将来都必定丑陋而暴力的斗争中，为黑人共同体伸张正义的希望之塔、和平之盾。[53]金博士去世后，民权运动出现了分裂和幻灭，这深深地打击了我们为正义而战的集体决心。

两个月后的6月8日，罗伯特·肯尼迪在竞选总统过程中被暗杀。罗伯特·肯尼迪是20世纪60年代中期个人快速转变的一个耐人寻味的例证。[54]他在20世纪50年代对约瑟夫·麦卡锡的忠诚服务代表了社会不够宽容的黑暗面，但他在1963年自己的哥哥被暗杀后深受震动。在其随后转向种族和经济正义并远离越南战争的过程中，他成为被压迫者的圣战斗士，作为当权者，他响应金博士的呼吁，希望构建一个更广泛的"我们"。在他被暗杀的那一刻，他跨越了种族、阶级、世代甚至意识形态的界限。但他的例子提出了一个重要的也许无法回答的问题，即有能力的领导能否推迟乃至避免钟摆的逆转，当然，"可能性"并不是证据。罗伯特·肯尼迪之死严重打击了美国日渐衰弱的希望感。

308

随着 60 年代的过去，暴力似乎愈加成为当时的主流。越南战争是美国第一场电视转播战争，上演了一个又一个血腥事件，似乎没有尽头。一届又一届总统对大规模抗议置若罔闻，挫折感也随之而来。在民主党 1968 年的芝加哥大会上参与抗议活动的，有会场内的新政退伍军人，还有会场外正在遭受工人阶级警察袭击的年轻活动家。越南的惨败沉重打击了我们对伟大美国的信念。

婴儿潮的事实意味着，在整个 20 世纪六七十年代，社会中成人与儿童的比例大大低于正常的人口金字塔结构，这导致了《蝇王》式的道德滑坡。[55] 由年轻的、受过教育的白人主导的，为他们自己和受压迫的少数族群寻求更大社会包容的暴力抗议，成为争夺传统权力的史诗般斗争，这严重挫伤了我们对美国制度的信心。

与此同时，美国的内陆城市也爆发了暴力事件。对少数族裔来说，1965 年至 1969 年爆发的美国百年来最严重的城市骚乱，是对缓慢的社会变革步伐和美国未能兑现民权立法承诺的痛苦表达。对于反击的白人和执法人员来说，骚乱可以释放对取消种族隔离的影响和失去统治地位的潜在愤怒。对于其他每个通过电视观看骚乱的人来说，这是对人性最恶劣面的可怕展示。随后是长达五年的残酷并杀气腾腾的虚无主义的疯狂爆发，这体现在抢占头条的查尔斯·曼森家族谋杀案（1969 年）、气象员爆炸案（1969—1974 年），以及帕蒂·赫斯特（Patty Hearst）等的暴力行动（1974—1975 年）。这种毫无意义的暴力深深打击了我们对公共安全和法治的信心。

同时，另一种更微妙的反抗形式正在席卷全国。妇女运动虽然带来了久违的平等，但也引发了其对核心家庭产生影响的激烈辩论。而且，性革命正在通过流行文化和法律改革挑战行为规范。美国食品和药物管理局（FDA）于 1960 年批准可使用避孕药进行避孕，1965 年美国最高法院宣布各州禁止已婚夫妇使用避孕药是违宪的。在原则上，并越来越在实践中，节育措施把性与婚姻分开了。

性观念的变化速度惊人。认为婚前性行为"没错"的美国人比例在短短四年内翻了一番,从 1969 年的 24% 增加到 1973 年的 47%。在很大程度上,这是一个典型的代际更替,因为就一个定义明确的年轻人群体而言,有五分之四的人接受婚前性行为,而在他们的长辈中,有五分之四的人拒绝这种想法,这就制造了一场道德观的革命。[56] 在许多人看来,女性解放和性革命极大地打击了社会的最基本单位。

伴随女性解放而来的是反传统文化。嬉皮士运动在 1967 年的"爱之夏"中达到巅峰。但是,该运动最初对"自由之爱"、集体生活和精神超越的关注,很快让位于对享乐主义的痴迷、硬毒品和"做你自己的事"的放任。在 20 世纪 60 年代的春光下建造的曾经那么乐观的公社,在 20 世纪 70 年代的冬雨中崩塌。对 60 年代初那些失败理想的幻灭必然随之而来,托德·吉特林(Todd Gitlin)称之为"共同梦想的没落"。[57] 对现状的令人震惊的拒斥,深深打击了文化共识,让整整一代成年人感到"美国的灵魂岌岌可危",[58] 这为下半个世纪的"文化战争"埋下了伏笔。

尽管家长和专家担心美国的道德败坏,但环境败坏在全国范围内都日益明显。在过去几十年中,人们轻率地使用没有经过充分安全测试的化学品和技术,而这些在 20 世纪 60 年代就被证明长期损害人类健康和环境。《寂静的春天》重挫了美国对"通过化学改善生活"的天真希望,而这种希望正是杜邦化学公司在 50 年代所吹嘘的。

在这个动荡的时代,最令人不安的混乱是水门事件。入室盗窃、勒索、敌人名单、秘密监视和"封口费"的故事,月复一月占据头条,将美国政治的阴暗面暴露在震惊的公众面前。作为一个令人心碎的十年的灾难性结尾,水门事件让美国人目瞪口呆,并让我们对领导者的德性充满怀疑。[59]

随着 20 世纪 60 年代的结束,对美国的繁荣预期似乎也随之结束。鉴于公众的不满情绪日益高涨,特别是对越南战争的不满,约翰逊和

310

尼克松都决定，既不加税，也不在枪炮和黄油之间做选择题。这一软弱的政策导致高通胀和高失业率并存，在此之前，这在经济上几乎是不可能的，所以不得不发明了一个新的术语并采取新的举措。这个术语就是"滞胀"，而其衡量指标被称为"痛苦指数"。20 世纪 70 年代的石油禁运和由此带来的天然气管道问题加剧了滞胀。经济困境在 20 世纪 60 年代末开始加速，到了 20 世纪 70 年代，已经与大萧条时期的困苦不相上下，并超过 2008—2009 年的大衰退。这些经济危机从 20 世纪 60 年代末一直延续到 70 年代中期，这让"漫长的 60 年代"这一常用说法更合理了。这些危机深深打击了美国的自信，并拉下了战后繁荣的帷幕。"我—我们—我"的曲线已经有转向的苗头，但经济低迷局面将其封死。

这些相互交织的多重危机，每一个都撕裂了 20 世纪 50 年代明显的经济、政治、社会和文化的统一。这种转变最终笼罩了美国，其速度和彻底性令所有亲历者感到惊讶。用一位 1965 年前往越南、1972 年返回美国的战俘的话说，"我们回到家，看到的是一个完全不同的世界，就像里普·范·温克尔（Rip Van Winkle）在战俘营待了近六年后醒来一样。我们的文化已经变成了这个样子，真是令人难以置信。"[60]

尽管许多批评家对 20 世纪中期共识的局限性感到不安，但很少有人能预见到，在短短几年内，美国的和谐将被喧嚣的不和谐所取代。"漫长的 60 年代"似乎证实了早期共识已经走向一条死胡同。一切似乎都失去了控制，这催生了一种普遍的不和谐感。[61]

在"漫长的 60 年代"，"异化""失范""疏远"和"低迷"都是 Ngram 的流行语。1979 年，吉米·卡特总统的全国电视讲话概括了这种情绪，他几乎总结了我们在这一节中描述的所有事件和趋势。他的演讲题为"信心危机"，但很快就被恰当地戏称为"低迷演说"。20 世纪 60 年代后半期的危机削弱了前半期的民族自信，并微妙地降低了

311

我们的集体主义和平等主义愿望。

在1976年的一篇引人深思的文章中，汤姆·沃尔夫将20世纪70年代称为"自我的十年"。[62]沃尔夫详细描述了自助运动和新时代精神的爆炸式流行，并指出了在前几年的眼花缭乱头晕目眩之后，国家开始向内转向。美国人放弃了针对重大问题的大规模抗议，转而支持心理治疗师和宗教大师，他们觉得自己应该关注个人问题。简言之，70年代是人们不再渴望修复社会而只考虑修复自己的十年。

正如历史学家詹姆斯·帕特森对这一时期的总结：

> 20世纪70年代中期及之后，许多想要成为托克维尔的人都在寻找美国的精髓，他们几乎和写下"事情在变糟之前会变得更糟"标题的头版作家一样悲观。他们说，美国人变得无所适从，分崩离析，并分化成越来越多的自我意识团体，这些团体按地区、性别、年龄、宗教、民族和种族狭隘地界定自己。[63]

20世纪60年代出生的婴儿潮一代以理想主义的团结精神进入60年代，却在暴躁的自我中心主义中离开了70年代。正如哲学家理查德·罗蒂（Richard Rorty）在《铸就我们的国家》（*Achieving Our Country*，1998年）中所写的："就像在1980年左右的某个时候，那些经历了大萧条并进入郊区生活的人，他们的孩子决定拉起他们身后的吊桥。"[64]当我们从下个世纪的角度来看待后续的几十年时，这一重大方向性转变的全部影响现在已经展露无遗。

60 年代转折的教训

我们在前面已经分析过，要想寻找在"漫长的 60 年代"发生的"我们"到"我"转折的单一原因，注定徒劳无功。我们在本书中所描述的各种经济、政治、社会和文化趋势，几十年来一直处于一种自我强化的平衡之中，但这种平衡本身被上述的动荡彻底颠覆。朝着一个不断扩大的"我们"运动的各个要素之间的良性循环突然逆转，变成了恶性循环。现在，日益严重的两极分化产生了日益严重的个人主义，个人主义反过来又导致了日益严重的不平等和社会孤立，进而导致了更多的两极分化，这似乎是个无休止的螺旋式下降。

但是，正如我们先前强调的那样，转折点不仅仅是关于环境和危机。为应对这些危机而行动的人类行动者发挥了核心作用。正如历史学家布鲁斯·舒尔曼所写：

> 在整个战后时期，从 20 世纪 40 年代到 70 年代，改革者……的推动，扩大了"我们"的范围，淡化了差异，将更多人纳入"我们"之中……但在 20 世纪 70 年代初，美国人放弃了这一普遍主义的广阔愿景。这个国家不再扩大"我们"，而是将自己重建成一个许多狭窄单元构成的组合体。[65]

正如我们在前几章所强调的，20 世纪 60 年代的改革者有充分理由寻求扩大个人权利。事实上，20 世纪 60 年代在个人权利领域取得了如此巨大的成就并付诸行动，以至于人们很难不将这十年视为这样一个时代：压制和服从的枷锁最终打破，个人获得解放成为他们想要成为的人，美国则被要求为其未能保障法律之下的自由和平等负责。

313

然而，也正如我们在前几章所提到的，这些进步和前瞻思想运动的净效果，往往是讽刺性地强调了个人主义和个人权利，却牺牲了广泛共享的社群主义价值观。20世纪60年代"解放"个人的运动，在许多情况下产生了提升自私自利地位的意外副作用。改革者和革命者寻求包容，但在追求包容的过程中，他们导致了异化。因此，60年代值得我们关注，在很大程度上是为了让我们能从那一代改革者的努力中学习，这样，今天对更美好未来之共同愿望的追求，就不会终结于充满敌意的"共同梦想的没落"。

20世纪50年代的改革者担心从众会限制个人主义，担心种族和性别不平等会持续存在，这些担忧都是正确的。他们质疑20世纪中叶的"我们"到底包括谁，并想知道它所代表的特定"共识"需要做出怎样的取舍。20世纪60年代的火花点燃了这些易燃的担忧，足以扭转20世纪前三分之二时期的基本趋势，让美国走上一条完全不同的道路。这条新路确实会带来更多的个人主义，但以牺牲先前的价值观为代价，这是人们长期忽视的事实。

只要审慎地回望20世纪中叶的美国，就可以看清它的缺陷：低估了个性和多样性，对种族和性别公正关注不足。尽管如此，我们在本书中收集的经验证据也清楚地表明，我们已经为60年代的转折付出了高昂的代价，包括第二个镀金时代无可辩解的经济不平等，正在削弱和危及我们民主的政治极化，忽视人类对友谊的基本需求的社会分裂和孤立，以及最根本的，以自我为中心本身使我们很难实现改变国家进程所需的统一目标。

对我们每个人而言，什么是"正常"的，取决于我们个人何时进入这个故事。对于今天的许多老年美国人来说，他们至少部分地经历了 314 美国的崛起，然后目睹了上述非同寻常的逆转，今天的极端不平等、两极分化、社会分裂和自恋，这些甚至体现在国家的最高职位上，是不正常的。因此，他们渴望不使其正常化，这是可以理解的。同时，对于 X 一代（Gen Xers）、千禧一代和年轻的美国人来说，日益加深的不平等、两极分化、孤立和自恋看起来也许很正常，因为这就是他们出生时的美国。经济衰退是他们唯一经历过的现实，他们可能没有充分意识到今天的"正常"在历史上多么不寻常。但正如我们在活生生的记忆中所记录的大量信息，所有这些令人不安的现实事实上都还在衰退。

我们希望，本书能够通过引入一个基于证据的新叙事，涵盖整个世纪的起伏跌宕，为未来的选择设定更清晰的议程，进而有助于缩小"老家伙们"（OK Boomer）与年轻人之间的代沟。事实上，弥合这种观点差异，也许是构建我们国家未来的新共同愿景的关键。本书的最后一个问题是，所有美国人如何共同努力推动另一个上升期。

第九章
放任与驾驭

1888 年，美国进步主义者爱德华·贝拉米（Edward Bellamy）写 了一本畅销小说，题为《回顾：公元 2000—1887》（*Looking Backward, 2000-1887*）。小说中，主人公朱利安·韦斯特在 1887 年睡着了，在 2000 年醒来时，发现他所了解的美国已经完全改变。合作取代了他所在的镀金时代的残酷竞争；强烈的相互责任感和互助意识取代了个人主义的"赢家通吃"心态。韦斯特在参观这个社会时，非常惊讶地看到了这样一种充满希望的可能性：民主公民决定围绕共同的命运感来组织他们的制度。

事实上，我们现在经历的时间已经超过了贝拉米在想象中"回顾"的 113 年。然而，如果他小说的主人公走在今天美国的街头，不幸的是，他会发现自己就像回家一样，因为与贝拉米所设想的乌托邦相比，这个现实与他的家乡更相似。空前的繁荣加上巨大的贫富差距，公共场域的僵局，社会织锦的崩解，普遍的原子化和自恋，当下的这一切宛如当年。[1]

我们生活的现实并不符合贝拉米的乌托邦梦想，这一点自然并不足为奇。有想象力的小说往往发人深省，但很少有预见性。然而，令 人惊讶的是，在贝拉米的小说出版后的半个世纪里，美国确实比以往任何时候都要慢慢接近他的理想化社会。我们变得更加平等，更愿意合作妥协，更有能力为棘手的难题提出创新的解决方案，更关心公共善好。然后我们突然改变方向，推翻了几十年来在这些方面的进展，重新创造了一个比我们历史上任何其他时期都更接近贝拉米镀金时代的世界。

许多评论家已经注意到美国最后一个镀金时代与今天的惊人相似之处。然而，正如本书的概要叙述所揭示的，正如我们现在通过从遍及经济、社会、政治、文化的无数艰难举措中所看到的，相似之处甚至比许多人想象得更广泛、更深刻。今天，我们再次发现自己处于这样一个时刻：几乎每个方面都面临深刻的挑战，并有可能陷入更严重的国家衰退。但我们现在也有一个好处，那就是我们不仅可以像贝拉米那样向前看，想象一个更光明的未来，而且还可以向后看，努力理解一个与我们自身非常相似的时刻是如何创造出来的。

本书揭示了美国19世纪末高度不平等、两极分化、社会脱节、文化自我封闭的社会，到了20世纪初，在平等、包容、礼让、团结和利他方面几乎同时发生了显著进步。事实上，我们希望通过揭示这些现象令人惊异的汇合点，是美国家历史上最戏剧性的多面转折点之一，从而为理解20世纪提供新的视角。然而，我们国家的故事却到此为止，未能充分从历史中汲取教训，这就是为什么我们用最后一章来探讨美国最后一次上升期如何形成，以及我们今天是否还能推动另一个上升期。

从放任到驾驭

在贝拉米写下《回顾》一书几年后，另一位当时还不满25岁的美国进步主义者沃尔特·李普曼出版了一本名为《放任与驾驭》（*Drift and Mastery*，1914年）的小册子。李普曼摒弃了其先辈们"构建乌托邦"的偏好，转而致力于"诊断当前的动荡局势，并就民主意涵达成某种共识"[2]。

在 20 世纪初的全新世界，城市化、工业化、对雇佣劳动的日益依赖、各种公司企业的大量涌现、社会规范习俗的改写、人口的迅速增长和多样化，以及就个人、制度和政府在应对随之而来的挑战所应发挥的作用而展开的激烈争论，即民主公民到底应该怎么做，推动了时代的大转型。

在美国民主遭受万分绝望的"放任"之际，李普曼呼吁积极的、有创造力的、有纪律的公民来"驾驭"历史。他认为，要想让美国经济从下滑趋势中恢复过来，"不能依靠某些聪明的上等人，而要依靠美国人民。这件事并非单个人或单个团体力所能及。"[3] 换句话说，美国人必须避免破坏性地、只顾自己地滑向"我"，并要重新发现"我们"的潜力和希望。

与贝拉米未实现的梦想不同，李普曼的处方非常接近美国转入新世纪时的实际情况。为将镀金时代扭转成进步时代做出贡献的改革者，包括移民和精英，女性和男性，黑人和白人，家庭主妇和职业政治家，工会成员和资本家，大学毕业生和工厂工人，自上而下的官僚和自下而上的活动家，共和党人和民主党人，以及几乎所有介于两者之间的人。这场运动是如此多样化，几乎没有内聚性，而且充满了矛盾的冲动，但是，接受"进步主义者"这一无党派衣钵的美国人，最终实施了一系列令人惊叹的多样化和全面的改革和创新，其中有许多构成了我们今天所知的美国社会的基础。

无记名投票；直接初选制度；参议员普选；倡议、公投和罢免；妇女选举权；新的市政管理形式；联邦所得税；联邦储备系统；劳动保护立法；最低工资；反垄断法；保护公共土地和资源；食品和药品监管；卫生基础设施；公共事业；大量涌现的公民和志愿团体；新的倡议组织，如工会、美国公民自由联盟和有色人种协进会；广泛提供免费公立高中；甚至公共公园、图书馆和游乐场的普及，都归功于各种进步改革者的努力。

自权利法案确立以来，平均每 13 年会批准一次宪法修正案。1913 年至 1920 年间，尽管历经重重阻碍，但最终批准了四项修正案，这说明进步时代的创新性很大，这是自权利法案以来最大规模的修正案，仅次于内战后关于奴隶制的三项修正案。

为了理解其历史意义，今天许多观察家将目光投向进步时代的巅峰，即泰迪·罗斯福的"公道政治"国内议程（1910 年）、进步党的创建（1912 年）以及联邦立法的大量通过（1913—1920 年），并就此得出结论，这是一项旨在扩大联邦政府规模、影响范围和权力的协调政治工程。[4] 然而，这种说法未能解释，在进步主义者入主白宫之前，就已经开始的大规模文化批判、慷慨激昂的鼓动和公民主导的改革的多样高潮。

用历史学家理查德·霍夫斯塔特（Richard Hofstadter）的话说，进步运动最鲜明的特征在于，"在 1900 年后，批判和变革的冲动，遍及美国各处"。这种解释与本书所讨论的更广泛的社会、经济、文化和政治上升期惊人吻合，从总体上看，这表明大约从 1900 年开始，国家的整体轨迹发生了明显的变化。霍夫斯塔特继续说道，"正如所有同时代的观察者所意识到的"，

> 在这个更大的意义上，进步主义并不仅限于进步党，而是惊人地影响了所有大党、小党以及政治生活的整体基调……如果没有某些社会不满情绪的推动，进步主义是不可能的……它是社会中的大多数人为了实现一些并不十分明确的自我改革，而做出的相当广泛并极为善意的努力。[5]

虽然他们最初的目标并不总是明确或一致的，但进步主义者有两个共同点：一是希望阻止国家下滑趋势的强烈愿望，一是激发人们相

319

信普通公民有能力这样做。比起他们那些具体的政治、政策或方案，我们也许可以在他们那千差万别的故事中，为今天创造类似转折点找到蓝图。[6]

从特权到激情

弗朗西斯·帕金斯（Frances Perkins）1880 年出生于马萨诸塞州波士顿的一个中产阶级家庭，他们重视教育，并为自己的殖民地起源感到自豪。在曼荷莲女子学院（Mount Holyoke College）读本科时，一位教授向她介绍了进步主义政治，这位教授让学生参观工厂并采访工人，了解他们的工作状况。毕业后，帕金斯开始在芝加哥地区一所女子学校任教，并作为志愿者在简·亚当斯的赫尔之家（Hull House）继续了解贫穷工人的困境。

在赫尔之家，她与一批颇有影响力的进步主义者进行了交流，目睹了之前只能在书本上看到的社会问题。她参加言辞激烈的劳工演说和发人深省的讲座，质疑父母超然的保守主义政治，并越来越倾向于为被压迫者的权利而战。

帕金斯没有继续从事体面的教师职业，而是在费城接受了一个职 320 务，调查非法职业介绍所和出租屋对移民和非裔美国妇女的性剥削，她谨慎地对家人隐瞒了自己的工作细节。她在沃顿商学院学习经济学，然后搬到纽约，在哥伦比亚大学获得政治学硕士学位。一到纽约，她就投入到妇女选举权运动中，参加抗议活动并在街头巷尾散发材料。她还作为纽约消费者联盟的负责人，继续倡导工人权利。

1911 年，帕金斯在华盛顿广场附近一个公寓里与一群上流社会女性一起参加茶会时，她听到下面的街道上一片喧哗。女士们冲到外面，发现广场对面的三角衬衫厂着火了。帕金斯跑向工厂，想看看能否帮得上忙。数百名工人被困在里面，无路可逃，令人毛骨悚然的一幕出现了，数十名无助的妇女和女孩跳楼死亡。就在两年前，这些女性还策划了一次罢工，呼吁提供更人道的工作条件，并解决火灾安全隐患。她们遭到了暴力抵抗。

三角衬衫厂火灾是弗朗西斯·帕金斯道德形成的转折点，这场大火唤醒了她为改革而斗争的紧迫感。尽管在赫尔之家的经历让她大开眼界，但自从搬到纽约并再次进入东海岸精英阶层后，她开始构想自己将来不再做改革者，而是做嫁得好的慈善家。但是，这场可怕的大火清晰表明，工厂主的贪婪和立法者的冷漠直接导致了 146 个无辜生命陨落，这一事实永远无法用单纯的慈善来弥补。她随即放弃了对优雅生活的憧憬，全心投入到为工人权利而斗争的"天命"之中。

当帕金斯置身于男性主导、道德败坏的政治世界时，她很快就意识到，道德愤怒不足以赢得改革。在进步主义的民主党州长阿尔·史密斯（Al Smith）的指导下，她成为一名精明的政治家，在纽约州政
321　府担任多个职位，并将该州置于立法改革的最前沿。她成功倡导了更全面的工厂检查，为妇女提供更安全的工作条件，缩短工作时间，以及终结童工制度；还在实现最低工资和失业保险方面取得了突破性进展。1933 年，帕金斯被罗斯福总统提名为劳工部长，成为美国历史上第一位担任政府内阁职务的女性，她的专业知识和对劳工的不懈支持，在新政的设计实施中发挥了重要作用。[7]

弗朗西斯·帕金斯是成千上万美国中产阶级（很多是受过教育的妇女）的一员，糟糕的城市经济和社会状况激发了他们，甚至促使他们采取激进行动。简·亚当斯创立了睦邻运动（Settlement House Movement），成为移民和城市贫民的代言人；弗洛伦斯·凯利（Florence Kelley）为劳工改革、儿童权利和种族平等不懈努力；莉莲·沃尔德（Lillian Wald）倡导人权，并为纽约市的公寓居民带来医疗保健；约翰·杜威将教育重构为参与式民主公民身份的预备期。所有这

些都体现了这个时代的人文精神和激情。他们都是普通公民，听从良知和日益增长的政治意识的安排，参与了无数阶级间联盟建设、基层组织和政治倡议。他们共同形成了一股激进主义热潮，有进取心的政客们将据此为支撑美国"我们"时代数十年的计划和政策争取支持。

从孤立到联合

1896 年，保罗·哈里斯（Paul Harris）搬到芝加哥，开始在繁忙、拥挤的城市中的无名氏生活，这与他成长的佛蒙特州沃林福德的共享小镇生活之间的强烈反差，令他深感震惊。哈里斯刚刚在爱荷华大学获得法律学位，是成千上万个刚在新城市开始工作，并有进取心的年轻人之一。他想，"如果别人也像我一样渴望友谊，为什么不把大家聚在一起呢？"[8]

哈里斯很快就开始与朋友和商业伙伴讨论，想为当地专业人士组 322 建一个组织。1905 年，他和另外三个人聚集在芝加哥市中心的一间办公室，参加名为"扶轮社"的新俱乐部首次会议。这个名字来自该组织早期在成员办公室之间轮流开会的做法。俱乐部最初只想为城市商人提供"联谊和友情"，他们最终形成了"午餐会"传统，以适应专业人士的日常生活。

当哈里斯在 1907 年当选为该俱乐部第三任主任时，他将社会服务也列为该组织的使命。他们的第一个项目是在芝加哥建造公共厕所。

该俱乐部明确劝阻成员们不要在会议上做生意，这是想为无情的商业和竞争压力提供一种文化制衡。哈里斯鼓励人们将该社群主义的重心放在社交、服务和互助上。他在《国家扶轮社》（*The National Rotarian*）这一俱乐部首份出版物中写道："如果我们的扶轮社注定不是昙花一现，那是因为你我都学会了容忍对方的缺陷，都学会了宽容。"[9]

其他创始人担心费用和行政负担，反对扩大范围，但哈里斯还是坚持将俱乐部扩张到了其他城市。到 1910 年，美国各地成立了大约 15 个新俱乐部。同年 8 月，在芝加哥举行了一次全国大会，各分会代表投票决定成立全国扶轮社协会。1911 年，该组织将"服务最多，获益最多"作为座右铭，1950 年又增加了第 2 条："服务超越自我"[10]。

最终，该组织向国际上扩展，到哈里斯 1947 年去世时，他已经将专业人士聚集在一起为社区服务的微小努力扩展至 75 个国家，拥有 20 多万名会员。在过去一百年里，它已经成为数十亿美元捐赠资金的清算中心，用于无数人道主义项目。1987 年，美国最高法院的一份判决推翻了扶轮社只招收男性会员的规定，女性最终被接纳为正式成员。今天，该组织仍然活跃并在不断发展，据说已有 120 万会员。

保罗·哈里斯的扶轮社只是进步时代成立的数百个类似组织和协会中的一个，它们都是从原子化和个人主义转向"联合"和社群主义的这一更广泛文化转向的产物。从哥伦布骑士团这样的兄弟会到"挪威之子"（Sons of Norway）这样的文化组织，从矿工联合会（United Mine Workers）这样的工会到哈达萨这样的妇女团体，进步主义者及其同时代的人所组建的俱乐部与社团范围非常广泛。而且，与扶轮社一样，虽然这些组织最初往往只是社交和休闲组织，但许多组织最终将其活动导向了人道主义、社区议题，甚至政治活动。事实证明，这些团体及其具有广泛基础的成员身份经久不衰，创造了大量的社会资本，推动了国家几十年来的上升势头。

从黑暗到光明

艾达·B. 威尔斯（Ida B. Wells）于 1862 年出生于奴隶制时期，并在内战期间通过《解放黑人奴隶宣言》获得自由。她年轻的生命经历了父母因病去世的痛苦，以及通过工作养家糊口使兄弟姐妹免于种族隔离的重担。她找到了一份小学教师的工作，并在空闲时间就读于孟菲斯一所历史悠久的黑人大学。1884 年，一个火车列车员要求她让出头等车厢座位。威尔斯拒绝了，她引用了 1875 年《民权法》，该法禁止公共场所的种族歧视。尽管如此，她还是从火车上被拖了下来。她起诉铁路公司未果，于是就自己的经历写作了一篇慷慨激昂并广为流传的文章，开启了作为记者的职业生涯，开始无情地揭示种族不平等、种族隔离与吉姆·克劳的兴起。

不久，威尔斯成为设在孟菲斯的《言论自由与车头灯报》（*The Free Speech and Headlight*）的编辑与共同所有者。此后不久，她收到消息说，她的朋友们，也都是孟菲斯的企业主，在他们店外玩弹珠游戏引发纠纷后被处以私刑。威尔斯受到刺激，开始调查私刑案件，采访与暴行有关 324 的人，并揭露暴行背后的真正原因。她撰写文章、小册子和统计报告，谴责滥用私刑的"南方恐怖"。威尔斯还鼓励黑人逃离南方，在北方寻求安全和更光明的未来。她自己也于 1894 年搬到了芝加哥。

威尔斯在国外旅行和演讲，为美国的反私刑运动赢得了许多国际支持者。她在美国的一些同行，包括布克·T. 华盛顿和 W. E. B. 杜波依斯，认为她过于激进，所以收效甚微。然而，弗雷德里克·道格拉斯（Frederick Douglass）赞扬她大胆揭示南方黑人真实状况的开创努力。尽管她从未成功说服白人将私刑定为犯罪，但私刑数量在 1892 年达到顶峰后开始下降，到 20 世纪 20 年代中期已经减少了 90%，这一事实至少部分归因于威尔斯的意识觉醒工作。[11]

威尔斯还为民权而战，并致力于组织、教育和构建非裔美国人之间的团结。她帮助实现了对 1893 年世界博览会的成功抵制，并在全国有色人种协进会成立中发挥了重要作用。她还开设了一家黑人移民安置所，为非裔美国移民提供社会服务，并与一些人共同创立了全国有色人种妇女俱乐部协会。这是美国最大的非裔美国妇女民间组织之一，至今仍在活跃。她也是一名妇女选举权论者，甚至在伊利诺伊州授予妇女有限投票权后，她还参与了该州参议院席位的竞选。然而，她反对种族主义和私刑的鲜明立场，使她与许多妇女选举权运动的白人领导者产生了分歧，包括妇女基督教禁酒联盟主任弗朗西斯·威拉德（Frances Willard），她们二人曾公开发生争执。她还直接挑战伍德罗·威尔逊总统对联邦官僚机构的种族重划。威尔斯为反对歧视不遗余力。[12]

艾达·威尔斯的作品一直呼吁对美国种族隔离的现实生活保持诚实透明，她还口头要求在道德和法律上解释吉姆·克劳时期对美国黑人的不公正和暴力。在这一过程中，她充当了国家的良知，帮助发起了漫长的民权运动，并为美国黑人和妇女实现更大的平等奠定了基础。

尽管她的作品从未在当时白人经营的进步主义杂志上发表过，但威尔斯加入了许多进步主义记者行列，致力于揭露镀金时代的虚伪残酷。林肯·斯蒂芬斯（Lincoln Steffens）揭露了城市政治中猖獗的腐败现象，雅各布·里斯（Jacob Riis）利用新闻摄影揭露了城市公寓中不人道的生活条件，艾达·塔贝尔（Ida Tarbell）揭露了约翰·洛克菲勒垄断的标准石油公司的恣意无度，厄普顿·辛克莱（Upton Sinclair）揭露了肉类加工行业的虐待问题，雷·斯坦纳德·贝克（Ray Stannard Baker）报道了对罢工工人的残酷镇压和南方种族主义。这些被称为"耙粪工"的作家生动描绘了剥削和不公正制度所造成的人类代价，激发了道德觉醒，激励了无数活动家和改革者，并促使公众对当今最紧迫的问题采取行动。

从商业大亨到变革领袖

汤姆·约翰逊（Tom Johnson）是一个被内战毁掉财富的南方士兵之子。他很小的时候就靠在弗吉尼亚州铁路上卖报纸养家糊口。尽管约翰逊只完成了一年的正规教育，但他最终还是通过家族关系，被聘为杜邦家族拥有的路易斯维尔有轨电车公司的职员。

通过努力工作和聪明才智，约翰逊在这家企业脱颖而出。对机械的直觉理解和发明天赋为约翰逊赢得多项专利，专利使用费让他有了购买自己企业的自由。约翰逊很快发现自己正在追随当时"从无到有"的强盗大亨们的脚步。到了 19 世纪 90 年代，他拥有克利夫兰、圣路易斯、布鲁克林、底特律和印第安纳波利斯街道铁路线的控股权，并大量投资于钢铁产业，在俄亥俄州和宾夕法尼亚州建立了工厂，为多家有轨电车公司提供铁轨。然而，当一名火车售票员推荐他阅读亨利·乔治（Henry George）的《社会问题》（*Social Problems*，1883 年）时，汤姆·约翰逊对资本主义制度的激进批判产生了意想不到的同情。

亨利·乔治是一位政治哲学家，他于 1879 年出版了他的第一本书《进步与贫困》（*Progress and Poverty*），并取得了巨大的商业成功。19 世纪 90 年代，这本书的销量超过了除《圣经》以外的所有书籍，并对进步主义者产生了巨大影响。许多进步主义者认为，正是接触了乔治的思想，他们的生活才重新转向社会和政治改革。乔治极力主张建立各种机制，控制垄断企业巨额财富，以及它们对经济中繁荣与萧条周期的破坏性影响。汤姆·约翰逊被亨利·乔治对财富和贫困的彻底反思所吸引，他花了大量的财富来推动乔治思想的传播和实践。

1889 年，约翰斯顿洪水摧毁了整个社区，造成 2200 多人死亡，这进一步推动了约翰逊的转变。一座大坝决口造成了这场灾难，为亨利·克莱·弗里克（Henry Clay Frick）和其他商业大亨创造一个私人湖泊是这座大坝的用途。大坝的建造粗心大意，维护不善，尽管随后发生了几起诉讼，弗里克及其同伙始终未被追究责任。约翰逊亲自为受害者提供救济，但感到慈善不足以解决更广泛的系统失灵所导致的问题，他的幻想破灭了。在反思约翰斯顿灾难时，他写道，"如果我们足够聪明，找到召唤仁慈的原因，我们或许才有点希望"。[13]

326

约翰逊凭借他的新政治意识参加竞选，并担任了两届美国国会众议院议员，以及四届克利夫兰市长。当反对有轨电车垄断大亨的斗争成为该市核心议题时，他卖掉了自己在这个产业的生意，并最终主张实现充分的公有制。约翰逊不遗余力地与他以前的商业伙伴在公共生活中的恣意妄为和不当影响作斗争，并用不懈的热忱铲除腐败。他改善了居住条件、卫生设施和治安，建造了公共公园、市民中心，以及老人和穷人之家。他通过将公共设施公之于众，成功降低了公共设施的成本，并制定了美国第一个全面的公共建筑法规。

1905 年，揭发腐败黑幕的林肯·斯蒂芬斯在《麦克卢尔杂志》（*McClure's Magazine*）上写道："汤姆·约翰逊是一位改过自新的商人……他首先改革了自己，然后进行了政治改革；他的政治改革始于他对自己阶级的改革"，并宣布他为"美国治理最好的城市市长"。[14]约翰逊的许多想法在当时确实很有创意，建立了新的市政治理方式，还有一些想法是从全国各地具有改革思想的市长同事那里借鉴的。

约翰逊是一代魅力型政治家的典范，他们将进步主义的改革事业带入权力的殿堂。这包括威斯康星州长兼州议员罗伯特·拉福莱特（Robert La Follette）、底特律市长哈森·平格里（Hazen Pingree）和托莱多市长萨姆·"黄金法则"·琼斯［Sam "Golden Rule" Jones，即塞缪尔·米尔顿·琼斯（Samuel Milton Jones）——译者注］等创新领袖，这些政治企业家试验并证明了市和州改革的有效性，这些改革成为美国其他城市、州、地区甚至联邦政府效仿的榜样。在相当大程度上，进步主义的标杆人物，如泰迪·罗斯福等所推行的联邦政策和计划，是自下而上涌现的地方创新的结果。

良知问题

所有这些故事都说明，进步运动首先是一种道德觉醒。在"耙粪工"揭露社会、经济和政府失控的促动下，在社会福音主义者谴责社会达尔文主义和自由放任经济学的推动下，各行各业的美国人开始否定镀金时代以自我为中心的极端个人主义信条。社会福音运动的早期领袖华盛顿·格拉登（Washington Gladden）写道，"别奢望政府机构或行业组织的变化会给我们带来和平。问题在更深处，在我们的基本观念。如果我们想要真正的民主，我们必须要有一种不同类型的男人和女人，对他们来说，责任比权利更重要，服务比特权更珍贵。"[15]

328

然而，19 世纪的进步主义者明白，真正的道德和文化改革必然是"我们"的努力。仅仅将矛头指向游手好闲的富人或腐败的政治机器是不够的。他们意识到，变革需要的不仅是识别和驱逐社会的坏蛋。正如历史学家理查德·霍夫斯塔特所写，"那个时代的道德愤慨完全不是针对他人的；它在很大程度上、在一些关键方面指向内心。同时代的人把这场运动说成是良知问题，这没错。"[16] 这些改革者反省了自己破坏性的个人主义，以及在创造剥削制度方面的同谋角色，这种认识激发了他们纠正社会错误的热情。

这种自我反省受到牧师和神学家的启发推动，他们不仅鼓励个人改变，而且呼吁宗教机构更积极地批判这个时代的"社会罪恶"。沃尔特·劳申布施等社会福音派将基督教重新定义为一场社会运动，以及一个建设更公正社会的蓝图。

今天，我们看到了类似的揭露腐败、揭露剥削、揭露我们现在所生活的"我"社会的黑暗底层的运动。我们还听到越来越迫切的道德化改革呼声。2018 年的"为我们的生命游行"（March for Our Lives）

只是一个例子，120 万人聚集在美国和全球各地的 880 多起活动中，抗议枪支暴力和校园枪击事件。再如"家庭在一起"（Families Belong Together）倡议，呼吁结束特朗普政府在边境拘留设施中对移民的不人道待遇。还有社交媒体推动的"#MeToo 运动"，强烈呼吁个人和制度问责制，也是当今美国更广泛的道德觉醒的一部分。威廉·巴伯（William Barber）牧师领导的"穷人运动"（Poor People's Campaign），将其打击系统性种族主义、解决代际贫困的努力，描述为"对道德复兴的全国性呼吁"。[17]

329 　进步主义的遗产指出了道德传播的力量，但也向我们提出了挑战，推动我们超越下述的想法，即压制或驱逐我们社会的某些元素，惩罚冒犯者，或用一个派别的统治取代另一个派别的统治，将恢复我们国家的道德和文化健康。我们必须重新评估我们的共同价值观，问问自己，为了共同的利益，我们愿意放弃哪些个人特权和权利，以及我们将在塑造我们国家未来的共同方案中扮演什么角色。

公民的复兴

　　进步主义故事的另一个显著特点，是将愤怒和道德觉醒转化为积极公民意识。在整个镀金时代，随着国家的经济、社会和政治生活达到普通人难以理解的复杂程度，许多人感到严重失控，并由此产生了一种萎靡不振的情绪。历史学家理查德·怀特（Richard White）写道，19 世纪 70 年代中期，"美国人进入了一个极端的经济和政治不稳定时期，他们还没有准备好去理解这是怎么回事。"[18] 在很大程度上，进步时代的创新是对这一现实的回应，寻求重新获得个人的能动性，并重振民主的公民权，以此作为克服巨大焦虑的唯一可靠解药。

　　进步主义改革者在绝望中生出希望，将目光锁定在不同的困境上，提出了数量惊人的创新解决方案，这些方案共同推动了国家的上升。但令人惊讶的是，他们最初并没有什么国家蓝图。社会主义的规范意识形态在 20 世纪初同样获得了不少追随者，与之形成鲜明对比的是，进步主义改革者非常务实，他们使用社会科学的新方法来检验不同解决方案的优缺点。沃尔特·李普曼认为，这种方法就是驾驭之法。事实上，真正的创新需要对不以意识形态信念为前提的实验持开放态度。在僵持的左右框架内组织辩论，就会排除创造性，正是这种创造性激发了我们上一次的上升，并产生了吸引美国两党广泛参与的解决方案。

　　这方面最明显的例子也许就是高中运动，我们在前几章中已经指出了这一点。普及的免费公立高中几乎完全是一种地方性的创新，是在 20 世纪早期的几十年里在小镇上创建的，哈佛这类学术机构在 19 世纪末就已广泛宣传过这一想法。当时，想把自己的教育延伸到"普通学校"之外的学生，通常必须支付私人辅导费用，尽管一些城市可以选择就读中学，如波士顿拉丁学校，但只对有特殊才能的年轻人开放。由于认识到快速变化的经济对受过更多教育的工人的需求不断增长，中西部一些社区开始召集公民联合起来，为所有人提供免费中学。那些成功提高税收来支撑这种学校的城镇，建起了公立高中，而且，鉴于教育的经济回报不断增长，这一想法像野火一样传遍全国，或者用一个更现代的比喻，就是病毒式传播。因此，美国大融合背后最强大的力量之一，以及我们经济上升期在全球化经济中胜过其他国家的能力，正是我们劳动力的教育获得了大幅扩展，令人惊讶的是，这几乎完全是一个自下而上的过程。

　　进步主义者的另一个关键特征，是他们同时处理广泛多样的问题。由于这场运动主要以公民活动为基础，进步主义并未将一种改革置于另一种改革之上，而是从底层开始，在重振共同价值观基础上，全面重组社会。因此，进步主义者所倡导的解决方案，包括从免费公立高中到妇女权利，再到重建信任，以及介于两者之间的一切。正如我们在第八章所讨论的，我们国家最近的衰退包含各种令人震惊的经济、社会、政治和文化挑战，没有任何一个可以明确为所有其他挑战的"前因"。我们当下面临的问题相互交织，解决方案也必须如此。因此，今天的改革者和政策制定者应该追随他们的进步主义先辈。美国的再次上升与其依靠争夺资源的孤岛式改革努力，不如依靠李普曼及其同时代人所实现的"大合作"。

331　　西奥多·罗斯福在 1901 年写道："对于这些（改革）工作必须以何种方式进行，没有硬性规定；但可以确定的是，每个人，无论地位如何，都应该以某种方式在某种程度努力作为。"[19]进步主义者无法为我们提供一份蓝图，说明如何才能实现另一次进步。高中的激增和兄弟组织的复兴，当然都不是解决当今问题的办法。20 世纪的这种成功可以为我们提供如何实现巨大变革的重要经验：从我们自己的社区开始，认识到集体行动的潜在力量，不仅仅是为了抗议，而是为重新构想的美国奠定基础。

运动浪潮

　　尽管全国各地的社区、城市和州的个人和集体行动为这场运动提供了新生命力，但进步主义者很快意识到，地方解决方案不足以解决系统性的问题，这些问题往往超出城市和州的范围。

　　简·亚当斯在《赫尔之家二十年》（*Twenty Years at Hull-House*，1910 年）一书中，描述了她任职初期作为贫困劳动者代言人的经历，她试图直接与一个工厂主谈判，该工厂主的过失导致两个小男孩受伤，第三个男孩死亡。她回忆说，她曾天真地认为，直接诉诸于工厂主的良知就能有所补救，但他拒绝采取任何行动，她感到很震惊。随着他们作为变革者经验的增加，亚当斯等进步主义者意识到，需要施加不同类型的压力，并且，政府介入是确保公平、安全和共同利益的必要条件。

但在 20 世纪之交，政府大规模干预社会和经济仍然是一个有争议的新观念。因此，需要大量基层组织工作为改革立法营造广泛支持。亚当斯开始将她为穷人所做的努力与全国其他社区工人的努力联系起来，工会开始协调推动更大规模、更有效的罢工，各类志愿团体利用其作为联邦地方分会的权力发起广泛的运动，妇女选举权论者在州和国家两个层面积极参与联盟构建。个人、地方团体、市镇和州行动者分享最佳实践，执行自下而上和自上而下的互补战略，并找到了共同事业，他们由此开始发现自己的全部力量。

当代社会倡议者成立了许多组织，发出了许多倡议，来应对各种各样的问题，但他们往往狭隘地关注利好特定群体或事业的优先事项和计划，这更像是一场"我们"的战争，而不是公民行动的大潮。我们还没有看到一场真正的非党派运动，能以令人信服的、公民驱动的大规模改革号召，将这些针对具体问题的努力结合在一起。这不仅仅需要筹款、非营利计划、街头抗议或运动组织，还需要遍布全国的各类团体持续协作努力。这需要一种新的叙事方式，将各自为政的努力汇聚在一个更广阔的美国未来愿景中，并对普通美国人进行再培训和重组，使之成为积极的公民。[20]

今天，草根组织者面临的另一个挑战，是互联网和社交媒体在我们现代社会和政治景观中的关键作用。社会科学家仍在研讨这些新技术的广泛影响，它们如何影响我们的社区和我们的社会资本储备，在很大程度上还没有定论。[21] 说到政治动员，人们的共识是，在线组织对任何现代事业都至关重要，但一些研究表明，过度依赖虚拟网络会造成运动失灵，几乎无法实现更大的目标。[22] 事实上，在利用互联网的加速度上，非常鼓舞人心之处在于面对面和在线网络的新"合成物"的创建，它依靠社交媒体传播信息，但也利用面对面会议来建立关系，提升技能，展开行动。

333   根据社会学家达娜·费舍尔（Dana Fisher）的研究，有迹象表明今天的"抵抗"运动正开始具有这些特征。她证明，自 2017 年 1 月 21 日的妇女游行，即特朗普时代第一次大规模抗议活动以来，抗议者参与的各种游行、运动、罢工和联盟高度重叠。在线组织推动人们参与示威活动，似乎也促进了公民变成活动家后返回社区参与更本地化的行动。目前为止，这场运动并不像许多人想象的那样由极左翼政治活动家领导，而是由致力于解决与自身生活息息相关问题的普通人领导，[23] 主要是中产阶级、中年、受过大学教育的妇女，这与美国上一次上升期形成了鲜明的对比。[24]

社会学家利娅·高斯（Leah Gose）、政治学家茜达·斯科克波尔（Theda Skocpol）和历史学家劳拉·帕特南（Lara Putnam）也发现，日益增长的"抵抗"运动，从妇女游行到反特朗普集会，再到中期选举的投票动员，在很大程度上是由遍布城镇的数千个草根组织维系的，它们有效地将传统组织形式与强大的在线网络结合在一起。[25]不过，这类草根组织能否成功地制定、推进和维持更多变革议程，还有待观察。

政治回应

进步主义者的草根组织，在自身规模、提出议题的数量以及成功推动真正改变未来几十年美国面貌的立法方面，都令人印象深刻。但对进步运动至关重要的是，政治领导人对激进主义热潮的反应方式。如果没有西奥多·罗斯福和伍德罗·威尔逊这样精明的政治倡议者，没有他们有效地将大众起义转化为获得两党支持的政策和计划，这场运动的遗产将会更短命。

但是，在这股风潮基础上有所作为的，不仅仅是进步派总统。即

使在进步时代结束后很久才掌权的富兰克林·罗斯福，也依靠经验丰
富的进步主义改革者为其政府配备人员，并利用他们创造的社群主义
叙事和草根基础结构，在美国经历"繁荣的 20 年代"的倒退后，又
将其拉回上升期。

进步主义者的许多运动起初并不成功，在改革旗帜下通过的大部
分立法也证明是无效的。但是，正如政治评论家小尤金·约瑟夫·迪
昂（E. J. Dionne, Jr.）所说的，"民主是一场漫长的游戏。它包括向那
些抵制改革的人施压……并提供将来的选民最终可以支持的建议。"[26]
新政的许多标志性项目，最终实现了工人、工会领袖、技术官僚、安
置所工人、中产商人、活跃的妇女、受到责备的精英和许多人，花了
几十年时间组织起来的混杂联盟所实现的目标。理解他们遗产的一个
关键，在于认识到国家政治领导力是在持续、广泛的公民参与之后而
非之前出现的。

今天的改革者应该向他们的前辈学习，不仅要聚焦在提拔政治候
选人上，还要聚焦于如何推进一场议题导向的草根运动，以便让他们
和未来的领导人能够实现持久的变革。

青年驱动的愿景

进步运动的最后一个特点与当下面临的挑战有关，即它的年轻化。
我们本章介绍的所有改革者和作家，在他们成为强大的变革声音和力
量时，都只有三十多岁甚至更年轻。42 岁的泰迪·罗斯福是美国有史
以来最年轻的总统。

当时和现在一样，年轻的变革者们觉得自己生长的美国与父母完
全不同。在很大程度上，他们相信过去的时代逻辑永远无法应对已经
彻底改变的新世界挑战。在很多方面，他们是对的，他们对美国可能

和应该是什么的重新构想，使我们的国家走上了一条完全不同的道路。

今天的挑战同样难以解决，同样需要年轻人的勇气、活力和想象力来克服。因此，在很大程度上，美国的命运掌握在后婴儿潮一代手中。今天的年轻人并没有造成今天的问题。但和他们 125 年前的前辈一样，必须放弃自由放任的愤世嫉俗，重拾掌控驾驭的希望信心。

但与过去时代的改革者不同，我们今天拥有更多的工具和资源，帮助我们更清楚地了解我们国家的过去，我们曾经成功做了什么，以及前几代人尚未解决什么。通过使用这些工具来揭示"我—我们—我"曲线，我们希望本书能为弥合今天的代沟做出重要贡献，并创造一个更加富有成效的全国对话，这是重建一个强大的美国"我们"的重要部分。

当然，任何足以在美国创造当代上升势头的重大改革，都需要进行对某些人来说可能比较激进的重大改变，就像一个世纪以前那样。正如我们在第三章中所指出的，在进步时代上升到国家议程的问题，与今天正在辩论的问题有着惊人的相似之处：全民医保；老人、失业者和残疾人的安全网；累进所得税和遗产税；环境监管；劳工改革；遏制大企业的过度垄断扩张；性别平等；以及竞选资金改革。进步主义者很务实，但在追求彻底而深刻地重塑美国，并为经济增长奠定基础的计划和政策方面毫不妥协。齐心协力维护共同事业，建立共同立场，形成关于共同利益的共同愿景至关重要，但仅仅号召"到这里来吧"（"kumbaya we-ness"，Kumbaya 是美国民权运动时期一首歌颂团结之歌——译者注），并不能改善巨大的经济不平等、遏制绝望的死亡、终结种族主义和性别歧视。

我们看到了进步时代的整体战略经验，最突出的是围绕气候变化的行动，这是"我们"的终极议题。活动家们呼吁对不作为的代价进行道德反省。公民、市镇和各州正在试验激进的创新、监管和法律，以在地方层面遏制环境恶化的影响。组织者使用基于互联网和面对面的技术，来动员大规模的抗议活动。年轻人带头发起了一项充满激情的紧迫行动呼吁。

我们能否将同样的紧迫感带到我们国家现在面临的所有挑战中？这些因素最终能否成功地结合起来，成为美国新上升期的催化剂？

警世恒言

本书通过历史分析和统计数据，论证了进步时代是美国家历史上的一个明显的转折点。进步主义者当然并没有解决镀金时代的所有问题，但他们的确成功推动了其影响随时间推移不断加强的上升趋势。他们启动的变革创造了这样一个美国：繁荣的成果分享更平等，公民参与和联合更积极，政治家更能妥协，文化更以共同目标为取向。然而，这些改革者的故事并不都是高尚的英雄主义和利他主义，它还包含重要的警示故事，如果我们希望当代美国产生类似的转折点，就不能不注意这些警世恒言。

首先，人们不能矫枉过正。进步主义紧随平民主义出现。平民主义倡导许多的事业，但都未能达到目标，原因很多，其中一点就是它未能吸收美国价值观的丰富内涵。相比之下，进步主义者成功通过缓慢稳健的改革取代了革命的召唤。进步主义改革者很快认识到，为了成功，他们必须妥协，将私有财产、个人自由、经济增长建构在更平等的社群理想和弱者保护之上，并在既有体系内部努力实现变革。[27]

然而，他们也并不总是那么明智。他们所确立的宪法第十八条修正案禁酒令，对个人自由的侵犯远远超出大多数美国人预料，与几十年来比较温和的节制主义倡导者所提倡的自愿戒酒呼吁相去甚远。该法律意外地刺激了黑市生产，助长了有组织犯罪，引发了广泛反

337

对。禁酒令最终于 1933 年废除，成为美国唯一被完全废除的宪法修正案。

推动禁酒令的善意改革者们，目的是保护妇女、儿童和穷人，却导致对社会的过度控制。它针对的问题真实存在，结果却矫枉过正，这让美国人无法忍受。这也许是 20 世纪 50 年代类似现象的预兆，蔓延的集体主义和从众压力，成为怨恨的根源，以及文化和政治反弹的温床。解决极端个人主义的方法，从来都不是极端社群主义，也不是否定同样重要的美国价值观，比如自由和自决。为了具有可持续性和广泛吸引力，解决方案必须尊重美国的所有理想。

其次，更重要的是，人们永远不要在平等和包容问题上妥协。以科学种族主义为基础的种族隔离主义和白人民族主义，很大程度上普遍存在于许多进步主义者的思想中，并限制了他们对哪些受压迫者应该得到支持，哪些人属于"我们"这个不断扩大的圈子的理解。进步时代恰逢吉姆·克劳法的崛起；伍德罗·威尔逊是有史以来占据白宫的最公开的种族主义总统之一。罗斯福新政的大部分内容最终都歧视有色人种和女性，此处仅举这几个例子。另一方面，艾达·威尔斯和杜波依斯的工作，与简·亚当斯和弗洛伦斯·凯利等白人进步主义者的工作交织在一起，他们合作创立了全国有色人种协进会，他们是积极而清晰的、更包容的进步议程典范。

在评估如此广泛多样的运动时，很难面面俱到，但大多数学者都338 同意，种族主义是进步主义改革者的常态，而不是例外。尽管这是一场令人难以置信的多元运动，但进步主义在很大程度上还是白人中产阶级领导和实施的，他们不仅决定谁从改革中受益，而且决定按照何种方式重塑美国。这些现实是有问题的，因为任何形式的排斥都与美国的建国原则背道而驰。正如美国"我—我们—我"的世纪故事告诉我们的那样，由于未能充分考虑包容性，美国"我们"几十年的完整性严重受损，最终播下了很快步入衰退的种子。

因此，对我们最后一次从"我"转向"我们"的那个时刻的批判解读，为我们如何使我们的国家重回上升轨道提供了经验教训。但它也告诫我们，如果不支持个人自由，不坚定保障平等、包容，就将最终损害我们的美好追求。因此，除了进步时代提供的道德觉醒、公民复兴、思想交融、草根动员、精明的政治领导和青年动员的杰出范例之外，我们还必须密切关注这个时代的失败之处，并在我们寻求再次转折的过程中探寻如何纠正这些错误。

在我们进入 20 世纪的时候，没有一个政党、没有一个政策或纲领，也没有一个有魅力的领导者，在推动美国上升期方面发挥主导作用。这是无数公民在他们自己影响范围内积极参与，并走到一起创造巨大的批判和变革浪潮的结果，这是真正的从"我"到"我们"的转变。对于生活在 19 世纪最后几十年的动荡不安的美国人来说，这样的转变绝非必然，甚至出乎意料。然而，它发生了，清晰而稳定地发生了，我们的研究以图形方式生动说明了这一现象。随着良知的觉醒和爱国主义的凝聚，一代意识形态多样化的进步改革者出现了，他们进行实验、创新、组织，并致力于推动从公寓、邻里、病房和工会一直到州政府、国会大厅、最高法院和白宫的变革。尽管历史学家就他们的动机和方法多有争论，进步主义者的遗产还是很明确的：按照经济 `339` 平等、政治礼让、社会内聚和文化利他的硬标准，他们启动了真正向上的进步，并在 20 世纪的前 65 年不断发展。沃尔特·李普曼满怀希望地总结道："我们已经感觉到现实在向我们的目标倾斜"，仅在这一上升期的 14 年里，"我们从这些迹象中得到了确证。"[28]

我们今天面临的状况和具体挑战，尽管常常与过去惊人相似，但当然与美国人在第一个镀金时代所面临的有很大不同。因此，我们走的路和我们创造的解决方案也必然不同。然而，回顾过去以更好地理解 20 世纪早期改革者的心态、工具和策略，可能会启发并赋予我们力量，来克服我们时代的放任，实现我们自己的驾驭，最终扭转我们的道路，创造出美国故事的新篇章。但是，在推动美国新的上升趋势时，我们必须比我们的前辈看得更远，并坚定致力于塑造一个因为包容而可持续的美国"我们"，这很艰难，但价值永存。

个人主义和共同体之间的权衡？

保障个人的利益、权利和自主，与维护强烈的整体意识、共同目标和共同命运，两者之间如何恰当平衡？正如上文对进步时代及其现代回响的讨论所表明的，这在 20 世纪初是一个紧迫的问题，今天也是。[29]

许多美国政治思想家认为，这两种价值观在本质上是相互竞争的，社会团结、平等、共同利益、共同命运、共同义务和共同价值观，反对个人权利、多样性、自由、"粗犷的"个人主义以及和谐共存。简单地接受"我—我们"的二元论，意味着在社群平等和个人自由之间进行零和权衡。虽然我们承认这种永恒的张力，但我们确实不认为我们只能选边站，也不认为一方蕴含了所有美德。

此外，必须明确的是，"我—我们"的连续体在概念和经验上都有别于人们更熟悉的左-右光谱。[30] 在政治光谱的两边，都可以找到个人主义和社群主义，因为二者都是美国的基本理想。

正如政治哲学家丹妮尔·艾伦最近所指出的，

> 政治哲学家产生了这样一种观点：平等和自由必然相互矛盾……作为公众，我们已经完全接受了这种观点。我们认为，我们必须在自由和平等之间做出选择。近年来，我们的选择倒向自由。在自由放任主义的普遍影响下，两党都放弃了我们的独立宣言；他们蔑视我们的遗产。这样的选择是危

340

险的。如果我们放弃平等，我们就失去了一种纽带，正是它使我们成为一个共同体，使我们率先成为一个在集体和个体意义上都拥有自由能力的民族。[31]

和艾伦一样，我们反对下述观念：自由越多，平等越少，社群越弱，和托克维尔一样，我们认为"正确理解"的个人主义与社群、平等完美相容。[32]

正如我们在第六至八章所讨论的，从某些角度看，20 世纪 60 年代后的趋势是受欢迎的，与 20 世纪中叶相比，美国现在基本上是一个更加多元、宽容和开放的社会。但从其他角度来看，20 世纪 60 年代后的趋势导致了一个美国人很难觉得有吸引力的国家僵局。在第二章中，我们展示了 20 世纪前三分之二时期的美国人既享有快速的经济增长，又享有更大的平等和共同体，可谓两全其美。但是，自 20 世纪 60 年代以来，美国人的经济增长缓慢，平等程度较低，社群观念淡薄，可谓两败俱伤。

我们在本书中坚持认为，虽然美国的"我们"在 20 世纪上半叶逐渐变得更加广泛，我们也在不断完成纠正种族和性别不平等的长期历史任务，但我们 1960 年（现在仍然）在这些维度上远非完美。美国人原本可以而且应该进一步推动实现更大的平等。因此，我们从"我—我们—我"世纪中汲取的历史教训是两方面的：我们知道，美国人曾经让自己摆脱了与当下类似的困境，但我们也知道，在第一个进步时代和随后的几十年里，我们对"我们"能够成为什么样的人定位不高，我们也没有足够认真地对待不够包容的挑战。因此，我们今天面临的问题，不是我们能否或应该扭转历史的潮流，而是我们能否以不逆转我们的个人自由进步成果的方式，复兴早期的社群主义美德。这两种价值都是美国的，我们需要平衡和整合它们。

这项任务绝非易事，这关系到美国实验能否成功。但是，当我们展望不确定的未来时，我们必须牢记美国"我—我们—我"世纪最大的教训：正如西奥多·罗斯福所说，"我们国家生活的最根本基石在于，总的来说，长远来看，我们荣辱与共。"[33]

致　谢

这本书有一段略不寻常的故事。在罗伯特·帕特南摆弄几个令人
费解的数据集时，这是他喜欢的消遣，偶然发现了一处意想不到的历
史模式交汇，这促使他违背对自己的坚强后盾、妻子罗斯玛丽（Rose-
mary）的承诺，决定在《我们的孩子》（2015 年）之后，再写一本新
书。但是，如何把这些定量证据放在一个更宽泛的定性叙事之中，很
可能成为一项西西弗式的任务，他决定求助于自己以前的学生、合作
者和朋友，谢琳·罗姆尼·加勒特，她也是一位出色的作家，在她自
己的社会活动中，长期以来一直对进步时代改革者着迷。

令我们都感到高兴的是，这种伙伴关系加深了，我们的友谊和相
互尊重也随之加深。虽然我们最初各自负责起草个别章节，但几乎每
一页都经过了我们的共同讨论，现在连我们自己也很难说清楚哪个想
法是谁的了。毫无疑问，两个不同年代、不同背景的人的合作，让这
本书变得更好了。

对本书背景的任何描述都必须归功于才华横溢、辛勤工作的研究
助理团队，他们为这个项目集体工作了三年多，考察了之前涉及我们
主题的广泛研究，包括一个多世纪以来几乎所有的社会科学领域，并
不懈地探究那些鲜为人知的历史档案。该团队包括劳拉·休曼·德尔
加多（Laura Humm Delgado），梅雷迪思·多斯特（Meredith Dost），利
娅·唐尼（Leah Downey），阿里·哈克姆（Ali Hakim），乔治·基纳
斯顿（George Kynaston），亚历克斯·迈尔科-扎特瓦尼克（Alex
Mierke-Zatwarnicki），诺亚·帕特南（Noah Putnam），达丽娅·罗丝

（Daria Rose），耶尔·沙赫尔（Yael Schacher），卡罗琳·特沃（Caroline Tervo）和安娜·瓦耶夫（Anna Valuev）。

344　　　有几位研究助理贡献突出需专门指出：艾丹·康诺顿（Aidan Connaughton），查尔斯·凯尔什［Charles（Chaz）Kelsh］，埃米·莱克曼（Amy Lakeman），杰夫·梅茨格（Jeff Metzger）和乔纳森·威廉姆斯（Jonathan Williams）。在我们的研究接近尾声之际，有两个团队成员至关重要：凯茜·波伦（Casey Bohlen），他为我们理解60年代和种族平等史做出了不可替代的贡献；乔纳·哈恩（Jonah Hahn），他的角色逐渐从研究助理演变为项目所有方面的正式合作伙伴，并成为我们的IT顾问。我们感谢乔纳·哈恩整理了无数资料和引文，同时我们也非常感谢他在我们提炼结论时的批判反馈和敏锐分析。

与我们之前的工作一样，哈佛大学是该研究项目的主办方，我们特别感谢哈佛肯尼迪学院及其院长道格拉斯·埃尔门多夫（Douglas Elmendorf）。像任何一所巨型大学一样，哈佛非常碎片化，但它也一直在提供非凡的同事，他们跨越学科和机构的边界，慷慨提供了时间和专业知识。在此，我们向协助我们研究的同事们深表谢意，但我们对自己的结论承担完全责任：丽莎贝思·科恩（Lizabeth Cohen），马修·德斯蒙德（Matthew Desmond），戴维·埃尔伍德（David Ellwood），理查德·弗里曼（Richard Freeman），杰弗里·弗里登（Jeffry Frieden），史蒂芬·戈德史密斯（Stephen Goldsmith），彼得·霍尔（Peter A. Hall），乔纳森·汉森（Jonathan Hansen），纳撒尼尔·亨德伦（Nathaniel Hendren），加里·金（Gary King），米歇尔·拉蒙特（Michèle Lamont），斯科特·梅因沃林（Scott Mainwaring），罗伯特·曼杜卡（Robert Manduca），罗伯特·桑普森（Robert J. Sampson），马里奥·斯莫尔（Mario Small），詹姆斯·斯托克（James H. Stock），劳伦斯·萨默斯（Lawrence H. Summers），莫希克·特姆金（Moshik Temkin），玛丽·沃特斯（Mary C. Waters）和文安立（Arne Westad）。

　　除了我们的哈佛同事，我们还要感谢许多机构和学科的同事和朋友，他们阅读了特定章节，并提供了批判意见，或者在定量和定性方面提供了相关证据帮助，他们包括乔尔·阿珀巴赫（Joel Aberbach），戴尔·贝尔（Dale Bell），乔伊斯·阿夫雷奇·伯克曼（Joyce Avrech Berkman），利奥·布劳迪（Leo Braudy），安德鲁·谢林（Andrew Cherlin），阿普里尔·克拉克（April Clark），迈尔斯·科拉克（Miles Corak），海迪·哈特曼（Heidi Hartmann），丹尼尔·霍普金斯（Daniel J. Hopkins），保罗·詹金斯（Paul O. Jenkins），戴维·肯尼迪（David M. Kennedy），彼得·林德特（Peter H. Lindert），安妮-玛丽·利文斯顿（Anne-Marie Livingstone），泰勒·曼（Taylor Mann），罗伯特·梅尔（Robert Mare），安德鲁·麦卡菲（Andrew McAfee），基思·纽曼（Keith Neuman），保罗·皮尔逊（Paul Pierson），乔安娜·帕特南（Jonathan F. Putnam），菲利普·奥雷奥普洛斯（Philip Oreopoulos），莉萨·泰特劳尔特（Lisa Tetrault），丹尼尔·沃瑟曼（Daniel Wasserman），哈里·维兰德（Harry Wiland），杰弗里·威廉姆森（Jeffrey G. Williamson），斯科特·温希普（Scott Winship）和加文·赖特（Gavin Wright）。不过像往常一样，我们自己对所有可能的错误负责。

　　最后还要感谢一些热心肠的朋友，他们对整个手稿提供了建议，³⁴⁵包括泽维尔·布里格斯（Xavier de Souza Briggs），戴维·布鲁克斯（David Brooks），彼得·戴维斯（Peter Davis），安格斯·迪顿（Angus Deaton），罗伯特·基欧汉（Robert O. Keohane），迈克尔·梅罗波尔（Michael Meeropol）和伯纳德·巴尼特（Bernard Banet）。特别值得一提的是，伯纳德在三年中几乎每天都给我们寄来与我们的全部兴趣有关的新闻剪报和学术研究，这真的是一种非凡的友谊。

　　我们还要感谢詹姆斯·克洛彭博格（James T. Kloppenberg）教授，尽管方式与他人不同。他最早向我们每个人介绍了进步主义者和20世纪美国历史的全貌。谢林在哈佛大学修读了克洛彭博格教授的思想史课程，并在本科论文中论述了睦邻运动的社会和政治遗产，以及简·亚当斯、约翰·杜威及其同时代人的生活和工作。巧合的是，20年后与吉姆（克洛彭博格）的一次随意但热烈的午餐谈话，鼓励鲍勃（帕特南）走出他的学科舒适区，开展了这个项目，并最终形成了这本书。如果没有吉姆对我们每个人的影响，很难想象我们会写这本书。对于克洛彭博格的历史学同行，我们恳请你们将在书中看到的任何有价值的观点归功于吉姆，而错漏还是归于我们。

任何如此漫长复杂的项目都需要最高水平的工作人员协助。我们感谢莉萨·麦克菲（Lisa MacPhee）及其天才的前任凯尔·西格尔（Kyle Siegel），路易斯·肯尼迪·康弗斯（Louise Kennedy Converse），汤姆·桑德（Tom Sander）和我们的本科生助理赛勒斯·莫坦亚（Cyrus Motanya）的贡献。

我们也感谢我们熟练的编辑鲍勃·本德（Bob Bender），还有他才华横溢的合作者约翰娜·李（Johanna Li），以及他们在西蒙与舒斯特（Simon & Schuster）出版社的同事，他们以一贯的敏锐指导这个项目，同时宽容了我们写作计划中几个意料之外的延误。

谢琳·罗姆尼·加勒特的补充致谢

我首先要感谢我的长期导师鲍勃·帕特南邀请我与他合作完成这个项目。我永远记得他第一次向我提到这个想法时，他对所发现的这346 个趋势的瞠目结舌。我不知道有一天我也会在揭示这个重要故事方面发挥作用。在我加入这个团队时，本书的研究已接近完成，它所展现的无数调查分析让我大为震撼。这是一个令人兴奋的挑战，帮助厘清如何为这个令人难以置信的宏大故事穿针引线，并塑造"我—我们—我"的叙事框架。一路走来，我学到的和我贡献的一样多。在整个写作过程中，鲍勃给了我极大的豁达支持。在我们相识的 20 年里，通过我在他项目中扮演的各种角色，以及我们现在合作的两本书，他一直是我职业生涯中最重要的影响者之一。他和他的妻子罗斯玛丽是豁达、大度和善良人品的光辉典范。

我还要感谢戴维·布鲁克斯（David Brooks）和他在阿斯彭研究所创立的"编织社会之网"项目（Weave：The Social Fabric Project），让我有机会在写这本书的过程中走遍全国，目睹美国社区在今天面临的挑战，以及在我们国家每个角落正在展开的无数基层解决方案。我还要感谢戴维对我这个作家的指导，帮助我重新燃起讲故事的热情，并让我有勇气找到自己的声音。

感谢路易斯·奈特（Louise Knight），伦达·杰克逊（Ronda Jackson），阿什利·夸库（Ashley Quarcoo），阿普里尔·劳森（April Lawson），杰克·加勒特（Jake Garrett），安娜·凯尔（Anna Kearl）等人，感谢你们的友谊和支持，让我理清了如何思考本书的一些关键部件。

我也真诚地感谢我的家人、朋友、邻居和教友，作为我自己的那个小"我们"，他们在这个项目的困难时刻支持（并滋养）了我。特别感谢我的父母罗恩（Ron）和佩姬·罗姆尼（Peggy Romney），我的公婆维恩（Vern）和南妮特·加勒特（Nanette Garrett），以及玛丽亚·沃斯洛（Maria Vosloo），格洛丽亚·恩瑞恩（Gloria Unrein），吉尔·菲松普（Jill Phetsomphu），萨米拉·格林哈尔希（Samira Greenhalgh），杰西卡·加勒特（Jessica Garrett）和伊丽莎白·加勒特（Elizabeth Garrett），他们在我最需要帮助的时候关爱我和我的女儿。感谢霍利·沃尔（Holly Wall），感谢你分享你的天赋，并无私提供我所需要的物质、情感和精神的支持，使我在整个项目中保持健康、理智和专注。

致我亲爱的索菲亚·伊芙（Sophia Eva），感谢你忍受妈妈无休止 347 地将精力注入这本书，感谢你与我一起庆祝每个里程碑，感谢你提供了六岁孩子才有的热忱帮助和鼓励。愿上帝保佑你能像妈妈一样找到自己的激情，并用智慧、勇气和信念追求你的梦想，让世界变得更美好！

当我写下这些话时，我正在等待我儿子的出生，我感谢他让我在没有太多不适的情况下完成了这个项目！我真诚希望他出生在一个转向上升期的美国，希望我的孩子们成为点亮这个动荡世界的一点光明和希望。

最后，我衷心感谢我最好的朋友兼丈夫詹姆斯·加勒特（James Garrett），感谢他在整个项目中对我的鼓励和信任。没有他的爱、支持和耐心，我就不会成为今天的我。我把我们在这本书的结尾处所写的话献给他："我们国家生活的最根本基石在于，总的来说，长远来看，我们荣辱与共。"

罗伯特·D. 帕特南的补充致谢

在我的职业生涯中，我得到了很多老朋友、学生和同事的帮助。除了我们前面共同提到的同事和对本书提出修订建议的人之外，我想特别提到拉里·巴特尔斯（Larry M. Bartels），戴维·坎贝尔（David Campbell），拉塞尔·多尔顿（Russell J. Dalton），塞尔吉奥·法布里尼（Sergio Fabbrini），莫里斯·菲奥里纳（Morris P. Fiorina），卡罗琳和诺曼·弗莱彻（Carolyn and Norman Fletcher），克里斯汀·高斯（Kristin A. Goss），戴维·哈尔彭（David Halpern），珍妮弗·霍克希尔德（Jennifer Hochschild），罗纳德·英格尔哈特（Ronald Inglehart），卡罗尔·莱尔（Carol Leger），林彩云（Chaeyoon Lim），杰德·雷科夫（Jed Rakoff），珍妮弗·鲁宾（Jennifer Rubin），茜达·斯科克波尔（Theda Skocpol）和保罗·索尔曼（Paul Solman）。

最重要的是，在这种情况下，我想感谢罗伯特·阿克塞尔罗德（Robert Axelrod）对我毕生的智力支持。自从 1964 年秋天我们在耶鲁读研究生以来，他和我一直是最好的朋友。多年来，我们养成了几乎每年夏天都在一起度过几天的习惯，就我们各自知识兴趣的变化，交换富有批判的坦率想法。他是颇具共识的一代人中最有创造力的社会科学家之一，和他建立这种伙伴关系，对我来说有着不可估量的意义和乐趣。

两位重要的美国公共知识分子米歇尔·亚历山大（Michelle Alexander）和南纳尔·基欧汉（Nannerl Keohane）对我早期私下表达的种族和性别观提出了尖锐批评。我不知道她们如何看待我们之后的修订版，但我想公开表达我对她们的感激之情。她们的直言不讳迫使我更深入地思考种族和性别正义都需要什么。

除了哈佛大学之外，我也很感谢其他几家机构为这个项目提供的热情接待与慷慨支持。

·德州农工大学，尤其是哈格勒高等研究院；研究所所长约翰·琼金斯（John L. Junkins）；文科院长帕梅拉·马修斯（Pamela Matthews）；政治学系两位杰出成员盖伊·惠滕（Guy Whitten）和保罗·凯尔斯塔特（Paul Kellstedt）；两位干练的博士研究助理，贾尼卡·马加特（Janica Magat）和弗拉维奥·苏扎（Flavio Souza）；以及政治学系的工作人员。德州农工大学的口号与手势"牵住牛角"（hook'em horns）是我的快乐之源，我在这里也获得了一些更先进的统计技术方面的重要帮助，这些技术为本书呈现的曲线提供了支持。

·牛津大学，尤其是纳菲尔德学院及其杰出院长安德鲁·迪尔诺特（Andrew Dilnot）和出色的教职员工，以及牛津大学的教授乔纳森·格舒尼（Jonathan Gershuny）、安东尼·希思（Anthony Heath）和丹尼·多林（Danny Dorling）；还有埃夫里姆·阿尔廷塔斯（Evrim Altintas），当时他是牛津大学时间利用研究中心的英国学院博士后研究员。

在我职业生涯的前几个阶段，纳菲尔德学院既紧张又轻松的独特氛围，为创造性地解决"大"问题提供了极好的环境。

·二十多年来，我与新罕布什尔州慈善基金会的杰出领导者们进行了卓有成效的合作，最初的合作对象是基金会的长期主席（也是我的好友）卢·费尔德斯坦（Lew Feldstein）。本书项目延续了这种合作关系，我继续与基金会卓越的主任和首席执行官迪克·奥伯（Dick Ober）及其工作人员，特别是凯蒂·梅罗（Katie Merrow）展开合作，凯蒂组织了一次颇具建设性的批判性圆桌会议，重点讨论了我们对种族和性别议题的处理方式。

349　　还有两位长期的专业朋友和同事对这个项目的贡献值得特别感谢：

从 20 世纪 90 年代中期开始，我的道路就开始不断与明尼阿波利斯市一位思想早熟的副市长瑞普·拉普森（Rip Rapson）交叉。随着瑞普先是在学术界然后在慈善界升迁，最终成为克雷斯吉基金会（Kresge Foundation）的负责人，我们一直保持着朋友关系。2016 年的一次晚餐时，瑞普问我在做什么。我说正在考虑退休，但我对我偶然发现的一个小问题很感兴趣。几乎在甜点到来之前，瑞普就主动表示他发现这个问题同样有趣，如果克雷斯吉基金会能帮上什么忙，就告诉他。凭着他相信我可能会提出一些有价值的东西，克雷斯吉基金会成为这个为期四年项目的唯一资助方，没有一次质疑我，甚至没有质疑我为何延期。我非常感谢瑞普对《大衰退：美国社会的百年变迁（1895—2020）》的信任和鼓励，我希望这本书不会让他失望。

雷夫·萨加林（Rafe Sagalyn）二十多年来一直是我的好朋友和经纪人，他的工作总是很出色。在这本书中，从构思到执行再到确定标题，他的贡献无与伦比。最初，我还不确定我的统计曲线是否值得出一本书，他热情鼓励我坚持下去。当我不确定我是能否完成这个规模超出我预料很多的项目时，雷夫成为我与谢琳合作的动力和持续支持者。当我们发现自己在标题上陷入困境时，雷夫和他的同事布兰登·

科沃德（Brandon Coward）提出了一个我们现在都认为完全正确的标题。我在过去四分之一世纪作为一个作家取得的任何成功，都离不开雷夫·萨加林。

当然，就这本书的专业性而言，我最需要感激的是谢琳·罗姆尼·加勒特。谢琳是过去半个世纪以来我有幸教过的数千名学生中的一名佼佼者，也是我有幸与之共事的顶级合作者之一。二十年前，她在我班上的第一篇论文讨论了进步时代及其后果，我们在本书中回到那个主题并非偶然。从哈佛大学毕业五年后，她作为研究员、作家与我和戴维·坎贝尔一起成就了《美国恩典》。她最初是作为一名作家参与到《大衰退：美国社会的百年变迁（1895—2020）》的写作中，但她的贡献很快就变成了实质性和知识性的。她之前在进步时代方面的专业知识，让她在本书的叙事中发挥了重要作用，包括引言和结论部分强调镀金时代和进步时代与我们今天面临的挑战之间的相似之处。作为作家和回忆录作者，谢琳有着美好的未来，我为我们的友谊感到自豪。

正如我以前所有的作品一样，我继续深沉地感谢我的妻子罗斯玛丽、我们的两个孩子〔乔纳森（Jonathan）和劳拉（Lara），他们在自己的领域里都是杰出的作家〕，以及我们的七个孙子孙女〔米里亚姆（Miriam）、格雷（Gray）、加布里埃尔（Gabriel）、诺亚（Noah）、阿隆索（Alonso）、吉迪恩（Gideon）和埃莉诺（Eleanor），其中一些人也开始了有前途的作家生涯〕。和过去一样，我的家人为这本书做出了重要贡献，为它注入的当代情感超出我之所能。

罗斯玛丽是唯一一个读过我发表过的每个字并加以品评的人。每个人都需要一个最好的朋友，但我的优势非同寻常，那就是我与我的朋友结了婚。罗斯玛丽为我主持讲授的每个研讨班烘烤饼干，管理我写的每本书的每个文件，抚养我们的子孙后代，记住每个老朋友的名字，通过陪我度过每个黑暗时刻，让我保持清醒，同时作为一名杰出

350

的特殊教育专家和真正拥有社会资本的人，拥有自己的事业，这一切几乎没有得到公众的认可。与这个了不起的人交往，是我一生中最幸运的事，也是我做过的最聪明的事。每个熟悉我们的人都知道，罗斯玛丽是我们二人关系的高级合作伙伴，我们的一些朋友有时纳闷我是否明白这一点。我当然明白。

注 释

读者须知

本书使用的 Ngram 证据基于 2019 年底的最新可用数据。2020 年 7 月，第五章引用的 Ngram 网站进行了修订，纳入了方法略微不同的数据。

第一章 凡是过往，皆为序章

1. Alexis de Tocqueville, *Democracy in America*, 2nd ed., vol. 2 (Cambridge, MA: Sever & Francis, 1863), chap. 8. 几章之后，他警告说，如果对个人权利的强调压倒集体利益，民主就会面临危险。See Jonathan M. Hansen, *The Lost Promise of Patriotism: Debating American Identity*, 1890-1920 (Chicago: University of Chicago Press, 2003), 189-90.

2. 当然，重要的是承认托克维尔的观察反映了他的上层白人男性背景，他对美国社会的描述也基本只适用于白人社会。但他确实认识到了奴隶制的弊端，以及它对新共和国及其理念的特殊挑战。See Alexis de Tocqueville, *Democracy in America*, 2nd ed., vol. 1 (Cambridge, MA: Sever & Francis, 1863), chap. 10. 学者们争论的是，托克维尔对美国奴隶制的看法与他对美国民主的评估究竟是如何交织在一起的。关于这个问题的更多信息，参见 Sally Gershman, "Alexis De Tocqueville and Slavery," *French Historical Studies* 9, no. 3 (1976): 467-83, doi: 10.2307/286232; Richard W. Resh, "Alexis De Tocqueville and the Negro: Democracy in America Reconsidered," *The Journal of Negro History* 48, no. 4 (n. d.): 251-59, doi: 10.2307/2716328; and Barbara Allen, "An Undertow of Race Prejudice in the Current of Democratic Transformation: Tocqueville on the 'Three Races' of North America," in *Tocqueville's Voyages: The Evolution of His Ideas and Their Journey Beyond His Time*, ed. Christine Dunn Henderson (Indianapolis: Liberty Fund, 2014), 244-77.

3. 我们在这本书中经常谈到镀金时代和进步时代，注意到我们和大多数历史学家对镀金时代结束和进步时代开始的时间都不完全准确，这还是有所帮助的。大致而言，"镀金时代"是指 1870—1900 年，"进步时代"是指 1900—1915 年。像任何历史划分一样，这种划分并不严格，因为与进步运动相关的发展在上述时间段早期就有明确的先例，而与镀金时代相关的发展则一直持续到上述时间段后期。

4. 在构建图 1.1 的综合汇总曲线和后面章节的类似曲线时，我们在每种情况下都使用了两种独立的纵向因子分析法，即 James Stimson 的二元比率算法和 James Stock 和 M. W. Watson 的期望最大化方法。有关 Stock‑Watson 的方法，请参阅 James H. Stock and Mark W. Watson, "Dynamic Factor Model," in *The Oxford Handbook of Economic Forecasting*, eds. Michael P. Clements and David F. Hendry（New York：Oxford University Press, 2011), and James H. Stock and Mark W. Watson, "Dynamic Factor Models, Factor‑Augmented Vector Autoregressions, and Structural Vector Autoregressions in Macroeconomics," in *Handbook of Macroeconomics*, vol. 2（Amsterdam：Elsevier, 2016), 415‑525。有关 Stimson 的方法，请参阅 James A. Stimson, "The Dyad Ratios Algorithm for Estimating Latent Public Opinion：Estimation, Testing, and Comparison to Other Approaches," *Bulletin de Méthodologie Sociologique* 137‑38, no. 1（2018)：201‑8, doi：10. 1177/0759106318761614; unpublished instructional guide available at：http：//stimson. web. unc. edu/software/. For an extended example of the use of the Stimson method, see James A. Stimson, *Public Opinion in America：Moods, Cycles, and Swings*, 2nd ed.（London：Routledge, 2019)。

计量经济学家更熟悉 Stock‑Watson 的方法，而政治学家更熟悉 Stimson 的方法。Stimson 的方法能够更好地处理缺失数据（例如，在没有总统选举的年份，无法测量分裂投票），因此在计算整本书使用的因子分数时，我们依赖 Stimson 的方法。然而，就我们的数据而言，两种截然不同的方法在单个主导因素方面产生了基本相同的结果，也就是不同测量方法在该主导因素上的载荷都非常高。

图 1.1 的曲线分别反映了第二、三、四和五章关于经济、政治、社会和文化关键变量的四个独立的 Stimson 类型因子分析。每条曲线的时间跨度因基础数据的时间跨度不同而略有不同；我们只涵盖那些我们拥有相当一部分基础成分变量的非遗漏数据的年份。图 1.2 的汇总曲线基于单独的 Stimson 类型因子分析，该分析结合了来自四个域的所有可用变量。数据点代表了标准化的因子分数，它既可以在特定曲线的各年之间进行比较，也可以在特定年份的各条曲线之间进行比较，但没有便于解释的数字含义（如百分比或美元）。

非常感谢德州农工大学的 Guy D. Whitten, Paul Kellstedt, Janica Magat 和 Flavio Souza 对这一部分提供的宝贵帮助，但他们对我们呈现和解释他们工作结果的方式不负任何责任。

5. 一个例外是 Peter Turchin, *Ages of Discord：A Structural‑Demographic Analysis of American History*（Chaplin, CT：Beresta Books, 2016)。

6. "Bush Hits New Low as 'Wrong Track' Rises,"（ABC News, May 12, 2008), http：//abcnews. go. com/images/PollingUnit/1064a1BushTrack. pdf; http：//www. pollingreport. com/right. htm. https：//www. thedailybeast. com/weve‑been‑on‑the‑wrong‑track‑since‑1972.

7. Kim Parker, Rich Morin, and Juliana Menasce Horowitz, "Looking to the Future, Public Sees an America in Decline on Many Fronts,"（Pew Research Center, March 21, 2019), https：//www. pewsocialtrends. org/2019/03/21/public‑sees‑an‑america‑in‑decline‑on‑many‑fronts/.

8. "Stress in America：The State of Our Nation"（American Psychological Association, November 1, 2017), https：//www. apa. org/news/press/releases/stress /2017/state‑nation. pdf.

9. "OK Boomer" 是 2019 年在互联网上迅速传播的一个梗，模仿嘲讽婴儿潮一代的刻板印象，在年轻一代中越来越受欢迎。See Karen Heller, "It Was the Year of 'OK Boomer,' and the Generations Were at Each Other's Throats," *The Washington Post*, December 24, 2019, https://www.washingtonpost.com/lifestyle/it-was-the-year-of-ok-boomer-and-the-generations-were-at-each-others-throats/2019/12/24/a2c2b586-1792-11ea-8406-df3c54b32 53e_story.html.

10. Rebecca Edwards, *New Spirits：Americans in the Gilded Age, 1865-1905* (New York：Oxford University Press, 2006), 242.

11. Alfred North Whitehead, *The Concept of Nature：Tarner Lectures Delivered in Trinity College, November, 1919*, Tarner Lectures 1919 (Cambridge：University Press, 1920), 143.

12. 讨论"进步时代"的学术文献博大精深。对美国历史上这一时期的丰富论述，参见以下示例：Lewis L. Gould, *America in the Progressive Era, 1890-1914*, Seminar Studies in History (Harlow, UK：Longman, 2001)；Nell Irvin Painter, *Standing at Armageddon：The United States, 1877-1919* (New York：W. W. Norton, 2008)；Richard McCormick, "Public Life in Industrial America," in *The New American History* (Philadelphia：Temple University Press, 1997)；John Chambers and Vincent Carosso, *The Tyranny of Change：America in the Progressive Era, 1900-1917* (New York：St. Martin's Press, 1980)；Richard Hofstadter, *The Age of Reform：From Bryan to F. D. R*, 1st ed. (New York：Vintage, 1955)；Sean Dennis Cashman, *America in the Gilded Age：From the Death of Lincoln to the Rise of Theodore Roosevelt*, 3rd ed. (New York：New York University Press, 1993)；Steven J. Diner, *A Very Different Age：Americans of the Progressive Era* (New York：Hill & Wang, 1998)；Samuel P. Hays, *The Response to Industrialism, 1885-1914*, 2nd ed., The Chicago History of American Civilization (Chicago：University of Chicago Press, 1995)；Robert H. Wiebe, *The Search for Order, 1877-1920*, 1st ed. (New York：Hill & Wang, 1966)；Paul Boyer, *Urban Masses and Moral Order in America, 1820-1920* (Cambridge, MA：Harvard University Press, 1992)；Edwards, *New Spirits*；Benjamin Parke De Witt, *The Progressive Movement：A Non-Partisan Comprehensive Discussion of Current Tendencies in American Politics* (New Brunswick, NJ：Transaction Publishers, 2013)；Elizabeth Sanders, *Roots of Reform：Farmers, Workers, and the American State, 1877-1917*, American Politics and Political Economy (Chicago：University of Chicago Press, 1999)；Allen Freeman Davis, *Spearheads for Reform：The Social Settlements and the Progressive Movement, 1890-1914* (New Brunswick, NJ：Rutgers University Press, 1984)；Michael E. McGerr, *A Fierce Discontent：The Rise and Fall of the Progressive Movement in America, 1870-1920* (New York：Free Press, 2003)。

第二章　经济：平等的兴衰

1. Steven Pinker, *Enlightenment Now：The Case for Reason, Science, Humanism, and Progress* (New York：Viking, 2018). 对美国技术变革和经济进步的标准更细致入微的表述来自 Robert J. Gordon, *The Rise and Fall of American Growth：The U. S. Standard of Living Since the Civil War*

（Princeton：Princeton University Press，2016）。

2. Charles I. Jones，"The Facts of Economic Growth，" in *Handbook of Macroeconomics*，eds. John B. Taylor and Harald Uhlig，vol. 2A（Amsterdam：Elsevier，2016），3-69. 1929 年至今的数据来自 NIPA 表 7.1，第 10 行。1870 年至 1928 年的数据来自 Madison project database，使用美国人均 GDP 的 rgdpnapc 变量。麦迪逊基准是用 2011 年美元转换为 2009 年的美元价格。另见 Louis Johnston and Samuel H. Williamson，"What Was the U. S. GDP Then？，" accessed November 25，2019，https：//www. measuringworth. com/datasets/usgdp/。

3. Jones，"Facts of Economic Growth."

4. Nicholas Kaldor，"Capital Accumulation and Economic Growth，" in *The Theory of Capital*，ed. Douglas Hague（London：Palgrave Macmillan，1961），177 - 222，https：//doi. org/10. 1007/978 - 1 - 349 - 08452 - 4_10. Kaldor 写道："我建议将以下'典型事实'作为构建理论模型的出发点：生产总量和劳动生产率以稳定的趋势持续增长；没有生产增长率下降趋势的记录。"

5. Angus Deaton，*The Great Escape：Health，Wealth，and the Origins of Inequality*（Princeton：Princeton University Press，2013）and Robert J. Gordon，*The Rise and Fall of American Growth* 为 1970 年后长期年增长率的下降提供了大量证据。

6. Maria Cecilia P. Moura，Steven J. Smith，and David B. Belzer，"120 Years of U. S. Residential Housing Stock and Floor Space，" August 11，2015，PLOS ONE 10. 1371/journal. pone. 0134135；Stanley Lebergott，*The American Economy：Income，Wealth and Want*（Princeton：Prin-

ceton University Press，2015）；Sue Bowden and Avner Offer，"Household Appliances and the Use of Time：The United States and Britain Since the 1920s，" *Economic History Review* 47，no. 4（1994）：725-48.

7. Transportation Energy Data Book，Edition 36，Office of Energy Efficiency and Renewable Energy，U. S. Department of Energy，Table 3. 6，https：//cta. ornl. gov/data/chapter3. shtml. 考虑到污染、全球变暖和通勤等问题，并不是每个人都会将汽车的普及视为加分项，但美国人似乎将它们视为物质进步的象征。

8. See Derek Thompson，"The 100 - Year March of Technology in 1 Graph，" *The Atlantic*，April 7，2012，https：//www. theatlantic. com/technology/archive/2012 /04/the - 100 - year - march-of-technology-in-1-graph/255573/.

9. 这个主题的相关文献非常多。此处提供三篇有用的概述：David M. Cutler and Grant Miller，"The Role of Public Health Improvements in Health Advances：The Twentieth-Century United ed States，" *Demography* 42，no. 1（February 2005）：1 - 22；"Mortality in the United States：Past，Present，and Future，" Penn Wharton Budget Model，June 27，2016，https：//budget model. wharton. upenn. edu/issues/2016/1/25/mortality-in-the-united-states-past-present-and-future；and Maryaline Catillon，David Cutler，and Thomas Getzen，"Two Hundred Years of Health and Medical Care：The Importance of Medical Care for Life Expectancy Gains，" Working Paper 25330（National Bureau of Economic Research，December 2018），https：//doi. org/10. 3386/w25330。

10. S. H. Woolf，and H. Schoomaker，"Life Expectancy and Mortality Rates in the United

States，1959－2017，" JAMA 322，no. 20（2019）：
1996－2016. Doi：https：// doi. org/10. 1001/ja-
ma. 2019. 16932；Gina Kolata and Sabrina Tavern-
ise，"It's Not Just Poor White People Driving a
Decline in Life Expectancy，" *New York Times*，
November 26，2019，https：//www. nytimes. com/
2019/11/26/health/life-expectancy-rate-usa. ht-
ml；Olga Khazan，"Poor Americans Really Are in
Despair，" *The Atlantic*，June 19，2018，https：//
www. theatlantic. com/health/archive/2018/06/po
or-americans-really-are-in-despair/563105/.

11. 有关自杀增加的数据，参见 Holly He-
degaard，Sally C. Curtin，and Margaret Warner，
"Suicide Mortality in the United States，1999－
2017"（Hyattsville，MD：National Center for
Health Statistics，2018），https：//www. cdc. gov
/nchs/products/databriefs/db330. htm。关于药
物过量死亡，参见 Holly Hedegaard，Margaret
Warner，and Arialdi M. Miniño，"Drug Overdose
Deaths in the United States，1999－2016"（Hya-
ttsville，MD：National Center for Health Statistics，
2017），https：//www. cdc. gov/nchs/products/
databriefs /db294. htm。肝硬化死亡的信息，来
自 Elliot B. Tapper and Neehar D. Parikh，"Mor-
tality Due to Cirrhosis and Liver Cancer in the U-
nited States，1999－2016：Observational Study，"
BMJ，July 18，2018，k2817，https：//doi. org/
10. 1136/bmj. k2817。

12. Anne Case and Angus Deaton，*Deaths of
Despair and the Future of Capitalism*（Princeton：
Princeton University Press，2020）.

13. Julia Haskins，"Suicide, Opioids Tied to
Ongoing Fall in US Life Expectancy：Third Year of
Drop，" *The Nation's Health*，vol. 49（March
2019）：1－10.

14. Noreen Goldman，Dana A. Glei，and
Maxine Weinstein，"Declining Mental Health A-
mong Disadvantaged Americans，" *Proceedings of
the National Academy of Sciences* 115，no. 28（Ju-
ly 10，2018）：7290－95，https：//doi. org/
10. 1073 /pnas. 1722023115. 尽管"绝望之死"
的说法主要集中在没有大学学位的贫困中年白
人身上，但自 1999 年以来，所有种族和族裔
群体以及男性和女性的自杀率都有所上升。疾
病预防控制中心的药物过量率的城乡差异报告
表明，尽管芬太尼等合成阿片类药物在城市造
成更多死亡，但在农村滥用羟考酮等阿片类药
物的比例更高。参见 Holly Hedegaard，Arialdi
M. Miniño，and Margaret Warner，"Urban-Rural
Differences in Drug Overdose Death Rates，by
Sex，Age，and Type of Drugs Involved，2017，"
NCHS Data Brief No. 345，August 2019（Hyatts-
ville，MD：National Center for Health Statistics，
2019），https：//www. cdc. gov/nchs/products/
databriefs/db345. htm。

15. Mark Strauss，"Four-in-Ten Americans
Credit Technology with Improving Life Most in the
Past 50 Years，" *Fact Tank—News in the Numbers*
（blog），October 12，2017，https：//www. pewr-
esearch. org/fact-tank/2017/10/12/four-in-ten-
americans-credit-technology-with-improving-
life-most-in-the-past-50-years/.

16. 在解放前，很少有黑人受过正规教
育。在重建时期，黑人儿童的入学率迅速上升
到三分之一左右，但到 1900 年，也就是重建
时期结束 20 年后，这一数字保持不变。Robert
A. Margo，*Race and Schooling the South*：*1880-
1950*：*An Economic History*（Chicago：University
of Chicago Press，1990）.

17. 在短期内，高中的迅速扩张扩大了种

族差距，因为为黑人服务的高中发展较慢，尤其是在南方。高中的发展情况，参见 Claudia Goldin, "America's Graduation from High School：The Evolution and Spread of Secondary Schooling in the Twentieth Century," *The Journal of Economic History* 58, no. 2（June 1998）：345 - 74, https：//doi. org/10. 1017/S0022050700020544。我们将在最后一章更详细地讨论高中运动。

18. 关于高中革命及其影响的文献很多，最重要的著作是 Claudia Goldin and Lawrence F. Katz, *The Race Between Education and Technology*（Cambridge, MA：The Belknap Press of Harvard University Press, 2008）。对长期教育变革的统计证据的有用概述，参见 Claudia Goldin, "Education," in chapter Bc, ed. Susan B. Carter et al., *Historical Statistics of the United States, Earliest Times to the Present：Millennial Edition*, ed. Susan B. Carter et al.（New York：Cambridge University Press, 2006）, https：//doi. org/10. 1017/ISBN-9780511132971. Bc. ESS. 01。

19. Historical Statistics of the United States, Millennial Edition Bc258 - 264, http：//dx. doi. org/10. 1017/ISBN - 9780511132971；Trends in High School Dropout and Completion Rates in the United States：2014（National Center for Educational Statistics, US Department of Education, 2018）, https：//nces. ed. gov/pubs2018/2018117. pdf；James J. Heckman and Paul A. LaFontaine, "The American High School Graduation Rate：Trends and Levels," *Review of Economics and Statistics* 92, no. 2（May 2010）：244 - 62, https：//doi. org/10. 1162 /rest. 2010. 12366. 随着婴儿潮一代的到来，绝对入学率在那 10 年达到顶峰，但图 2.6 显示的不是绝对数字，而是比率，因此高中毕业率长期上升的停滞不能归咎

于简单的人口统计。相反，随着原始学生人数的下降，人们可能预计这一比率会上升，以填满所有空置的教室。

20. 近期上涨的原因尚未确定。参见 Richard J. Murnane, "U. S. High School Graduation Rates：Patterns and Explanations," *Journal of Economic Literature* 51, no. 2（June 2013）：370 - 422, https：//doi. org /10. 1257/jel. 51. 2. 370, and Mark Dynarski, "What We Don't Know About High Schools Can Hurt Us"（Washington, DC：The Brookings Institution, May 18, 2017）, https：//www. brookings. edu/research/what - we - dont-know-about-high-schools-can-hurt-us/, 以及其中引用的资料来源。

21. Peter H. Lindert and Jeffrey G. Williamson, *Unequal Gains：American Growth and Inequality Since 1700*（Princeton：Princeton University Press, 2016）, 213；230 - 32, and Goldin and Katz, *The Race Between Education and Technology* 也指出了 20 世纪八九十年代教育收益的"中止"，尽管所有这些作者主要关注受过教育的成年人的"存量"，我们在这里关注的是年轻人中毕业生的"流量"，以便更准确地确定经济放缓发生的时间。

22. 1944 年，罗斯福总统在签署《退伍军人权利法》时，将其概括为：支付每学年高达 500 美元的学费，并发放每月津贴。1945 年，宾夕法尼亚大学的学费为 400 美元，另加 20 美元的"一般费用"。另见 U. S. Department of Veterans Affairs, "Education and Training," About GI Bill：History and Timeline, November 21, 2013, https：//www. benefits. va. gov/gibill/history. asp, and Mark Frazier Lloyd, "Tuition and Mandated Fees, Room and Board, and Other Educational Costs at Penn, 1940 - 1949," 2003, ht-

tps：//archives. upenn. edu/exhibits/penn - history /tuition/tuition-1940-1949。

23. 我们在第六章和第七章讨论了受教育程度的性别和种族差异。

24. 在起草本章时，我们受益于 Charles L. Ballard 即将发表的重要文章，"The Fall and Rise of Income Inequality in the United States：Economic Trends and Political - Economy Explanations," in *Inequality and Democracy in America*, ed. Tobin Craig, Steven Kautz, and Arthur Melzer (Philadelphia：University of Pennsylvania Press, forthcoming)。

25. Lindert and Williamson, *Unequal Gains*, see chaps. 6 and 7, esp. 173.

26. 20 世纪上半叶贫富收入差距的缩小被称为"大趋同""大均衡"和"大压缩"。我们通常使用第一个标签，但所有三个都指向相同的现象。该术语为下述研究所推广：Timothy Noah, *The Great Divergence：America's Growing Inequality Crisis and What We Can Do About It* (New York：Bloomsbury Press, 2017), and Paul R. Krugman, *The Conscience of a Liberal* (New York：W. W. Norton, 2007)。

27. Lindert and Williamson, *Unequal Gains*, esp. 194.

28. Ibid. , 196. See also Claudia Goldin and Lawrence F. Katz, "Decreasing (and Then Increasing) Inequality in America：A Tale of Two Half Centuries," in *The Causes and Consequences of Increasing Inequality*, ed. Finis Welch (Chicago：University of Chicago Press, 2001), 37-82.

29. 图 2.8 着重于最上层 1% 的家庭在总收入中所占的份额，它是基于对过去 10 年收入分配（包括资本收入和不征税的健康和附带福利，以及州和地方税）的最新和全面的核算：

Thomas Piketty, Emmanuel Saez, and Gabriel Zucman, "Distributional National Accounts：Methods and Estimates for the United States," *The Quarterly Journal of Economics* 133, no. 2 (May 2018)：553 - 609, https：//doi. org/10. 1093 / qje/qjx043. 汇编这些趋势的各种方法上的挑战，见同一来源的讨论。这种方法的假设在经济学家中仍有争议，但另一种更传统的方法产生了类似的长期倒 U 型曲线。参见 Thomas Piketty and Emmanuel Saez, "Income Inequality in the United States, 1913-1998," *The Quarterly Journal of Economics* 118, no. 1 (February 2003)：1 - 39, https：//doi. org/10. 1162/0033553036053 5135。最近对收入不平等历史趋势的多种统计方法的独立检查，证实了图 2.8 所示的基本倒 U 型模式，参见 Chad Stone et al. , "A Guide to Statistics on Historical Trends in Income Inequality" (Washington, DC：Center on Budget and Policy Priorities, August 21, 2019)。一般来说，保守的分析者认为，对不平等的主流估计太高了，但我们这里的重点不是不平等的绝对水平，而是长期趋势，向上和向下，基本上所有专家，不论何党何派，都认可收入和财富不平等的基本倒 U 型曲线。

30. Lindert and Williamson, *Unequal Gains*, 194-95.

31. Goldin and Katz, "Decreasing (and then Increasing) Inequality in America," 37-82.

32. 财富长期趋势的权威说明，参见 Edward N. Wolff, *A Century of Wealth in America* (Cambridge, MA：Belknap Press of Harvard University Press, 2017)。

33. Emmanuel Saez, "Income and Wealth Inequality：Evidence and Policy Implications," *Contemporary Economic Policy* 35, no. 1 (2017), 8.

34. Piketty, Saez, and Zucman, "Distributional National Accounts." See also Emmanuel Saez and Gabriel Zucman, "Wealth Inequality in the United States Since 1913: Evidence from Capitalized Income Tax Data," *The Quarterly Journal of Economics* 131, no. 2 (May 2016): 519–78, https://doi.org/10.1093/qje/qjw004.

35. Edward N. Wolff 使用略有不同的时间序列表明，财富分配（例如，按最富有的 1% 所持份额衡量）在 2013 年至 2016 年间显著上升。参见 Edward N. Wolff, "Household Wealth Trends in the United States, 1962 to 2016: Has Middle Class Wealth Recovered?," Working Paper 24085 (National Bureau of Economic Research, November 2017), https://doi.org/10.3386/w24085。

36. Saez, "Income and Wealth Inequality," 13. Gabriel Zucman, "Global Wealth Inequality," *Annual Review of Economics* 11, no. 1 (August 2, 2019): 109–38, https://doi.org/10.1146/annurev-economics-080218-025852, 表明最富有的 0.01% 拥有近 10% 的总财富。

37. Saez, "Income and Wealth Inequality," 14–15; Chad Stone et al., "A Guide to Statistics."

38. Saez and Zucman, "Wealth Inequality in the United States Since 1913," 523.

39. Piketty, Saez, and Zucman, "Distributional National Accounts."

40. Saez, "Income and Wealth Inequality," 16.

41. Goldin and Katz, "Decreasing (and then Increasing) Inequality in America." 我们将在第三章和第五章更详细地讨论 20 年代进步主义的"停顿"。

42. Émile Durkheim, *Suicide: A Study in Sociology* (New York: Free Press, 1951); Bruce P. Dohrenwend, "Egoism, Altruism, Anomie, and Fatalism: A Conceptual Analysis of Durkheim's Types," *American Sociological Review* 24, no. 4 (August 1959): 466–73, https://doi.org/10.2307/2089533; Walter Scheidel, *The Great Leveler: Violence and the History of Inequality from the Stone Age to the Twenty-First Century*, Princeton Economic History of the Western World (Princeton: Princeton University Press, 2017).

43. Douglas S. Massey, *Categorically Unequal: The American Stratification System* (New York: Russell Sage Foundation, 2007), 5.

44. Piketty, Saez, and Zucman, "Distributional National Accounts," 577–78.

45. Lindert and Williamson, *Unequal Gains*, 221.

46. Piketty, Saez, and Zucman, "Distributional National Accounts," 577–79.

47. David Leonhardt, "How the Upper Middle Class Is Really Doing," *New York Times*, February 24, 2019, https://www.nytimes.com/2019/02/24/opinion/income-inequality-upper-middle-class.html; Matthew Stewart, "The 9.9 Percent Is the New American Aristocracy," *The Atlantic*, June 2018, https://www.theatlantic.com/magazine/archive/2018/06/the-birth-of-a-new-american-aristocracy/559130/.

48. Jessica L. Semega, Kayla R. Fontenot, and Melissa A. Kollar, "Income and Poverty in the United States: 2016," *Current Population Reports* (Washington, DC: United States Census Bureau, September 2017), Table A-2. 前 1% 和前 0.1% 的数据来自 Piketty, Saez, and Zucman, "Distributional National Accounts," Tables B10 and B11 of Appendix II。这些数字是经通胀

调整的税前和转移前数据。前1%和前0.1%的 PSZ 数据使用了略微不同的通胀调整和年收入估计，但文中的广泛比较基本上没有受到影响。

49. Ballard, "The Fall and Rise of Income Inequality in the United States," 4.

50. David Card, Ciprian Domnisoru, and Lowell Taylor, "The Intergenerational Transmission of Human Capital: Evidence from the Golden Age of Upward Mobility," Working Paper 25000 (National Bureau of Economic Research, September 2018), https://doi.org/10.3386/w25000. 尽管他们发现，在 20 世纪上半叶，高质量的公共教育改善了几代人的机会平等，但情况并非完全是积极的。学校质量决定了教育的向上流动，这可能解释了为什么流动率会因种族和地点而系统变化。教育种族隔离给非洲裔美国儿童带来了巨大的劣势。

51. Raj Chetty et al., "The Fading American Dream: Trends in Absolute Income Mobility Since 1940," *Science* 356, no. 6336 (April 28, 2017): 398–406, https://doi.org/10.1126/science.aal4617. Nathaniel G Hilger, "The Great Escape: Intergenerational Mobility in the United States Since 1940," Working Paper 21217 (National Bureau of Economic Research, May 2015), https://doi.org/10.3386/w21217; and Michael Hout and Alexander Janus, "Educational Mobility in the United States Since the 1930s," in *Whither Opportunity?: Rising Inequality, Schools, and Children's Life Chances*, eds. Greg J. Duncan and Richard J. Murnane (New York: Russell Sage Foundation, 2011), 165–85, 在绝对教育流动方面也发现了类似模式，即大约在 1975 年之前一直在上升，然后下降。Robert M. Hauser et

al., "Occupational Status, Education, and Social Mobility in the Meritocracy," in *Meritocracy and Economic Inequality*, eds. Kenneth Arrow, Samuel Bowles, and Steven Durlauf (Princeton: Princeton University Press, 2000), 179–229, 发现职业地位的绝对流动也有类似模式。相对代际流动是否存在类似的转折点，研究结果不一。Hilger, Hout 和 Janus 发现，相对教育流动（与收入流动密切相关）在大约 1940 年和大约 1970 年之间有所增加，然后趋于稳定甚至略有逆转。另见 James J. Feigenbaum et al., "The American Dream in the Great Depression: US Absolute Income Mobility, 1915–1940" (unpublished manuscript, 2019)，他们估计，绝对流动在大约 1940 年至 1965 年之间上升，因此该变量呈现典型的 U 型曲线，在 1965 年达到成年收入水平的人群中达到流动的顶峰。我们遵循经济学家的标准做法，假设某一特定群体中的个人在 30 岁时达到收入等级中相对稳定的位置，该年龄之前的收入水平因学生和其他报告为低收入的年轻人而失真。相比之下，在后面的章节中，当讨论态度的代际差异时，例如信任以及种族和性别态度，我们遵循了社会心理学家的惯例，假设态度平均在 18~21 岁变得明确。经济学家和社会心理学家都有充分理由对生命周期的各个阶段做出这些截然不同的假设。

52. See Yonatan Berman, "The Long Run Evolution of Absolute Intergenerational Mobility," (unpublished manuscript, 2018), Table 3, 40–41, https://static.wixstatic.com/ugd/4a2bc3_0d734d65a96b419abacbffe261d85b5d.pdf. 现有证据可以追溯到 1917 年出生的群体，但在他们 30 岁之前，我们无法知道他们与同龄的父辈相比表现如何。因此，这种流动衡量只能从 1947 年开始。

第二章

53. 这些时期的日期并不精确。参见 Cutler and Miller，"The Role of Public Health Improvements in Health Advances" and Dora L. Costa，"Health and the Economy in the United States from 1750 to the Present," *Journal of Economic Literature* 53，no. 3（September 2015）：503–70。

54. Lindert and Williamson，*Unequal Gains*，7. See also Michael R. Haines，"Inequality and Infant and Childhood Mortality in the United States in the Twentieth Century," *Explorations in Economic History* 48，no. 3（2011）：418–28，and Aaron Antonovsky，"Social Class, Life Expectancy and Overall Mortality," *The Milbank Memorial Fund Quarterly* 45，no. 2（April 1967）：31–73，https：// doi. org/10. 2307/3348839.

55. Jacob Bor，Gregory H. Cohen，and Sandro Galea，"Population Health in an Era of Rising Income Inequality：USA, 1980–2015," *The Lancet* 389，no. 10077（April 8, 2017）：1475–90，https：// doi. org/10. 1016/S0140–6736（17）305 71–8.

56. National Academies of Sciences，Engineering，and Medicine，*The Growing Gap in Life Expectancy by Income：Implications for Federal Programs and Policy Responses*（Washington，DC：The National Academies Press，2015），63. 2019 年，研究人员利用美国疾病预防控制中心（CDC）1993 年至 2017 年间对美国人进行的大规模年度健康调查报告，指出按收入划分的健康指标差异越来越大，不过按种族划分的差异却在缩小。Frederick J. Zimmerman and Nathaniel W. Anderson，"Trends in Health Equity in the United States by Race/Ethnicity，Sex，and Income，1993–2017," *JAMA Network Open* 2，no. 6（June 28, 2019）：e196386，https：// doi. org/

10. 1001/jamanet workopen. 2019. 6386，发现富人的健康结果保持稳定，但最低收入群体的健康"随着时间推移大幅下降"。

57. Case and Deaton，*Deaths of Despair and the Future of Capitalism*.

58. Office of Senator Mike Lee，"Long-Term Trends in Deaths of Despair," SCP Report 4–19，Social Capital Project（Washington，DC：United States Congress Joint Economic Committee，September 5，2019），https：//www. jec. senate. gov/public/index. cfm/republicans/analysis? ID = B29A7E54 – 0E13 – 4C4D – 83AA – 6A49105F0 F43.

59. 区域趋同时期的经典资料是 Robert J. Barro et al.，"Convergence Across States and Regions," *Brookings Papers on Economic Activity* 22，no. 1（1991）：107–82，https：//doi. org/10. 2307/2534639。联邦政策的影响，参见 Bruce J. Schulman，*From Cotton Belt to Sunbelt：Federal Policy，Economic Development，and the Transformation of the South，1938–1980*（Durham，NC：Duke University Press，1994）and Gavin Wright，*Sharing the Prize：The Economics of the Civil Rights Revolution in the American South*（Cambridge，MA：Belknap Press of Harvard University Press，2013）。

60. See C. Cindy Fan and Emilio Casetti，"The Spatial and Temporal Dynamics of US Regional Income Inequality，1950–1989," *The Annals of Regional Science* 28，no. 2（June 1994）：177–96，https：//doi. org/10. 1007/BF01581768；David J. Peters，"American Income Inequality Across Economic and Geographic Space，1970–2010," *Social Science Research* 42，no. 6（November 1，2013）：1490–1504，https：// doi. org/10. 1016/

j. ssresearch. 2013. 06. 009；Orley M. Amos，"Evidence of Increasing Regional Income Variation in the United States：1969−2006，" *Modern Economy* 5（January 1, 2014）：520−32, https：//doi. org/10. 4236/me. 2014. 55049；Peter Ganong and Daniel Shoag，"Why Has Regional Income Convergence in the U. S. Declined?" *Journal of Urban Economics* 102（November 1, 2017）：76−90；Clara Hendrickson，Mark Muro，and William A. Galston，"Countering the Geography of Discontent：Strategies for Left−Behind Places"（The Brookings Institution，November 2018），https：//www. brookings. edu/research/countering − the − geography−of−dis content−strategies−for−left−behind−places/；and Robert A. Manduca，"The Contribution of National Income Inequality to Regional Economic Divergence，" *Social Forces* 90（December 2019）：622−48, https：//doi. org/10. 1093 /sf/ soz013.

61. 经济学家们对经济不平等中 U 型曲线的成因进行了大量讨论，尽管他们更关注大分化，而不是之前的大趋同。主要的学者如下：Lindert and Williamson，*Unequal Gains*，206−18 and 221−41, 强调了政治冲击，包括战争，劳动力供给放缓（限制移民和小家庭），大众教育兴起加上技术变革缓慢，金融部门或许还有贸易的时代变迁。Noah，*The Great Divergence*，强调了教育/技术差距、移民、贸易、最低工资政策、工会衰落以及精英阶层的反贫困态度。Anthony B. Atkinson，*Inequality：What Can Be Done?*（Cambridge，MA：Harvard University Press，2015），and Peter A. Diamond，"Addressing the Forces Driving Inequality in the United States，" *Contemporary Economic Policy* 34, no. 3（July 2016）：403 − 11, https：//doi. org/10.

1111 /coep. 12184, 强调了全球化、技术变革、金融化、工会、不断变化的工资标准以及政府的税收和转移支付。另一个有用的概述是 Stone et al.，"A Guide to Statistics on Historical Trends in Income Inequality"。除了其他因素，Angus Deaton 还强调了家庭组建和解体的重要作用：婚姻允许夫妻将收入集中起来形成家庭收入，在过去半个世纪里，高收入群体过度受益，因为婚姻在低收入群体中过度下降，我们将在第四章看到这一点。因此，个人收入的差异并不能反映双收入夫妇和单身母亲之间的差异。在本章中，我们将这些复杂问题暂且搁置一旁。

62. 在第八章中，我们讨论了全球化在解释更广泛的"我—我们—我"曲线方面所发挥的作用，而不仅仅是经济不平等曲线。

63. Ronald Findlay and Kevin H. O'Rourke，*Power and Plenty：Trade，War，and the World Economy in the Second Millennium*（Princeton：Princeton University Press，2007），特别是第 7∼ 10 章；Kevin H. O'Rourke and Jeffrey G. Williamson，*Globalization and History：The Evolution of a Nineteenth−Century Atlantic Economy*（Cambridge，MA：MIT Press，1999），特别是关于全球化反弹和国际资本流动的章节，两者都遵循了 U 型曲线；还有 Jeffrey G. Williamson，*Winners and Losers over Two Centuries of Globalization*，WIDER Annual Lectures 6（Helsinki：World Institute for Development Economics Research，2002），其中以图形方式描述了在 1900 年之前的几十年里，移民限制性指数的变化。Piketty，Saez，and Gabriel，"Distributional National Accounts，" 604, 认为美国底层 50% 人口的崩溃程度比法国等其他发达开放经济体严重得多，这表明国内因素非常重要。

64. 要快速了解学术界关于移民如何影响
不平等的讨论，参见 Goldin and Katz, "Decrea-
sing（and then Increasing）Inequality in Ameri-
ca"；David Card, "Immigration and Inequality,"
American Economic Review 99, no. 2（May 2009）：
1 – 21, https：//doi. org/10. 1257/aer. 99. 2. 1；
Giovanni Peri, "Immigration, Native Poverty, and
the Labor Market," in *Immigration*, *Poverty*, *and
Socioeconomic Inequality*, eds. David Card and
Steven Raphael（New York：Russell Sage Founda-
tion, 2013）, 29 – 59；and George J. Borjas, *Im-
migration Economics*（Cambridge, MA：Harvard
University Press, 2014）。

65. 关于贸易在增加总福利的同时增加不
平等的论点，参见 Hartmut Egger and Udo Kre-
ickemeier, "Fairness, Trade, and Inequality,"
Journal of International Economics 86, no. 2
（March 2012）：184 – 96, https：//doi. org/10.
1016/j. jinteco. 2011. 10. 002。关于贸易是 20 世
纪 70 年代而非 20 世纪 80 年代或 90 年代不平
等根源的论点，参见 Bernardo S. Blum, "Trade,
Technology, and the Rise of the Service Sector：
The Effects on US Wage Inequality," *Journal of
International Economics* 74, no. 2（March 2008）：
441 – 58, https：//doi. org/10. 1016/j. jinte-
co. 2007. 06. 003。关于从低工资发展中国家进
口并没有降低美国工人工资的论点，参见 Law-
rence Edwards and Robert Lawrence, "US Trade
and Wages：The Misleading Implications of Con-
ventional Trade Theory," Working Paper 16106
（Cambridge, MA：National Bureau of Economic
Research, June 2010）, https：//doi. org/10.
3386/w16106。关于贸易自由化本身实际上会
降低不平等的论点，参见 Florence Jaumotte,
Subir Lall, and Chris Papageorgiou, "Rising In-

come Inequality：Technology, or Trade and Finan-
cial Globalization?" International Monetary Fund
Working Paper, 2008。一个（我们基本上同意
的）有细微差别的论点，即 "贸易在加剧工资
不平等方面发挥了相当大的作用，但其累积效
应并不明显，全球化并不能解释国家内部工资
不平等加剧的主要原因"，参见 Elhanan Help-
man, " Globalization and Wage Inequality,"
Working Paper 22944（National Bureau of Eco-
nomic Research, December 2016）, https：//doi.
org/10. 3386/w22944。

66. 可以肯定的是，进步时代的许多改革
努力（如工会或反垄断立法）植根于更早的镀
金时代，但它们只是在新世纪才获得动力和力
量。

67. 一个与此非常相似的论点，参见
Piketty, Saez, and Zucman, "Distributional Na-
tional Accounts," 604 – 5。

68. Goldin and Katz, *The Race Between Edu-
cation and Technology*.

69. Ibid. 他们估计，在此期间，高中毕业
生的供应量每年超过需求量约 1%。

70. 与所有经济理论一样，SBTC 理论也
有批评者，目前尚不清楚其在经济领域的主导
地位会不会持续下去。试举几例，如 Jaison R.
Abel, Richard Deitz, and Yaqin Su, "Are Re-
cent College Graduates Finding Good Jobs?" *Cur-
rent Issues in Economics and Finance* 20, no. 1
（2014）：1 – 8, and Jonathan Horowitz, "Relative
Education and the Advantage of a College De-
gree," *American Sociological Review* 83, no. 4
（August 2018）：771 – 801, https：//doi. org/
10. 1177/0003122418785371。

71. Claudia Goldin, "Egalitarianism and the
Returns to Education During the Great Transforma-

tion of American Education," *Journal of Political Economy* 107, no. S6 (December 1999): S65-S94, https://doi. org/10. 1086/250104.

72. 在本节中, 我们主要将工会视为一种经济现象, 而在第四章中, 我们将工会视为一种社会和社群现象; 很明显, 工会兼具这两大特性。

73. See Michael E. McGerr, *A Fierce Discontent: The Rise and Fall of the Progressive Movement in America, 1870–1920* (New York: Free Press, 2003), esp. chap. 4.

74. Nell Irvin Painter, *Standing at Armageddon: The United States, 1877–1919* (New York: W. W. Norton, 1987): 44, 95, *et passim*; Leo Troy, *Trade Union Membership, 1897–1962* (New York: National Bureau of Economic Research, 1965): 2. 会员资格在 1905 年到 1909 年踟蹰不前, 随后又恢复增长。

75. Philip Taft and Philip Ross, "American Labor Violence: Its Causes, Character, and Outcome," in *The History of Violence in America: A Report to the National Commission on the Causes and Prevention of Violence*, eds. Hugh Davis Graham and Ted Robert Gurr, 1969, http://www. ditext. com/taft/violence. html.

76. Nelson Lichtenstein, *State of the Union: A Century of American Labor*, revised and expanded ed. (Princeton: Princeton University Press, 2013). 一些实业家所追求的 "福利资本主义" 相关理念, 是对日益突出的所有者对工人负有义务这一理念的致敬, 尽管在实践中, 公司运营的项目往往被证明是家长式的, 甚至压迫工人的权利。Lizabeth Cohen, *Making a New Deal: Industrial Workers in Chicago, 1919–1939* (Cambridge: Cambridge University Press, 1990).

77. Richard Freeman, "Spurts in Union Growth: Defining Moments and Social Processes," in *The Defining Moment: The Great Depression and the American Economy in the Twentieth Century*, eds. Michael Bordo, Claudia Goldin, and Eugene White (Chicago: University of Chicago Press, 1998), 265-95.

78. August Meier and Elliott Rudwick, *Black Detroit and the Rise of the UAW* (Ann Arbor: University of Michigan Press, 2007), https://doi. org/10. 3998 /mpub. 99863.

79. Gallup Inc., "Labor Unions," Gallup. com, accessed August 26, 2018, http://www. gallup. com/poll/12751/Labor-Unions. aspx.

80. 关于图 2.12 和工会的兴衰, 参见 Richard Freeman, "Spurts in Union Growth," esp. 1890-1994; Barry T. Hirsch and David A. Macpherson, "Unionstats. com—Union Membership and Coverage Database from the CPS," Unionstats. com, 2017, http://unionstats. com/, esp. 1995 - 2015; and Richard Freeman, "Do Workers Still Want Unions? More Than Ever," Briefing Paper 182, Agenda for Shared Prosperity (Washington, DC: Economic Policy Institute, February 22, 2007), http://www. sharedprosperity. org/bp182/bp182. pdf; and Lichtenstein, State of the Union。

81. Gary N. Chaison and Joseph B. Rose, "The Macrodeterminants of Union Growth and Decline," in *The State of the Unions*, Industrial Relations Research Association Series, ed. George Strauss, Daniel G. Gallagher, and Jack Fiorita (Madison, WI: IRRA, 1991), 3-45, esp. 33.

82. G. William Domhoff, "The Rise and Fall of Labor Unions in the U. S.: From the 1830s Until 2012（but Mostly the 1930s - 1980s），" *Who Rules America?*, February 2013, https：//whorulesamerica. ucsc. edu/power/history _ of _labor _ unions. html.

83. Lichtenstein, *State of the Union.*

84. Robert D. Putnam, *Bowling Alone：The Collapse and Revival of American Community*（New York：Simon & Schuster, 2000）, 80-82.

85. 有关工会会员资格与收入最高的10% 的群体相关联的可比证据，参见 Celine McNicholas, Samantha Sanders, and Heidi Shierholz, "First Day Fairness：An Agenda to Build Worker Power and Ensure Job Quality"（Economic Policy Institute, August 22, 2018）, FIGURE A："Union membership and share of income going to the top 10 percent, 1917 - 2015," https：//www. epi. org/publication/first - day - fairness - an - agenda - to-build-worker-power-and-ensure-job-quality/。

86. Lichtenstein, *State of the Union*；Cohen, *Making a New Deal*；Domhoff, "Who Rules America."

87. Henry S. Farber et al. , "Unions and Inequality over the Twentieth Century：New Evidence from Survey Data," Working Paper 24587（National Bureau of Economic Research, May 2018）, https：//doi. org/10. 3386/w24587.

88. Richard B. Freeman and James L. Medoff, *What Do Unions Do?*（New York：Basic Books, 1984）. 这项具有里程碑意义的研究，其结论已被许多最近的研究扩展、认可，并基本得到证实：工会减少了不平等。参见 McKinley L. Blackburn, David E. Bloom, and Richard B. Freeman, "The Declining Economic Position of Less Skilled American Men," in *A Future of Lousy Jobs?：The Changing Structure of U. S. Wages*, ed. Gary Burtless（Washington, DC：Brookings Institution, 1990）；John DiNardo, Nicole M. Fortin, and Thomas Lemieux, "Labor Market Institutions and the Distribution of Wages, 1973-1992：A Semiparametric Approach," *Econometrica* 64, no. 5（September 1996）：1001-44, https：//doi. org/10. 2307/2171954；Dierk Herzer, "Unions and Income Inequality：A Panel Cointegration and Causality Analysis for the United States," *Economic Development Quarterly* 30, no. 3（2016）：267-74, https：//doi. org/10. 1177/ 0891242416634852。

89. Jake Rosenfeld, *What Unions No Longer Do*（Cambridge, MA：Harvard University Press, 2014）.

90. Jake Rosenfeld, Patrick Denice, and Jennifer Laird, "Union Decline Lowers Wages of Nonunion Workers：The Overlooked Reason Why Wages Are Stuck and Inequality Is Growing"（Washington, DC：Economic Policy Institute, August 30, 2016）, https：//www. epi. org/publication/union-decline-lowers -wages-of-nonunion-workers-the-overlooked-reason-why-wages-are-stuck -and-inequality-is-growing/.

91. Bruce Western and Jake Rosenfeld, "Unions, Norms, and the Rise in U. S. Wage Inequality," *American Sociological Review* 76, no. 4 （2011）：513 - 37, https：//doi. org/10. 1177/ 0003122411414817；Tom VanHeuvelen, "Moral Economies or Hidden Talents? A Longitudinal Analysis of Union Decline and Wage Inequality, 1973-2015," *Social Forces* 97, no. 2（2018）：495-529.

92. Carola Frydman and Raven Molloy, "Pay

Cuts for the Boss: Executive Compensation in the 1940s," *The Journal of Economic History* 72, no. 1 (March 12, 2012): 225 – 51, https://doi. org/10. 1017/S002205071100249X.

93. DiNardo, Fortin, and Lemieux, "Labor Market Institutions and the Distribution of Wages"; David Card, "The Effect of Unions on Wage Inequality in the U. S. Labor Market," *ILR Review* 54, no. 2 (January 2001): 296 – 315, https://doi.org/10. 1177/001979390105400206; Farber et al., "Unions and Inequality over the Twentieth Century."

94. 显然，教育和工会组织也受到公共政策的强烈影响。

95. Kenneth F. Scheve and David Stasavage, *Taxing the Rich: A History of Fiscal Fairness in the United States and Europe* (Princeton: Princeton University Press, 2016); Piketty, Saez, and Zucman, "Distributional National Accounts."

96. McGerr, *A Fierce Discontent*, 98.

97. Source for federal income tax rate: Tax Policy Center, http://www.taxpolicycenter. org/taxfacts/displayafact. cfm? Docid = 543]. Source for total tax rate: Piketty, Saez, and Zucman, "Distributional National Accounts," Appendix Table II-G2: Distributional Series. The correlation between the two smoothed time series is r=. 9.

98. Piketty, Saez, and Zucman, "Distributional National Accounts," 599-601.

99. 图 2.14 的来源: Tax Foundation, "Federal Corporate Income Tax Rates, Income Years 1909-2012," taxfoundation. org; World Tax Database, Office of Tax Policy Research; Internal Revenue Service, Instructions for Form 1120。衡量企业所得税趋势的另一个标准是企业税收总

额占国民总收入的比例；该标准也显示了同样的基本 U 型曲线，尤其是从 20 世纪 30 年代中期到 50 年代中期上升，然后下降。公司税收数据来自美国经济分析局，联邦政府经常性税入：企业所得税［B075RC1Q027SBEA］，检索自 FRED，圣路易斯联邦储备银行，https://fred. stlouisfed. org/series/B075RC1Q027S BEA，November 25, 2019。国民收入数据来自美国商务部，经济分析局，国家 GDP 和个人收入数据，https://apps. bea. gov/iTable/iTable. cfm? reqid = 19&step = 2#reqid = 19 &step = 2&isuri = 1&1921=survey。

100. Andrew Carnegie, "Wealth," *North American Review* 148, no. 391 (June 1889): 653-64.

101. 感谢布鲁金斯学会的 Eleanor Krause 和 Isabel Sawhill 提供了有关该主题的未发表数据，如图 2.15 所示。他们的资料来源包括 Darien B. Jacobson, Brian G. Raub, and Barry W. Johnson, "The Estate Tax: Ninety Years and Counting," Internal Revenue Service (2007), https://www.irs. gov/pub/irs-soi/ninetyestate. pdf; USDA Economic Research Service, "Federal estate taxes," https://www. ers. usda. gov/topics/farm-economy/federal-tax-issues/federal-estate-taxes. aspx。注：使用所有城市消费者的 CPI（9 月至 8 月的年平均值）对免税水平进行了通胀调整。自 2011 年以来，实际免税率已根据通货膨胀进行了调整，当时为 500 万美元。

102. Kenneth Whyte, *Hoover: An Extraordinary Life in Extraordinary Times* (New York: Alfred A. Knopf, 2017), chap. 15.

103. Piketty and Saez, "Income Inequality in the United States, 1913-1998," quotation at 23.

104. Thomas Piketty, Emmanuel Saez, and

Stefanie Stantcheva，"Optimal Taxation of Top Labor Incomes：A Tale of Three Elasticities，" Working Paper 17616（National Bureau of Economic Research，November 2011），https：//doi . org/10. 3386/w17616.

105. Piketty，Saez，and Zucman，"Distributional National Accounts，" 583.

106. Michael Harrington，*The Other America：Poverty in the United States*（New York：Macmillan，1962），chap. 6.

107. Piketty，Saez，and Zucman，"Distributional National Accounts，" 601－3.

108. Robert Sahr，"Using Inflation－Adjusted Dollars in Analyzing Political Developments，" *PS：Political Science and Politics* 37，no. 2（April 2004）：273 － 84，https：//doi. org/10. 1017/S1049096504004226. 选取 1936 年至 2001 年，接受"受抚养子女家庭援助"（AFDC）与"贫困家庭临时救助"（TANF）的家庭以及享有退休工人夫妇社会保障的家庭的月度福利，以 2003 年固定美元价格计算。现行美元数据来源：Social Security Bulletin Annual Statistical Supplement，2002，Tables 5. H1 and 9. G1，https：//www. ssa. gov/policy/docs/statcomps/supplement/2002/index. html。

109. AFDC/TANF，通常称为"福利"，并不是政府支持美国贫困人口的唯一一项，但它清楚地表明了 1970 年后对老年贫困者和非老年贫困者的支持是如何分化的。

110. Richard White，*Railroaded：The Transcontinentals and the Making of Modern America*（New York：W. W. Norton，2011），especially chaps. 5 and 9.

111. Lindert and Williamson，*Unequal Gains*，217.

112. Thomas Philippon and Ariell Reshef，"Wages and Human Capital in the U. S. Finance Industry：1909-2006，" *The Quarterly Journal of Economics* 127，no. 4（2012）：1551-1609，https：//doi.org/10. 1093/qje/qjs030. See also Lindert and Williamson，*Unequal Gains*，201.

113. Jonathan Tepper with Denise Hearn，*The Myth of Capitalism：Monopolies and the Death of Competition*（Hoboken，NJ：John Wiley & Sons，2018）.

114. Vivien Hart，*Bound by Our Constitution：Women，Workers，and the Minimum Wage*（Princeton：Princeton University Press，1994）.

115. 图 2. 18 的来源：1938-2009：Department of Labor，"History of Federal Minimum Wage Rates Under the Fair Labor Standards Act，1938-2009，" https：//www. dol. gov/whd/minwage/chart. htm；1968-2020：Federal Reserve Economic Data（FRED），https：//fred. stlouisfed. org/series/STT MINWGFG；CPI data from FRED，https：//fred. stlouisfed. org/series/CWUR0000S A0 # 0。事实上，许多州和地方最近将最低工资提高到国家水平以上，这意味着全国人口加权平均最低工资在过去 10 年的增长可能比图 2. 18 所示快一些。

116. 联邦最低工资的起伏与反映中低收入类别之间差异的 50/20 工资比例的变化最为密切相关。另见 David H. Autor，Alan Manning，and Christopher L. Smith，"The Contribution of the Minimum Wage to US Wage Inequality over Three Decades：A Reassessment，" *American Economic Journal：Applied Economics* 8，no. 1（January 2016）：58-99，https：//doi. org/10. 1257 /app. 20140073，as well as "The Effects of a Minimum-Wage Increase on Employment and Family

Income"（Washington，DC：Congressional Budget Office，February 18，2014），https：//www.cbo.gov/publication/44995。

117. Piketty，Saez，and Zucman，"Distributional National Accounts，" 604-5.

118. 将 20 世纪 70 年代商业机构的政治动员，作为大分化的部分解释原因的一项重要研究是：Jacob S. Hacker and Paul Pierson，*Winner-Take-All Politics：How Washington Made the Rich Richer—and Turned Its Back on the Middle Class*（New York：Simon & Schuster，2010）。

119. Piketty and Saez，"Income Inequality in the United States，1913-1998"；Paul Krugman，"For Richer，" *New York Times Magazine*，October 20，2002，https：// www. nytimes. com/2002/10/20/magazine/for-richer. html；Atkinson，*Inequality：What Can Be Done？*；Diamond，"Addressing the Forces Driving Inequality in the United States."

120. 有关胡佛在任期间的前景和政策的更多信息，参见第三章。

121. Sam Pizzigati，*The Rich Don't Always Win：The Forgotten Triumph over Plutocracy That Created the American Middle Class*，*1900-1970*（New York：Seven Stories Press，2012）；Krugman，*The Conscience of a Liberal*，145-47.

122. David Leonhardt，"When the Rich Said No to Getting Richer，" *New York Times*，September 5，2017，https：//www. nytimes. com/2017/09/05/opinion /rich-getting-richer-taxes. html；Matt Miller，"What Mitt Romney's Father Could Teach Him About Economic Fairness，" *Washington Post*，January 18，2012，https：//www. washington-post. com/opinions/what-mitt-romneys-father-could-teach-him-about-economic-fairness/

2012/01/18/gIQAB3Wj7_story. html. See also T. George Harris，*Romney's Way：A Man and an Idea*（Englewood Cliffs，NJ：Prentice-Hall，1968），其中 George Romney 将粗犷的个人主义称为"掩饰贪婪的政治旗号"。

123. Huma Khan，"Mitt Romney Made ＄22 Million，Paid Less Than 14 Percent in Taxes，" *ABC News*，January 24，2012，https：//abcnews. go. com/Politics/OTUS/mitt-romney-made-42-million-paid-14-percent/story？ id=15423615；David Corn，"Secret Video：Romney Tells Millionaire Donors What He Really Thinks of Obama Voters，" *Mother Jones*，September 17，2012，https：//www. motherjones. com/politics/2012/09/secret -video-romney-private-fund raiser/；Leonhardt，"When the Rich Said No to Getting Richer." See also Jacob S. Hacker and Paul Pierson，*American Amnesia：How the War on Government Led Us to Forget What Made America Prosper*（New York：Simon & Schuster，2016），15-18.

124. 参见尾注 1.4.

第三章
政治：从部落主义到礼让社会的循环

1. 在探索和理解本章所使用的多种学术文献方面，我们感谢 Amy Lakeman 的大力协助。国会两极分化的经典图表最初由 Nolan McCarty，Keith T. Poole 和 Howard Rosenthal 提出，*Polarized America：The Dance of Ideology and Unequal Riches*，2nd ed.（Cambridge：MIT Press，2016）。我们使用 Jeffrey B. Lewis，Keith Poole，Howard Rosenthal，Adam Boche，Aaron Rudkin 和 Luke Sonnet 的数据更新了该图表，*Voteview：Congressional Roll-Call Votes Database*（2019），https：//voteview.com/。原始图表的方向是

"向上"意味着更极化，我们只是将图表倒过来，这种转换对趋势的轮廓没有影响。由于众议院和参议院的独立曲线非常接近，图 3.1 显示了两条曲线平均值的基本平滑趋势。方法学家们对该图表的细节进行了辩论。例如，唱名投票可能会高估政党的团结，因为政党领导人试图阻止对那些分裂政党的议题进行投票。我们将在本章后面介绍两极化的替代测量方法，这些方法确认了这条曲线的基本形状。正如 Nolan McCarty 在其精湛作品 *Polarization*（New York：Oxford University Press, 2019）第 30～38 页中所说，"最终，这些不同指标的使用对美国立法两极化的基本情况影响甚微……虽然任何单一衡量标准都会受到许多警告和批评，但从各种数据中收集到的证据几乎都在说明同一个故事，在过去 40 年里，立法者的两极分化越来越严重。"

2. 对过去半个世纪中不断加剧的两极分化的开始时间的确定略显武断，因为曲线是平滑的，但 Nolan McCarty 在 *Polarization* 中反映了一个普遍的共识，即把这一时期定为 20 世纪 70 年代。我们在本章后面再来讨论时间问题。

3. 图 3.1 最初是 McCarty, Poole, and Rosenthal 在 *Polarized America* 中提出的，他们认为其主要维度反映了经济再分配，但其他人认为它只是衡量党派分歧的一个尺度，无论党派在哪些基本问题上有分歧。参见 John H. Aldrich, Jacob M. Montgomery, and David B. Sparks，" Polarization and Ideology：Partisan Sources of Low Dimensionality in Scaled Roll Call Analyses," *Political Analysis* 22, no. 4（Autumn 2014）：435-56, doi：10. 1093/pan/mpt048。

4. Helmut Norpoth，" The American Voter in 1932：Evidence from a Confidential Survey," *PS,*

Political Science & Politics 52, no. 1（2019）：14-19, doi：10. 1017 /S1049096518001014.

5. Sara N. Chatfield, Jeffery A. Jenkins, and Charles Stewart III，" Polarization Lost：Exploring the Decline of Ideological Voting After the Gilded Age," SSRN Scholarly Paper（Rochester, NY：Social Science Research Network, January 12, 2015）, https：// papers. ssrn. com/abstract = 25 48551.

6. Michael Kazin, *A Godly Hero：The Life of William Jennings Bryan*（New York：Alfred A. Knopf, 2006）, 61.

7. David W. Brady, *Congressional Voting in a Partisan Era：A Study of the McKinley Houses and a Comparison to the Modern House of Representatives*（Lawrence：University Press of Kansas, 1973）, chap. 3, as cited in Morris P. Fiorina, *Unstable Majorities：Polarization, Party Sorting, and Political Stalemate*（Chicago：Hoover Institution Press, 2017）, 163.

8. B. Dan Wood and Soren Jordan, *Party Polarization in America：The War over Two Social Contracts*（Cambridge：Cambridge University Press, 2017）, Fig. 3. 3, pp. 84-85, 对民间罢工和内乱的讨论，尤其反映了从 1877 年到 1919 年的情况。

9. Douglas Eckberg，" Crime and Victimization," in *Historical Statistics of the United States：Earliest Times to the Present*, ed. Susan B. Carter, millennial ed.（Cambridge：Cambridge University Press, 2006）, Table Ec251-253. 这一时期的种族问题，参见 Henry Louis Gates, Jr., *Stony the Road：Reconstruction, White Supremacy, and the Rise of Jim Crow*（New York：Penguin, 2019）。

10. 1910 年至 1960 年对种族政治的压制，参见 Steven Levitsky and Daniel Ziblatt, *How Democracies Die*（New York：Crown，2018）。Edward G. Carmines and James A. Stimson, *Issue Evolution：Race and the Transformation of American Politics*（Princeton：Princeton University Press，1989），书中认为，一旦重建结束，种族问题就开始被从国家议程中剔除。重建后，国会直到 1957 年才考虑公民权利立法，直到 1948 年，杜鲁门总统才提出了一项重要的民权计划。另一方面，Eric Schickler 认为，早在 20 世纪 30 年代，非裔美国人及其盟友就曾推动北方政党解决种族不平等问题；参见 Eric Schickler, *Racial Realignment：The Transformation of American Liberalism，1932–1965*，Princeton Studies in American Politics（Princeton：Princeton University Press，2016）。

11. Edmund Morris, *Theodore Rex*, 1st ed.（New York：Random House，2001）；Sidney Milkis, *Theodore Roosevelt，the Progressive Party，and the Transformation of American Democracy*（Lawrence：University Press of Kansas，2009）；Lewis L. Gould, *America in the Progressive Era，1890–1914*, Seminar Studies in History（London：Routledge，2001）；Lewis L. Gould, *The Presidency of Theodore Roosevelt*, 2nd ed., revised and expanded, American Presidency Series（Lawrence：University Press of Kansas，2011）；George E. Mowry, *The Era of Theodore Roosevelt，1900–1912*, The New American Nation Series（New York：Harper，1958）。

12. Hans Noel, *Political Ideologies and Political Parties in America*, Cambridge Studies in Public Opinion and Political Psychology（New York：Cambridge University Press，2013），141.

13. http：//teachingamericanhistory. org/library/document/progressive-platform-of-1912/.

14. 白宫在 1913 年之前由共和党进步派控制，在 1913 年之后由民主党进步派控制。文本中的数字是两院和所有关键选票的均值。来源：https：//www.govtrack.us/congress/votes。

15. Erik Olssen, "The Progressive Group in Congress，1922–1929," *Historian* 42, no. 2（1980）：244–63, doi：10.1111/j.1540-6563.1980.tb00581. x, as cited in Chatfield, Jenkins, and Stewart III, "Polarization Lost."

16. Jean Edward Smith, *FDR*（New York：Random House，2007），177.

17. 唯一重要的例外是 1904 年落选的民主党提名人奥尔顿·帕克（Alton Parker）、1920 年的共和党提名人沃伦·哈丁（Warren Harding），以及 1924 年落选的民主党候选人约翰·戴维斯（John Davis）。威廉·麦金利（William McKinley）是一个象征性的例外，他 1896 年当选，1900 年赢得第二个任期后被暗杀。哈里·杜鲁门与 1944 年和 1948 年落选的共和党总统候选人托马斯·杜威都太年轻了，在进步时代不可能在政治上活跃。然而，杜鲁门作为一名进步主义新政分子进入了国家政治，而杜威在进步主义的州长赫伯特·雷曼（Herbert Lehman）和市长菲奥雷洛·拉瓜迪亚（Fiorello La Guardia）的支持下，开始了他在纽约的公共生活。20 世纪上半叶的所有其他共和党候选人，西奥多·罗斯福、威廉·霍华德·塔夫脱、查尔斯·埃文斯·休斯、卡尔文·柯立芝、赫伯特·胡佛、阿尔夫·兰登和温德尔·威尔基，都作为进步运动的成员进入政界，尽管柯立芝在当选总统时已经变得更加保守，而胡佛在 1932 年失败后也急剧转向保守派。

18. 哈丁的传记，参见 Andrew Sinclair, *The Available Man：The Life Behind the Masks of Warren Gamaliel Harding*（New York：Macmillan, 1965）；and Robert K. Murray, *The Harding Era：Warren G. Harding and His Administration*（Minneapolis：University of Minnesota Press, 1969）。柯立芝的传记，参见 Amity Shlaes, *Coolidge*（New York：Harper, 2013）；Donald R. McCoy, *Calvin Coolidge：The Quiet President*（Lawrence：University Press of Kansas, 1988）；Claude Moore Fuess, *Calvin Coolidge：the Man from Vermont*（Westport, CT：Greenwood Press, 1976）；and Robert Sobel, *Coolidge：An American Enigma*（Washington, DC：Regnery, 1998）。

19. Kenneth Whyte, *Hoover：An Extraordinary Life in Extraordinary Times*（New York：Alfred A. Knopf, 2017）, quotation at p. 205.

20. David M. Kennedy, *Freedom from Fear：The American People in Depression and War, 1929 - 1945, The Oxford History of the United States*, vol. 9（New York：Oxford University Press, 1999）, 11 - 12, 45 - 48.

21. H. W. Brands, *Traitor to His Class：The Privileged Life and Radical Presidency of Franklin Delano Roosevelt*（New York：Doubleday, 2008）.

22. 从 20 世纪 20 年代到 20 世纪 40 年代的政党政治，参见 Kennedy, *Freedom from Fear*。

23. Frederick Lewis Allen, *Since Yesterday：The 1930s in America, September 3, 1929-September 3, 1939*（New York：Harper & Brothers, 1940）, 189：“如果一位来自火星的访客比较 1936 年的两党政纲，他不会把注意力集中在谴责和指责上，而只会集中在其中的积极建议上，他可能会想知道为什么在这次竞选中情绪

如此高涨。”

24. Hendrik Meijer, *Arthur Vandenberg：The Man in the Middle of the American Century*（Chicago：University of Chicago Press, 2017）, 162.

25. 关于国会政治，参见 Kennedy, *Freedom from Fear*, chap. 11, esp. 341 - 43；and Eric Schickler, “New Deal Liberalism and Racial Liberalism in the Mass Public, 1937 - 1968,” *Perspectives on Politics* 11, no. 1（March 2013）：75 - 98, doi：10. 1017/S1537592712003 659：“早在国家党精英就民权问题采取不同立场之前，人们对新政经济计划的态度就与种族自由主义存在联系……由于认同罗斯福计划的群体发生了变化，以及 1937 年至 1938 年间新政分子卷入的争论，新政自由主义的思想意涵在 20 世纪 30 年代后期变得更加激进。”

26. 文中的数字是所有关键投票和国会两院（如果有）的平均值。来源：https：//www. govtrack. us/congress/votes and https：//library. cqpress. com/cqresearcher/。

27. David Levering Lewis, *The Improbable Wendell Willkie：The Businessman Who Saved the Republican Party and His Country, and Conceived a New World Order*, 1st ed.（New York：Liveright, 2018）. 关于 1940 年的党纲，参见 Gerhard Peters and John T. Woolley, “Republican/Democratic Party Platform of 1940 Online,” The American Presidency Project, https：//www. presidency. ucsb. edu/node/273387。民主党人直到 1944 年才支持《平等权利修正案》，并仍不触及私刑和平等投票权。

28. 黑人政党认同趋势的数据，参见 Philip Bump, “When Did Black Americans Start Voting So Heavily Democratic?” *Washington Post*, July 7, 2015, https：//www. washingtonpost.

com/news/the-fix /wp/2015/07/07/when-did-black-americans-start-voting-so-heavily-democratic/。当然，大多数非裔美国人直到 20 世纪 60 年代后期才有投票权，我们将在第六章详细讨论。

29. Paul F. Boller, *Presidential Campaigns* (New York：Oxford University Press, 1984), 259-61. "共和党纲领接受了罗斯福的大部分国内和国外政策，承诺将更好地管理这些政策；并像往常一样，谴责政府对企业的过度干预。"

30. 我们感谢 Daria Rose 关于就职演说的报告。

31. 关于艾森豪威尔时代，参见 William I. Hitchcock, *The Age of Eisenhower：America and the World in the 1950s* (New York：Simon & Schuster, 2018)。引用给他兄弟的信：https：//teachingamericanhistory.org/library/document/letter-to-edgar-newton-eisenhower/。

32. See James T. Patterson, *Grand Expectations：The United States, 1945-1974*, *The Oxford History of the United States*, vol. 10 (New York：Oxford University Press, 1996), chap. 10.

33. Hitchcock, *The Age of Eisenhower*.

34. See Patterson, *Grand Expectations*, chaps. 8-10.

35. 引自 Sam Rosenfeld, *The Polarizers：Postwar Architects of Our Partisan Era* (Chicago：University of Chicago Press, 2018), 64。

36. James L. Sundquist, *Politics and Policy：The Eisenhower, Kennedy, and Johnson Years* (Washington, DC：Brookings Institution, 1968), 479.

37. John Morton Blum, *Years of Discord：American Politics and Society, 1961-1974* (New York：W. W. Norton, 1991), 161.

38. 由于北方共和党自由派和南方民主党保守派的存在，《民权法》和《投票权法》实际上得到的共和党人的支持略多于民主党人，这一事实加剧了这种对比。然而，在所有其他议题（扶贫战争、医疗保险/医疗补助、移民和教育）上，47%的共和党人投票支持林登·贝恩斯·约翰逊的倡议。文本中的数字是所有关键投票和国会两院（如果有）的平均值。来源：https：//www.govtrack.us/congress/votes and https：//library.cqpress.com/cqresearcher/。

39. Patterson, *Grand Expectations*, 719.

40. Ibid., 740.

41. John Stoehr, "The Real Romney Legacy," *The American Conservative*, January 28, 2016, https：//www.theamericanconservative.com/articles/the-real-romney-legacy/.

42. Patterson, *Grand Expectations*, 762.

43. David S. Broder, "The Party's Over," *The Atlantic*, March 1972, https：//www.theatlantic.com/magazine/archive/1972/03/the-partys-over/307016/.

44. Evron Kirkpatrick, "'Toward a More Responsible Two-Party System'：Political Science, Policy Science, or Pseudo-Science?" *The American Political Science Review* 65, no. 4 (December 1971)：965-90.

45. 据报道，在签署 1964 年《民权法》后，林登·贝恩斯·约翰逊总统哀叹，民主党"在一代人的时间里失去了南方"，尽管这一经常重复的论断没有找到明确的来源。

46. 尼克松的政治战略家 Kevin Phillips 显然在 *The Emerging Republican Majority* (New Rochelle, NY：Arlington House, 1969) 一书中推广了"南方战略"一词。

47．"我们的人民在寻找一个可信的事业。我们需要一个第三党还是一个振兴的新第二党，举起的旗帜不是苍白的粉色而是大胆的颜色，以清晰表明我们在困扰人民的所有问题上的立场？" Ronald Reagan, "Let Them Go Their Way 1975," in *Reagan at CPAC: The Words That Continue to Inspire a Revolution*, ed. Matt Schlapp (Washington, DC: Regnery, 2019), 39–40.

48．这些年来保守主义意识形态的新说法如何影响共和党议程和党派两极分化，进一步的讨论，参见第五章。

49．共和党人反对"大政府"更多表现在言辞而不是实际政策上。里根确实削减了监管和收入，但增加了军费开支，并未像他承诺的那样削减国内开支。共和党谈到反对"税收和支出"政策，但他们在收入上比在支出上更加一致。

50. https://www.reaganfoundation.org/ronald-reagan/reagan-quotes-speeches/inauguraladdress-2/.

51. Jonathan Freedland, "The Contender Ain't Down Yet; Twice a Presidential Candidate, Twice Defeated, the Rev. Jesse Jackson Is Still Fighting—For Civil Rights and Against the 'Whitelash,'" *The Guardian* (London), June 3, 1995.

52．在整本书中，为了方便起见，我们有时使用"教会"一词作为简写来涵盖所有宗教组织，而不仅仅是基督教组织。

53．政党隶属关系是否影响选民的政策观点，在政治科学家之间仍然存在争议。个人在坚定坚持自己党派关系的同时转变议题和观念立场的证据，参见 Matthew Levendusky, *The Partisan Sort: How Liberals Became Democrats and Conservatives Became Republicans* (Chicago: University of Chicago Press, 2009), chap. 6; Geoffrey C. Layman and Thomas M. Carsey, "Party Polarization and Party Structuring of Policy Attitudes: A Comparison of Three NES Panel Studies," *Political Behavior* 24, no. 3 (2002): 199–236; and Geoffrey Layman and Thomas Carsey, "Party Polarization and 'Conflict Extension' in the American Electorate," *American Journal of Political Science* 46, no. 4 (October 2002): 786–802. 然而，堕胎似乎让人们改变了党派认同，而不是他们在这个问题上的立场，参见 Mitchell Killian and Clyde Wilcox, "Do Abortion Attitudes Lead to Party Switching?" *Political Research Quarterly* 61, no. 4 (2008): 561–73. 最近的研究表明，同性恋和堕胎权对政党认同的影响，往往大于政党认同对同性恋和堕胎权的影响，参见 Paul Goren and Christopher Chapp, "Moral Power: How Public Opinion on Culture War Issues Shapes Partisan Predispositions and Religious Orientations," *American Political Science Review*, 111, no. 1 (2017): 110–28。最新的研究，参见 Michele F. Margolis, *From Politics to the Pews: How Partisanship and the Political Environment Shape Religious Identity* (Chicago: University of Chicago Press, 2018)。

54. P. David Pearson, "The Reading Wars," *Educational Policy* 18, no. 1 (2004): 216–52. 可以肯定的是，许多民主党人赞成特许学校作为公立学校和私立学校之间的一种中间方法。

55．对于种族政治在两极分化的起源和时机中的作用，一个类似的解释，参见 McCarty, *Polarization*, chap. 5。我们在第六章会回到种族和两极分化问题。

56．这六张关键票是奥巴马的刺激计划、多德-弗兰克金融监管、莉莉·莱德贝特性别薪酬平等、奥巴马医改（先是创建而后又推翻了它）以及 2017 年特朗普减税。

57. See Jane Mayer, *Dark Money: The Hidden History of the Billionaires Behind the Rise of the Radical Right* (New York: Doubleday, 2016); Theda Skocpol and Alexander Hertel‐Fernandez, "The Koch Network and Republican Party Extremism," 14, no. 3 (September 2016): 681–99, doi: 10.1017/S1537592716001122; and https://en.wikipedia.org/wiki/Lewis_F._Powell_Jr.#Powell_Memorandum.

58. McCarty, *Polarization*, 3. Thomas E. Mann and Norman J. Ornstein, *It's Even Worse than It Looks: How the American Constitutional System Collided with the New Politics of Extremism*, new and expanded edition (New York: Basic Books, 2016), 也都强调最近两极分化的不对称性。民主党相对稳定的唯一一例外（目前为止是次要的），是由于女性和少数族裔立法代表的人数增加并略微左倾，但即使这种限定，总体两极分化仍然严重不对称。

59. Marina Azzimonti, "Partisan Conflict and Private Investment," *Journal of Monetary Economics* 93 (January 2018): 114–31, doi: 10.1016/j.jmoneco.2017.10.007. 该指标是五个主要的数字化国家报纸的电子档案中描述当选官员之间分歧文章的比例，按 1990 年为 100 做标准化处理。

60. 近年来，国会两极分化在各州政治中也得到了呼应。参见 Boris Shor and Nolan McCarty, "The Ideological Mapping of American Legislatures," *American Political Science Review* 105, no. 3 (August 2011): 530–51, doi: 10.1017/S0003055411000153。自 1980 年以来，两极分化也影响了司法机构和最高法院，因为司法任

命和确认投票越来越关注党派意识形态，法官越来越多地反映任命他们的政党的观点。参见 Richard L. Hasen, "Polarization and the Judiciary," *Annual Review of Political Science* 22, no. 1 (May 11, 2019): 261–76, doi: 10.1146/annurev‐polisci‐051317‐125141; Neal Devins and Lawrence Baum, "Split Definitive: How Party Polarization Turned the Supreme Court into a Partisan Court," *Supreme Court Review* (2016): 301–65; Corey Ditslear and Lawrence Baum, "Selection of Law Clerks and Polarization in the U.S. Supreme Court," *The Journal of Politics* 63, no. 3 (August 2001): 869–85, doi: 10.1111/0022‐3816.00091; and Amanda Frost, "Hasen on Political Polarization and the Supreme Court," SCOTUSblog (Nov. 14, 2018, 10:01 AM), https://www.scotusblog.com/2018/11/academic‐highlight‐hasen‐on‐political‐polarization‐and‐the‐supreme‐court/。然而，我们缺乏关于 1980 年之前国家或司法政治两极分化的系统证据。

61. Fiorina, *Unstable Majorities*, chap. 7. See also Daniel J. Hopkins, *The Increasingly United States: How and Why American Political Behavior Nationalized*, Chicago Studies in American Politics (Chicago: University of Chicago Press, 2018).

62. 1953 年至 2001 年间，这一两极分化测量方法的开创性使用，参见 Gary C. Jacobson, "Partisan Polarization in Presidential Support: The Electoral Connection," *Congress & the Presidency* 30, no. 1 (2003): 1–36, doi: 10.1080/07343460309507855。我们利用盖洛普档案中未经分析的民意调查，将这一分析扩展到 1930 年代后期，并使用来自 https://news.gallup.com/poll/203198/presidential‐approval‐ratings‐donald - trump. aspx 的最新数据，将该分析推至 2019 年。

63. 1989 年和 2002 年两党对总统支持率的高峰，代表了两次海湾战争开始后立即产生的"集结号"效应，但这很快就在对这些战争的党派激烈辩论中消失了。

64. Joseph Bafumi and Robert Y. Shapiro, "A New Partisan Voter," *The Journal of Politics* 71, no. 1 (January 2009): 1-24, doi: 10.1017/ S0022381608090014.

65. Larry Bartels, "Partisanship and Voting Behavior, 1952-1996," *American Journal of Political Science* 44, no. 1 (January 2000): 35-50, doi: 10.2307/2669291; Bafumi and Shapiro, "A New Partisan Voter."

66. 对这个复杂的方法论问题的深刻分析，参见 Fiorina, *Unstable Majorities*, chap. 6. See also Jean M. Twenge et al., "More Polarized but More Independent: Political Party Identification and Ideological Self - Categorization Among U. S. Adults, College Students, and Late Adolescents, 1970-2015," *Personality and Social Psychology Bulletin* 42, no. 10 (2016): 1364-1383, doi: 10.1177/0146167216660058; and Bartels, "Partisanship and Voting Behavior, 1952-1996."

67. Bafumi and Shapiro, "A New Partisan Voter," 3, 18.

68. Ibid. , 8.

69. 一些研究人员对这一观点提出异议。参见 Stephen Ansolabehere, Jonathan Rodden, and James Snyder, "The Strength of Issues: Using Multiple Measures to Gauge Preference Stability, Ideological Constraint, and Issue Voting," *American Political Science Review* 102 (May 1, 2008): 215-32, doi: 10.1017/S0003055408080210。

70. John Zaller, "What Nature and Origins Leaves Out," *Critical Review* 24, no. 4 (December 1, 2012): 569 - 642, doi: 10.1080/ 08913811. 2012. 807648.

71. Christopher H. Achen and Larry M. Bartels, *Democracy for Realists: Why Elections Do Not Produce Responsive Government*, Princeton Studies in Political Behavior (Princeton: Princeton University Press, 2016). 不过 Morris P. Fiorina 在 "Identities for Realists" [*Critical Review* 30, no. 1 - 2 (2018): 49 - 56, doi: 10.1080/0891 3811.2018. 1448513] 一文中，认为身份为选民提供了一种潜在的启发，可能并不像 Achen 和 Bartels 所建议的那样毫无根据。

72. Michael Barber and Jeremy Pope, "Does Party Trump Ideology? Disentangling Party and Ideology in America," *The American Political Science Review* 113, no. 1 (2019): 38 - 54, doi: 10.1017/S0003055418000795. See also Thomas B. Edsall, "Trump Says Jump. His Supporters Ask, How High?," *New York Times*, September 14, 2017.

73. Marc Hetherington, Meri Long, and Thomas Rudolph, "Revisiting the Myth: New Evidence of a Polarized Electorate," *Public Opinion Quarterly* 80, no. S1 (2016): 321 - 50, doi: 10.1093/poq/nfw003.

74. Bafumi and Shapiro, "A New Partisan Voter," 7-8.

75. Shanto Iyengar, Tobias Konitzer, and Kent Tedin, "The Home as a Political Fortress: Family Agreement in an Era of Polarization," *The Journal of Politics* 80, no. 4 (October 2018): 1326-38, doi: 10.1086/698929.

76. 关于这一段，参见 Robert D. Putnam,

Bowling Alone：*The Collapse and Revival of American Community*（New York：Simon & Schuster，2000），342。读者可能会惊讶的是，在这个两极分化的时期，越来越多的美国人在意识形态上自称为"温和派"，但这种模式反映了在党派认同上自称为"独立派"的人数增长。在这两种情况下，自称温和派或独立派的美国人可能是为了在心理上与他们越来越讨厌的政治保持距离。Alan Abramowitz 利用其他证据也指出，更多参与政治的选民倾向于选择相对极端的立场，并认同相应政党。参见 Alan I. Abramowitz，*The Disappearing Center*：*Engaged Citizens*，*Polarization*，*and American Democracy*（New Haven：Yale University Press，2010）。

77. Bartels，"Partisanship and Voting Behavior，1952 – 1996"；Bill Bishop，*The Big Sort*：*Why the Clustering of like-Minded America Is Tearing Us Apart*（Boston：Houghton Mifflin，2008）；Edward L. Glaeser and Bryce A. Ward，"Myths and Realities of American Political Geography，" *Journal of Economic Perspectives* 20，no. 2（Spring 2006）：119 – 44，doi：10. 1257/jep. 20. 2. 119；Bafumi and Shapiro，"A New Partisan Voter"；Samuel J. Abrams and Morris P. Fiorina，"'The Big Sort' That Wasn't：A Skeptical Reexamination，" *PS*：*Political Science & Politics* 45，no. 2（April 2012）：203 – 10，doi：10. 1017/S1049096512000017；Ron Johnston，Kelvyn Jones，and David Manley，"The Growing Spatial Polarization of Presidential Voting in the United States，1992 – 2012：Myth or Reality？" 49，no. 4（October 2016）：766 – 70，doi：10. 1017/S1049096516001487；and Ryan Enos，"Partisan Segregation，" https：//scholar. harvard. edu/files/renos/files/brownenos. pdf. 最后两项研究一般都支持 Bishop

和 Cushing，而不支持 Abrams 和 Fiorina 或 Glaeser 和 Ward，因为他们发现了大量的政治隔离和空间分化。

78. 最近的例子，参见 "The Partisan Divide on Political Values Grows Even Wider，" Pew Research Center，October 5，2017，http：//www. people－press. org/2017/10/05/the－partisan-divide-on-political-values-grows-even-wider/#overview；"Extending Political Polarization in the American Public，" Pew Research Center，June 12，2014，http：//www. people-press. org/2014/06/12/political-polarization-in-the-american-public/；and http：//www. people-press. org/interactives/political－polarization－1994－2017/，Pew Research Center，October 20，2017.

79. Lilliana Mason，*Uncivil Agreement*：*How Politics Became Our Identity*（Chicago：University of Chicago Press，2018）.

80. Ross Butters and Christopher Hare，"Three-fourths of Americans Regularly Talk Politics Only with Members of Their Own Political Tribe，" *Washington Post*，May 1，2017.

81. Yphtach Lelkes，"Mass Polarization：Manifestations and Measurements，" *Public Opinion Quarterly* 80，no. S1（2016）：392 – 410，doi：10. 1093/poq/nfw005；and Marc Hetherington and Jonathan Weiler，*Prius or Pickup？*：*How the Answers to Four Simple Questions Explain America's Great Divide*（New York：Houghton Mifflin Harcourt，2018）. Marc Hetherington 及其同事认为，情感纽带领域有可能让我们发现两极分化，而不仅仅是议题或意识形态。Marc J. Hetherington and Thomas J. Rudolph，*Why Washington Won't Work*：*Polarization*，*Political Trust*，*and the Governing Crisis*，Chicago Studies in Amer-

第二章

ican Politics （Chicago：University of Chicago Press，2015）.

82. Pew Research Center，"Partisanship and Political Animosity in 2016," June 22，2016，http：//www.people-press.org/2016/06/22/partisanship-and -political-animosity-in-2016/.

83. Lelkes，" Mass Polarization "；Gaurav Sood and Shanto Iyengar，"Coming to Dislike Your Opponents：The Polarizing Impact of Political Campaigns," *SSRN Electronic Journal*，2016，doi：10.2139/ssrn.2840225；Shanto Iyengar，Gaurav Sood，and Yphtac Lelkes，"Affect，Not Ideology：A Social Identity Perspective on Polarization," *Public Opinion Quarterly* 76，no.3（Fall 2012）：405 - 31，doi：10.1093/poq/nfs038."Political Polarization in the American Public," *Pew Research Center for the People and the Press*，June 12，2014，https：// www.people-press.org/2014/06/12/political-polarization-in-the-american -public/；Emily Badger and Niraj Chokshi，"How We Became Bitter Political Enemies," *New York Times*，June 15，2017，The Upshot，https：//www.nytimes .com/2017/06/15/upshot/how-we-became-bitter-political-enemies.html.

84. Iyengar，Sood，and Lelkes，"Affect，Not Ideology," 413.

85. Ibid.，416.

86. Shanto Iyengar and Sean J.Westwood，"Fear and Loathing Across Party Lines：New Evidence on Group Polarization," *American Journal of Political Science* 59，no.3（2015）：690-707，doi：10.1111/ajps.12152. Iyengar 和 Westwood 对隐性联想测试（IAT）进行了调整，该测试用于测量将内群体、外群体与积极、消极品质联系起来所需的时间，以调查党派情感。与明

确的自我报告调查工作不同，隐性测量被认为是对受试者真实感受的更准确描述，因为它们没有进行认知加工。Iyengar 和 Westwood 发现了明显的种族内隐偏见，尽管差距很大，但"种族影响不比党派的相应影响大"。

87. Iyengar，Konitzer，and Tedin，" The Home as a Political Fortress," quotation at 1326.

88. Iyengar，Sood，and Lelkes，"Affect，Not Ideology," 421-27. 这种情感两极分化似乎不是意识形态分歧所驱动的，但似乎确因严酷的政治竞选活动而略微加剧。

89. Ibid.，417-18. 政治学家 Lynn Vavreck 使用独立证据表示，1958 年只有不到 30% 的美国人关心他们孩子结婚对象的党派性，而 2016 年这一比例已接近 60%。Lynn Vavreck，"A Measure of Identity：Are You Wedded to Your Party?" *New York Times*，January 31，2017.

90. 关于婚姻的政党分化，参见 Iyengar，Konitzer，and Tedin，" The Home as a Political Fortress"，以及文中的其他引证。请注意，Iyengar 比较研究了 20 世纪 60 年代中期（两极分化的低潮）和 21 世纪 10 年代中期的婚姻。在较早的时期，新婚夫妇达成政治共识的概率仅为一半左右，而如今的新婚夫妇达成共识的概率约为四分之三。在强调配偶选择的重要性时，他们不考虑婚后的逐渐趋同或者基于宗教或教育等其他特征的虚假趋同。关于在线约会，参见 Gregory A.Huber and Neil Malhotra，"Political Homophily in Social Relationships：Evidence from Online Dating Behavior," *The Journal of Politics* 79，no.1（January 2017）：269-83，doi：10.1086/687533。

91. See Robert D.Putnam and David E.Campbell，*American Grace：How Religion Divides and Unites Us*（New York：Simon & Schuster，

第三章

2012），148－54。

92. Eitan Hersh and Yair Ghitza, "Mixed Partisan Households and Electoral Participation in the United States," *PLOS ONE* 13, no. 10 (October 10, 2018): e0203997, doi: 10.1371/journal. pone. 0203997. 发现 80 岁以上的已婚夫妇属于同一党派的比例仅为 30 岁已婚夫妇的 66%。另参见 https://fivethirtyeight. com/features/how－many－republicans－marry－democrats/。

93. 关于在这几十年里宗教通婚和宗教间好感度也在增加的论述，参见 Putnam and Campbell, *American Grace*, 148－59, 521－40。

94. 最近对 1970 年后两极分化原因的全面概述（尽管对我们所强调的 20 世纪前三分之二时期的去极化原因关注较少），参见 McCarty, *Polarization*, chaps. 5－6。

95. G. C. Layman, T. M. Carsey, and J. M. Horowitz, "Party Polarization in American Politics: Characteristics, Causes, and Consequences," *Annual Review of Political Science* 9, no. 1 (2006): 83－110, doi: 10.1146/annurev. polisci. 9. 070204. 105138; Marc J. Hetherington, "Review Article: Putting Polarization in Perspective," *British Journal of Political Science* 39, no. 2 (2009): 413－48, doi: 10.1017/S000712 3408000501; Levendusky, *The Partisan Sort*; James Druckman, Erik Peterson, and Rune Slothuus, "How Elite Partisan Polarization Affects Public Opinion Formation," *The American Political Science Review* 107, no. 1 (2013): 57－79, doi: 10.1017/S0003055412000500; Hetherington and Rudolph, *Why Washington Won't Work*; Ryan L. Claassen and Benjamin Highton, "Policy Polarization Among Party Elites and the Significance of Political

Awareness in the Mass Public," *Political Research Quarterly* 62, no. 3 (2009): 538－51, doi: 10.1177/1065912908322415; and Zaller, "What Nature and Origins Leaves Out."

96. 一些学者，尤其是 Morris Fiorina，不愿意将"排序"视为一种两极分化形式。关于精英与大众两极分化之间关系的整体论述，参见 McCarty, *Polarization*, chap. 4。

97. John Zaller, *The Nature and Origins of Mass Opinion* (Cambridge: Cambridge University Press, 1992); Achen and Bartels, *Democracy for Realists*, 258－64。

98. Greg Adams, "Abortion: Evidence of an Issue Evolution," *American Journal of Political Science* 41, no. 3 (1997): 718, doi: 10.2307/2111673.

99. Noel, *Political Ideologies and Political Parties in America*，特别强调专家和公共知识分子在影响政治意识形态和政党的一致程度方面的作用。

100. McCarty, *Polarized America*.

101. Bryan J. Dettrey and James E. Campbell, "Has Growing Income Inequality Polarized the American Electorate? Class, Party, and Ideological Polarization," *Social Science Quarterly* 94, no. 4 (December 2013): 1062－83, doi: 10.1111/ssqu. 12026; John V. Duca and Jason L. Saving, "Income Inequality and Political Polarization: Time Series Evidence over Nine Decades," *Review of Income and Wealth* 62, no. 3 (September 2016): 445－66, doi: 10.1111/roiw. 12162. McCarty 最近认识到，这个时机不符合他最初的不平等导致两极分化的假设，参见 McCarty, *Polarization*, 78－81。

102. McCarty, *Polarization*, chap. 6, 详细

考察了选区划分、初选和竞选资金规则作为两极分化原因所起的作用，并得出结论，"证据……基本上否定了这些制度特征是加剧两极分化的主要诱因的看法"（第5页）。他还对政党领导人操纵两极分化的观点不屑一顾（第81~84页）。

103. 对媒体（包括社交媒体）因果作用的混合证据的有用总结，ibid.，88-97。

104. 这一理论的创始人是 Joseph A. Schumpeter，*Capitalism，Socialism，and Democracy*（New York：Harper & Brothers，1942），chaps. 21-22。

105. William H. Haltom Jr.，*The Other Fellow May Be Right：The Civility of Howard Baker*（Tennessee Bar Association Press，2017）.

106. Danielle Allen，"An Inspiring Conversation About Democracy，"*Ezra Klein Show*，September 30，2019，https：//www.stitcher.com/podcast/the-ezra-klein -show/e/64250447？autoplay=true.

107. McCarty，*Polarization*，chap. 7.

108. Frances E. Lee，*Insecure Majorities：Congress and the Perpetual Campaign*（Chicago：University of Chicago Press，2016）对这一观点的论述最有说服力。由于两极分化和不安全的大多数在经验上密切相关，因此很难说这两个因素谁应该对僵局承担责任以及承担多大责任。

109. 里根政府的六项主要立法倡议——三项税收和支出法案、放松储蓄和贷款监管、犯罪立法以及移民改革，在众议院得到了平均74%的共和党人和64%的民主党人的支持；与林登·约翰逊的情况一样，里根的一些倡议得到了反对党的支持，而不是他自己党派的支持。

110. Hetherington and Rudolph，Why Wash-ington Won't Work，4. Figure 3.8 is based on Pew Research Center（April 11，2019），Public Trust in Government：1958-2019，https：//www.people-press.org/2019/04/11/public-trust -in-government-1958-2019/。皮尤档案汇编了全国选举研究、哥伦比亚广播公司、纽约时报、盖洛普、美国广播公司、华盛顿邮报和皮尤自己在过去60年的调查结果。

111. 图3.10借鉴了两个调查档案，构建了一个政治效能综合指数。全国选举研究多次要求受访者就以下两个调查问题发表同意或不同意的意见：①人民对政府有发言权；②政府官员关心人民的想法。哈里斯民意调查则要求受访者就以下五个类似的调查问题发表同意或不同意的意见：①富者愈富，穷者愈穷；②你的想法已经不重要了；③大多数有权力的人试图利用像你这样的人；④管理国家的人并不真正关心你的情况；⑤你被排除在你周围发生的事情之外。在每种情况下，"同意"就是表示政治上愤世嫉俗。每个指数中的项目都彼此密切相关，表明它们是在调查一个中心维度。随着时间的推移人们对所有七个问题的回答显示出相同的基本模式。Harris poll：https：//theharrispoll.com/wp - content/uploads/2017/12/Harris - Interactive - Poll - ResearchALIENATION - 1982 - 02. pdf，and https：//theharrispoll.com/in-the-mid-of-the-contentiouspresidential - primary-elections-the-harris-poll-measured-how-alienated - americans - feel - as - partof - a - long - term-trend-the-last-time-alienation-was-measured-was-in-novemb/.

112. Steven Levitsky and Daniel Ziblatt，"How Wobbly Is Our Democracy？"*New York Times*，January 27，2018，https：//www.nytimes.com/2018/01/27/opinion/sunday/democracy -polarization. html.

113. 分票也遵循同样的趋势，但大约滞后了 10 年，可能是因为党的纪律需要时间才能渗透到国会提名竞争中。

114. 参见尾注 1. 4。

第四章　社会：在孤立与团结之间

1. Alexis de Tocqueville, *Democracy in America* (Garden City, NY：Doubleday, 1969), 506; Wilson C. McWilliams, *The Idea of Fraternity in America* (Berkeley：University of California Press, 1973); Thomas Bender, *Community and Social Change in America* (New Brunswick, NJ：Rutgers University Press, 1978).

2. 在探索和理解本章使用的多种学术文献方面，我们非常感谢 Amy Lakeman。本章借用了 Robert D. Putnam, *Bowling Alone：The Collapse and Revival of American Community* (New York：Simon & Schuster, 2000) 中有删节的语言和论据（通常进行了更新），特别是第三章、第七章、第八章和第二十三章。

3. Walter Lippmann, *Drift and Mastery* (Englewood Cliffs, NJ：Prentice Hall, 1961 ［1914］), 92.

4. William Allen White, *The Old Order Changeth：A View of American Democracy* (New York：Macmillan, 1910), 250-52.

5. John Dewey, "The Democratic State," in *The Political Writings*, eds. Debra Morris and Ian Shapiro (Indianapolis：Hackett Publishing Company, 1993), 180.

6. Jean B. Quandt, *From the Small Town to the Great Community：The Social Thought of Progressive Intellectuals* (New Brunswick, NJ：Rutgers University Press, 1970), 44-45, quoting Mary Parker Follett, *The New State, Group Organization the Solution of Popular Government* (New York：Longmans, Green, 1918), 251.

7. Robert Ezra Park, *Society：Collective Behavior, News and Opinion, Sociology and Modern Society*, Robert Ezra Park, 1864-1944, *Collected Papers*, vol. 3 (Glencoe, IL：Free Press, 1955), 147, as quoted in Quandt, *From the Small Town to the Great Community*, 146.

8. Theda Skocpol et al., "How Americans Became Civic," in *Civic Engagement in American Democracy*, eds. Theda Skocpol and Morris P. Fiorina (Washington, DC：Brookings Institution Press, 1999), 27-80.

9. Theda Skocpol, "United States：From Membership to Advocacy," in *Democracies in Flux：The Evolution of Social Capital in Contemporary Society*, ed. Robert D. Putnam (New York：Oxford University Press, 2002); Mark Wahlgren Summers, *The Gilded Age, or, The Hazard of New Functions* (Upper Saddle River, NJ：Prentice-Hall, 1997), 49.

10. Gerald Gamm and Robert D. Putnam, "The Growth of Voluntary Associations in America, 1840-1940," *Journal of Interdisciplinary History* 29, no. 4 (Spring 1999)：511-57.

11. Skocpol et al., "How Americans Became Civic." 那些曾经有如此规模的组织比例是 29/58。在所有仍然存在（可能很微弱）的此类大型会员组织中，有一半以上是在 1870—1920 年期间成立的，即 24/43。

12. Theda Skocpol, *Diminished Democracy：From Membership to Management in American Civic Life*, The Julian J. Rothbaum Distinguished Lecture Series, vol. 8 (Norman：University of Oklahoma Press, 2003）, 23-24. 她继续强调，这些团体"通常是联合会，它们将不同阶级的公民聚集在一起，同时将数以千计的地方团体相互联系起来，并与有代表性的州和国家活动中心联系起来"。

13. 在本书我们采用的大多数其他指标中，包括本章使用的指标，社会经济和政治团结最糟糕的时间点出现在 20 世纪之交，但我们在此讨论的公民组织的兴起始于 19 世纪末。

14. Putnam, *Bowling Alone*, 386-87.

15. See W. S. Harwood, "Secret Societies in America," *The North American Review* 164, no. 486（1897）: 617-20; and David T. Beito, *From Mutual Aid to the Welfare State: Fraternal Societies and Social Services*, 1890-1967（Chapel Hill: University of North Carolina Press, 2000）, quotations at 14, 10, 3, 27. Beito 明确指出兄弟会的一个核心职能是提供人寿、健康和意外保险，这些职能从 20 世纪二三十年代开始由私营企业和政府承担，兄弟会失去了一个重要的存在理由。

16. Skocpol, *Diminished Democracy*, esp. 56-59 and 107-9.

17. Richard L. McCormick, "Public Life in Industrial America, 1877-1917," in Eric Foner, ed., *The New American History*（Philadelphia: Temple University Press, 1990）: 93-117; Theda Skocpol, *Protecting Soldiers and Mothers: The Political Origins of Social Policy in the United States*（Cambridge, MA: Harvard University Press, 1995）, chap. 6; Nell Irvin Painter, *Standing at Armageddon: The United States, 1877-1919*（New York: W. W. Norton, 1989）, esp. 105.

18. Theodora Penny Martin, *The Sound of Our Own Voices: Women's Study Clubs, 1860-*

1910（Boston: Beacon Press, 1987）, quotation at 172.

19. Daniel Okrent, *Last Call: The Rise and Fall of Prohibition*（New York: Scribner, 2010）.

20. Howard Husock, "Elks Clubs, Settlement Houses, Labor Unions and the Anti-Saloon League: Nineteenth and Early Twentieth-Century America Copes with Change"（Harvard University, January 1, 1997）, 8, https://case. hks. harvard. edu/elks-clubs-settlement-houses-labor-unions-and-the-anti-saloon-league-nineteenth-and-early-twentieth-century-america-copes-with-change/; Marvin Lazerson, "Urban Reform and the Schools: Kindergartens in Massachusetts, 1870-1915," *History of Education Quarterly* 11, no. 2（Summer 1971）: 115-42, doi: 10.2307/367590; Michael Steven Shapiro, *Child's Garden: The Kindergarten Movement from Froebel to Dewey*（University Park: Penn State University Press, 1983）; Skocpol, *Protecting Soldiers and Mothers*.

21. Elizabeth Anne Payne, *Reform, Labor, and Feminism: Margaret Dreier Robins and the Women's Trade Union League*, Women in American History（Urbana: University of Illinois Press, 1988）; Annelise Orleck, *Common Sense & a Little Fire: Women and Working-Class Politics in the United States, 1900-1965*（Chapel Hill: University of North Carolina Press, 1995）; David Von Drehle, *Triangle: The Fire That Changed America*（New York: Atlantic Monthly Press, 2003）, chap. 3.

22. Rowland Berthoff, *An Unsettled People: Social Order and Disorder in American History*（New York: Harper & Row, 1971）, 273; Steven

第四章

J. Diner, *A Very Different Age*: *Americans of the Progressive Era* (New York: Hill & Wang, 1998), 91.

23. Theda Skocpol, Ariane Liazos, and Marshall Ganz, *What a Mighty Power We Can Be*: *African American Fraternal Groups and the Struggle for Racial Equality*, Princeton Studies in American Politics (Princeton: Princeton University Press, 2006); W. E. B. Du Bois, *The Philadelphia Negro*: *A Social Study* (Philadelphia: University of Pennsylvania Press, 1996), 224–33, as cited in Loretta J. Williams, *Black Freemasonry and Middle-Class Realities*, University of Missouri Studies (1926) 69 (Columbia: University of Missouri Press, 1980), 85; Jesse Thomas Moore, Jr., *A Search for Equality*: *The National Urban League, 1910-1961* (University Park: Penn State University Press, 1981); Ralph Watkins, "A Reappraisal of the Role of Volunteer Associations in the African American Community," *Afro – Americans in New York Life and History* 14, no. 2 (July 31, 1990): 51 – 60; Evelyn Brooks Higginbotham, *Righteous Discontent*: *The Women's Movement in the Black Baptist Church*, *1880 – 1920* (Cambridge, MA: Harvard University Press, 1993); Anne Firor Scott, "Most Invisible of All: Black Women's Voluntary Associations," *The Journal of Southern History* 56, no. 1 (February 1990): 3–22; Diner, *A Very Different Age*, 141–47; Summers, *The Gilded Age*, 288.

24. Boyer, *Urban Masses and Moral Order*; LeRoy Ashby, *Saving the Waifs*: *Reformers and Dependent Children*, *1890 – 1917* (Philadelphia: Temple University Press, 1984); Dominick Cavallo, *Muscles and Morals*: *Organized Playgrounds*

and Urban Reform, *1880-1920* (Philadelphia: University of Pennsylvania Press, 1981); Michael B. Katz, "Child – Saving," *History of Education Quarterly* 26, no. 3 (Autumn 1986): 413 – 24; David I. Macleod, *Building Character in the American Boy*: *The Boy Scouts*, *YMCA*, *and Their Forerunners*, *1870-1920* (Madison: University of Wisconsin Press, 1983); Franklin M. Reck, *The 4-H Story*: *A History of 4-H Club Work* (Ames: Iowa State College Press, 1957); Michael Rosenthal, *The Character Factory*: *Baden-Powell and the Origins of the Boy Scout Movement* (New York: Pantheon, 1986).

25. Skocpol et al., "How Americans Became Civic," 61. Gamm 和 Putnam 在未发表的《志愿协会的增长》(The Growth of Voluntary Associations) 一文中描述的证据证实了这种增长模式。

26. Jeffrey A. Charles, *Service Clubs in American Society*: *Rotary*, *Kiwanis*, *and Lions* (Urbana: University of Illinois Press, 1993), esp. 1–33.

27. 参见 ibid., chap. 1 中的许多例子，不仅来自服务俱乐部。

28. 图 4.2 仅作为对三十多个独立组织的经验性粗略总结；强烈建议感兴趣的读者参考 Putnam 在 *Bowling Alone* 附录 III 中给出的每个组织的单独图表。鉴于跨越整个世纪的会员数据不可避免地存在不确定性，以及身处边缘的人纳入哪些群体又不可避免地存在随意性，所以不能过度解读图 4.2 中那些精细的起伏。我们试图包括从 1910 年到 2010 年的所有大型全国性分会的公民组织，以及一些较小的"利基"组织，如哈达萨（Hadassah）、有色人种协进会（NAACP）、乐观主义者（Optimists）

和四健会（4-H）（工会和专业协会不包括在此图表中，尽管本章后面以及 *Bowling Alone* 中对它们进行了讨论）。因为图 4.2 的大致轮廓在大多数此类多样化组织中得到了呼应，所以我们颇有信心地认为它代表了此类组织成员的广泛历史趋势。为了使图 4.2 不符合我们的假设，即 20 世纪后三分之一时期的组织成员数在下降，我们排除了几个在 20 世纪上半叶走向消亡的 19 世纪的大型协会，例如红人兄弟会（Redmen fraternal group），尽管我们包括了一些在第二次世界大战后依然强大的组织，比如秘密共济会（Odd Fellows）。然而，这些包含或排除不会显著改变图 4.2 中所呈现的 120 年之久的广泛概况。对于 *Bowling Alone* 附录 III 中列出的每个组织，我们计算了每年的全国会员人数占相关人口的比例，比如每 1000 个有孩子的家庭中的家委会（PTA）会员，每 1000 个退伍军人中的美国退伍军人协会（American Legion）会员，每 1000 个犹太妇女中的哈达萨会员，等等。对于缺失的年份，我们用相邻年份的会员数进行插值。为了使每个组织的权重相同，无论其规模和市场份额如何，我们为每个组织计算了"标准分"，将其在特定年份的市场份额与整个世纪的平均市场份额进行比较，然后将特定年份所有组织的标准分进行平均。由于采用了这种标准化的方法，纵轴衡量的不是绝对的成员比率，而是相对于整个世纪的平均数趋势。Taylor Mann（Pine Capital，Brownsboro，Texas 75756，Taylor@ Pinecapitalpartners. com）将本图数据从 1998 年更新到 2016 年，他似乎完全遵循了这一程序，只是他无法找到几个至少在美国，在性别隔离程度较低的 21 世纪，似乎已经失去其原始身份的妇女组织的当代成员数字，包括商业和职业女性（Business and Professional Women）、女子保龄球协会（Women Bowling Congress）和女童子军。将 2000 年后的这些群体排除在外，会产生略微低估 21 世纪下降趋势的净影响。我们感谢 Mann 先生慷慨分享他的数据。我们也感谢 Theda Skocpol 教授对美国社团历史进行了许多颇具启发的讨论，并慷慨分享了她自己在这一主题的研究项目中收集的数据。然而，我们对这里提出的证据和结论负完全责任。参见 Skocpol et al.，"How Americans Became Civic，" 27-80；and Skocpol，*Diminished Democracy*。

29. *The Encyclopedia of Associations*（Detroit：Gale Research Company，various years）；Kay Lehman Schlozman，John T. Tierney，*Organized Interests and American Democracy*（New York：Harper & Row，1986）；Jack L. Walker，*Mobilizing Interest Groups in America：Patrons，Professions，and Social Movements*（Ann Arbor：University of Michigan Press，1991）；Frank R. Baumgartner and Beth L. Leech，*Basic Interests：The Importance of Groups in Politics and in Political Science*（Princeton：Princeton University Press，1998），esp. 102-6.

30. David Horton Smith，"National Nonprofit，Voluntary Associations：Some Parameters，" *Nonprofit and Voluntary Sector Quarterly* 21，no. 1（1992）：81-94. 我们将 200 个协会的随机样本与来自不同版本的协会百科全书（1956 年、1968 年、1978 年、1988 年和 1998 年）中的个人成员进行了比较，从而确证了 Smith 的发现。

31. Skocpol，*Diminished Democracy*，13，138，219，159-63，*et passim*.

32. Christopher J. Bosso and Burdett A. Loomis，"The Color of Money：Environmental Groups and Pathologies of Fund Raising，" in *Interest Group Politics*，4th ed.，eds. Allan J. Cigler and

Burdett A. Loomis（Washington，DC：CQ Press，1995），101-30，esp. 117；对绿色和平组织工作人员的访谈。

33. Frank R. Baumgartner and Jack L. Walker，"Survey Research and Membership in Voluntary Associations," *American Journal of Political Science* 32，no. 4（November 1988）：908-28；Tom W. Smith，"Trends in Voluntary Group Membership：Comments on Baumgartner and Walker," *American Journal of Political Science* 34，no. 3（August 1990）：646-61；Joseph Veroff，Elizabeth Douvan，and Richard A Kulka，*The Inner American：A Self-Portrait from 1957 to 1976*（New York：Basic Books，1981）.

34. 这些调查档案，每一份在 *Bowling Alone* 的附录 I 中都有详细描述，所有这些档案都可以通过罗珀民意研究中心（Roper Center for Public Opinion Research）获得。

35. 根据 1987 年的综合社会调查，1987 年，61% 的组织成员曾在某个时间或其他时间在委员会任职，46% 曾担任官员。1973 年路易斯·哈里斯（Louis Harris）的一项调查（北卡罗来纳大学社会科学研究所的研究，编号 2343）发现，所有组织成员中有 48% 曾经担任过俱乐部官员，这与 1987 年综合社会调查的数字基本相同。

36. Putnam，*Bowling Alone*，Fig. 10，p. 60.

37. 正如 Allen 后来承认的那样，他的话经常被描述为"生活中的"，但他拒绝承认自己曾经说过"成功的"。（https：//en. wikiquote. org/wiki/Woody_Allen. ）

38. BB Needham Life Style surveys as cited in Putnam，*Bowling Alone*，Fig. 11，p. 61 and pp. 420-24，updated here for 1999-2005. See Appendix I of *Bowling Alone* for methodological de-tails.

39. 我们感谢 Robinson 教授分享美国人的时间使用档案和 Dan Devroye 对数据的仔细分析。我们的结果与 Robinson 和 Godbey 报告的结果略有不同，因为我们对数据进行了加权，①以纠正 1965 年调查中的抽样异常，②以确保一周中每一天的日记权重相等。其中最重要的调整是纠正了 1965 年的样本，排除了少于 35 000 人的社区的家庭或所有人都已退休的家庭。

40. Putnam，*Bowling Alone*，61-62. 有点令人惊讶的是，工作时间的减少同时适用于女性和男性。参见 Robinson and Godbey，*Time for Life*，and Suzanne M. Bianchi，Melissa A. Milkie，Liana C. Sayer，and John P. Robinson，"Is Anyone Doing the Housework？Trends in the Gender Division of Household Labor," *Social Forces* 79（2000）：191-228。

41. 这里报告的所有时间使用趋势在统计学上是非常显著的。在 *Bowling Alone* 出版六年后，Robert Andersen，James Curtis，and Edward Grabb 在 "Trends in Civic Association Activity in Four Democracies：The Special Case of Women in the United States"［*American Sociological Review* 71，no. 3（June 2006）：376-400］一文中证实了这种基本的下降模式。

42. 部分例外情况包括自助支持团体和（自 2016 年起）地方政治改革团体，特别是在受过大学教育的妇女中。参见 Lara Putnam，"Middle America Reboots Democracy：The Emergence and Rapid Electoral Turn of the New Grass-roots," in *Upending American Politics：Polarizing Parties，Ideological Elites，and Citizen Activists from the Tea Party to the AntiTrump Resistance*，eds. Theda Skocpol and Caroline Tervo（New

第四章

375

York：Oxford University Press，forthcoming）。

43. 以下部分的观点很大程度上建基于 Putnam，*Bowling Alone*，chap. 4，and Robert D. Putnam and David E. Campbell，*American Grace：How Religion Divides and Unites Us*（New York：Simon & Schuster，2012），chaps. 3-4。

44. "Church" 和 "churchgoers" 是专门的基督教术语，但为简单起见，我们使用这些术语泛指所有宗教会众和所有宗教参与者。

45. 有关支持前两段概括观点的证据，参见 Putnam and Campbell，*American Grace*，chap. 13。

46. Roger Finke and Rodney Stark，*The Churching of America，1776-2005：Winners and Losers in Our Religious Economy*，rev. ed.（New Brunswick，NJ：Rutgers University Press，2005）.

47. Ibid.，22-23；Peter Dobkin Hall，*A Historical Overview of Philanthropy，Voluntary Associations，and Nonprofit Organizations in the United States，1600-2000*（New Haven：Yale University Press，2006）；Walter W. Powell and Richard Steinberg，eds.，*The Nonprofit Sector：A Research Handbook*（New Haven：Yale University Press，2006），36.

48. Elizabeth Drescher，"Nones by Many Other Names：The Religiously Unaffiliated in the News，18th to 20th Century，" in *Oxford Handbooks Online*，December 5，2014，https：//www.oxfordhandbooks.com/view/10.1093/oxfordhb/9780199935420.001.0001/oxfordhb-978019993542 0-e-16.

49. Ray Stannard Baker，*The Spiritual Unrest*（New York：Frederick A. Stokes Company，1910），56，as cited in Drescher，"Nones by Many Other Names."

50. Sydney E. Ahlstrom，*A Religious History of the American People*，2nd ed.（New Haven：Yale University Press，2004），952. "Church Members in Population：They Would Fill the White States，and Unchurched Would Fill Dark States，" *Washington Post*，September 12，1909，cited by Drescher，"Nones by Many Other Names." 这些数字，通过将儿童纳入分母，可能略微低估了教会成员占成年人口的比例。

51. Ahlstrom，*Religious History of the American People*，844.

52. 繁荣福音的一个鲜明而温和的例子是 Joel Osteen's mega-best-seller，Joel Osteen，*Your Best Life Now：7 Steps to Living at Your Full Potential*（New York：Faithwords，2004）。

53. 社会福音运动及其与进步运动的联系远非如此简单。更多细节参见 Ahlstrom，*A Religious History of the American People*，and Martin E. Marty，*Modern American Religion*，vol. 1：*The Irony of It All，1893-1919*（Chicago：University of Chicago Press，1986）。

54. Walter Rauschenbusch，*A Theology for the Social Gospel*（New York：Macmillan，1917）.

55. Charles M. Sheldon，*In His Steps："What Would Jesus Do?"* author's revised ed.（New York：H. M. Caldwell Company，1899），11-12.

56. E. Brooks Holifield，"Toward a History of American Congregations，" in *American Congregations*，vol. 2，eds. James P. Wind and James W. Lewis（Chicago：University of Chicago Press，1994），23-53，quotation at 39-41.

57. Bruce Duncan，*The Church's Social Teaching：From Rerum Novarum to 1931*（North Blackburn，Australia：Collins Dove，1991），48ff.

58. Higginbotham，*Righteous Discontent*，7.

59. Arthur S. Link and Richard L. McCormick，*Progressivism*（Wheeling, IL：Harlan Davidson，1983），23；Cashman，*America in the Gilded Age*，370；McWilliams，*Idea of Fraternity*，479–81.

60. 在测量方面，我们必须区分教会出席率和教会成员资格。在个人和总体层面，它们都广泛相关，但它们显然是不同的，声称自己是教会成员的美国人远远多于声称定期出席教会活动的美国人。此外，关于教会成员资格的可靠证据所涵盖的时间要长得多，因为它在某种程度上，特别是在早期，是以教会记录为基础的，而教会出席率的衡量必须以调查为基础，除了 20 世纪 40 年代的几次盖洛普民意调查外，使用常规、标准化问题的调查仅在 1960 年左右才开始。无论是会员人数还是出席人数，任何给定的年度数字都最好视为一个粗略的估计，尽管总体趋势更可靠。对于会员数据，我们首先依靠的是美国历史统计局（HSUS）。HSUS 的系列数据是基于美国人口普查局 20 世纪 30 年代之前的宗教普查和 20 世纪 30 年代之后的《美国教会年鉴》的数据。《美国教会年鉴》则是基于人口普查局在 1906 年停止收集信息后，对非政府组织进行的宗教机构调查。使用什么作为分母是个问题，因为有些教派将成员限定为成年人，在这种情况下，分母应该是美国的成年人口总数，但其他教派允许青少年被归类为成员，在这种情况下，年轻人也应该被纳入分母。根据 HSUS 的方法说明，我们将 10 岁及以上的人口作为适当的分母。10 岁以上的分界线代表了这两种报告方式之间的一个很好的折中，使 HSUS 的会员数据更接近盖洛普民意调查。解决了分母问题后，我们使用 20 世纪 90 年代之前的

HSUS 数据和之后的盖洛普数据创建了一条组合曲线。盖洛普早期民调数据依赖一个变化不大的问题，而且通常是基于某一年的一次民调，早期的民调做法可能不太可靠，所以我们在两者有分歧的地方依靠 HSUS 的数据；在那个早期阶段，盖洛普估计的会员率比 HSUS 在 20 世纪 30 年代和 20 世纪 40 年代的数字高出大约 10~15 个百分点，但在 1950 年之后趋于一致。图 4.4 包括了这两组数据，但使用了 LOESS 平滑曲线来构建一个连续的、拼接的、可信的教会成员时间序列图。

61. 关于这一时期的历史，参见 Ahlstrom，*A Religious History of the American People*，and Robert Wuthnow，*The Restructuring of American Religion：Society and Faith since World War II*（Princeton：Princeton University Press，1988），53。

62. Putnam and Campbell，*American Grace*，85。

63. Tom Brokaw 在 *The Greatest Generation*（New York：Random House，1998）中称赞为"最伟大的一代"的与 Putnam 在 *Bowling Alone* 中称赞为"漫长的公民一代"的是同一群人。

64. 盖洛普民意调查提供了连续时间最长的教会出席率调查数据，始于 20 世纪 40 年代的第一次全国调查，这些数据是图 4.5 的基础。然而，有理由对盖洛普数据持谨慎态度。1980 年后的几十年里，盖洛普民意调查显示，教堂的出席率非常稳定甚至上升了，而其他长期调查系列显示，教堂的出席率在下降，因此，到了 20 世纪 90 年代，盖洛普的数字远远且始终高于任何其他定期调查者（参见 Putnam and Campbell，*American Grace*，了解更多关于测量 2007 年教堂出勤率和盖洛普异常现象的详细信息）。但就在专家们开始对这一差

异表示严重怀疑之际，2005 年后的盖洛普数据开始急剧下降，从 2005 年的 43% 下降到 2014 年的 37%，这使他们的数据与其他机构的数据更加一致。没有人能很好地解释这种正在消退的"机构效应"，但众所周知，教堂出席问题有着强烈的"社会期望"偏见，有理由相信盖洛普的偏见更高，但现在有所下降。为了保持一致性，图 4.5 完全基于已发布的盖洛普数据。

65. Putnam and Campbell, *American Grace*, 374.

66. Ahlstrom, *A Religious History of the American People*, 952.

67. Robert Wuthnow, "Recent Pattern of Secularization: A Problem of Generations?" *American Sociological Review* 41 (October 1976); Wuthnow, *Restructuring of American Religion*, 17.

68. Andrew J. Cherlin, *The Marriage-Go-Round: The State of Marriage and the Family in America Today* (New York: Alfred A. Knopf, 2009), 74.

69. Robert N. Bellah, "Civil Religion in America," *Daedalus* 96, no. 1 (1967): 1–21.

70. Ahlstrom, *A Religious History of the American People*, 954.

71. Will Herberg, *Protestant, Catholic, Jew: An Essay in American Religious Sociology* (Garden City, NY: Doubleday, 1955), 58.

72. 正如我们将在第八章中展示的那样，通常被称为"60 年代"的动荡十年实际上始于 1964 年左右，一直持续到 1974 年左右。

73. Ahlstrom, *A Religious History of the American People*, 1080–81.

74. Maurice Isserman and Michael Kazin, *America Divided: The Civil War of the 1960s*, 3rd ed. (New York: Oxford University Press, 2008), 249.

75. 对于 20 世纪 60 年代的宗教创新，人们大多表示同情，参见 Robert S. Ellwood, *The Sixties Spiritual Awakening: American Religion Moving from Modern to Post Modern* (New Brunswick, NJ: Rutgers University Press, 1994)。还可参见 Robert Wuthnow, *After Heaven: Spirituality in America Since the 1950s* (Berkeley: University of California Press, 1998)。

76. Robert N. Bellah et al., *Habits of the Heart: Individualism and Commitment in American Life* (Berkeley: University of California Press, 1985), 221.

77. Amanda Porterfield, *The Transformation of American Religion: The Story of a Late Twentieth-Century Awakening* (New York: Oxford University Press, 2001), 18.

78. Wuthnow, *After Heaven*, 2.

79. 本段中的所有数据均来自盖洛普民意调查报告。

80. Putnam and Campbell, *American Grace*, 92–94, 99, 127–30. 现有证据不能证明性规范的改变导致了宗教信仰的下降，但两者之间的相关性很强。

81. David Kinnaman and Gabe Lyons, *Unchristian: What a New Generation Really Thinks About Christianity—And Why It Matters* (Grand Rapids, MI: Baker Books, 2007).

82. 早在 1968 年，人们就开始关注"属灵却不在教者"，参见 Glenn M. Vernon, "The Religious 'Nones': A Neglected Category," *Journal for the Scientific Study of Religion* 7 (1968): 219–29。然而，他们当时只是人口中很小的一部分。20 世纪 90 年代，第一部关于"属灵却

不在教者"急剧增加的主要著作是 Michael Hout and Claude S. Fischer, "Why More Americans Have No Religious Preference: Politics and Generations," *American Sociological Review* 67, no. 2 (April 2002): 165-90。

83. "属灵却不在教者"的比例取决于我们如何提出问题,但比人们想象的要少。无论调查采用何种措辞,几乎所有长期调查档案都显示,大约从 1990—1992 年开始,无宗教信仰者的人急剧增加,主要集中在年轻人中。

84. 关于"属灵却不在教者"的种类和在调查中识别他们的挑战的详细讨论,参见 Putnam and Campbell, *American Grace*, 120-27。

85. 总的来说,拉丁美洲人的宗教参与程度介于参与度最高的非裔美国人和参与度最低的白人之间。Ibid., 274-87.

86. 资料来源:综合社会调查(GSS)。亚裔美国人和拉丁美洲人的近期趋势与黑人和白人的趋势相似,但在前几十年,他们的样本量太小,无法进行可靠的估计。

87. Michael Hout and Claude S. Fischer, "Explaining Why More Americans Have No Religious Preference: Political Backlash and Generational Succession, 1987-2012," *Sociological Science* 1 (October 2014): 423-47.

88. David Voas and Mark Chaves, "Is the United States a Counterexample to the Secularization Thesis?" *American Journal of Sociology* 121, no. 5 (March 1, 2016): 1517-56.

89. 准确地说,出席率和捐赠人数似乎在 1960 年左右达到顶峰,会员资格在 5 年后达到顶峰,但这可能会使我们的显微镜超出其精度水平。

90. John Ronsvalle and Sylvia Ronsvalle, *The State of Church Giving Through 2016: What Do*

Denominational Leaders Want to Do with $368 Billion More a Year? (Champaign, IL: Empty Tomb, Inc., 2014),以及本系列的其他年度卷。我们感谢 Ronsvalles 夫妇多年来艰苦重建宗教慈善事业,并慷慨分享他们的数据。

91. See Patrick M. Rooney, "The Growth in Total Household Giving Is Camouflaging a Decline in Giving by Small and Medium Donors: What Can We Do about It?" *Nonprofit Quarterly*, September 13, 2018; Chuck Collins, Helen Flannery, and Josh Hoxie, "Gilded Giving 2018: Top-Heavy Philanthropy and Its Risks to the Independent Sector," Institute for Policy Studies (November 2018); Nicole Wallace and Ben Myers, "In Search of... America's Missing Donors," *Chronicle of Philanthropy* (June 5, 2018); Laurie E. Paarlberg and Hyunseok Hwang, "The Heterogeneity of Competitive Forces: The Impact of Competition for Resources on United Way Fundraising," *Nonprofit and Voluntary Sector Quarterly* 46, no. 5 (October 1, 2017): 897-921.

92. 最近的大量文献批评了巨额捐赠的增长。参见 David Callahan, *The Givers: Wealth, Power, and Philanthropy in a New Gilded Age* (New York: Alfred A. Knopf, 2017); Rob Reich, *Just Giving: Why Philanthropy Is Failing Democracy and How It Can Do Better* (Princeton: Princeton University Press, 2018); Anand Giridharadas, *Winners Take All: The Elite Charade of Changing the World* (New York: Alfred A. Knopf, 2018); Joanne Barkan, "Plutocrats at Work: How Big Philanthropy Undermines Democracy," *Social Research* 80, no. 2 (2013): 635-52; and Nick Tabor, "Why Philanthropy Is Bad for Democracy," *New York* magazine, August 26,

2018。

93. Ralph Chaplin, *Wobbly：The Rough - and-Tumble Story of an American Radical* (Chicago：University of Chicago Press, 1948).

94. James T. Patterson, *Grand Expectations：The United States, 1945 - 1974*, Oxford History of the United States, vol. 10 (New York：Oxford University Press, 1996), 40.

95. Lizabeth Cohen, *Making a New Deal：Industrial Workers in Chicago, 1919 - 1939*, 2nd. ed. (Cambridge：Cambridge University Press, 2008).

96. Thomas C. Cochran and William Miller, *The Age of Enterprise：A Social History of Industrial America*, rev. ed. (New York：Harper, 1961), 235.

97. Joshua Benjamin Freeman, *Working - Class New York：Life and Labor Since World War II* (New York：New Press, 2000).

98. General Social Survey, www. norc. org.

99. Nelson Lichtenstein, *State of the Union：A Century of American Labor* (Princeton：Princeton University Press, 2003)；Freeman, *Working - Class New York*.

100. Jonah Caleb Saline Hahn, *From Dark to Dawn：How Organizational Social Capital Impacts Manufacturing Workers After Job Loss* (BA Honors thesis, Committee on Degrees in Social Studies, Harvard University, 2017), p. 103. 关于宾夕法尼亚州东部煤田工人团结的溃散，参见 Jennifer M. Silva, *We're Still Here：Pain and Politics in the Heart of America* (New York：Oxford University Press, 2019)。

101. 关于美国家庭的历史，我们需要感谢美国著名的家庭社会学家之一 Andrew J. Cher-

lin。参见 Andrew J. Cherlin, *Marriage, Divorce, Remarriage*, rev. and enlarged ed. , Social Trends in the United States (Cambridge, MA：Harvard University Press, 1992)；Cherlin, *The Marriage - Go-Round*；Andrew J. Cherlin, *Labor's Love Lost：The Rise and Fall of the Working-Class Family in America* (New York：Russell Sage Foundation, 2014)；Nancy F. Cott, *Public Vows：A History of Marriage and the Nation* (Cambridge, MA：Harvard University Press, 2002)；Arland Thornton and Linda Young - DeMarco, "Four Decades of Trends in Attitudes Toward Family Issues in the United States," *Journal of Marriage and the Family* (November 1, 2001)：1009 - 37；Shelly Lundberg, Robert A. Pollak, and Jenna Stearns, "Family Inequality：Diverging Patterns in Marriage, Cohabitation, and Childbearing," *The Journal of Economic Perspectives* 30, no. 2 (Spring 2016)：79 - 102；Stephanie Coontz, *The Way We Really Are：Coming to Terms with America's Changing Families* (New York：Basic Books, 1997)；Catherine A. Fitch and Steven Ruggles, "Historical Trends in Marriage Formation：The United States, 1850-1990," in *The Ties That Bind：Perspectives on Marriage and Cohabitation*, ed. Linda J. Waite (New York：Aldine de Gruyter, 2000), 59-88；and Betsey Stevenson and Justin Wolfers, "Marriage and Divorce：Changes and Their Driving Forces," *The Journal of Economic Perspectives* 21, no. 2 (Spring 2007)：27-52。

102. Eric Klinenberg, *Going Solo：The Extraordinary Rise and Surprising Appeal of Living Alone* (New York：Penguin, 2012).

103. "脆弱家庭"的概念是指一段时间内有多个父亲和多个母亲的非传统亲子群体，他

第四章

们的配对通常是非婚姻的和短暂的。参见 Sara McLanahan, Kate Jaeger, and Kristin Catena, "Children in Fragile Families," in Oxford Handbook of Children and the Law, ed. James G. Dwyer (Oxford Handbooks Online: Oxford University Press, 2019)。有关"脆弱家庭"具有里程碑意义研究的更多信息，参见 https://fragile-families. princeton. edu/。

104. 集中关注 30～44 岁的年龄段是考虑到了生命周期的两端随时间而发生的变化，即晚婚和寡居的情况。衡量婚姻发生率的方法有很多，区分"已婚"和"离异"，或者分别关注男性和女性，或者关注白人和非白人。但无论我们如何衡量，在过去 125 年里，美国的婚姻发生率处在一个漫长的升降钟摆周期循环中，正如图 4.10 所示。参见 Michael R. Haines, "Long-Term Marriage Patterns in the United States from Colonial Times to the Present," *The History of the Family* 1, no. 1 (January 1, 1996): 15-39, esp. 15。

105. Cherlin, *The Marriage-Go-Round*, 68.

106. Ibid., 63-67.

107. Ibid., 71.

108. Ibid., 75.

109. Ibid., 84.

110. Ibid., 85-86.

111. Ibid., 88.

112. Arland Thorton, William G. Axinn, and Yu Xie, "Historical Perspectives on Marriage," in *Family, Ties and Care: Family Transformation in a Plural Modernity*, eds. Hans Bertram and Nancy Ehlert (Leverkusen, Germany: Verlag Barbara Budrich, 2011), 57.

113. Cherlin, *Marriage, Divorce, Remarriage*, 7, 20-25.

114. Ibid., 11-12.

115. Catherine Fitch, Ron Goeken, and Steven Ruggles. "The Rise of Cohabitation in the United States: New Historical Estimates," Minnesota Population Center, Working Paper 3 (2005).

116. "Wide Acceptance of Cohabitation, Even as Many Americans See Societal Benefits in Marriage," *Fact Tank—News in the Numbers*, November 5, 2019, https://www. pewresearch. org/fact - tank/2019/11/06/key - findings - on - marriage-and-cohabitation-in-the-u-s/ft_19-11-05_marriagecohabitation_wide - acceptance-cohabitation/.

117. Cherlin, *The Marriage - Go - Round*, 100.

118. "在拥有大学学位的美国人中，我们看到家庭生活更多以婚姻为中心，受教育程度较低的人则更多依赖婚姻以外的选择，如同居和单亲家庭，以及更高的婚姻破裂率。"Andrew Cherlin, "Degrees of Change: An Assessment of the Deinstitutionalization of Marriage Thesis," *Journal of Marriage and Family* 82, no. 1 (Feb 2020). See also Lundberg, Pollak, and Stearns, "Family inequality"; Sara McLanahan, "Diverging Destinies: How Children Fare Under the Second Demographic Transition," *Demography* 41, no. 4 (2004): 607-27; and McLanahan, Jaeger, and Catena, "Children in Fragile Families," 2019. 有关"脆弱家庭"具有里程碑意义研究的更多信息，参见 https://fragilefamilies. prince ton. edu/。

119. Cherlin, *Marriage, Divorce, Remarriage*, 15-16.

120. Cherlin, *The Marriage - Go - Round*, 102.

121. Lisa Bonos and Emily Guskin，"It's Not Just You：New Data Shows More than Half of Young People in America Don't Have a Romantic Partner，" *Washington Post*，March 21，2019，https：//www. washingtonpost. com/lifestyle /2019/ 03/21/its-not-just-you-new-data-shows-more-than-half-young-peo ple-america-dont-have-ro-mantic-partner/，citing the General Social Survey，https：//gssdataexplorer. norc. org/trends/Gender %20&%20Marriage？ mea sure=posslq.

122. Cherlin，*Labor's Love Lost*，17，18，21. （这种趋势在非裔美国人中不那么明显。）

123. Robert D. Mare，" Educational Homogamy in Two Gilded Ages：Evidence from Inter-Generational Social Mobility Data，" *The ANNALS of the American Academy of Political and Social Science* 663（January 1，2016）：117 – 39，doi：10. 1177/0002716215596967.

124. See Donald T. Rowland，" Historical Trends in Childlessness，" *Journal of Family Issues* 28，no. 10（2007）：1311 – 37，doi：10. 1177/0192513X07303823.

125. T. J. Matthews and Brady E. Hamilton，"Delayed Childbearing：More Women Are Having Their First Child Later in Life，" *NCHS Data Brief*，no. 21（August 2009）：1–8；S. E. Kirmeyer and B. E. Hamilton，" Transitions Between Childlessness and First Birth：Three Generations of U. S. Women，" *Vital and Health Statistics*，Series 2，*Data Evaluation and Methods Research*，no. 153（August 2011）：1–18.

126. Michael R. Haines，" Demography in American Economic History，" *The Oxford Handbook of American Economic History*，eds. Louis P. Cain，Price V. Fishback，and Paul W. Rhode，

vol. 1，July 16，2018.

127. Cherlin，*Marriage*，*Divorce*，*Remarriage*，18–19.

128. 资料来源：B. E. Hamilton and C. M. Cosgrove，" Central Birth Rates，by Live Birth Order，Current Age，and Race of Women in Each Cohort from 1911 Through 1991：United States，1960–2005，" Table 1（Hyattsville，MD：National Center for Health Statistics），/nchs/nvss/cohort_ fertility_ tables. html。横轴表示与年满 45 岁的女性群体相比，女性群体年满 30 岁的那一年。1960 年 45 岁的母亲在 1945 年是 30 岁的母亲，但是，一些在 1945 年 30 岁时没有孩子的妇女在 1960 年 45 岁时已经有了孩子。有关数据，参见 S. E. Kirmeyer and B. E. Hamilton，" Transitions Between Childlessness and First Birth：Three Generations of US Women，" Vital and Health Statistics，Series 2，Data Evaluation and Methods Research 153（August 2011）：1–18；Rowland，" Historical Trends in Childlessness"；and Tomas Frejka，" Childlessness in the United States，" in Childlessness in Europe：Contexts，Causes，and Consequences，eds. Michaela Kreyenfeld，Dirk Konietzka（Cham，CH：Springer Open，2017），159–79。

129. Ruth Shonle Cavan and Katherine Howland Ranck，*The Family and the Depression*，*a Study of One Hundred Chicago Families*（Chicago：University of Chicago Press，1938）. See also Robert D. Putnam，*Our Kids*：*The American Dream in Crisis*（New York：Simon & Schuster，2015），74–75.

130. 完整来源列表参见尾注 4. 101。其他文本是 S. Philip Morgan，" Late Nineteenthand early Twentieth – Century Childlessness，" *Ameri-*

第四章

can Journal of Sociology (1991)：779-807；Jan Van Bavel，"Subreplacement fertility in the West before the baby boom：Past and current perspectives," *Population Studies* 64，no. 1 (2010)：1-18；Cherlin，*Labor's Love Lost*；Kirmeyer and Hamilton，"Transitions Between Childlessness and First Birth"；Daniel T. Lichter et al.，"Economic Restructuring and Retreat from Marriage," *Social Science Research* 3，no. 2 (2002)；and Michael Greenstone and Adam Looney，"Marriage Gap：Impact of Economic and Technological Change on Marriage Rates" (The Hamilton Project，February 2012)，https：//www. hamiltonproject. org/assets/legacy/files/downloads_and_links/020312_jobs_greenstone_loo ney. pdf。

131. 根据 Adam Isen and Betsey Stevenson，"Women's Education and Family Behavior：Trends in Marriage，Divorce and Fertility," Working Paper 15725 (National Bureau of Economic Research，February 2010)，doi：10.3386/w15725，受过大学教育的女性在第一个镀金时代很可能不结婚，尽管现在受过高等教育的女性很可能结婚。

132. Sara McLanahan，Kathryn Edin，and their collaborators，https：//fragilefami lies. princeton. edu/.

133. Robert D. Putnam，*Our Kids：The American Dream in Crisis* (New York：Simon & Schuster，2015)，78-79，及其引证资料。

134. Michael Taylor，*Community，Anarchy，and Liberty* (Cambridge：Cambridge University Press，1982)，28-29. See also Alvin W. Gouldner，"The Norm of Reciprocity：A Preliminary Statement," *American Sociological Review* 25，no. 2 (April 1960)：161-78.

135. Tocqueville，*Democracy in America*，525-28.

136. Wendy M. Rahn and John E. Transue，"Social Trust and Value Change：The Decline of Social Capital in American Youth，1976-1995," *Political Psychology* 19，no. 3 (September 1998)：545-65，quotation at 545.

137. 普遍的社会信任与对具体的人（你的邻居或总统）或机构（工会、警察、联邦政府等）的信任不是一回事。所有这些意义上的信任，已有大量文献讨论。近期的一篇论述，参见 Kenneth Newton，"Social and Political Trust," in *The Oxford Handbook of Political Behavior*，eds. Russell Dalton and Hans-Dieter Klingemann (New York：Oxford University Press，2007)，342-61. 有关普遍的社会信任及其近年来下降的早期讨论，参见 Putnam，*Bowling Alone*，137-42。

138. 对于单选问题，我们计算了信任的百分比作为所有有效回答的一部分，不包括缺失数据。

139. Putnam，*Bowling Alone*，137-41. 对帕特南的说法进行测试的大多数后续研究都完全依赖综合社会调查，并没有考察普特南使用的第二个数据档案。DDB 生活方式数据档案显示，1975 年至 2005 年间出现了相同的下降趋势，使用的问题是"大多数人是诚实的"。参见 Putnam，*Bowling Alone*，Figure 39，p. 141. 恒美生活方式调查在 Putnam，*Bowling Alone* 的附录 2（第429~430 页）中有所描述，随后更新至 2005 年。对于随后确认的基本趋势和至少是部分的代际解释，参见 Robert V. Robinson and Elton F. Jackson，"Is Trust in Others Declining in America? An Age-Period-Cohort Analysis," *Social Science Research* 30，no. 1 (March 1，

2001）：117-45，doi：10.1006/ssre.2000.0692；April K. Clark and Marie A. Eisenstein，"Interpersonal Trust：An Age-Period-Cohort Analysis Revisited，"*Social Science Research* 42，no. 2（March 1，2013）：361 - 75，doi：10.1016/j.ssresearch.2012.09.006；and April K. Clark，"Rethinking the Decline in Social Capital，"*American Politics Research* 43，no. 4（2015）：569-601，doi：10.1177/1532673X14531071。

140. 在几乎所有社会中，"穷人"比"富人"更不信任他人，这可能是因为富人获得了他人更诚实、更尊重的对待。在美国，黑人比白人，经济困难的人比经济舒适的人，大城市人比小城镇人，犯罪受害者或离婚者比没有这些经历的人，更不信任他人。当这些人告诉民意调查者"大多数人不可信"时，他们不仅仅是偏执狂，而是反映了他们的个人经历。对于自20世纪70年代以来信任度下降这一论点进行的更复杂测试，通常控制了可能影响信任的其他人口因素，包括种族、阶层和性别。Kenneth Newton 的 "Social and Political Trust" 是对信任及其相关因素大量研究的最新综述。

141. 当其成员达到成熟的年纪（大约19~21岁），一代人就形成了，这个假设可以追溯到世代分析的起源：K. Mannheim，"The Problem of Generations，" in *Essays on the Sociology of Knowledge：Collected Works*，vol. 5，ed. Paul Kecskemeti（London：Routledge，1952），276-322，该论文集最初于1927—1928年以德语出版。

142. Stephen W. Raudenbush and Anthony S. Bryk，*Hierarchical Linear Models：Applications and Data Analysis Methods*，2nd ed.，*Advanced Quantitative Techniques in the Social Sciences* 1（Thousand Oaks，CA：Sage Publications，2002）；

Yang Yang and Kenneth C. Land，"A Mixed Models Approach to the Age-Period-Cohort Analysis of Repeated Cross-Section Surveys，with an Application to Data on Trends in Verbal Test Scores，"*Sociological Methodology* 2006，vol. 36（December 2006）：75 - 97；Yang Yang and Kenneth C. Land，"Age-Period-Cohort Analysis of Repeated Cross - Section Surveys—Fixed or Random Effects?" *Sociological Methods & Research* 36，no. 3（2008）：297 - 326，doi：10.1177/0049124106292360. 我们在此使用 CCREM 方法，该方法生成去除年龄、时期影响以及其他人口因素（如教育）后的群组差异估计值。我们还探索了 CGLIM 和 Intrinsic Estimator 模型，它们生成的同期群组线与图 4.14 中的 CCREM 曲线几乎没有区别。我们感谢 April K. Clark 在当代 APC 技术方面给予的慷慨帮助，但我们对使用这些技术的情况负全责。图 4.14 中使用的估计依托于 Clark，"Rethinking the Decline in Social Capital"。

143. 社会孤立、孤独与社会团结相关，但与之截然不同，一个是社会学，另一个是心理学。一些证据表明，近几十年来，这两个数字都在上升，尽管这仍有争议。参见 Miller McPherson，Lynn Smith-Lovin，and Matthew E. Brashears，"Social Isolation in America：Changes in Core Discussion Networks over Two Decades，" *American Sociological Review* 71，no. 3（2006）：353 - 75，doi：10.1177/000312240607100301；Miller McPherson，Lynn Smith-Lovin，and Matthew E. Brashears，"Social Isolation in America：Changes in Core Discussion Networks over Two Decades：Correction，" *American Sociological Review* 73，no. 6（December 2008）：1022，doi：10.1177/000312240807300610；Claude S. Fischer，"The 2004 GSS Finding of Shrunken Social Networks：An Artifact?" *American Sociological Review* 74, no. 4（2009）：657-69, doi：10.1177/000312240907400408；Matthew Brashears，"Small Networks and High Isolation? A Reexamination of American Discussion Networks，" *Social Networks* 33, no. 4（October 2011）：331-41, doi：10.1016/j. socnet. 2011. 10. 003；Keith N. Hampton, Lauren F. Sessions, and Eun Ja Her，"Core Networks, Social Isolation and New Media：How Internet and Mobile Phone Use Is Related to Network Size and Diversity，" *Information，Communication & Society* 14, no. 1（2011）：130-55, doi：10.1080/1369118X. 2010. 513417；Klinenberg, *Going Solo*；John T. Cacioppo and William Patrick，*Loneliness：Human Nature and the Need for Social Connection*（New York：W. W. Norton, 2009）；Jacqueline Olds and Richard S. Schwartz，*The Lonely American：Drifting Apart in the Twenty-first Century*（Boston：Beacon Press, 2009）；and *All the Lonely Americans*（Report of the Congressional Joint Economic Committee［August 2018］），https：//www. jec. senate. gov/public/index. cfm/republicans/2018/8/all-the-lonely-americans。由于我们缺乏这两种现象在整个世纪中是怎样的确凿证据，而我们关注的又是一个世纪的情况，所以我们在本书中不考虑这些问题。

144. 参见尾注 1. 4。

第五章　文化：个人主义与社群主义

1. 本章最初的灵感来自与著名哈佛知识分子、历史学家 James Kloppenberg 的一系列对话，尽管他当然不对该灵感产生的内容负责。我们特别感谢 Alex Mierke-Zatwarnicki 和 Casey

Bohlen 在探索和理解本章使用的多种学术文献方面提供的有力帮助。

2. John Donne，*Devotions upon Emergent Occasions and Severall Steps in My Sicknes*（London：Printed for Thomas Iones, 1624），Meditation 17. https：//www. gutenberg. org/files/23772/23772-h/23772-h. htm.

3. See Dave Nussbaum，"Tight and Loose Cultures：A Conversation with Michele Gelfand，" *Behavioral Scientist*, January 17, 2019, https：//behavioralsci entist. org/tight-and-loose-cultures-a-conversation-with-michele-gelfand/；Michele Gelfand, *Rule Makers，Rule Breakers：How Tight and Loose Cultures Wire Our World*（New York：Simon & Schuster, 2018）.

4. Thomas Bender，"Lionel Trilling and American Culture，" *American Quarterly* 42, no. 2（June 1990）：324-47, doi：10.2307/2713020.

5. Jennifer Ratner-Rosenhagen, *The Ideas That Made America：A Brief History*（New York：Oxford University Press, 2019）；E. J. Dionne, *Our Divided Political Heart：The Battle for the American Idea in an Age of Discontent*（New York：Bloomsbury, 2012），这一章与他对美国历史上个人主义和社群主义之间反反复复的论证有很多共同之处。

6. 也许在 20 世纪的最后几十年里，讨论个人主义和社群主义最有影响力的书，以及最早呼吁人们关注我们正向过度个人主义这一转变的书，是 Robert N. Bellah, William M. Sullivan, Steven M. Tipton, Richard Madsen, and Ann Swidler, *Habits of the Heart：Individualism and Commitment in American Life*（Berkeley：University of California Press, 1985）。

7. "Overton Window，" in *Wikipedia*, November 18，2018，https：//en. wikipedia. org/w/index. php？title = Overton _ window&oldid = 926722212.

8. James T. Kloppenberg，*Toward Democracy：The Struggle for Self-Rule in European and American Thought*（New York：Oxford University Press，2016），633－702；Daniel Walker Howe，*What Hath God Wrought：The Transformation of America，1815－1848，The Oxford History of the United States*（unnumbered）（New York：Oxford University Press，2009）；William Lee Miller，*Lincoln's Virtues：An Ethical Biography*（New York：Alfred A. Knopf，2002）；Richard Carwardine，*Lincoln：A Life of Purpose and Power*（New York：Alfred A. Knopf，2006），11－28.

9. "The Significance of the Frontier in American History"（1893），available at https：//www. historians. org/about-aha-and-membership/aha-history-and-ar chives/historical-archives/the-significance-of-the-frontier-in-american-history. 另见 1910 年他的美国历史学会会长演讲，他比较了新边疆时期的个人主义与他认同的进步改革者对民主情感的新需求：*American Historical Review* 16，no. 2（1910）：217－33，https：//www. historians. org/about-aha-and-membership/aha-history-and-ar chives/presidential-addresses/frederick-jackson-turner。

10. Samuel Bazzi，Martin Fiszbein，and Mesay Gebresilasse，"Frontier Culture：The Roots and Persistence of 'Rugged Individualism' in the United States，" Working Paper 23997（National Bureau of Economic Research），November 2017，23997，doi：10. 3386/w23997.

11. Spencer 被视为"19 世纪最后几十年最著名的欧洲知识分子"，"Herbert Spencer，" in *Wikipedia*，October 26，2019，https：//en. wikipedia. org/w/index. php？title = Herbert_Spencer&oldid=923093648。

12. H. W. Brands，*American Colossus：The Triumph of Capitalism，1865－1900*（New York：Doubleday，2010），558－59.

13. Henry Louis Gates，Jr.，*Stony the Road：Reconstruction，White Supremacy，and the Rise of Jim Crow*（New York：Penguin，2019）；Daniel Okrent，*The Guarded Gate：Bigotry，Eugenics，and the Law That Kept Two Generations of Jews，Italians，and Other European Immigrants out of America*（New York：Scribner，2019）.

14. James T. Kloppenberg，*The Virtues of Liberalism*（New York：Oxford University Press，1998），126.

15. 这几行部分转述自 Ratner-Rosenhagen，*The Ideas That Made America*，chap. 5。

16. 对进步时代"社会资本"一词的历史的深入研究和审慎讨论，参见 James Farr，"Social Capital：A Conceptual History，" *Political Theory*，32：1（February 2004）：6－33。Farr 把"社会资本"这个词在 20 世纪末重新出现在公共话语中归功于我们中的一个人（Putnam）。"社会资本"的 Ngram 分析清楚地证实了这个词从 1907 年到 1910 年的首次大量出现，随后长期被忽视，直到 1993 年之后又被大规模讨论。

17. Marta Cook and John Halpin，"The Role of Faith in the Progressive Movement，" https：//www. americanprogress. org/issues/democracy/reports/2010 /10/08/8490/the-role-of-faith-in-the-progressive-movement/.

18. 2000 年，谷歌对图书的处理方式进行了技术变革，因此有人担心 2000 年至 2008 年间的数据可能在某种程度上与早年的结果无法比较，但我们遵循大多数研究人员的做法，使用截至 2008 年的完整档案。为了尽量减少年度间的波动，我们使用 LOESS 平滑数据，通常 α 参数为 0.15。我们使用"不区分大小写"的搜索词，因此包括了 Social Gospel，social gospel，Social gospel，甚至是 social Gospel。

19. 基于 Ngram 的研究领域迅速扩展的其他重要来源，包括 Patricia M. Greenfield，"The Changing Psychology of Culture from 1800 Through 2000，" *Psychological Science* 24，no. 9（September 2013）：1722-31，doi：10. 1177/0956797613479 387；Jean‐Baptiste Michel et al.，"Quantitative Analysis of Culture Using Millions of Digitized Books，" *Science* 331，no. 6014（January 14，2011）：176－82，doi：10. 1126/science. 1199644；Jean M. Twenge，W. Keith Campbell，and Brittany Gentile，"Changes in Pronoun Use in American Books and the Rise of Individualism，1960‐2008，" *Journal of CrossCultural Psychology* 44，no. 3（2013）：406-15，doi：10. 1177/002 2022112455100；Rong Zeng and Patricia M. Greenfield，"Cultural Evolution over the Last 40 Years in China：Using the Google Ngram Viewer to Study Implications of Social and Political Change for Cultural Values，" *International Journal of Psychology* 50，no. 1（February 2015）：47-55，doi：10. 1002/ijop. 12125。

20. 向将我们引向 Ngrams 分析的 Andrew McAfee 和 Evrim Altintas 致以最热烈的感谢。

21. Zeng and Greenfield，"Cultural Evolution over the Last 40 Years in China，" 49.

22. 一个重要的方法论批判是 Eitan Adam Pechenick，Christopher M. Danforth，and Peter Sheridan Dodds，"Characterizing the Google Books

Corpus：Strong Limits to Inferences of Socio‐Cultural and Linguistic Evolution，" *PLOS ONE* 10，no. 10（October 7，2015）：1－14. e0137041，doi：10. 1371/journal. pone. 0137041。他们指出，每本书在谷歌档案中只出现一次，所以阅读量更大的书不会被赋予更大的权重。还有一些证据表明，在过去一个多世纪里，科技书籍的出版相对更频繁，因此科技术语在档案中出现的频率也更高。对于某些研究目的来说，这些都是重要的制约因素，但对于我们沿着个人—社群轴线描述美国文化的广泛变化来说，这些制约因素并不重要。

23. "适者生存"首次以某种重要方式出现在美国书籍是 1867 年，即《物种起源》之后 7 年，比"社会福音"首次出现早了 30 年。在这里，"适者生存"和"社会福音"的显著性是在两个不同的纵轴上衡量的，因为前者几乎总是比后者出现得更频繁，可能是因为前者也出现在科学出版物中，而不仅仅是在社会哲学书籍中。如果在同一轴上衡量这两个词就会模糊每个词显著出现的起伏时间。

24. Jane Addams，*Twenty Years at Hull‐House*，quoted in Ratner‐Rosenhagen，*The Ideas That Made America*，109.

25. http：//www. theodore‐roosevelt. com/images/research/speeches/trnation alismspeech. pdf. 2011 年 12 月，奥巴马总统，一位新进步主义者，在奥萨瓦托米（Osawatomie）发表讲话，以呼应西奥多·罗斯福的讲话："1910 年，泰迪·罗斯福来到奥萨瓦托米，阐述了他的新民族主义愿景。他说，'我们的国家，如果不能实现真正的民主……如果不能建立保障每个人展现自身最好面向的经济制度……就没有任何意义。'" https://obamawhitehouse. archives. gov/thepressoffice/2011/12/06/remarkspresidenteconomyosawatomie-kansas.

26. Michael E. McGerr, *A Fierce Discontent：The Rise and Fall of the Progressive Movement in America*, *1870-1920* (New York：Free Press, 2003), 64-67.

27. Ngrams 还显示，1890 年至 1920 年间，"睦邻关系"和"社群"等文化的显著性明显上升，尽管这些术语在 20 世纪的剩余时间里命运各不相同。

28. 参见 David M. Kennedy, *Freedom from Fear：The American People in Depression and War*, *1929-1945*, *The Oxford History of the United States*, vol. 9 (New York：Oxford University Press, 1999)。20 世纪 30 年代的文化方面，参见 Frederick Lewis Allen, *Since Yesterday：The 1930s in America*, *September 3, 1929-September 3, 1939* (New York：Harper & Brothers, 1940), 201-24。

29. Herbert Hoover, *American Individualism* (Garden City, NY：Doubleday, 1922)。正如我们在第三章中所指出的，胡佛晚年成了非常保守的新政批评者。

30. Kloppenberg, *The Virtues of Liberalism*, 134-38.

31. As quoted in Charles Austin Beard, "The Myth of Rugged American Individualism," *Harper's Monthly* (December 1931)。相比之下，即使在大萧条期间，许多美国人也对向失业者提供公共援助持矛盾态度，他们被认为是自己不幸的罪魁祸首，相关证据参见 Katherine S. Newman and Elisabeth S. Jacobs, *Who Cares?：Public Ambivalence and Government Activism from the New Deal to the Second Gilded Age* (Princeton：Princeton University Press, 2010), chap. 1。

32. Beard, "The Myth of Rugged American Individualism," 22.

33. *World Film Directors：Volume One 1890-1945*, ed. John Wakeman (New York：H. W. Wilson, 1988), 100.

34. Speech by Franklin D. Roosevelt before the Troy, New York, people's forum, March 3, 1912, https：//www. nps. gov/parkhistory/online _ books/cany/fdr/part1. htm.

35. Kennedy, *Freedom from Fear*, 145-46; Ratner-Rosenhagen, *The Ideas That Made America*, chap. 6.

36. See http：//library. cqpress. com/cqresearcher/document. php？ id = cqresrre19311203 00; Jean Edward Smith, *Eisenhower in War and Peace* (New York：Random House, 2012), chap. 5; and Stuart D. Brandes, *Warhogs：A History of War Profits in America* (Lexington：University Press of Kentucky, 1997), pp. 205-8.

37. "Fanfare for the Common Man" 最初是为音乐厅创作的，近七十年后继续频繁用于整个英语世界的公共仪式活动。"Fanfare for the Common Man," in *Wikipedia*, November 1, 2019, https：//en. wikipedia. org/w/index. php？ title = Fanfare_for_the_Common_Man&oldid = 923976555. 当然，在那个时代，没有人认识到这个词所隐含的大男子主义。Ngram 分析显示"号角"和"普通人"都没有类似的模式，因此该图表并不主要反映音乐作品本身的影响。

38. 如第二章所述，从 1945 年到 1975 年，全国收入分配逐渐变得更加平等，这意味着美国工人阶级在年增长率中所占的份额略高于美国高收入者，尽管实际收入分配仍然远非平等。James T. Patterson, *Grand Expectations：The United States*, *1945-1974*, *The Oxford History of the United States*, vol. 10 (New York：Oxford U-

niversity Press, 1996), 321-22.

39. James Truslow Adams, *The Epic of America* (Garden City, NY: Blue Ribbon Books, 1941), 404.

40. See Robert J. Shiller, "The Transformation of the 'American Dream,'" *New York Times*, August 4, 2017.

41. Arthur M. Schlesinger, *The Vital Center: The Politics of Freedom* (Boston: Houghton Mifflin, 1949), 256.

42. Martin Luther King Jr., "Letter from a Birmingham Jail," *African Studies Center—University of Pennsylvania*, accessed November 22, 2019, https://www.africa.upenn.edu/Articles_Gen/Letter_Birmingham.html.

43. John F. Kennedy, "Radio and Television Report to the American People on Civil Rights, June 11, 1963," John F. Kennedy Presidential Library and Museum, accessed November 22, 2019, https://www.jfklibrary.org/archives/other-resources/john-f-kennedy-speeches/civil-rights-radio-and-television-report-19630611.

44. Gary S. Selby, *Martin Luther King and the Rhetoric of Freedom: The Exodus Narrative in America's Struggle for Civil Rights*, *Studies in Rhetoric and Religion* 5 (Waco, TX: Baylor University Press, 2008).

45. William I. Hitchcock, *The Age of Eisenhower: America and the World in the 1950s* (New York: Simon & Schuster, 2018), chap. 6.

46. Marie Jahoda, "Psychological Issues in Civil Liberties," *American Psychologist* 11, no. 5 (1956): 234-20, quotation at 234.

47. David Riesman, Nathan Glazer, and Reuel Denney, *The Lonely Crowd: A Study of the Changing American Character*, abridged and rev. ed. (New Haven: Yale University Press, 2001).

48. "David Riesman, Sociologist Whose 'Lonely Crowd' Became a Best Seller, Dies at 92," *New York Times*, May 11, 2002.

49. William Hollingsworth Whyte, *The Organization Man* (New York: Simon & Schuster, 1956), chaps. 2, 4, 5. 这一时期的另一本书强调了盲目从众的危险, 参见 Hannah Arendt, *Eichmann in Jerusalem: A Report on the Banality of Evil*, revised and enlarged ed. (New York: Viking, 1964)。

50. For example, Dan Reidel, "Oroville Dam: Photos Taken Weeks Before Spillway Broke Show Something Wrong," *Mercury News*, March 11, 2017.

51. 有关 Asch 实验及其后果的有用概述, 参见 Saul A. McLeod, "Solomon Asch—Conformity Experiment," *Simply Psychology* (Dec. 28, 2018). Retrieved from https://www.simplypsychology.org/asch-conformity.html。

52. Quotation from John Greenwood, "How Would People Behave in Milgram's Experiment Today?" *Behavioral Scientist*, July 24, 2018, https://behavioralscientist.org/how-would-people-behave-in-milgrams-experiment-today/.

53. Knud Larsen, "Conformity in the Asch Experiment," *Journal of Social Psychology* 94 (1974): 303-4; Steven Perrin and Christopher Spencer, "The Asch Effect—A Child of Its Time?" *Bulletin of the British Psychological Society* 33 (1980): 405-6; Rod Bond and Peter B. Smith, "Culture and Conformity: A Meta-Analysis of Studies Using Asch's (1952b, 1956) Line Judgment Task," *Psychological Bulletin* 119, no. 1

（January 1996）：111-37，doi：10.1037/0033-2909.119.1.111.

54. Jennifer Burns, *Goddess of the Market：Ayn Rand and the American Right*（Oxford：Oxford University Press, 2009）；Daniel Stedman Jones, *Masters of the Universe：Hayek, Friedman, and the Birth of Neoliberal Politics*（Princeton：Princeton University Press, 2013）；Angus Burgin, *The Great Persuasion：Reinventing Free Markets Since the Depression*（Cambridge, MA：Harvard University Press, 2015）.

55. Rand 关于"兄弟的守护者"的引述来自"The Mike Wallace Interview, Ayn Rand,"March 12, 1959, https：//www.youtube.com/watch? v= 1ooKsv_SX4Y at 18：53。利他主义引自 Ayn Rand, *The Virtue of Selfishness：A New Concept of Egoism*（New York：Penguin, 1964），112。

56. David Corn, "Secret Video：Romney Tells Millionaire Donors What He Really Thinks of Obama Voters," *Mother Jones*, September 17, 2012, https：//www.motherjones.com/politics/2012/09/secret-video-romney-private-fund raiser/.

57. Alvin Toffler, "Playboy Interview：Ayn Rand," *Playboy*, March 1964, 35-43.

58. James Stewart, "As a Guru, Ayn Rand May Have Limits. Ask Travis Kalanick," *New York Times*（online）, July 13, 2017, https：//www.nytimes.com/2017/07/13/business/ayn-rand-business-politics-uber-kalanick.html.

59. Ryan 的话出现在 2005 年阿特拉斯协会演讲的第 2 分 38 秒，"Paul Ryan and Ayn Rand's Ideas：In the Hot Seat Again," *The Atlas Society*, April 30, 2012, https：//atlassociety.org/commentary/commentary-blog/4971-paul-ryan-and-ayn-rands-ideas-in-the-hot-seat-again.

60. Francis Fukuyama, *The Great Disruption：Human Nature and the Reconstitution of Social Order*（New York：Free Press, 1999），13-14.

61. Herbert Marcuse, "Selection from One Dimensional Man," in *The American Intellectual Tradition*, eds. David A. Hollinger and Charles Capper, 6th ed., vol. 2（New York：Oxford University Press, 2011）. 关于新左派，参见 Maurice Isserman, *If I Had a Hammer：The Death of the Old Left and the Birth of the New Left*, rpt. ed.（Urbana：University of Illinois Press, 1993）；David Farber, *Chicago' 68*（Chicago：University of Chicago Press, 1994）；Jim Miller, *Democracy Is in the Streets：From Port Huron to the Siege of Chicago*（Cambridge, MA：Harvard University Press, 1994）；Douglas C. Rossinow, *The Politics of Authenticity：Liberalism, Christianity, and the New Left in America*, rev. ed.（New York：Columbia University Press, 1998）；and Van Gosse, *Rethinking the New Left：An Interpretative History*（New York：Palgrave Macmillan, 2005）。

62. Students for a Democratic Society（U.S.）, *The Port Huron Statement：（1962）*（Chicago：C. H. Kerr, 1990）.

63. Todd Gitlin, *The Sixties：Years of Hope, Days of Rage*, rev. ed.（New York：Bantam, 1993）, 209.

64. Erik H.（Erik Homburger）Erikson, *Young Man Luther：A Study in Psychoanalysis and History*, Austen Riggs Center, Monographs, No. 4（New York：W. W. Norton, 1958）.

65. 本段基于对"身份危机""种族身份"

"性别身份"和"身份政治"的 Ngram 分析（此处未显示）。

66. "Citizenship Rights and Responsibilities," U. S. Citizenship and Immigration Services, accessed November 22, 2019, https：//www. uscis. gov/citizenship /learners/citizenship – rights – and-responsibilities.

67. 我们使用"权利"的复数形式，因为单数形式非常含混。"责任的单数"比"责任的复数"更常见，尽管两者相对于"权利（复数）"呈现了相同的曲线。

68. Mary Ann Glendon, *Rights Talk*：*The Impoverishment of Political Discourse* (New York：Free Press, 1991).

69. Joseph Bagley, *The Politics of White Rights*：*Race*, *Justice*, *and Integrating Alabama's Schools* (Athens：University of Georgia Press, 2018).

70. Duane F. Alwin, "Cohort Replacement and Changes in Parental Socialization Values," *Journal of Marriage and the Family* 52, no. 2 (1990)：347 – 60. See also Michael Hout and Claude S. Fischer, "Explaining Why More Americans Have No Religious Preference：Political Backlash and Generational Succession, 1987 – 2012," *Sociological Science* 1 (October 2014)：423–47, doi：10. 15195 /v1. a24, 他们强调在"一般的个人自主权与具体的性和毒品领域的自主权"方面的代际差异。

71. Ngram Viewer 对 1880 年至 2008 年间"自助"一词的检索；以及 Robert Wuthnow, *After Heaven*：*Spirituality in America Since the 1950s* (Berkeley：University of California Press, 1998), esp. 153。

72. "Share, v. 2," in *Oxford English Dictionary Online* (Oxford：Oxford University Press, 2019), http：//www. oed. com/view/Entry/177535.

73. Christopher Lasch, *The Culture of Narcissism*：*American Life in an Age of Diminishing Expectations* (New York：W. W. Norton, 1979).

74. Jean M. Twenge, *Generation Me*：*Why Today's Young Americans Are More Confident*, *Assertive*, *Entitled—And More Miserable than Ever Before* (New York：Free Press, 2006), 68–69.

75. Jean M. Twenge and W. Keith Campbell, *The Narcissism Epidemic*：*Living in the Age of Entitlement* (New York：Atria, 2009), 4.

76. Ibid. , 67. 对她最新数据的摘要，参见 Jean M. Twenge, W. Keith Campbell, and Nathan T. Carter, "Declines in Trust in Others and Confidence in Institutions Among American Adults and Late Adolescents, 1972 – 2012," *Psychological Science* 25, no. 10 (2014)：1914 – 23, doi：10. 1177 /0956797614545133。

77. See "Graphic detail," The Economist (Feb 16, 2019) https：//www. economist. com/graphic – detail/2019/02/16/the – names – of – migrants–to–america–sug gest–they–were–individualists; Geert Hofstede, *Culture's Consequences*：*Comparing Values*, *Behaviors*, *Institutions and Organizations Across Nations*, 2nd ed. (Thousand Oaks CA：Sage Publications, 2001); and https：//www. hofstede – in sights. com/models/national–culture/.

78. Jean M. Twenge, Emodish M. Abebe, and W. Keith Campbell, "Fitting In or Standing Out：Trends in American Parents' Choices for Children's Names, 1880–2007," *Social Psychological and Personality Science* 1, no. 1 (2010)：19–25, doi：10. 1177/1948550609349515. Knudsen, Anne

Sofie Beck，"Those Who Stayed：Individualism，Self-Selection and Cultural Change During the Age of Mass Migration"（January 24，2019），available at SSRN：https：//ssrn. com/ab stract = 3321790 or http：//dx. doi. org/10. 2139/ssrn. 3321790；Yuji Ogihara et al.，"Are Common Names Becoming Less Common? The Rise in Uniqueness and Individualism in Japan，" *Frontiers in Psychology* 6（2015）：1490, doi：10. 3389 /fpsyg. 2015. 01490；Michael E. W. Varnum and Shinobu Kitayama，"What's in a Name?：Popular Names Are Less Common on Frontiers，" *Psychological Science* 22，no. 2（2011）：176-83，doi：10. 1177/095679 7610395396. 经济学和社会学使用出生名称来衡量文化的其他研究，参见 Samuel Bazzi et al.，"Frontier Culture，" 2。

79. "Background Information for Popular Names，" Social Security Administration，accessed November 22, 2019, https：//www. ssa. gov/oact/babynames /background. html.

80. 在此背景下使用基尼系数的其他研究，包括 Twenge et al.，"Fitting In or Standing Out，" Richard Woodward，"Do Americans Desire Homogeneity?"；Twenge et al.，"Still Standing Out：Children's Names in the United States during the Great Recession and Correlations with Economic Indicators：Names and Economic Conditions，" *Journal of Applied Social Psychology*，46，no. 11，（2016）：663-670（2016）；Wentian Li，"Analyses of Baby Name Popularity Distribution in U. S. for the Last 131 Years，" *Complexity* 18，no. 1（2012）：44-50。

81. Gabriel Rossman，"Now These Are the Names, Pt 2，" *Code and Culture*，August 23, 2012，https：//codeandculture. wordpress. com/2012/08/23/now-these-are-the-names-pt-2/.

82. Twenge，Abebe，and Campbell，"Fitting In or Standing Out. "

83. 与关系强度和稳定性相关的代词使用情况，参见 Richard B. Slatcher，Simine Vazire，and James W. Pennebaker，"Am 'I' More Important than 'We'? Couples' Word Use in Instant Messages，" *Personal Relationships* 15，no. 4（2008）：407 - 24，doi：10. 1111/j. 1475 - 6811. 2008. 00207. x。语言使用与抑郁之关系的研究，请参见 Stephanie Rude，Eva - Maria Gortner，and James Pennebaker，"Language Use of Depressed and Depression - Vulnerable College Students，" *Cognition and Emotion* 18，no. 8（2004）：1121 - 33，doi：10. 1080/0269993044 1000030。代词比悲伤词更可靠地预测抑郁症的证据，参见 Cindy Chung and James Pennebaker，"The Psychological Functions of Function Words，" in *Social Communication*，ed. Klaus Fiedler，Frontiers of Social Psychology（New York：Psychology Press，2007），343-59。代词与社群创伤的研究，参见 Michael Cohn，Matthias Mehl，and James Pennebaker，"Linguistic Markers of Psychological Change Surrounding September 11，2001，" *Psychological Science* 15，no. 10（2004）：687-93；and Lori D. Stone and James W. Pennebaker，"Trauma in Real Time：Talking and Avoiding Online Conversations About the Death of Princess Diana，" *Basic and Applied Social Psychology* 24，no. 3（2002）：173-83，doi：10. 1207/S15 324834BASP2403_1。

84. James W. Pennebaker，*The Secret Life of Pronouns：What Our Words Say About Us*（New York：Bloomsbury，2011）.

85. Greenfield，"The Changing Psychology of

Culture from 1800 Through 2000."

86. Twenge, Campbell, and Gentile, "Changes in Pronoun Use in American Books and the Rise of Individualism, 1960–2008."

87. Thomas Wolfe, "The 'Me' Decade and the Third Great Awakening," *New York* magazine, April 8, 2008, http：//nymag.com/news/features/45938/.

88. My/our 和 me/us 有同样的基本 U 型模式，但 he/she/it/they 没有。

89. 参见尾注 1.4。

90. 从技术上讲，我们在这里指的是在纵向因素分析中各种测量方法在单个因素上的负载。

第六章　种族与美国的"我们"

1. 鉴于本章旨在研究种族平等的世纪趋势，并将这些趋势与"我—我们—我"曲线进行比较，我们的讨论仅集中在非裔美国人身上，因为在我们关注的时期，缺乏关于其他群体的一致和可靠的数据。根据皮尤研究中心的说法，"在美国历史的大部分时间里，主要有两个种族，直到最近几十年，白人和黑人在人口普查种族类别中都是占据主导地位的"（Kim Parker et al., "Race and Multiracial Americans in the U. S. Census," *Pew Research Center's Social & Demographic Trends Project*, June 11, 2015, https：//www.pewsocialtrends.org/2015/06/11/chapter-1-race-and-multiracial-americans-in-the-u-s-census/）。关于美国原住民、亚裔、拉美裔和其他有色人种，都各有极其重要的故事要讲，他们以独特的方式为实现平等包容而奋斗。我们不是要贬低或忽视这些历史，而是将讨论建立在我们拥有的最可靠的全世纪数据的一个群体上。我们将在第八章概要

回顾移民问题及其与"我—我们—我"曲线的关系。

2. W. E. B. Du Bois, *The Souls of Black Folk* (Mineola, NY：Dover, 1994).

3. Henry Louis Gates, *Stony the Road：Reconstruction, White Supremacy, and the Rise of Jim Crow* (New York：Penguin, 2019), 8; *The African Americans：Many Rivers to Cross* (PBS Television, 2003).

4. Gates, *Stony the Road*, 26.

5. 佐治亚州的人头税（1877 年）、南卡罗来纳州的八箱法（1882 年）和阿拉巴马州的赛尔法（1892 年）只是三个例子。

6. Richard White, *The Republic for Which It Stands：The United States During Reconstruction and the Gilded Age, 1865–1896*, The Oxford History of the United States (unnumbered) (New York：Oxford University Press, 2017), 37–40.

7. Ibid., 101–2; Isabel Wilkerson, *The Warmth of Other Suns：The Epic Story of America's Great Migration* (New York：Vintage, 2011), 41–42.

8. David M. Oshinsky, *Worse than Slavery：Parchman Farm and the Ordeal of Jim Crow Justice* (New York：Free Press, 1996).

9. Wilkerson, *The Warmth of Other Suns*, 53–54.

10. United States Bureau of the Census Administration and Customer Services Division, "Statistical Abstract of the United States, 1999：The National Data Book," Superintendent of Documents, 1999, 847.

11. Thomas D. Snyder, *120 Years of American Education：A Statistical Portrait* (Washington, DC：Department of Education, Office of Educational Research and Improvement, National Center for Education Statistics, 1993), 14.

12. Ibid., 21.

13. William J. Collins and Robert A. Margo, "Race and Home Ownership: A Century - Long View," *Explorations in Economic History* 38, no. 1 (January 2001): 68 - 92, doi: 10.1006/exeh.2000.0748.

14. Peter H. Lindert and Jeffrey G. Williamson, *Unequal Gains: American Growth and Inequality Since 1700*, Princeton Economic History of the Western World (Princeton: Princeton University Press, 2016), 190.

15. 当然，也可以把这个比喻解释为对多种族社会中权力动态的隐含陈述。（谁在驾驶座上，谁的脚踩在油门上或松开油门？）我们希望本章提出足够的证据来明确我们的看法，即种族平等包容方面的积极和消极变化都是自上而下和自下而上双向推动的，而且是一个涉及白人和黑人领导者与公民交织行动的过程。当然，权力和特权是这个故事的重要部件。然而，"松开油门"只是为了客观描述一个统计趋势的状态，即20世纪后几十年种族平等的进展明显放缓。

16. 正如我们在本书中所强调的，因为我们的主要兴趣是在大约125年的历史过程中，变化的速度、时间和方向，所以在各章中，我们通常关注趋势，而不是绝对指标。在理解我们对种族不平等的分析时，这一点尤其重要。当我们说种族平等有所改善或取得进展时，我们绝不是在说平等已经实现，进步已经足够，或者变化速度已经够快。我们更关注的是，这些趋势是朝着种族之间更大还是更小的平等方向发展的，以及这些趋势何时开始、何时加速、何时减速或逆转，以及这些趋势可能告诉

我们的"我—我们—我"曲线与我国正在进行的种族不平等斗争之间的关系。

17. 图6.1数据来自国家卫生统计中心，疾病预防控制中心，"死亡率和人均预期寿命"。20世纪20年代初的峰值可能是由于流感大流行期间黑人死亡率低于预期。参见 Helene Økland and Svenn-Erik Mamelund, "Race and 1918 Influenza Pandemic in the United States: A Review of the Literature," *International Journal of Environmental Research and Public Health* 16, no. 14 (2019): 2487. doi: 10.3390/ijerph1614 2487。

18. See Anne Case and Angus Deaton, *Deaths of Despair and the Future of Capitalism* (Princeton NJ: Princeton University Press, 2020), chapter 5.

19. 健康数据由以下来源的表格汇总而成: W. Michael Byrd and Linda A. Clayton, *An American Health Dilemma: A Medical History of African Americans and the Problem of Race, Beginnings to 1900* (New York: Routledge, 2000); W. Michael Byrd and Linda A. Clayton, *An American Health Dilemma: Race, Medicine, and Health Care in the United States 1900-2000* (New York: Routledge, 2002); Leah Boustan and Robert A Margo, "Racial Differences in Health in Long - Run Perspective: A Brief Introduction," Working Paper 20765 (National Bureau of Economic Research, December 2014), doi: 10.3386/w20765; Robert D. Grove and Alice M. Hetzel, *Vital Statistics Rates in the United States, 1940-1960* (Washington, DC: National Center for Health Statistics, 1968), 887, accessed October 22, 2019, https://www.cdc.gov/nchs/data/vsus/vsrates1940 _ 60.pdf; National Center for

Health Statistics, "Advance Report of Final Mortality Statistics, 1979," *Monthly Vital Statistics Report* 31, no. 6 (September 30, 1982); Robert N. Anderson and Sherry L. Murphy, "Report of Final Mortality Statistics, 1995," *Monthly Vital Statistics Report* 45, no. 11 (1997): 80; Donna L. Hoyert, Sherry L. Murphy, and Kenneth D. Kochanek, "Deaths: Final Data for 1999," *National Vital Statistics Report* 49, no. 9 (September 21, 2001); Arialdi M. Miniño et al., "Deaths: Final Data for 2000," *National Vital Statistics Report* 50, no. 15 (September 16, 2002)。

20. James D. Anderson, *The Education of Blacks in the South, 1860-1935* (Chapel Hill: University of North Carolina Press, 1988), 151, 182.

21. Ibid., 189, 191, 236.

22. M. Richard Cramer, Ernest Q. Campbell, and Charles E. Bowerman, "Social Factors in Educational Achievement and Aspirations Among Negro Adolescents," Cooperative Research Project no. 1168 (U.S. Department of Health, Education, and Welfare, 1966), https://files.eric.ed.gov/fulltext/ED010837.pdf.

23. Robert A. Margo, *Race and Schooling in the South, 1880 - 1950: An Economic History,* (Chicago: University of Chicago Press, 1990), 10.

24. Anderson, *The Education of Blacks in the South, 1860-1935*, 138-39.

25. James R. Mingle, *Black Enrollment in Higher Education: Trends in the Nation and the South* (Atlanta: Southern Regional Education Board, 1978), 8.

26. Vincent P. Franklin, *The Education of*

Black Philadelphia: The Social and Educational History of a Minority Community, 1900 - 1950 (Philadelphia: University of Pennsylvania Press, 1979), 48-50.

27. 南方学校质量数据来自 Margo, *Race and Schooling in the South*, 22; Lindert and Williamson, *Unequal Gains*, 188-89; David Card and Alan Krueger, "School Quality and Black - White Relative Earnings—A Direct Assessment," *Quarterly Journal of Economics* 107, no. 1 (1992): 151-200; John J. Donohue, James J. Heckman, and Petra E. Todd, "The Schooling of Southern Blacks: The Roles of Legal Activism and Private Philanthropy, 1910-1960," *The Quarterly Journal of Economics* 117, no. 1 (2002): 230, doi: 10.1162/003355302753399490。最显著和最普遍的改善发生在 1935 年之后的 15 年里，Donohue, Heckman 和 Todd 将其归功于有色人种协进会发起的各种诉讼和私人慈善事业。

28. Lindert and Williamson, *Unequal Gains*, 188-89.

29. Stephen Thernstrom et al., *America in Black and White: One Nation, Indivisible* (New York: Simon & Schuster, 1997), 85. 1940 年至 1952 年间某些南方州的类似数据，参见 Charles T. Clotfelter, *After Brown: The Rise and Retreat of School Desegregation* (Princeton: Princeton University Press, 2004), 16。

30. Margo, *Race and Schooling in the South*, 64.

31. Clotfelter, *After Brown*, 16.

32. 有关北方学校种族隔离的讨论，参见 Gerald N. Rosenberg, *The Hollow Hope: Can Courts Bring About Social Change?*, 2nd ed., American Politics and Political Economy (Chicago:

第六章

University of Chicago Press, 2008), 98 - 100; Franklin, *The Education of Black Philadelphia*, 37-47; and Davison M. Douglas, *Jim Crow Moves North: The Battle over Northern School Desegregation, 1865-1954*, Cambridge Historical Studies in American Law and Society (New York: Cambridge University Press, 2005), 139-51。

33. Anderson, *The Education of Blacks in the South*, 1988; Jeannie Oakes, *Keeping Track: How Schools Structure Inequality* (New Haven: Yale University Press, 1985); Jeannie Oakes and Gretchen Guiton, "Matchmaking: The Dynamics of High School Tracking Decisions," *American Educational Research Journal* 32, no. 1 (1995): 3-33, doi: 10.3102/00028312032001003; Grace Kao and Jennifer S. Thompson, "Racial and Ethnic Stratification in Educational Achievement and Attainment," *Annual Review of Sociology* 29, no. 1 (2003): 417-42, doi: 10.1146/annurev. soc. 29.010202.100019.

34. 本段和后续段落的证据，参见 Gavin Wright, *Sharing the Prize: The Economics of the Civil Rights Revolution in the American South* (Cambridge, MA: Belknap Press of Harvard University Press, 2013), esp. 162; Clotfelter, *After Brown*, esp. 56; and Gary Orfield and Chungmei Lee, "Historical Reversals, Accelerating Resegregation, and the Need for New Integration Strategies" (A report of the Civil Rights Project, UCLA: August 2007), 28 and 33. https://civilrightsproject. ucla. edu/research/k-12-education/integration-and-diversity/historic-reversals-accelerating-resegregation-and-the-need-for-new-integration-strategies-1/orfield-historic-reversals-accelerating. pdf。

35. 1960 年之后的学校种族融合趋势，参见 Clotfelter, *After Brown*: 56; Gary Orfield and Chungmei Lee, "Historic Reversals, Accelerating Resegregation, and the Need for New Integration Strategies" (A report of the Civil Rights Project, UCLA, August 2007): 28, 33, https://civilrightsproject. ucla. edu/research/k-12-education/integration-and-diversity/historic-reversals-accelerating-resegregation-and-the-need-for-new-integration-strategies-1/orfield-historic-reversals-accelerating. pdf; and Wright, *Sharing the Prize*, 161。

36. 学校质量衡量标准的纵向数据出奇的少，但可以在此处找到现代差异的统计数据: Center for American Progress, "Students of Color Still Receiving Unequal Education," August 22, 2012, https://www. americanprogress. org/issues/education-k-12/news/2012 /08/22/32862/students-of-color-still-receiving-unequal-education/。

37. James P. Smith, "Race and Human Capital," *The American Economic Review* 74, no. 4 (1984): 685-98; Robert A. Margo, "Obama, Katrina, and the Persistence of Racial Inequality," *The Journal of Economic History* 76, no. 2 (2016): 301-41.

38. Margo, "Obama, Katrina, and the Persistence of Racial Inequality"; John J. Donohue III and James Heckman, "Continuous Versus Episodic Change: The Impact of Civil Rights Policy on the Economic Status of Blacks," Working Paper 3849 (National Bureau of Economic Research, November 1991); Wright, *Sharing the Prize*; James P. Smith and Finis R. Welch, "Black Economic Progress After Myrdal," *Journal of Econom-*

第六章

ic Literature 27, no. 2 (1989): 519-64; James P. Smith, "Race and Human Capital," *The American Economic Review* 74, no. 4 (1984): 685-98. 我们本节所引的研究报告使用了一系列不同指标：人均收入、男性工资（包括工人和非工人在内的男性总收入）等，都发现1940—1970年间黑人与白人在收入平等方面取得了极大进步。

39. Thomas N. Maloney, "Wage Compression and Wage Inequality Between Black and White Males in the United States, 1940-1960," *The Journal of Economic History* 54, no. 2 (1994): 358-81, doi: 10.1017/S0022050700014522.

40. Lindert and Williamson, *Unequal Gains*, 191-92.

41. Robert Manduca, "Income Inequality and the Persistence of Racial Economic Disparities," *Sociological Science* 5 (2018): 182-205. See also Patrick J. Bayer and Kerwin Kofi Charles, "Divergent Paths: Structural Change, Economic Rank, and the Evolution of Black-White Earnings Differences, 1940-2014," Working Paper 22797 (National Bureau of Economic Research, Inc, September 2017), https://ideas.repec.org/p/nbr/nberwo/22797.html.

42. 一个大致可比较的图表，参见 Margo, "Obama, Katrina, and the Persistence of Racial Inequality," Figure 1. See also Jennifer L. Hochschild, *Facing up to the American Dream: Race, Class, and the Soul of the Nation*, Princeton Studies in American Politics (Princeton: Princeton University Press, 1995); William A. Darity and Samuel L. Myers, *Persistent Disparity: Race and Economic Inequality in the United States Since 1945* (Northampton, UK: Edward Elgar Publishing,

1998); John Bound and Richard Freeman, "What Went Wrong? The Erosion of Relative Earnings and Employment Among Young Black Men in the 1980s," *Quarterly Journal of Economics* 107, no. 1 (February 1992): 201-32; Amitabh Chandra, "Is the Convergence of the Racial Wage Gap Illusory?" Working Paper 9476 (National Bureau of Economic Research, February 2003), doi: 10.3386/w9476; Derek Neal and Armin Rick, "The Prison Boom and the Lack of Black Progress After Smith and Welch," Working Paper 20283 (National Bureau of Economic Research, July 2014), doi: 10.3386/w20283; Patrick J. Bayer and Kerwin Kofi Charles, "Divergent Paths: A New Perspective on Earnings Differences Between Black and White Men Since 1940," SSRN Scholarly Paper (Rochester, NY: Social Science Research Network, July 5, 2018), https://papers.ssrn.com/abstract=3208755。

43. Margo, "Obama, Katrina, and the Persistence of Racial Inequality," 308.

44. Bayer and Charles, "Divergent Paths," (2018), 1461; Moritz Kuhn, Moritz Schularick, and Ulrike Steins, "Income and Wealth Inequality in America, 1949-2016," IDEAS Working Paper Series from RePEc, 2018, doi: 10.21034/iwp.9.

45. Bayer and Charles, "Divergent Paths" (2017); Neal and Rick, "The Prison Boom and the Lack of Black Progress After Smith and Welch"; Bruce Western and Becky Pettit, "Black-White Wage Inequality, Employment Rates, and Incarceration 1," *American Journal of Sociology* 111, no. 2 (2005): 553-78, doi: 10.1086/432780; Bruce Western, *Punishment and Inequality in America* (New York: Russell

Sage Foundation，2006）；Bruce Western，Steve Redburn，and Jeremy Travis，"The Growth of Incarceration in the United States：Exploring Causes and Consequences，" April 30，2014，doi：10.17226/18613.

46. Hochschild，*Facing up to the American Dream*，49；William J. Wilson，*The Truly Disadvantaged：The Inner City，the Underclass，and Public Policy*，2nd ed.（Chicago：University of Chicago Press，2012）.

47. 图 6.5 的来源：1900–1970 rates from Steven Ruggles，Sarah Flood，Ronald Goeken，Josiah Grover，Erin Meyer，Jose Pacas，and Matthew Sobek，IPUMS USA：Version 9.0，1% Samples，Minneapolis：IPUMS，2019。1973—2017 年的比率来自美国人口普查局，住房调查和美国人口普查局，当前人口普查与住房空置调查之比。黑人在吉姆·克劳时代的房屋所有权收益研究，参见 William J. Collins and Robert A. Margo，"Race and Home Ownership from the End of the Civil War to the Present，" Working Paper 16665（National Bureau of Economic Research，January 2011），doi：10.3386/w16665。

48. Kuhn，Schularick，and Steins，"Income and Wealth Inequality in America，1949–2016."请注意，Collins 和 Margo（上文引用）认为这种趋势的形状略有不同，因为他们是按黑人与白人住房拥有率的差值而不是比率来计算的。但是，基本数字是相同的。

49. Leah Platt Boustan and Robert A. Margo，"White Suburbanization and African – American Home Ownership，1940–1980，" Working Paper 16702（National Bureau of Economic Research，August 2013），doi：10.3386/w16702.

50. Keeanga-Yamahtta Taylor，*Race for Prof-

it：How Banks and the Real Estate Industry Undermined Black Homeownership*，*Justice，Power，and Politics*（Chapel Hill：University of North Carolina Press，2019）.

51. Gregory D. Squires，"Predatory Lending：Redlining in Reverse，" *Shelterforce*，January 1，2005，https：//shelterforce.org/2005/01/01/predatory-lending-redlining-in-reverse/.

52. Laurie Goodman，Jun Zhu，and Rolf Pendall，"Are Gains in Black Homeownership History？" *Urban Wire*，February 14，2017，https：//www.urban.org/urban-wire/are-gains-black-homeownership-history.

53. V. O.（Valdimir Orlando）Key，*Southern Politics in State and Nation*（New York：Alfred A. Knopf，1950）；J. Morgan Kousser，*The Shaping of Southern Politics：Suffrage Restriction and the Establishment of the One-Party South，1880–1910*，Yale Historical Publications，Miscellany 102（New Haven：Yale University Press，1974）；Laughlin McDonald，*A Voting Rights Odyssey：Black Enfranchisement in Georgia*（Cambridge：Cambridge University Press，2003），30–44.

54. Hanes Walton，*The African American Electorate：A Statistical History*（Thousand Oaks，CA：CQ Press，2012）.

55. Milton C. Sernett，*Bound for the Promised Land：African American Religion and the Great Migration*，C. Eric Lincoln Series on the Black Experience（Durham，NC：Duke University Press，1997），17.

56. Walton，*The African American Electorate*，469–79.

57. Dianne M. Pinderhughes，*Race and Ethnicity in Chicago Politics：A Reexamination of Plu-

ralist Theory（Urbana：University of Illinois Press，1987），84，86. 请注意，入籍过程几乎肯定会对波兰和意大利移民的选民登记率产生负面影响。

58. Ibid.，77.

59. Ibid.，90−91. 有一个得出大致相同结论的当代分析，参见 Harold F. Gosnell，"The Chicago 'Black Belt' as a Political Battleground," *American Journal of Sociology* 39，no. 3（November 1933）：329−41，doi：10. 1086/216435。

60. Wright，*Sharing the Prize*；Figure 6. 6 data from 1940 to 1969 are estimates from the Voter Education Project compiled from David J. Garrow，*Protest at Selma：Martin Luther King，Jr.，and the Voting Rights Act of 1965*（New Haven：Yale University Press，1978）7，11，19，189，200；data from 1970 to 2000 are from the Census Bureau compiled in Stanley，*Voter Mobilization*，p. 97；1980−2008 data compiled in Bullock and Gaddie，*Triumph of Voting Right*s，pp. 380−82；2010−2018 data US Census Bureau，Current Population Survey，P−20 Tables.

61. 另一种观点，参见 Philip A. Klinkner，*The Unsteady March：The Rise and Decline of Racial Equality in America*（Chicago：University of Chicago Press，1999），该书认为，美国的种族进步只有 10 年到 15 年的爆发期，而且只在特定情况下发生：当战争需要黑人的身体时，当与敌人作战需要平等主义言论时，或者当在国内政治抗议下被迫改革时。Klinkner 指出，进步之后总会出现多年的停滞和衰退，因为白人精英重新巩固其根深蒂固的权力，阻止改革并欣然接受各种不平等现象。

62. 图 6. 7 的数据来自 Ida A. Brudnick and Jennifer E. Manning，*African American Members*

of the United States Congress：1870−2018，RL30378，Congressional Research Service；Jennifer E. Manning，Membership of the 116th Congress：A Profile，RL45583，Congressional Research Service。有证据表明，黑人政治代表人数的增加在南方产生了巨大的经济利益，尤其是提供了更多的当地公共产品，比如教育。参见 Andrea Bernini，Giovanni Facchini，and Cecilia Testa，"Race，Representation and Local Governments in the US South：The Effect of the Voting Rights Act," SSRN Scholarly Paper（Rochester，NY：Social Science Research Network，March 1，2018），https：//papers. ssrn. com/abstract = 3138836。

63. Henry Louis Gates，*Stony the Road.*

64. 1953 年，在有色人种协进会的压力下，一档由电台节目改编、由白人演员为黑人角色配音的种族主义节目 *Amos 'n' Andy* 被取消。该剧后来得以重播，直到 1960 年，CBS 最终完全收回这一节目。*Sanford and Son*（1972），*Good Times*（1974）和 *The Jeffersons*（1975）是首批全黑人演员电视节目。

65. Thomas J. Sugrue，*The Origins of the Urban Crisis：Race and Inequality in Postwar Detroit*（Princeton：Princeton University Press，1996）；Herman P. Miller，*Rich Man，Poor Man*（New York：Crowell，1964），as cited in Charles Willie，"The Inclining Significance of Race," *Society* 15，no. 5（1978）：14，doi：10. 1007 /BF02701608.

66. Trevon D. Logan and John M. Parman，"The National Rise in Residential Segregation," *Journal of Economic History* 77，no. 1（March 2017）：127−170.

67. Richard Rothstein，*The Color of Law：A Forgotten History of How Our Government Segrega-*

ted America（New York：Liveright，2017）.

68. See David M. Cutler, Edward L. Glaeser, and Jacob L. Vigdor, "The Rise and Decline of the American Ghetto," *Journal of Political Economy* 107, no. 3（June 1999）：455–506, doi：10.1086/250069. 作者认为，种族隔离基本上有三种可能的发展方式："入境口岸"模式，黑人居民更喜欢住在黑人占多数的社区；"集体行动种族主义"模式，白人居民设定各种正式的障碍限制黑人进入某些社区；和"分散种族主义"模式，白人居民为了住在白人占多数的社区而支付额外的费用，导致白人逃离并使黑人居民被排除在外。使用平均住房成本数据，他们发现"集体行动种族主义"模式可以恰切解释 20 世纪中叶的种族隔离，理由是黑人居民为同等住房支付的费用高于白人居民（如果他们被排除在白人社区之外，我们预计他们支付的费用更少），并且黑人新移民支付的费用不超过常住居民（我们预计他们在"入境口岸"模式下支付的费用更高）。他们发现，到 1990 年，这种模式发生了逆转，这意味着隔离的正式障碍已经让位于"分散种族主义"模式。

69. Ibid.

70. 北方城市居住种族隔离发展的关键文本，特别是对两次大迁徙的回应，参见 Arnold R. Hirsch, *Making the Second Ghetto：Race and Housing in Chicago, 1940–1960*, Historical Studies of Urban America（Chicago：University of Chicago Press，1998）；Amanda I. Seligman, *Block by Block：Neighborhoods and Public Policy on Chicago's West Side*, Historical Studies of Urban America（Chicago：University of Chicago Press，2005）；Kenneth T. Jackson, *Crabgrass Frontier：The Suburbanization of the United States*（New York：Oxford University Press，1985）；Sugrue, *The Origins of the Urban Crisis*；Robert O. Self, *American Babylon：Race and the Struggle for Postwar Oakland*, Politics and Society in Twentieth-Century America（Princeton：Princeton University Press，2003）；and Kevin Michael Kruse, *White Flight：Atlanta and the Making of Modern Conservatism*, Politics and Society in Twentieth-Century America（Princeton：Princeton University Press，2005）.

71. 图 6.8 的来源：收押率来自 Patrick A. Langan, Race of Prisoners Admitted to State and Federal Institutions, 1926–86, NCJ–125618（Washington, DC：US Department of Justice, Bureau of Justice Statistics, 1999）. 监禁率来自 US Department of Justice, Bureau of Justice Statistics, Correctional Populations in the United States Series, 1985–2016 and Prisoners Series, 1980–2017. 人口估计数来自美国人口普查局 1900—2010 年的全国人口普查表。图 6.8 将收押率和监禁率的数据系列进行了拼接，以期完整覆盖从 1926 年到 2017 年的数据。收押率指每年进入惩教机构的人数，监禁率指每年被监禁的总人数。监禁率高于收押率，因为刑期较长的囚犯连续多年被算作监狱人口的一部分。因此，监禁率更准确地反映了任何特定时间的全部监狱人口，但收押率更有可能表明诉讼改革措施的效果。

72. Henry Louis Gates and Isabel Wilkerson, " A Conversation with Isabel Wilkerson：On America's Great Migration," *Du Bois Review：Social Science Research on Race* 7, no. 2（Fall 2010）：257–69, doi：10.1017/S1742058X10000433.

73. Zellmer R. Pettet and Charles E. Hall,

Negroes in the United States, *1920-32* (Washington, DC：Bureau of the Census, 1935), http：//archive. org/details /negroesinuniteds1920pett.

74. Transcript, *Remembering Jim Crow*, accessed October 23, 2019, http：//americanradioworks. publicradio. org/features/remembering/transcript. html.

75. Rothstein, *The Color of Law*; Matt Lassiter, "De Jure/De Facto Segregation：The Long Shadow of a National Myth," in *The Myth of Southern Exceptionalism*, ed. Matt Lassiter and Joseph Crestino (New York：Oxford University Press, 2010).

76. Emmett J. Scott, *Negro Migration During the War*, American Negro, His History and Literature (New York：Arno, 1969), 16-18.

77. 然而, 大迁徙确实在北方黑人和新移民之间引入了经济竞争。经济收益在北方黑人中分布不均的说法, 请见 Leah Boustan, *Competition in the Promised Land：Black Migrants in Northern Cities and Labor Markets*, NBER Series on Long-Term Factors in Economic Development (Princeton：Princeton University Press, 2017)。

78. Reynolds Farley, *The Color Line and the Quality of Life in America*, Population of the United States in the 1980s (New York：Russell Sage Foundation, 1987), 302.

79. Cheryl Lynn Greenberg, *To Ask for an Equal Chance：African Americans in the Great Depression*, African American History Series (Lanham, MD：Rowman & Littlefield, 2009), 13, 18; James T. Patterson, *Grand Expectations：The United States, 1945-1974*, The Oxford History of the United States, vol. 10 (New York：Oxford University Press, 1996), 387-88.

80. Scott, *Negro Migration during the War*, 79-85.

81. Anderson, *The Education of Blacks in the South*, 202-3.

82. Wilkerson, *The Warmth of Other Suns*, 527.

83. Ibid. , 45-46.

84. Ibid. , 13.

85. Isabel Wilkerson, "The Long-Lasting Legacy of the Great Migration," *Smithsonian*, accessed October 23, 2019, https：//www. smithsonianmag. com /history/long-lasting-legacy-great-migration-180960118/.

86. 大多数学者认为, 对离开南方的人而言, 移民有很大的好处。参见 Larry H. Long and Lynne R. Heltman, "Migration and Income Differences Between Black and White Men in the North," *American Journal of Sociology* 80, no. 6 (1975)：1391-1409, doi：10. 1086 /225996; Stanley Lieberson and Christy Wilkinson, "A Comparison Between Northern and Southern Black Residing in the North," *Demography* 13, no. 2 (1976)：199-224, doi：10. 2307/2060801; Stanley Lieberson, "A Reconsideration of the Income Differences Found Between Migrants and Northern-Born Blacks," *American Journal of Sociology* 83, no. 4 (1978)：940-66; Stewart E. Tolnay, "The Great Migration Gets Underway：A Comparison of Black Southern Migrants and Nonmigrants in the North, 1920," *Social Science Quarterly* 82, no. 2 (2001)：235-52, doi：10. 1111/0038-4941. 00020; Christine Leibbrand et al. , "Neighborhood Attainment Outcomes for Children of the Great Migration 1," *American Journal of Sociology* 125, no. 1 (2019)：141-83,

doi：10.1086／703682。然而，有人指出，移民从搬迁中获得的回报相对较少：Suzanne C. Eichenlaub, Stewart E. Tolnay, and J. Trent Alexander, "Moving Out but Not Up: Economic Outcomes in the Great Migration," *American Sociological Review* 75, no. 1（2010）：101－25, doi：10.1177/0003122409357047; Robert Boyd, "Black Women in the 'Black Metropolis' of the Early Twentieth Century: The Case of Professional Occupations," *Journal of Sociology and Social Welfare* 40, no. 2（2013）：103－17。特别是就健康而言，在"The Impact of the Great Migration on Mortality of African Americans: Evidence from the Deep South"［*American Economic Review* 105, no. 2（February 2015）：477－503, doi：10.1257/aer.20120642］中，Dan A. Black 等人认为，事实上，对于出生在南方腹地的黑人来说，向北方城市的迁徙会令其短命。

87. Jessica Gordon Nembhard, *Collective Courage: A History of African American Cooperative Economic Thought and Practice*（University Park: Penn State University Press, 2014）; Cedric J. Robinson, *Black Movements in America*, Revolutionary Thought/Radical Movements（New York: Routledge, 1997）; Gates, *Stony the Road*; Wilkerson, *The Warmth of Other Suns*.

88. Vanessa Northington Gamble, *Making a Place for Ourselves: The Black Hospital Movement, 1920-1945*（New York: Oxford University Press, 1995）; Leah Boustan and Robert A. Margo, "Racial Differences in Health in the United States: A Long-Run Perspective," in *The Oxford Handbook of Economics and Human Biology*（Oxford: Oxford University Press, 2016）, 742; Edward Beardsley, *A History of Neglect: Health Care for Blacks and Mill Workers in the Twentieth-Century South*（Knoxville: University of Tennessee Press, 1987）, 114-16.

89. Anderson, *The Education of Blacks in the South*, 153.

90. Daniel Aaronson and Bhashkar Mazumder, "The Impact of Rosenwald Schools on Black Achievement," *Journal of Political Economy* 119, no. 5（October 2011）：821-88, doi：10.1086/662962.

91. Anderson, *The Education of Blacks in the South*, 80-83; Robert A. Margo, *Race and Schooling in the South, 1880-1950: An Economic History*. 然而，Anderson 和 Margo 都指出，在这一时期的学校扩张过程中，黑人社区仍然保有重要的发言权，以罗森沃德学校的情况为例，这种发言权主要归功于以下几个方面：社区为学校提供资金并参与学校建设，向北方移民导致南方劳动力短缺从而令黑人社区获得政治影响力，以及来自全国有色人种协进会的压力。

92. Werner Troesken, *Water, Race, and Disease*, NBER Series on Long-Term Factors in Economic Development（Cambridge, MA: MIT Press, 2004）; Boustan and Margo, "Racial Differences in Health in the United States"; David M. Cutler and Grant Miller, "The Role of Public Health Improvements in Health Advances: The Twentieth-Century United States," *Demography* 42, no. 1（February 2005）：1-22; Marcella Alsan and Claudia Goldin, "Watersheds in Child Mortality: The Role of Effective Water and Sewerage Infrastructure, 1880 to 1920," Working Paper 21263（National Bureau of Economic Research, May 2018）, doi：10.3386/w21263.

93. David McBride, *Integrating the City of Medicine*: *Blacks in Philadelphia Health Care*, *1910 - 1965* (Philadelphia: Temple University Press, 1989), 43-45.

94. Beardsley, *A History of Neglect*, 119-26.

95. Vincent P. Franklin, *The Education of Black Philadelphia*: *The Social and Educational History of a Minority Community*, *1900 - 1950* (Philadelphia: University of Pennsylvania Press, 1979), 48-50.

96. Beardsley, *A History of Neglect*, 134-37.

97. Byrd and Clayton, *An American Health Dilemma*; Beardsley, *A History of Neglect*, 157-63; McBride, *Integrating the City of Medicine*, 129-30.

98. Beardsley, *A History of Neglect*, 157-63, 177-80; Karen Kruse Thomas, *Deluxe Jim Crow*: *Civil Rights and American Health Policy*, *1935-1954* (Athens: University of Georgia Press, 2011); Byrd and Clayton, *An American Health Dilemma*, 2000, 143, 148-49.

99. Byrd and Clayton, *An American Health Dilemma*, 142.

100. Beardsley, *A History of Neglect*, 169-71.

101. 此类说明包括 Jennifer A. Delton, *Rethinking the 1950s*: *How Anticommunism and the Cold War Made America Liberal* (New York: Cambridge University Press, 2013); Mary L. Dudziak, *Cold War Civil Rights*: *Race and the Image of American Democracy*, Politics and Society in Twentieth-Century America (Princeton: Princeton University Press, 2000)。

102. J. D. Hall, "The Long Civil Rights Movement and the Political Uses of the Past," *Journal of American History* 91, no. 4 (2005): 1233-63, doi: 10. 2307 /3660172.

103. Dorian Lynskey, "How the Fight to Ban *The Birth of a Nation* Shaped American History," *Slate*, March 31, 2015, https: //slate. com/culture/2015/03 /the-birth-of-a-nation-how-the-fight-to-censor-d-w-griffiths-film-shaped -american-history. html.

104. National Humanities Center, "NAACP Silent Protest Parade, flyer & memo, July 1917," https: //nationalhumanitiescenter. org/pds/maai2/forward/text4 /silentprotest. pdf.

105. Olivia B. Waxman, "The Forgotten March That Started the National Civil Rights Movement Took Place 100 Years Ago," *Time*, accessed October 24, 2019, https: //time. com/4828991/east-saint-louis-riots-1917/.

106. Paul Finkelman, *Encyclopedia of African American History*, *1896 to the Present*: *From the Age of Segregation to the Twenty-first Century* (Oxford: Oxford University Press, 2009), 81.

107. 关于罗斯福一再允许南方民主党人将歧视性条款写入新政立法以换取新政立法获得批准的论点，参见 Ira Katznelson, *Fear Itself*: *The New Deal and the Origins of Our Time* (New York: Liveright, 2013)。然而，Katznelson 也承认，尽管受到这些条款的限制，新政仍然具有前所未有的效果，将非裔美国人带入美国"我们"。

108. David M. Kennedy, *Freedom from Fear*: *The American People in Depression and War*, *1929-1945*, The Oxford History of the United States, vol. 9 (New York: Oxford University Press, 1999), 378; Christopher Linsin, "Something More than a Creed: Mary Mcleod Bethune's Aim of

第六章

Integrated Autonomy as Director of Negro Affairs," *Florida Historical Quarterly* 76, no. 1（1997）：20−41.

109. Eric Schickler, *Racial Realignment：The Transformation of American Liberalism, 1932−1965*, Princeton Studies in American Politics（Princeton：Princeton University Press, 2016）；Eric Schickler, Kathryn Pearson, and Brian D. Feinstein, "Congressional Parties and Civil Rights Politics from 1933 to 1972," *The Journal of Politics* 72, no. 3（2010）：672−89；Jeffrey A. Jenkins and Justin Peck, "Building Toward Major Policy Change：Congressional Action on Civil Rights, 1941−1950," *Law and History Review* 31, no. 1（2013）：139−98；Hans Noel, "The Coalition Merchants：The Ideological Roots of the Civil Rights Realignment," *The Journal of Politics* 74, no. 1（2012）：156−73, doi：10. 1017/S0022381611001186.

110. Patterson, *Grand Expectations*, 20.

111. American Public Media, *Remembering Jim Crow*, Part Two, American Radio Works, http：//americanradioworks. publicradio. org/features/remembering /transcript. html.

112. Patterson, *Grand Expectations*, 25.

113. Kennedy, *Freedom from Fear*, 765−68.

114. 1950 年 7 月，联合国教科文组织发表了"种族问题"声明，作为当时四大声明的第一个，旨在说明科学家对种族的实际了解，并从道德上谴责种族主义。该声明由当时多个学科的主要研究人员签署。

115. Delton, *Rethinking the 1950s*, 97.

116. "Executive Order 9981：Establishing the President's Committee on Equality of Treatment and Opportunity In the Armed Forces," *U. S. Equal Employment Opportunity Commission*, accessed November 22, 2019, https：//www. eeoc. gov/eeoc/history/35th/thelaw/eo-9981. html.

117. Gunnar Myrdal, *An American Dilemma：The Negro Problem and Modern Democracy*, 20th anniversary ed.（New York：Harper & Row, 1962）, Preface, xviiii.

118. Patterson, *Grand Expectations*, 386 -87.

119. DC Editorial, "Superman：A Classic Message Restored," *DC*, August 25, 2017, https：//www. dccomics. com/blog/2017/08/25/superman-a-classic-message-restored.

120. Patterson, *Grand Expectations*, 386 -87.

121. Quoted in ibid. , 413.

122. 根据 Patterson（同上）的说法，在艾森豪威尔政府末期，只有 28%的南方黑人可以投票。在密西西比州，更加令人沮丧，只有 5%。

123. Ibid. , 474−75.

124. LBJ Presidential Library, "President Johnson's Special Message to the Congress：The American Promise," March 15, 1965, http：//www. lbjlibrary. org /lyndon - baines - johnson/speeches－films/president-johnsons-special-message-to-the-congress-the-american-promise.

125. 关于美国种族态度变化的学术文献非常多。一些主要文献包括 Howard Schuman, Charlotte Steeh, Lawrence Bobo, Maria Krysan, *Racial Attitudes in America：Trends and Interpretations*, rev. ed.（Cambridge：Harvard University Press, 1997）；Lawrence D. Bobo, James R. Kluegel, and Ryan A. Smith, "Laissez-faire Racism：The Crystallization of a Kinder, Gentler Anti‐Black Ideology," in *Racial Attitudes in the 1990s：Continuity and Change*, eds. Steven A. Tuch and Jack K. Martin（Westport, CT：Praeger, 1997）：15‐44；Donald R. Kinder and Howard Schuman, "Racial Attitudes：Developments and Divisions in Survey Research," chap. 13 in *A Telescope on Society：Survey Research and Social Science at the University of Michigan and Beyond*, eds. James House et al.（Ann Arbor：University of Michigan Press, 2004）；David O. Sears and P. J. Henry, "Over Thirty Years Later：A Contemporary Look at Symbolic Racism," *Advances in Experimental Social Psychology* 37（2005）：95‐150；Lawrence D. Bobo, Camille Z. Charles, Maria Krysan, and Alicia D. Simmons, "The Real Record on Racial Attitudes," in *Social Trends in American Life：Finds from the General Social Survey since 1972*, ed. Peter V. Marsden（Princeton：Princeton University Press, 2012）, 38‐83；Tyrone A. Forman and Amanda E. Lewis, "Beyond Prejudice? Young Whites' Racial Attitudes in Post‐Civil Rights America, 1976‐2000," *American Behavioral Scientist* 59（2015）：1394‐1428。尽管学者们普遍认为"传统的"白人种族主义在 20 世纪 70 年代已经基本消失，但他们对何种观念取而代之却意见不一。有些提到"符号"种族主义，有些提到"无意识"或"隐性"种族主义。当研究隐性而非显性的种族偏见时，学者们发现，白人受访者表现出更高程度的消极态度，向积极态度的转变也慢得多。尽管这一数据的追溯时间不足以让我们确定一种历史趋势，但它表明，消极的种族态度比早期衡量方式所揭示的要高。相关研究例如 Lawrence D. Bobo, "Racial Attitudes and Relations at the Close of the Twentieth Century," in *America*

Becoming：Racial Trends and Their Consequences, vol. 1（Washington, DC：National Academies Press, 2001）, 276‐78, doi：10. 17226/9599. Figure 6. 9 draws on Schuman et al. , *Racial Attitudes in America*, 104‐108, and Maria Krysan and Sarah Moberg, *A Portrait of African American and White Racial Attitudes*（University of Illinois Institute of Government and Public Affairs（September 9, 2016）：2, http：//igpa. uillinois. edu/files/reports/A‐Portrait‐of‐Racial‐Attitudes. pdf.

126. Andrew Kohut, "50 Years Ago：Mixed Views about Civil Rights but Support for Selma Demonstrators," Pew Research Center, accessed October 24, 2019, https：//www. pewresearch. org/fact‐tank/2015/03/05/50‐years‐ago‐mixed‐views‐about‐civil‐rights‐but‐support‐for‐selma‐demonstrators/.

127. LBJ Presidential Library, "President Johnson's Special Message to the Congress：The American Promise," March 15, 1965, http：//www. lbjlibrary. org/lyndon‐baines‐johnson/speeches‐films/president‐johnsons‐special‐message‐to‐the‐congress‐the‐american‐promise. "Lyndon Johnson Gave a Speech about Legislation Giving Every American the Right to Vote—LBJ Presidential Library," accessed October 24, 2019, http：//www. lbjlibrary. org /lyndon‐baines‐johnson/speeches‐films/president‐johnsons‐special‐message‐to‐the‐congress‐the‐american‐promise.

128. Andrew Kohut, "50 Years Ago：Mixed Views about Civil Rights but Support for Selma Demonstrators. "

129. Doug McAdam and Karina Kloos, *Deeply Divided：Racial Politics and Social Movements in Post‐War America：Racial Politics and Social*

第六章

Movements in Post-War America（Oxford University Press, 2014），104-5.

130. 民权烈士名单，参见 Southern Poverty Law Center's Civil Rights Memorial, https：//www. splcenter. org/what-we-do/civil-rights-memorial/civil-rights-martyrs。

131. Patterson, *Grand Expectations*, 685-86.

132. McAdam and Kloos, *Deeply Divided*, 109.

133. 对 Kerner 委员会报告的详细讨论，参见 Fred R. Harris and Lynn A. Curtis, *Healing Our Divided Society：Investing in America Fifty Years after the Kerner Report*（Philadelphia：Temple University Press, 2018）。关于约翰逊为何拒绝委员会建议的证据很少，可在以下两个来源中找到对这一事实的一些讨论：Lester Graham, "The Kerner Commission and Why Its Recommendations Were Ignored," July 28, 2017, https：//www. michiganradio. org/post/kerner-commission-and-why-its-recommendations-were-ignored；Alice George, "The 1968 Kerner Commission Got It Right, But Nobody Listened," *Smithsonian*, March 1, 2018, https：//www. smithsonianmag. com/smithsonian-insti tution/1968-kerner-commission-got-it-right-nobody-listened-180 968318/。

134. Patterson, *Grand Expectations*, 704.

135. McAdam and Kloos, *Deeply Divided*, 104-6.

136. Schuman et al. , *Racial Attitudes in America*, 123-25. 这种反对意见的一个例外是，相比之下，开放住房立法的支持率持续上升。Schuman 等人将这一例外归因于它与抽象的平等机会和非歧视原则极为相似，与学校种族融合等政策相反，后者让人想起"被迫"的校车计划。

137. Ibid. , 172-75. 显示这一趋势继续存在的最新数据，参见 M. Krysan and S. Moberg, "Trends in Racial Attitudes," August 25, 2016, http：//igpa. uillinois. edu/programs/racial-atti tudes。还可参见 Maria Krysan and Sarah Moberg, "A Portrait of African American and White Racial Attitudes," University of Illinois Institute of Government and Public Affairs（September 9, 2016）：2, http：//igpa. uillinois. edu/files/reports/A-Portrait-of-Racial-Attitudes. pdf。该网站对 Howard Schuman 等人在 *Racial Attitudes in America* 报告中的趋势进行了非常有价值的更新。

138. Schuman et al. , *Racial Attitudes in America*, 140-43.

139. Ibid. , 156-59.

140. National Center for Health Statistics, "Health, United States, 2017—Data Finder：Table 15"（Hyattsville, MD：U. S. Department of Health and Human Services, 2018）, https：//www. cdc. gov/nchs/hus/contents2017. htm#Table_015.

141. Corinne A. Riddell, Sam Harper, and Jay S. Kaufman, "Trends in Differences in US Mortality Rates Between Black and White Infants," *JAMA Pediatrics* 171, no. 9（2017）：911-913, doi：10. 1001/jamapediatrics. 2017. 1365.

142. Valerie Wilson, "Black Workers' Wages Have Been Harmed by Both Widening Racial Wage Gaps and the Widening Productivity-Pay Gap," *Economic Policy Institute*, accessed October 24, 2019, https：//www. epi. org/publication/black-workers-wages-have-been-harmed-by-both-widening-racial-wage-gaps -and-the-widening-productivity-pay-gap/; Manduca, "Income Inequality and the Persistence of Racial Economic Disparities"; Eileen Patten, "Racial, Gender Wage Gaps Persist in U. S. despite Some Progress," *Pew Research Center*, accessed October 24, 2019, https：//www.pewresearch. org/fact-tank/2016/07 /01/racial - gender - wage - gaps - persist-in - u - s - despite - some - progress/; Elise Gould, "The State of American Wages 2017：Wages Have Finally Recovered from the Blow of the Great Recession but Are Still Growing Too Slowly and Unequally," *Economic Policy Institute*, accessed October 24, 2019, https：//www. epi. org/publication/the - state - of - american - wages - 2017-wages-have-finally -recovered-from-the-blow-of-the-great-recession-but-are-still-growing - too - slowly - and - unequally/; Bayer and Charles, "Divergent Paths," (2018); Rodney E. Hero and Morris E. Levy, "The Racial Structure of Economic Inequality in the United States：Understanding Change and Continuity in an Era of 'Great Divergence,'" *Social Science Quarterly* 97, no. 3 (2016)：491–505, doi：10.1111/ssqu. 12327.

143. Alvin Chang, "The Data Proves That School Segregation Is Getting Worse," *Vox*, March 5, 2018, https：//www. vox. com/2018/3/5/17080218/school - segre gation - getting - worse-data.

144. Nikole Hannah-Jones, "The Resegregation of Jefferson County," *The New York Times*, September 6, 2017, sec. Magazine, https：//www. nytimes. com /2017/09/06/magazine/the - resegregation-of-jefferson-county. html.

145. Robert Reinhold, "Poll Indicates More Tolerance, Less Hope," *New York Times*, February 26, 1978, https：//www. nytimes. com/1978/02/26/archives /poll - indicates-more - tolerance-less-hope. html.

146. Bobo et al., "The *Real* Record on Racial Attitudes," 70.

147. Donald Kinder and Howard Schuman, "Racial Attitudes," 379, citing Mary Jackman, *The Velvet Glove：Paternalism and Conflict in Gender, Class, and Race Relations* (Berkeley：University of California Press, 1994).

148. Adam Gopnik, "How the South Won the Civil War," April 1, 2019, https：// www. new-yorker. com/magazine/2019/04/08/how － the － south-won-the - civil-war. Gopnik 的评论直接提到了重建前后美国黑人命运的不同，但这一特征在此后的时代也被证明是相关的。

149. Schulman, *The Seventies*, 77.

150. Charles L. Ballard, "The Fall and Rise of Income Inequality in the United States：Economic Trends and Political Economy Explanations," unpublished ms., Michigan State University, October 18, 2017, 59.

151. McAdam and Kloos, *Deeply Divided*.

152. Schulman, *The Seventies*, 76-77. 另外两个支持 20 世纪 60 年代的权利革命有效摧毁了美国"我们"这一普遍观点的文献，包括 Jefferson Cowie, *The Great Exception：The New Deal and the Limits of American Politics* (Princeton：Princeton University Press, 2017), and Jefferson Cowie, *Stayin' Alive：The 1970s and the Last Days of the Working Class* (New York：New Press, 2010)。

153. St. Clair Drake and Horace R. Cayton,

Black Metropolis：A Study of Negro Life in a Northern City, revised and enlarged ed. （Chicago：University of Chicago Press，1993），101.

第七章　性别与美国的"我们"

1. 交叉性是指一个人如果身处历史上多个被排斥群体之中，可能会忍受多重歧视，从而放大劣势体验。关于交叉性的概念和后果的更多资料，参见 Angela Y. Davis，*Women，Race，and Class*（New York：Vintage，1983）；Kimberle Crenshaw，"Demarginalizing the Intersection of Race and Sex：A Black Feminist Critique of Antidiscrimination Doctrine，Feminist Theory and Antiracist Politics，" *University of Chicago Legal Forum*，vol. 1989，Article 8；*The Combahee River Collective Statement*，https：// americanstudies. yale. edu/sites/default/files/files/Keyword%20Coalition_ Readings. pdf。

2. 我们也进一步认识到，性别本身是一种越来越有争议的分类形式。

3. Kate Clarke Lemay，ed. ，*Votes for Women*！*A Portrait of Persistence*（Princeton：Princeton University Press，2019），6-7.

4. Ibid. ，5.

5. 在不同的学者中，女权运动以"浪潮"形式发生这一框架是有争议的（比如第一波浪潮究竟何时开始就无定论）。我们整章都在讨论这个问题，并最终站在那些质疑这种叙述的效度和用途的历史学家一边。

6. Christine Stansell，*The Feminist Promise：1792 to the Present*（New York：Modern Library，2011），149.

7. Francine D. Blau and Anne E. Winkler，*The Economics of Women，Men，and Work*，8th ed. （New York：Oxford University Press，2018），

95.

8. Claudia Goldin，"The Work and Wages of Single Women，1870-1920，" *Journal of Economic History* 40，no. 1 （1980）：81-88；Claudia Goldin，"The Quiet Revolution That Transformed Women's Employment，Education，and Family，" *American Economic Review* 96，no. 2 （May 2006）：1-21，doi：10. 1257 /000282806777212350.

9. Stansell，*The Feminist Promise*，150.

10. 更多关于种族和20世纪早期美国女权主义交集的文献参见 Estelle B. Freedman，*No Turning Back：The History of Feminism and the Future of Women*，1st ed. （New York：Ballantine，2002），73-81；Martha S. Jones，"The Politics of Black Womanhood，1848-2008，" in *Votes for Women*！：*A Portrait of Persistence*，ed. Kate Clarke Lemay （Princeton：Princeton University Press，2019），6-7.

11. 修正案本身适用于所有女性，但正如我们第六章所讨论的，持续的种族歧视意味着许多黑人女性实际上被排除在投票之外。

12. Stansell，*The Feminist Promise*，154.

13. Claudia Goldin，"A Grand Gender Convergence：Its Last Chapter，" *American Economic Review* 104，no. 4 （April 2014）：1091-1119，doi：10. 1257/aer. 104. 4. 1091.

14. 历史学家们继续争论不休，包括第二种稳步进展的说法适用范围有多广，以及它是否充分承认那些在种族和阶级上被持续边缘化的妇女的改善步伐缓慢。

15. 图 7.1 的来源：Historical Statistics of the United States，Millennial Edition Bc258-264，http：//dx. doi. org/10. 1017/ISBN-9780511132971；Trends in High School Dropout and Comple-

第七章

tion Rates in the United States：2014（National Center for Educational Statistics，US Department of Education，2018），https：//nces. ed. gov/pubs2 018/2018117. pdf。

16. Nancy Woloch，*Women and the American Experience*，1st ed.（New York：Alfred A. Knopf，1984），543；Susan B. Carter and Mark Prus，"The Labor Market and the American High School Girl，1890-1928，"*The Journal of Economic History* 42，no. 1（March 1982）：164，doi：10. 1017/S0022050700027030.

17. Claudia Goldin，"The Rising（and Then Declining）Significance of Gender，"Working Paper 8915（National Bureau of Economic Research）NBER Working Paper Series，April 2002，6-9，doi：10. 3386/w8915.

18. 图 7.2 和图 7.3 的来源：US Department of Commerce，Census Bureau，U. S. Census of Population：1960，vol. I，part 1；J. K. Folger and C. B. Nam，*Education of the American Population*（1960 Census Monograph）；Current Population Reports，Series P-20，various years；Current Population Survey，Annual Social and Economic Supplement，1970 through 2018；National Center for Education Statistics，Table 104. 10。在 20 世纪 50 年代，所有女性成为大学毕业生的比例实际上并未下降，但它没有跟上男性成为大学毕业生的快速增长步伐。关于战后妇女在教育、婚姻、家庭和就业方面的选择的一个有趣概述，参见 Jessica Weiss，*To Have and to Hold：Marriage，the Baby Boom，and Social Change*（Chicago：University of Chicago Press，2000），该书通过对美国夫妇的采访，对这一时期的性别关系做了第一手描述。

19. Martha May，*Women's Roles in Twenti-eth-Century America*，Women's Roles in American History（Westport，CT：Greenwood Press，2009），98-99.

20. Blau and Winkler，*The Economics of Women*，*Men*，*and Work*，197.

21. Ibid. ，196-99.

22. Goldin，"The Quiet Revolution That Transformed Women's Employment，Education，and Family，" 18-19.

23. 关于缓慢而稳定的"演变"为 20 世纪晚近更急剧的"革命"做铺垫的更多细节，参见 Goldin，"The Quiet Revolution That Transformed Women's Employment，Education，and Family"。

24. 正如一些学者所指出的，围绕如何准确定义和衡量女性的"工作"存在争议。历史上的许多女性工作形式，如接待房客、农场工作和家庭制造业，不符合典型的"劳动力"衡量标准。然而，这种非工资工作非常难以估计，这就是为什么在研究性别不平等时，人们普遍认为使用"市场工作"或在有薪劳动力市场中工作是最恰当的。例如 Michael B. Katz，Mark J. Stern，and James J. Fader，"Women and the Paradox of Economic Inequality in the Twentieth-Century，"*Journal of Social History* 39，no. 1（2005）：65-88。

25. Claudia Goldin 指出，这种缓慢稳定趋势的一个例外是，"孩子在一岁以下的已婚妇女（20~44 岁）的劳动力参与率，从 1973 年的 0. 20 飙升到 2000 年的 0. 62。"Goldin，"The Quiet Revolution That Transformed Women's Employment，Education，and Family，" 8.

26. U. S. Department of Labor，Bureau of Labor Statistics，Table A-1，Employment Status of the Civilian Population by Sex and Age，https：//

www. bls. gov /news. release/empsit. t01. htm.

27. 例如，非裔美国女性早期的工作率较高，这通常归因于在吉姆·克劳法支配之下，非裔美国男性的收入不足以养家糊口，许多妻子需要出去工作。在大萧条期间，黑人女性在失业方面受到最严重的打击，1950 年之后，她们劳动参与率的增幅也最大。

28. Susan B. Carter, "Labor Force," in *Historical Statistics of the United States: Earliest Times to the Present*, ed. Susan B. Carter et al. (New York: Cambridge University Press, 2006), 2–26.

29. Goldin, "The Rising (and Then Declining) Significance of Gender," 36. See also Claudia Goldin, *Understanding the Gender Gap: An Economic History of American Women*, NBER Series on Long–Term Factors in Economic Development (New York: Oxford University Press, 1990), chaps. 3, 4.

30. Freedman, *No Turning Back: The History of Feminism and the Future of Women*, 176–79.

31. Blau and Winkler, *The Economics of Women, Men, and Work*, 173.

32. Elise Gould, "The State of American Wages 2017: Wages Have Finally Recovered from the Blow of the Great Recession but Are Still Growing Too Slowly and Unequally" (Economic Policy Institute, March 1, 2018).

33. "Equal Pay Day: What You Need to Know About the Gender Wage Gap in 2017," *FemChat*, April 4, 2017, https://femchat–iwpr. org/2017/04/04/equal–pay–day–2017/.

34. Ariane Hegewisch and Heidi Hartmann, "The Gender Wage Gap: 2018 Earnings Differences by Race and Ethnicity," March 2019, https://iwpr. org/wp – content/uploads/2019/03/

C478_Gender–Wage–Gap–in–2018. pdf.

35. See Figure 2, Ariane Hegewisch et al., "Separate and Not Equal? Gender Segregation in the Labor Market and the Gender Wage Gap," September 2010, https://iwpr. org/wp-content/uploads/wpallimport/files/iwpr – export/publications/C377. pdf.

36. Julie Brines, " Economic Dependency, Gender, and the Division of Labor at Home," *American Journal of Sociology* 100, no. 3 (1994): 652–88, doi: 10. 1086/230577.

37. Claudia Goldin et al., "The Expanding Gender Earnings Gap: Evidence from the LEHD–2000 Census," *American Economic Review* 107, no. 5 (2017): 110 – 14, doi: 10. 1257/ aer. p20171065; Erling Barth and Claudia Olivetti, *The Dynamics of Gender Earnings Differentials: Evidence from Establishment Data*, vol. 23381 (Cambridge: National Bureau of Economic Research, 2017).

38. Nikki Graf, Anna Brown, and Eileen Patten, "The Narrowing, but Persistent, Gender Gap in Pay" (Pew Research Center, March 22, 2019), https://www. pewresearch. org/fact – tank/2019/03/22/gender–pay–gap–facts/.

39. Francine D. Blau, Peter Brummund, and Albert Liu, " Trends in Occupational Segregation by Gender 1970–2009: Adjusting for the Impact of Changes in the Occupational Coding System," *Demography* 50, no. 2 (April 2013): 471–92, doi: 10. 1007/s13524–012–0151–7. Sources for Figure 7. 8: Matthew Sobek, *Historical Statistics of the United States, Earliest Times to the Present: Millennial Edition*, Table Ba4207–4213; US Census 1950 – 2000; Steven Ruggles, Katie Genadek,

Ronald Goeken, Josiah Grover, and Matthew Sobek, Integrated Public Use Microdata Series: Version 7. 0 [dataset] (Minneapolis: University of Minnesota, 2017); American Community Survey (2001-2016); Ruggles et al. (2017) as calculated by Kim A. Weeden.

40. 研究表明，20 世纪 70 年代以来职业种族隔离的主要变化，实际上是因为女性转向过去男性所主导的工作。参见 Blau and Winkler, *The Economics of Women, Men, and Work*, 168。

41. 关于如何计算职业种族隔离的更技术性的解释，参见 ibid. , 165。

42. Ibid. , 159.

43. Woloch, *Women and the American Experience*, 240.

44. Goldin, "The Rising (and Then Declining) Significance of Gender," 10-11.

45. Ibid. , 20-22.

46. James T. Patterson, *Grand Expectations: The United States, 1945-1974*, The Oxford History of the United States, vol. 10 (New York: Oxford University Press, 1996), 33.

47. Blau and Winkler, *The Economics of Women, Men, and Work*, 30.

48. Emilie Stoltzfus, *Citizen, Mother, Worker: Debating Public Responsibility for Child Care after the Second World War*, Gender & American Culture (Chapel Hill: University of North Carolina Press, 2003).

49. 然而，工人阶级黑人女性更支持"同工同酬"，因为她们常常发现自己从事的是"更重、更脏"的工作，这些工作与男性更"平等"。参见 Dorothy Sue Cobble, *The Other Women's Movement: Workplace Justice and Social Rights in Modern America*, Politics and Society in Twentieth-Century America (Princeton: Princeton University Press, 2004), 98-101。

50. David M. Kennedy, *Freedom from Fear: The American People in Depression and War, 1929 - 1945*, *The Oxford History of the United States*, vol. 9 (New York: Oxford University Press, 2001), 779-81.

51. Goldin, "The Rising (and Then Declining) Significance of Gender," 4.

52. Patterson, *Grand Expectations*, 361-69. 这一结论也在 Kennedy, *Freedom from Fear* (781-82) 中得到了回应。

53. Janet E. Halley, Catharine A. MacKinnon, and Reva B. Siegel, *Directions in Sexual Harassment Law* (New Haven: Yale University Press, 2004), 8-11.

54. Ariane Hegewisch and Emma Williams-Baron, "The Gender Wage Gap by Occupation 2016; and by Race and Ethnicity" (Institute for Women's Policy Research, April 4, 2017), https://iwpr.org/publications/gender-wage-gap-occupation-2016-race-ethnicity/.

55. See Ruth Milkman, *On Gender, Labor, and Inequality* (Chicago: University of Illinois Press, 2016).

56. Katz, Stern, and Fader, "Women and the Paradox of Economic Inequality in the Twentieth-Century." 关于更灵活的工作时间安排可以最终导向更小的性别薪酬差距的讨论，参见 Goldin, "A Grand Gender Convergence: Its Last Chapter"; 还可参见 Francine D. Blau and Lawrence M. Kahn, "The Gender Wage Gap: Extent, Trends, and Explanations," Working Paper 21913 (National Bureau of Economic Research, January

第七章

2016）, doi: 10.3386/w21913; and Youngjoo Cha and Kim A. Weeden, "Overwork and the Slow Convergence in the Gender Gap in Wages," *American Sociological Review* 79, no. 3（June 2014）: 457-84, doi: 10.1177/0003122414528936。

57. 图 7.9 的来源: 1920-1936: J. Kevin Corder and Christina Wolbrecht, *Counting Women's Ballots: Female Voters from Suffrage Through the New Deal*（Cambridge: Cambridge University Press, 2016）, 258; 1948-2016: American National Election Study Guide to Public Opinion and Electoral Behavior, "Voter Turnout 1948-2016"; 还可参见 "Gender Differences in Voter Turnout," Center for American Women and Politics, Eagleton Institute of Politics, Rutgers University（September 16, 1919）, https://cawp.rutgers.edu/sites/de fault/files/resources/genderdiff.pdf。

58. 妇女政治活动在两次女权主义浪潮之间停滞不前，这一学术观点的代表性著作为, Ethel Klein, *Gender Politics: From Consciousness to Mass Politics*（Cambridge, MA: Harvard University Press, 1984）, chap. 1. 对此的一个修正主义观点，请参阅下面引用的 Kristin Goss 的著作。有关女性持续不断的运动，特别是在地方层面开展运动的更多记录，参见 Kathleen A. Laughlin and Jacqueline L. Castledine, *Breaking the Wave: Women, Their Organizations, and Feminism, 1945-1985*, New Directions in American History（New York: Routledge, 2011）; and Susan M. Hartmann, *The Other Feminists: Activists in the Liberal Establishment*（New Haven: Yale University Press, 2013）。有关 20 世纪 30 年代到 20 世纪 60 年代工人阶级和非裔美国人行动主义的讨论，参见 Annelise Orleck, "We Are That

Mythical Thing Called the Public: Militant Housewives During the Great Depression," in *Unequal Sisters: An Inclusive Reader in U. S. Women's History*, 4th ed.（New York: Routledge, 2008）; Lisa Levenstein, "African American Women and the Politics of Poverty in Postwar Philadelphia," *OAH Magazine of History* 26, no. 1（January 1, 2012）: 31-35, doi: 10.1093/oahmag/oar051; Rhonda Y. Williams, *The Politics of Public Housing: Black Women's Struggles Against Urban Inequality*（New York: Oxford University Press, 2004）; and Roberta Gold, "'I Had Not Seen Women like That Before': Intergenerational Feminism in New York City's Tenant Movement," in *No Permanent Waves: Recasting Histories of U. S. Feminism*（New Brunswick, NJ: Rutgers University Press, 2010）。

59. 学者们对 20 世纪的前三分之二时期女性在政党中不断演变的角色有不同的解释。例如，对 Melanie S. Gustafson, Kristie Miller 和 Elisabeth Israels Perry 进行比较的文章: *We Have Come to Stay: American Women and Political Parties, 1880-1960*（Albuquerque: University of New Mexico Press, 1999）。

60. Kristin A. Goss, "The Swells Between the 'Waves': American Women's Activism, 1920-1965," in *The Oxford Handbook of U. S. Women's Social Movement Activism*, Oxford Handbooks Online（New York: Oxford University Press, 2017）, 53.

61. 女性问题如何与政党政治互动的详细历史，参见 Jo Freeman, *A Room at a Time: How Women Entered Party Politics*（Lanham, MD: Rowman & Littlefield, 2000）。

62. Kristin A. Goss, *The Paradox of Gender*

第七章

Equality：*How American Women's Groups Gained and Lost Their Public Voice*，CAWP Series in Gender and American Politics（Ann Arbor：University of Michigan Press，2013）.

63. Cobble，*The Other Women's Movement*，145，quoted in Goss，"The Swells Between the 'Waves'：American Women's Activism，1920-1965，" 59-60.

64. Kristi Andersen，*After Suffrage：Women in Partisan and Electoral Politics Before the New Deal*，American Politics and Political Economic（Chicago：University of Chicago Press，1996），16，119.

65. A. W. Geiger，Kristen Bialik，and John Gramlich，"The Changing Face of Congress in 6 Charts，" *Fact Tank—News in the Numbers*，February 15，2019，https：//www. pewresearch. org/fact-tank/2019/02/15/the-changing-face-of-congress/.

66. Elaine Martin，"Bias or Counterbalance? Women Judges Making a Difference，" in *Women in Politics：Outsiders or Insiders*?，4th ed.（Upper Saddle River，NJ：Prentice-Hall，2005），21.

67. Drew Desilver，"A Record Number of Women Will Be Serving in the New Congress，" *Fact Tank—News in the Numbers*，December 18，2018，https：//www. pewresearch. org/fact-tank/2018/12/18/record-number-women-in-congress/.

68. 仅引用此类历史解释的两个例子，参见 William H. Chafe，*The Paradox of Change：American Women in the 20th Century*（Oxford：Oxford University Press，1992），157；and Rosalind Rosenberg，*Divided Lives：American Women in the Twentieth Century*（New York：Hill & Wang，

1992），130-31。历史学家支持20世纪中叶人们的妇女观念没有什么变化这种看法，最常引用的三项民意调查包括："The Fortune Survey：Women in America. Part I，" *Fortune* 34，no. 2（August 1946）：5-5；"The Fortune Survey：Women in America. Part 2，" *Fortune* 34，no. 3（September 1946）：5-5；and "The American Woman：Her Attitudes on Family，Sex，Religion and Society，" *Saturday Evening Post*，December 22-29，1962，15-32。

69. See，for example，Christopher H. Achen，"Mass Political Attitudes and Survey Response，" *American Political Science Review* 69，no. 4（December 1975）：1218-31，doi：10. 2307/1955282；Duane F. Alwin and Jon A. Krosnick，"Aging，Cohorts，and the Stability of Sociopolitical Orientations Over the Life Span，" *American Journal of Sociology* 97，no. 1（July 1991）：169-95，doi：10. 1086 /229744；David O. Sears and Carolyn L. Funk，"Evidence of the Long-Term Persistence of Adults' Political Predispositions，" *The Journal of Politics* 61，no. 1（1999）：1-28，doi：10. 2307/2647773；and Gregory Markus，"Stability and Change in Political Attitudes：Observed，Recalled，and 'Explained，'" *Political Behavior* 8，no. 1（1986）：21-44，doi：10. 1007/BF009 87591.

70. 同龄人中的女性和男性受访者之间也存在差异。总体而言，女性在态度上比男性更倾向于女权主义。当数据按受访者性别细分时，同样的趋势也显而易见：例如，二战前同期群中的女性成员在观点上远不如 X 一代的女性平等。然而，有趣的是，随着婴儿潮一代的到来，这种性别反应差异开始消失，因为男性开始在向更平等的性别观转变过程中赶上了女

性。婴儿潮一代的男性和女性与X一代对性别平等的看法非常相似。此外，当被调查者按教育水平细分时，也存在差异。在整个20世纪七八十年代，与高中以上学历的人相比，高中以下学历的人对性别平等的支持度更低。然而，到了20世纪90年代和21世纪初，这些差异趋于消失。最后，我们注意到代际分析充满了方法上的复杂性。特别是，我们这里的分析（如第六章）假设没有任何重大的生命周期变化。大多数分析家都会同意，作为一阶近似值，这一假设并非不合理。放宽这一假设可能会在一定程度上降低我们提供的代际估值，但不太可能导致差异消失。

71. Roberta S. Sigel, *Ambition & Accommodation: How Women View Gender Relations* (Chicago: University of Chicago Press, 1996).

72. 这种趋于平稳的证据也可以在下述文献中看到：Arland Thornton and Linda Young-Demarco, "Four Decades of Trends in Attitudes Toward Family Issues in the United States: The 1960s Through the 1990s," *Journal of Marriage and the Family* 63, no. 4 (2001): 1009-37; and Kristin Donnelly et al., "Attitudes Toward Women's Work and Family Roles in the United States, 1976-2013," *Psychology of Women Quarterly* 40, no. 1 (2016): 41-54, doi: 10.1177/0361684315590774。

73. 图7.13基于该队列在GSS中代表的调查年份的性别平等支持指数的平均队列得分。例如，1920—1959年出生的美国人出现在1972—2014年的每次调查中，但1920年之前出生的美国人在2002年之后的调查中消失了，1980年以后出生的美国人只出现在2000年的调查中。计算代际差异的更复杂方法将产生基本相同的长达一个世纪的上升曲线。在图7.13

中，队列的标签不是他们的出生时间，而是他们"成年"或达到20岁的时间，这是大多数学者认为社会化完成的时间。堕胎态度显示出完全不同且独立的时间趋势，正如Putnam和Campbell在*American Grace*，第406~414页以及那几页引用的消息来源所详细讨论的，这就是为什么它们不包含在该索引中的原因。

74. David Cotter and Joanna Pepin, "Trending Towards Traditionalism? Changes in Youths' Gender Ideology" (Council on Contemporary Families, March 30, 2017), https://contemporaryfamilies.org/2-pepin-cotter-traditionalism/.

75. Stephanie Coontz, "Do Millennial Men Want Stay-at-Home Wives?" *New York Times*, March 31, 2017, Opinion, https://www.nytimes.com/2017/03/31/opinion/sunday/do-millennial-men-want-stay-at-home-wives.html.

76. David Cotter, Joan M. Hermsen, and Reeve Vanneman, "The End of the Gender Revolution? Gender Role Attitudes from 1977 to 2008," *American Journal of Sociology* 117, no. 1 (July 2011): 259-89, doi: 10.1086/658853.

77. Virginia Sapiro, "News from the Front: Inter-Sex and Intergenerational Conflict over the Status of Women," *Western Political Quarterly* 33, no. 2 (1980): 260-77, doi: 10.2307/447298; Pia Peltola, Melissa A. Milkie, and Stanley Presser, "The 'Feminist' Mystique: Feminist Identity in Three Generations of Women," *Gender and Society* 18, no. 1 (2004): 122-44, doi: 10.1177/0891243203259921.

78. Jennifer Glass, "Parenting and Happiness in 22 Countries" (Council on Contemporary Families, June 15, 2016), https://contemporaryfamilies.org/brief-parenting-happiness/.

79. Keira V. Williams，*Gendered Politics in the Modern South：The Susan Smith Case and the Rise of a New Sexism*，Making the Modern South（Baton Rouge：Louisiana State University Press，2012）. 同样有趣的是：在 20 世纪 90 年代中期，共和党政纲不再提及妇女权利，在这个问题上，他们以前一直将自己定位为领导者。

80. 对于这里引用的一些解释以及其他解释的有用概述，参见 Stephanie Coontz，"Gender and Millennials Online Symposium：Overview"（Council on Contemporary Families，March 30，2017），https：//contem poraryfamilies. org/coontz-overview/。

81. 这篇关于这一主题的政治学文献综述基本支持这些数据和我们的解释："总体而言，从 20 世纪 60 年代初到 90 年代，摆脱性别角色传统主义的趋势始于全国性的妇女运动兴起之前。" N. Burns and K. Gallagher，"Public Opinion on Gender Issues：The Politics of Equity and Roles，" *Annual Review of Political Science* 13，no. 1（June 15，2010）：425–43，doi：10.1146/annurev. polisci. 12. 040507. 142213.

82. Sigel，*Ambition & Accommodation*.

83. See，for example，Carol J. Adams，"The Book That Made Us Feminists，" *New York Times*，September 7，2017，Opinion，https：//www. nytimes. com/2017/09/07/opinion/sunday/kate-millet-feminists. html.

84. Goldin，"The Quiet Revolution That Transformed Women's Employment，Education，and Family. "

85. See，for example，Kimberle Crenshaw，"Mapping the Margins：Intersectionality，Identity Politics，and Violence Against Women of Color，" *Stanford Law Review* 43，no. 6（1991）：1241–99，doi：10. 2307/1229039；and Jocelyn Frye，"Racism and Sexism Combine to Shortchange Working Black Women，" *Center for American Progress*，August 22，2019，https：//www. americanprogress. org/issues/women/news/2019/08/22/473775/racism-sexism-combine-short change-working-black-women/.

86. *American Women：The Report of the President's Commission on the Status of Women and Other Publications of the Commission*（New York：Charles Scribner's Sons，1965）190，198.

第八章　20 世纪的弧线

1. 感谢 NASA 的 Michael Werner 做的这个类比。参见 Michael Werner and Peter Eisenhardt，*More Things in the Heavens：How Infrared Astronomy Is Expanding Our View of the Universe*（Princeton：Princeton University Press，2019）。

2. Frederick Lewis Allen，*Since Yesterday：The 1930s in America，September 3，1929–September 3，1939*（New York：Harper & Brothers，1940），241.

3. 由于第二章中关于经济平等的许多关键变量在 1913 年之前缺失，因此该曲线仅从 1913 年开始。

4. 从技术上讲，本书中报告的变量分数是高度多重共线性的。

5. 分裂投票似乎也比其他变量滞后了大约十年。我们无法解释这种异常情况。

6. 偏好量化的读者会认识到本书关注的是社会变迁的二阶导数。

7. 巧合的是，美国政府在 20 世纪 30 年代初期资助了这样一项研究。1930 年，信奉社会科学的赫伯特·胡佛委托进行了一项大规模的跨学科多卷本研究：U. S. President's Research

Committee on Social Trends, *Recent Social Trends in the United States*; *Report of the President's Research Committee on Social Trends* (New York：McGraw-Hill, 1933)。讽刺的是，这本书出版时，胡佛已不再是总统。这项研究曾经是美国历史学家颇为熟悉的数据来源，但近几十年来被废弃了。其中一些章节实际上对"当时"社会趋势意涵的预测分析，但要猜测 20 世纪美国的前景还为时过早。例如，Hornell Hart 撰写的第八章，"Changing Social Attitudes and Interests,"探讨了当时激增的期刊文献，如 *Time* 和 *Look* 的发展趋势。

8. Albert O. Hirschman, *Shifting Involvements：Private Interest and Public Action* (Princeton：Princeton University Press, 1982)。

9. Colin Woodard 是另一位使用钟摆隐喻的学者，他对美国历史的描述与我们大体一致，自由主义主导镀金时代、从新政到伟大社会由社群主义主导，从尼克松到特朗普则由新自由主义主导。然而，他的解释依赖从社群主义的新英格兰到自由主义的阿巴契亚等 11 个地区文化或"民族"之间主导地位的变化，对理解钟摆为何来回摆动几乎没有帮助。参见 Colin Woodard, *American Character：A History of the Epic Struggle Between Individual Liberty and the Common Good* (New York：Viking, 2016)。

10. 感谢 Jonathan F. Putnam 为我们厘清了这个核心问题。

11. 这不是一个假想的例子。John V. Duca 和 Jason L. Saving 使用高度复杂的计量经济学方法，找到了"两极分化和不平等之间双向反馈"的证据。参见 John V. Duca and Jason L. Saving, "Income Inequality and Political Polarization：Time Series Evidence over Nine Decades," *Review of Income and Wealth* 62, no. 3 (September 2016)：445-66, doi：10. 1111/roiw. 12162。

12. 从这个意义上说，"叙事"不仅是一个有趣的故事，而且是一系列有助于解释历史结果的相互关联的事件。

13. Robert J. Shiller, *Narrative Economics：How Stories Go Viral and Drive Major Economic Events* (Princeton, NJ：Princeton University Press, 2019), ix. 具体而言，Shiller 在经济学中对叙事的使用与我们在这里的叙事不同，但彼此的相似之处仍有指导意义。

14. Allen, *Explorations in Classical Sociological Theory：Seeing the Social World*, 3rd ed. (Los Angeles：Sage Publications, 2013), chap. 5；https：//uk. sagepub. com /sites/default/files/upm-binaries/6109_Allen__Chapter_5 [1]__Authority_and_Rationality___Max_Weber. pdf, 148. Weber quotation is in *From Max Weber：Essays in Sociology*, eds. M. Weber, H. Gerth, and C. W. Mills (New York：Oxford University Press, 1946), 280.

15. Steven Brill 在 *Tailspin：The People and Forces Behind America's Fifty-Year Fall— And Those Fighting to Reverse It* (New York：Alfred A. Knopf, 2018) 中，谴责了婴儿潮一代的精英文化；Bruce Gibney 在 *A Generation of Sociopaths：How the Baby Boomers Betrayed America* (New York：Hachette, 2017) 中，谴责了婴儿潮一代的权利意识；Francis Fukuyama 的 *The Great Disruption：Human Nature and the Reconstitution of Social Order* (New York：Free Press, 1999) 更为复杂，但强调文化变革是关键变量，反过来又由避孕药、妇女进入有偿劳动队伍以及随之而来的家庭崩溃所驱动。

16. 这是我们非常钦佩的一本书的论题：Yuval Levin, *The Fractured Republic：Renewing*

America's Social Contract in the Age of Individualism （New York：Basic Books，2016）。我们和 Levin 在 20 世纪美国历史的基本曲线模式上达成了一致：正如他所说的，这是一种"并拢然后分开"的模式。然而，正如下一章所讨论的，我们对进步时代的理解却有所不同。在 Levin 看来，进步主义者将强大、自上而下的中央政府引入美国，最终导致公民社会和我们国家的"分裂"。在我们的讨论中，进步运动是自下而上的，而不是自上而下的，它实际上带来了本地化解决方案和公民社会创新的蓬勃发展，最终形成了各种联邦计划。Levin 对"并拢"时期的讨论远不如对"分开"时期的讨论，因此他对曲线前半部分的解释也不那么清楚。不过具有讽刺意味的是，尽管我们之间有这些差异，我们和 Levin 一致认为，纠正国家走向的首要步骤是在州和地方一级进行全国性的政策试验，正如进步主义法学家路易斯·布兰代斯（Louis Brandeis）那个闻名于世的说法：建立"民主实验室"。

17. Robert D. Putnam，*Bowling Alone：The Collapse and Revival of American Community* （New York：Simon & Schuster，2000），281-82.

18. 圣路易斯联邦储备银行与美国管理和预算办公室，联邦净支出占国内生产总值的百分比［FYONGDA188S］，检索自 FRED，圣路易斯联邦储备银行；https：// fred. stlouisfed. org/ series/FYONGDA188S，December 8，2019。各级政府的总支出占国内生产总值的比例，参见 https：//www. usgovernmentspending. com/past_ spending。纵观整个时期，两次世界大战都伴随着巨大的峰值，但我们的分析认为，这些峰值只有在战争持续时间更长的情况下才会出现。

19. Émile Durkheim，*Suicide：A Study in Sociology* （New York：Free Press，1951）。

20. William Graham Sumner，*Folkways：A Study of the Sociological Importance of Usages，Manners，Customs，Mores，and Morals* （Boston：Ginn & Co，1911），12-13.

21. Putnam，*Bowling Alone*，267-72.

22. See，for example，Richard G. Wilkinson and Kate Pickett，*The Spirit Level：Why More Equal Societies Almost Always Do Better* （New York：Allen Lane，2009）；Eric M. Uslaner and Mitchell Brown，" Inequality，Trust，and Civic Engagement，" *American Politics Research* 33，no. 6 （2005）：868 - 894，doi：10. 1177 /1532673 X04271903；and Keith Payne，*The Broken Ladder：How Inequality Affects the Way We Think，Live，and Die* （New York：Viking，2017）.

23. David Morris Potter，*People of Plenty：Economic Abundance and the American Character* （Chicago：University of Chicago Press，1954）.

24. See Tyler Cowen，*The Great Stagnation：How America Ate All the Low - Hanging Fruit of Modern History，Got Sick，and Will （Eventually） Feel Better* （New York：Dutton，2011）；and John L. Campbell，*American Discontent：The Rise of Donald Trump and Decline of the Golden Age* （Oxford：Oxford University Press，2018）. 关于 1920 至 1970 年技术创新和生产力影响的有充分佐证的复杂看法，参见 Robert J. Gordon，*The Rise and Fall of American Growth：The U. S. Standard of Living Since the Civil War* （Princeton：Princeton University Press，2016）。

25. Sendhil Mullainathan and Eldar Shafir，*Scarcity：Why Having Too Little Means So Much* （New York：Times Books/Henry Holt，2013）. See also Benjamin Friedman，" The Moral

Consquences of Economic Growth," *Society* 43（January/February 2006）：15-22.

26. E. J. Hobsbawm，*The Age of Extremes：A History of the World*，*1914-1991*，1st American ed.（New York：Vintage，1994），15-16，286-87.

27. 有趣的是，根据 Ngram 的统计，"自我实现"这个词在 20 世纪 60 年代突然流行起来，1975 年达到顶峰，而就在 Inglehart 提出其看法时，这个词几乎从美国文化中消失了。Inglehart 对其看法的最初表述参见 Ronald Inglehart，"The Silent Revolution in Europe：Intergenerational Change in Post-Industrial Societies，" *American Political Science Review* 65，no. 4（1971）：991 - 1017，doi：10.2307/1953494，以及他的后续著作，Ronald Inglehart，*The Silent Revolution：Changing Values and Political Styles Among Western Publics*（Princeton：Princeton University Press，1977）。与所有以经验为基础的优秀理论家一样，自首次提出看法以来，Inglehart 在近半个世纪中不断扩展并在某种程度上修改了他的理论。最新版本，参见 Ronald Inglehart，*Cultural Evolution：People's Motivations Are Changing，and Reshaping the World*（New York：Cambridge University Press，2018）。

28. Jynnah Radford，"Key Findings about U. S. Immigrants"（Pew Research Center，December 6，2019），https：//www.pewresearch.org/fact-tank/2019/06/17/key-findings-about-u-s-immigrants/.

29. Robert D. Putnam，"E Pluribus Unum：Diversity and Community in the Twenty-first Century：The 2006 Johan Skytte Prize Lecture," *Scandinavian Political Studies* 30，no. 2（2007）：137-74，doi：10.1111/j.1467-9477.2007.001

76. x.

30. 对历史上移民融入美国的最佳研究，包括 *E Pluribus Unum？：Contemporary and Historical Perspectives on Immigrant Political Incorporation*，eds. Gary Gerstle and John H. Mollenkopf（New York：Russell Sage Foundation，2001）；Richard D. Alba and Victor Nee，*Remaking the American Mainstream：Assimilation and Contemporary Immigration*（Cambridge：Harvard University Press，2003）；and Richard D. Alba，*Blurring the Color Line：The New Chance for a More Integrated America*，The Nathan I. Huggins Lectures（Cambridge：Harvard University Press，2009）。

31. Andrew Kohut，"From the archives：In '60s，Americans gave thumbs-up to immigration law that changed the nation," Pew Research Center Fact Tank（September 20，2019），https：//www.pewresearch.org/fact - tank/2019/09/20/in-1965-majority-of-americans-favored-immigration-and-nationality-act-2/#more-266999.

32. Anne Case and Angus Deaton，*Deaths of Despair and the Future of Capitalism*（Princeton：Princeton University Press，2020），227，225，citing National Academies of Sciences, Engineering, and Medicine. The Economic and Fiscal Consequences of Immigration（Washington，DC：The National Academies Press，2017）。

33. 关于 20 世纪 60 年代的争论之一，就是这个标签指向的确切年份是什么。对于"60 年代"的时间跨度，有个机敏而巧妙的概述，参见 M. J. Heale，"The Sixties as History：A Review of the Political Historiography," *Reviews in American History* 33，no. 1（2005）：133-52，esp. 135。在这里，我们采纳最传统的说法，大致将 1960 年到 1975 年这段时期称为"漫长的 60

第八章

年代"。

34. Mark Lilla, *The Once and Future Liberal*：*After Identity Politics* (New York：HarperCollins, 2017)，8.

35. 有关 60 年代的一系列权威观点，参见 James T. Patterson, *Grand Expectations*：*The U-nited States*，*1945 – 1974*，The Oxford History of the United States, vol. 10 (New York：Oxford U-niversity Press, 1996)；Arthur Marwick, *The Six-ties*：*Cultural Revolution in Britain*，*France*，*Italy*，*and the United States*，*c. 1958 – c. 1974* (New York：Oxford University Press, 1998)；and Mau-rice Isserman and Michael Kazin, *America Divid-ed*：*The Civil War of the 1960s*, 3rd ed. (New York：Oxford University Press, 2008)。

36. "革命" 出自 Hobsbawm, *The Age of Extremes* 第十章的标题；"复兴" 参见第 5~18 页；"震荡" 和 "断裂" 出自 Daniel T. Rod-gers, *Age of Fracture* (Cambridge, MA：Belknap Press of Harvard University Press, 2011)，4；"新美国" 出自 Andrew Hartman, *A War for the Soul of America*：*A History of the Culture Wars*, 2nd ed. (Chicago：University of Chicago Press, 2019)，2；"一切都发生了改变" 出自 Rob Kirkpatrick, *1969*：*The Year Everything Changed* (New York：Skyhorse Publishing, 2009)。

37. Isserman and Kazin, *America Divided*, 305.

38. Todd Gitlin, *The Sixties*：*Years of Hope*, *Days of Rage*, rev. ed. (New York：Bantam, 1993).

39. 并非所有历史学家都接受 "两个 60 年代" 这个比喻。比如，Van Gosse 在 *Rethin-king the New Left*：*An Interpretative History* (New York：Palgrave Macmillan, 2005) 中，将 60 年代后期的运动视为 60 年代初期精神的多样化版本，仍是这一运动的一部分。

40. Hobsbawm, *The Age of Extremes*, 334.

41. 强调 60 年代分裂主题的历史学家，包括 William L. O'Neill, *Coming Apart*：*An Informal History of America in the 1960's* (Chicago：Quad-rangle, 1971)；and John Morton Blum, *Years of Discord*：*American Politics and Society*，*1961 – 1974* (New York：W. W. Norton, 1991)；Isser-man and Kazin, *America Divided*。

42. Patterson, *Grand Expectations*, 61 – 73 and 311–23.

43. https：//millercenter. org/president/ken-nedy/campaigns-and-elections.

44. Patterson, *Grand Expectations*, 340–42.

45. Ta – Nehisi Coates 在 *Between the World and Me* (New York：Spiegel & Grau, 2015) 中写的 "给我儿子的信"，与 James Baldwin 在 *The Fire Next Time* (New York：Dial Press, 1963) 前半部分写的 "给我侄子的信" 相呼应，后者反映了种族在美国历史上的核心作用，这种呼应绝非偶然。

46. 这句话可能不太适用于弗里丹 (Friedan)，她关注的当然是一个普遍问题，但不太关心集体解决方案，尽管她的追随者很快就转向了公共政策问题。

47. "Post-Bourgeois Radicalism in France," unpublished manuscript (1969). Later published in French in Ronald Inglehart, "Revolutionnarisme PostBourgeois en France, en Allemagne et aux Etats-Unis," *Il Politico*：*Rivista Italiana di Sci-enze Politiche* 36, 2 (June, 1971) 209-236. See also Inglehart, "The Silent Revolution in Europe."

48. Charles A. Reich, *The Greening of Amer-ica* (New York：Random House, 1970)，10, 19.

第八章

49. 迪伦的标准学术传记，参见 Sean Wilentz, *Bob Dylan in America*（New York：Doubleday, 2010）。

50. 关于披头士乐队历史的广泛讨论，我们要感谢富兰克林皮尔斯大学图书管理员及 *Teaching the Beatles*（New York：Routledge, 2018）一书的合编者 Paul O. Jenkins（另一位编者是 Hugh Jenkins）。

51. Barry Miles, *The Beatles Diary*, Volume 1：*The Beatles Years*（London：Omnibus, 2001）.

52. Dan Piepenbring, "George Plimpton on Muhammad Ali, the Poet," *The Paris Review*, June 6, 2016, https：//www.theparisreview.org/blog/2016/06/06/george-plimpton-on-muhammad-ali-the-poet/. Although many listeners heard "Me? We!" Ali himself recalled it differently. According to a tweet from Muhammad Ali in 2016（https：//twitter.com/MuhammadAli/status/711987024673120256? ref_src=twsrc%5 Etfw% 7Ctwcamp% 5Etweetembed% 7Ctwterm% 5E711 987024673120256&ref_url=https% 3A% 2F% 2Fgenius.com%2FMuhammad-ali-shortest-poem-ever-written-annotated）, the poem is "Me? Whee!"

53. 可以肯定的是，在他去世的那一刻，美国大部分人，尤其是南方的，反倒将他视为激进的煽动者。他在公众舆论中的复活是后来的事。

54. Evan Thomas, *Robert Kennedy*：*His Life*（New York：Simon & Schuster, 2000）；Larry Tye, *Bobby Kennedy*：*The Making of a Liberal Icon*（New York：Random House, 2016）.

55. 《蝇王》是 William Golding 1954 年的标志性小说，讲述了一群小男孩发现他们自己在一个荒岛上，他们制定了规则和组织系统，但由于没有任何成年人作为"文明"的推力，孩子们最终变得暴力并野蛮。

56. Robert D. Putnam and David E. Campbell, *American Grace*：*How Religion Divides and Unites Us*（New York：Simon & Schuster, 2010）, 92-93.

57. Todd Gitlin, *The Twilight of Common Dreams*：*Why America Is Wracked by Culture Wars*（New York：Henry Holt, 1995）.

58. Hartman, *A War for the Soul of America*, 2-7.

59. 根据 20 世纪 60 年代初开始的哈里斯民意调查对政治疏远度的月度调查，在过去半个世纪里，公众对我们政治机构的信任度全面下降，主要集中在以下几个时期：①1965 年初约翰逊向越南派遣十几万美国军队之后的 12 个月；②尼克松 1972 年连任后的 12 个月，当时水门事件调查揭示了总统深陷丑闻之中。

60. U. S. Navy Captain Charlie Plumb, as quoted in *The Seventies*：*One Nation Under Change*, CNN documentary, 2015, https：//www.cnn.com/2015/06/06/us/seventies-producers-intro/index.html.

61. 与 Peter Turchin 的 *Ages of Discord*：*A Structural-Demographic Analysis of American History*（Chaplin, CT：Beresta Books, 2016）比较。

62. Thomas Wolfe, "The 'Me' Decade and the Third Great Awakening," *New York* magazine,（August 23, 1976）, http：//nymag.com/news/features/45938/.

63. Patterson, *Grand Expectations*, 786-90.

64. Richard Rorty, *Achieving Our Country*：*Leftist Thought in Twentieth-Century America*（Cambridge, MA：Harvard University Press, 1998）, 86.

第八章

65. Bruce J. Schulman, *The Seventies：The Great Shift in American Culture, Society, and Politics* （New York：Free Press, 2001）, 76–77.

第九章　放任与驾驭

1. Edward Bellamy, *Looking Backward, 2000–1887* （Boston：Houghton Mifflin, 1898）.

2. Walter Lippmann, *Drift and Mastery：An Attempt to Diagnose the Current Unrest* （Madison：University of Wisconsin Press, 1985）, 19.

3. Ibid. , 99.

4. See, for example, Yuval Levin, *The Fractured Republic：Renewing America's Social Contract in the Age of Individualism* （New York：Basic Books, 2016）.

5. Richard Hofstadter, *The Age of Reform：From Bryan to F.D.R.* , 1st ed. （New York：Vintage, 1955）, 5. 我们承认 Hofstadter 代表对进步时代进行批评性历史解释的学派。参见尾注 1. 12，可了解进步时代的大量史学概要。

6. 许多书连篇累牍地描述进步时代如何实现社会创新。我们的目标是提供最简短的概述。更多详细信息，请查阅尾注 1. 12 列出的资料来源。

7. Kirstin Downey, *The Woman Behind the New Deal：The Life of Frances Perkins, FDR's Secretary of Labor and His Moral Conscience* （New York：Doubleday, 2009）.

8. "Paul Harris：Rotary's Founder," *Rotary International*, accessed November 25, 2019, https：//www. rotary. org/en/history – paul – harris – rotary–founder.

9. Paul P. Harris, "Rational Rotarianism," *The National Rotarian*, January 1911, http：//clubrunner. blob. core. windows. net/00000010114/en–us/files/home page/paul–harris–in–the–first–rotarian/pharris_rational_rotarianism_1911. pdf.

10. 在女性获得扶轮社成员资格后，原来的座右铭"谁服务最好，谁获益最多"先是改为"他们服务最多，获益最多"，后又改成"服务最多，获益最多"。"Rotary's Two Official Mottoes," *Rotary International*, accessed November 25, 2019, https：//www. rotary. org/en/rotary–mottoes。

11. Peter H. Lindert and Jeffrey G. Williamson, *Unequal Gains：American Growth and Inequality Since 1700*, Princeton Economic History of the Western World （Princeton：Princeton University Press, 2016）, 186；Douglas Eckberg, "Reported Victims of Lynching, by Race：1882 – 1964," in *Historical Statistics of the United States, Earliest Times to the Present：Millennial Edition*, eds. Susan B. Carter et al. （New York：Cambridge University Press, 2006）：Table Ec251–253.

12. Mia Bay, *To Tell the Truth Freely：The Life of Ida B. Wells*, 1st ed. （New York：Hill & Wang, 2009）.

13. Tom L. Johnson, *My Story*, ed. Elizabeth J. Hauser, 1911, 43, http：//cleveland memory. org/ebooks/Johnson/index. html.

14. Lincoln Steffens, "Ohio：A Tale of Two Cities," *McClure's Magazine*, July 1905.

15. Washington Gladden, *The New Idolatry：And Other Discussions* （New York：McClure, Phillips & Co. , 1905）, 210–11.

16. Hofstadter, *The Age of Reform*, 207.

17. www. poorpeoplescampaign. org. Accessed January 9, 2020.

18. Richard White, *The Republic for Which It Stands：The United States During Reconstruction* and the Gilded Age, 1865-1896, The Oxford History of the United States (unnumbered) (New York: Oxford University Press, 2017), 268.

19. Theodore Roosevelt, "Reform Through Social Work," *McClure's Magazine*, March 1901, 576; quoted in Hofstadter, *The Age of Reform*.

20. Hahrie Han, "When Does Activism Become Powerful?" *New York Times*, December 16, 2019, https://www.nytimes.com/2019/12/16/opinion/activism-power-victories.html.

21. 针对该问题更全面的概述分析，参见 Robert D. Putnam, *Bowling Alone* (Simon & Schuster 2020)，修订版后记。

22. 比如社会学家 Zeynep Tufecki 的工作，他研究了新技术对全球社会运动的影响。

23. Han, "When Does Activism Become Powerful?"

24. Dana Fisher, *American Resistance: From the Women's March to the Blue Wave* (New York: Columbia University Press, 2019).

25. Lara Putnam and Theda Skocpol, "Middle America Reboots Democracy," *Democracy Journal*, February 20, 2018, https://democracyjournal.org/arguments/middle-america-reboots-democracy/; Leah Gose and Theda Skocpol, "Resist, Persist, and Transform: The Emergence and Impact of Grassroots Resistance Groups Opposing the Trump Presidency," *Mobilization* 24, no. 3 (2019): 293-317, doi: 10.17813/1086-671X-24-3-293; Theda Skocpol, "Making Sense of Citizen Mobilizations Against the Trump Presidency," *Perspectives on Politics*, 17, no. 2 (2019): 480-84, doi: 10.1017/S153759271900104X.

26. E. J. Dionne, Jr., "This Is What Democracy Looks Like," *Washington Post*, accessed November 24, 2019, https://www.washingtonpost.com/opinions/this-is-what-democracy-looks-like/2019/01/06/489d254a-1087-11e9-84fc-d58c33d6c8c7_story.html.

27. 比如，Frances Perkins 在确保劳动保护法方面的胜利往往意味着接受渐进改良而非革命变革。参见 Downey, *The Woman Behind the New Deal*, chap. 5。

28. Lippmann, *Drift and Mastery*, 177.

29. 在 20 世纪之交，埃米尔·涂尔干，这位托克维尔式的法国知识分子，写了大量讨论平衡个人自由和社群内聚的文章。而且，像托克维尔一样，他最终认为，为了现代个体和社会繁荣，这样做不仅可能而且必要。参见 Galen Watts, "Pioneering Sociologist Foresaw Our Current Chaos 100 Years Ago," *The Conversation*, November 12, 2018, https://theconversation.com/pioneering-sociologist-foresaw-our-current-chaos-100-years-ago-105018。

30. E. J. Dionne, Jr., *Our Divided Political Heart: The Battle for the American Idea in an Age of Discontent* (New York: Bloomsbury, 2012).

31. Danielle S. Allen, *Our Declaration: A Reading of the Declaration of Independence in Defense of Equality* (New York: Liveright, 2014), 23.

32. Alexis de Tocqueville, *Democracy in America*, 2nd ed., vol. 2 (Cambridge, MA: Sever & Francis, 1863), chap. 8.

33. Theodore Roosevelt, "December 3, 1901: First Annual Message," Miller Center, October 20, 2016, https://millercenter.org/the-presidency/presidential-speeches/december-3-1901-first-annual-message.

索 引

（条目后的数字为原书页码，见本书边码）

American Settlement House movement 美国睦邻运动，321

Anderson, James D. 安德森，詹姆斯，206

Anti-Defamation League 反诽谤联盟，231

anxiety, in the first Gilded Age（late 1800s）焦虑，在第一个镀金时代（1800 年代后期），7

Asch, Solomon 阿施，所罗门，185-86

Asch social pressure effect 阿施社会压力效应，185-86

Asian Americans 亚裔美国人，410n1

  educational attainment 受教育程度，252

  and I-we-I curve 和"我—我们—我"曲线，14

  religious engagement 宗教参与，393n86

  see also immigrants and immigration; racial e-quality/inequality associationism 另参见移民和移居；种族平等/不平等结社主义，172-73

Atkinson, Anthony 阿特金森，安东尼，65-66

Atlas Shrugged（Rand）《阿特拉斯耸耸肩》（兰德），186-87

Audubon Society 奥杜邦协会，118

Automobiles 汽车，24，25，80，355n7

Axinn, William G. 阿克辛，威廉姆，152

Baby Boom/Boomers 婴儿潮/婴儿潮一代：

  college education and 大学教育与，301-2

  gender equality/inequality and 性别平等/不平等与，272-76

  marriage and 婚姻与，147，148，152-53

  1960s as hinge and 作为转折点的 1960 年代与，301-2，308，312

  "OK Boomer" generation meme "OK Boomer"婴儿潮一代的梗，17，314，353n9

  parenthood and 父母身份与，154-56

  population shift and 人口流动与，308

  racial equality/inequality and 种族平等/不平等与，235

  religion/spirituality and 宗教/灵性与，134，137，138

  social trust and 社会信任与，160-61，252

  union membership and 工会会员身份与，145

baby name trends 婴儿名字趋势，194-96

Baez, Joan 贝兹，琼，305

Bafumi, Joseph 巴福米，约瑟夫，93-94

Baker, Ella 贝克，埃拉，232

Baker, Howard 贝克，霍华德，102

Baker, Ray Stannard 贝克，雷·斯坦纳德，129，325

Baldwin, James 鲍德温，詹姆斯，303

Ballard, Charles 巴拉德，查尔斯，243

Barber, Michael 巴伯，迈克尔，94

Barber, William 巴伯，威廉，328

Bartels, Larry 巴特尔斯，拉里，94

Beard, Charles 比尔德，查尔斯，174

Beardsley, Edward 比尔兹利，爱德华，226-27

Beatles 披头士乐队，151，189，305-6

Beecher, Henry Ward 比彻，亨利·沃德，131

Beito, David 贝托，戴维，114

Bellah, Robert 贝拉，罗伯特，135，137

Bellamy, Edward 贝拉米，爱德华，315-16，317

Berthoff, Rowland 伯特霍夫，罗兰，115

Bethune, Mary McLeod 贝休恩，玛丽·麦克劳德，229

Big Brothers 大哥会，116

Big Sisters 大姐会，116

Big Sort, The（Bishop and Cushing）《大分类》（毕晓普和库欣），95-96

Bill of Rights 权利法案，163，191-92，318

THE UPSWING: How America Came Together a Century Ago and How We Can
Do It Again
by Robert D. Putnam and Shaylyn Romney Garrett

Copyright © 2020 by Robert D. Putnam

版权登记号：图字01-2023-1366号

图书在版编目（ＣＩＰ）数据

　　大衰退 ： 美国社会的百年变迁 ： 1895—2020 /
（美）罗伯特・D. 帕特南，（美）谢琳・罗姆尼・加勒特著；
陈雪飞译. -- 北京 ： 中国政法大学出版社，2025.1
　　书名原文：The Upswing: How America Came
Together a Century Ago and How We Can Do It Again
　　ISBN 978-7-5764-1457-8

　　Ⅰ．①大… Ⅱ．①罗… ②谢… ③陈… Ⅲ．①社会问
题－研究－美国 Ⅳ．①D771.28

　　中国国家版本馆CIP数据核字(2024)第103151号

出 版 者	中国政法大学出版社
地　　址	北京市海淀区西土城路 25 号
邮寄地址	北京 100088 信箱 8034 分箱　邮编 100088
网　　址	http://www.cuplpress.com (网络实名：中国政法大学出版社)
电　　话	010-58908289(编辑部) 58908334(邮购部)
承　　印	北京中科印刷有限公司
开　　本	650mm×960mm　1/16
印　　张	29.75
字　　数	390 千字
版　　次	2025 年 1 月第 1 版
印　　次	2025 年 1 月第 1 次印刷
定　　价	99.00 元
声　　明	1. 版权所有，侵权必究。
	2. 如有缺页、倒装问题，由出版社负责退换。